TESOROS PARA NIÑOS 2

365 historias
devocionales
para niños
y jovenes

PORTAVOZ

La misión de *Editorial Portavoz* consiste en proporcionar productos de calidad —con integridad y excelencia—, desde una perspectiva bíblica y confiable, que animen a las personas en su vida espiritual y servicio cristiano.

Título del original: *Keys for Kids,* © Children's Bible Hour, PO Box 1, Grand Rapids, Michigan 49501.

Edición en castellano: *Tesoros para niños 2,* © 2004 por Editorial Portavoz, filial de Kregel Publications, Grand Rapids, Michigan 49501. Todos los derechos reservados.

Traducción: Nohra Bernal

EDITORIAL PORTAVOZ
P.O. Box 2607
Grand Rapids, Michigan 49501 USA

Visítenos en: www.portavoz.com

ISBN 0-8254-1113-0

2 3 4 5 edición / año 10 09 08 07

Impreso en los Estados Unidos de América
Printed in the United States of America

JESÚS BRILLA SIEMPRE

1

de enero

María procuraba esquivar los charcos de lodo al regresar a casa, pero la lluvia empapó sus pies y su chaqueta. Saber que pronto pasaría un rato sola en casa la llenaba de melancolía, la misma que comunicaba el paisaje nublado y gris.

Al llegar por la entrada trasera de la casa, María se sorprendió de ver a su hermana Catalina.

—¡Salí de la universidad para pasar el fin de semana en casa! —dijo con gran entusiasmo. Sonrió con ironía.

—¡Qué día tan hermoso y soleado! ¿No te parece? —dijo bromeando.

—¡No me parece! —exclamó María, sacudiéndose el agua de la cara.

—Bueno, en realidad es un día soleado —arguyó Catalina—, aunque no lo parece.

—En mi opinión el sol de hoy está un poco húmedo —dijo María—. Creo que has estudiado demasiado y que tu cerebro está cansado.

—Solo déjame preguntarte algo —dijo Catalina echando un vistazo a la lluvia—. ¿El sol todavía está allá arriba? ¿O se fue?

—No se fue —respondió María—, pero sin duda está oculto. Hace muchos días no lo veo.

—Ahora piensa en esto, María —prosiguió Catalina—. Tal vez hoy no veamos el sol, pero eso no significa que se haya ido. Detrás de todas esas nubes oscuras, el sol sigue brillando. No deberíamos poner nuestra confianza en lo que ven nuestros ojos ahora, sino en la verdad. Catalina sonrió y añadió.

—Algo parecido sucede con Jesús.

—¿Con Jesús? —repitió María. Catalina asintió con su cabeza.

—Cuando algo resulta mal nos sentirnos tristes, pero la verdad es que no estamos solos. Jesús siempre nos acompaña, y su luz brilla en nuestro corazón.

—Quieres decirme que las nubes nos impiden ver el sol, pero él siempre está allí —dijo María—, y que nuestros problemas también nos impiden sentir que Jesús nos acompaña, aunque en realidad está presente, ¿cierto?

—Así es —dijo Catalina—. El amor de Dios siempre "brilla". Nada puede separarnos de Él. Esa es su promesa, está escrita en la Biblia, y debemos confiar en Él. María sonrió.

—¡Es un día hermoso! —exclamó—. ¿Te gustaría dar un paseo bajo la lluvia?

PARA MEMORIZAR:

"...él [Dios] dijo: No te desampararé, ni te dejaré" (Hebreos 13:5).

Y ¿QUÉ DE TI?

¿Ya invitaste a Jesús a vivir en tu corazón y a ser parte de tu vida? Tal vez no siempre sientas que Él está contigo, pero no dependas de tus sentimientos. Confía en la verdad de la Palabra de Dios, la cual dice que Él siempre estará con sus hijos. Nada puede separarte de su amor.

TESORO:

Confía en Dios, no en los sentimientos

PROBLEMAS DE AUDICIÓN

2 de enero

PARA MEMORIZAR:

"Escucharé lo que hablará Jehová Dios" *(Salmo 85:8).*

Y ¿QUÉ DE TI?

¿Eres un poco sordo para lo espiritual? Asegúrate de leer tu Biblia, y pídele a Dios que te revele lo que quiere enseñarte. Como vimos en la lectura bíblica de hoy, el niño Samuel fue diligente en escuchar al Señor y obedecer sus palabras. Tú debes seguir su ejemplo. Pídele al Señor que te ayude para nunca ser sordo a sus palabras.

TESORO:

Escucha a Dios

LECTURA BÍBLICA: 1 Samuel 3:1-10

—Hoy nos visitó una niña nueva en la clase de la escuela dominical —dijo Tania un domingo en la tarde—. Se llama Laura, y es sorda. Tiene que leer los labios para entender.

Su mamá asintió. —Conocí a su madre. La familia se trasladó hace poco —dijo la mamá al tiempo que ponía una cacerola sobre la mesa—.

Hace poco leí que millones de personas en nuestro país están completamente sordas, —añadió—. Y muchas más no pueden oír bien.

—Néstor no oye bien —dijo Tania mirando con ironía a su hermano—. Él solo oye lo que le conviene —bromeó—. Por ejemplo, oye bien cuando se menciona que hay un postre, pero se hace el sordo cada vez que se trata de los deberes pendientes.

—Ocúpate en tus asuntos —protestó Néstor.

—Eso se llama oído selectivo —explicó el papá.

Luego prosiguió. Es muy triste que los que tenemos oídos perfectos a veces somos sordos en cierto modo. Sufrimos de sordera espiritual. Somos sordos espirituales.

—¿Sordos espirituales? —repitió Tania—. ¿Qué significa?

—Algunas personas no escuchan a Dios —explicó el papá—. Él las invita a confiar en Jesús para ser salvas, pero muchas de esas personas no lo escuchan. Dios les advierte acerca del juicio que vendrá, pero están tan ocupadas en sus propios asuntos que no se detienen a escuchar. Es como si estuvieran sordas a sus palabras. Papá meneó su cabeza. —Me temo que en nuestro país hay más sordos espirituales que personas con problemas físicos de audición.

—Estoy de acuerdo —dijo la mamá. —Incluso los cristianos tampoco escuchamos bien a Dios. Después de aceptar su regalo de salvación, a veces dejamos de escucharlo. Abandonamos la comunión fraternal, el estudio de la Biblia y la oración. Es como si tuviéramos un oído espiritual selectivo. Solo escuchamos a Dios cuando nos conviene o nos complace. El papá asintió.

—Es necesario que mantengamos abiertos nuestros oídos espirituales todo el tiempo —dijo—. No nos volvamos lentos para oír cada vez que el Señor quiere decirnos algo.

NO UNA ESTATUA DE SAL

de enero

LECTURA BÍBLICA: Génesis 19:15-17, 26

Sofía volteó su cabeza para mirar por la ventanilla trasera del auto. Con un pequeño esfuerzo casi podía ver su antigua casa.

—No quiero mudarme —dijo con lágrimas—. Quiero quedarme aquí con mis amigos.

La mamá extendió el brazo y le dio una suave palmadita en el brazo.

—Yo también voy a extrañar a mis amigos —dijo—, pero papá consiguió un nuevo trabajo y tenemos que trasladarnos. Sofía tomó distancia.

A lo largo del viaje el papá y la mamá hablaron acerca de temas que pudieran interesarle a Sofía, pero ella se acomodó en el asiento y fingió no escucharlos. Pensó todo el tiempo en lo mucho que extrañaría su antiguo vecindario. Cada vez que hablaba lo hacía para referirse a lo que sus amigos estarían haciendo y cuánto deseaba regresar.

A la hora del almuerzo, Sofía entró a regañadientes al restaurante y se desplomó sobre la silla.

—¿Vieron el circo a la entrada del pueblo? —les preguntó la mesera que los atendía. Sofía negó con su cabeza.

—Ay, es una lástima —dijo la mesera—. Una familia que acabó de salir dijo que los payasos saludaban a todos los autos que pasaban por ahí. Sofía frunció el ceño. Había estado demasiado ocupada refunfuñando por la mudanza para prestar atención a lo que ocurría a su alrededor.

—Querida, esto me recuerda la historia de la esposa de Lot —dijo la mamá—. Cuando Dios se propuso llevarla a otro lugar ella no quería ir. Desobedeció el mandato de Dios y miró hacia atrás, ¿recuerdas? Entonces quedó convertida en una estatua de sal. De esa manera ya no pudo disfrutar de una vida diferente, ni ayudar a su familia. La mamá abrazó a Sofía acercándola a ella.

—Está bien mirar atrás y recordar lo mucho que Dios te ha bendecido, pero también es necesario que mires hacia delante —añadió—. Debes aprender a ser feliz con lo que Dios te da. Papá y yo te necesitamos. Somos una familia, y necesitamos tu amistad y tu sonrisa.

Sofía suspiró. Todavía se sentía un poco triste, pero esperaba no perderse otras experiencias emocionantes. Además, tampoco quería herir a sus padres.

—Bueno —dijo con una mueca—. Me alegra no haberme convertido en una estatua de sal.

PARA MEMORIZAR:

"...En la misericordia de Dios confío eternamente y para siempre" *(Salmo 52:8).*

Y ¿QUÉ DE TI?

¿Aceptas con alegría los cambios que no te agradan? ¿Cooperas con tu familia cada vez que las cosas no se hacen a tu manera? A veces es difícil entender el plan de Dios, pero debes confiar en Él siempre.

TESORO:

Recibe con agrado los cambios

4

de enero

PARA MEMORIZAR:

"Mas buscad primeramente el reino de Dios y su justicia, y todas estas cosas os serán añadidas"
(Mateo 6:33).

Y ¿QUÉ DE TI?

¿Estás preocupado por tener todo lo que tus amigos tienen? ¿Te sientes pleno solo si tienes dinero en el bolsillo, un reproductor de discos compactos o una bicicleta nueva?
Las cosas de este mundo solo duran un instante. El amor de Jesús es un tesoro precioso que durará toda la eternidad. Si tu anhelo es servirle con fidelidad vivirás a plenitud y Él te dará todo lo necesario.

EL OTRO PERRO

LECTURA BÍBLICA: Lucas 12:22-34

Jaime alistó la leña para la hoguera y se apresuró para ver por qué ladraba Sansón, su perro. El perrito estaba en la orilla del río y miraba el claro reflejo en el agua. "¿Qué sucede, Sansón?" —preguntó Jaime. A su vez, miró hacia abajo y comenzó a reír.

En ese momento llegó el papá.

—¿Sansón encontró algo, Jaime? —preguntó.

—¡A sí mismo! —respondió Jaime. Sansón le ladraba con furia a su propio reflejo en el agua.

¡Perro tonto! —exclamó Jaime—. Ven aquí y te daré una golosina.

Tras escuchar la palabra mágica "golosina", Sansón abandonó de inmediato al "otro perro" para escabullirse entre la tienda. Apenas atrapó su golosina regresó a la orilla del río.

—Jaime, esto me recuerda la antigua fábula del perro y el hueso —dijo el papá mientras le echaba más leña al fuego—. El perro llevaba su hueso y cruzaba un puente. Pensó que había otro perro abajo en el agua y se erizó.

—¡Como Sansón! —exclamó Jaime.

—Sí. Ese perro no iba a permitir que el otro le quitara su hueso —continuó el papá—, así que comenzó a ladrar para ahuyentarlo. Y claro, al abrir la boca para ladrar se le cayó el hueso al agua y por su avaricia se quedó sin nada.

—La avaricia nos lleva a aferrarnos a las cosas —observó la mamá mientras ponía un pedazo de tocino en la sartén antes de calentarlo—, pero a la larga no podemos quedarnos con todo. Además, de todos modos las cosas no pueden darnos felicidad.

El papá asintió. —Así es. La verdadera felicidad y riqueza vienen de conocer a Jesucristo como Salvador y de servirle. El dinero y las posesiones desaparecerán, pero la salvación es para siempre. Es una lástima que tantas personas no lo comprendan.

Sansón corrió por otra golosina. Jaime le lanzó una y Sansón regresó con rapidez cerca del río. Parecía vigilar si quizás el "otro perro" buscaría su golosina.

TESORO:

Busca las riquezas verdaderas

LA RESPUESTA DE LUCAS

LECTURA BÍBLICA: Proverbios 4:20-27

—Veamos —dijo el papá una noche mientras extendía un mapa sobre el mostrador de la cocina—. Hemos decidido ir a las montañas para las vacaciones, pero aún no hemos precisado la ruta que tomaremos.

Lucas se retorcía en su silla. Estaba distraído pensando en otros asuntos. En la escuela, Alberto lo había arrinconado en el patio de recreo. Mira lo que conseguí —le dijo Alberto mostrándole unas pastillas—. Te hacen sentir de maravilla, y si me pagas, estoy dispuesto a compartirlas contigo.

Lucas no supo qué decir. Sabía que era malo probar siquiera una pastilla. El Señor no desearía que probara las drogas. Con todo, en vez de responder un "no" decidido, titubeó. —Bueno... no, yo... eh... mi papá se enojaría si me descubre —musitó—. Eh... pues... mejor no.

—Vamos —insistió Alberto—. Mira, te puedo dar una gratis. Tu papá no se dará cuenta. Al fin Lucas no probó esas pastillas, pero no podía dejar de pensar en lo que sucedió. Además, sabía que Alberto lo presionaría otra vez.

—Vamos —dijo su padre con un pequeño empujón—. Mamá y tu hermana han hablado ya del viaje. ¿A ti te parece bien esa ruta? Lucas se mostró indiferente.

—Podemos decidir eso después ¿no es así? Al fin y al cabo el viaje es dentro de un mes.

—Eso es cierto —dijo papá—. Lo que sucede es que deseamos aprovechar al máximo nuestras vacaciones. He solicitado algunos folletos de información y tal vez debamos solicitar una reservación. Si lo planificamos todo con anticipación será mejor.

¡Eso es! —pensó Lucas—. ¡Ese es mi problema! Ya sé que las drogas son malas, pero nunca he pensado lo que voy a responder si alguien viene a ofrecérmelas. ¡No lo había pensado antes!

Esa noche Lucas anotó en su cuaderno: "Mis respuestas a alguien que me tiente a hacer lo malo. #1: No gracias. No voy a probar drogas. #2: No. Soy cristiano y sé que el engaño es malo. #3: No. No quiero hacerlo. #4: No. A Dios no le agrada".

Lucas siguió buscando más respuestas.

PARA MEMORIZAR:

"Examina la senda de tus pies, y todos tus caminos sean rectos" (Proverbios 4:26).

Y ¿QUÉ DE TI?

¿Te has preparado para enfrentar propuestas indebidas? La Biblia dice que debes examinar (considerar) la senda de tus pies (tus acciones). Está atento a todo lo que debes hacer, y a lo que no. Si alguien te incita a probar drogas, a engañar, a mentir o a hacer algo indebido, prepara una respuesta.

TESORO:
Prepárate para enfrentar la tentación

6

PARA MEMORIZAR:

"Clama a mí, y yo te responderé, y te enseñaré cosas grandes y ocultas que tú no conoces" *(Jeremías 33:3).*

Y ¿QUÉ DE TI?

¿Tienes preguntas acerca de Dios? Está bien tenerlas. Pregúntales a tus padres, a tus maestros de la escuela dominical o a cualquier adulto cristiano en el que confíes. También pídele a Dios que te ayude a entender, y a buscar en su Palabra las respuestas.

TESORO:

Pregunta y aprende

INTERROGANTES

LECTURA BÍBLICA: Proverbios 2:1-19

Carlos miraba con el ceño fruncido.

—No te ves muy feliz —advirtió su hermana melliza Jenny—. ¿En qué piensas?

Carlos titubeó.

—En Dios —dijo después de una pausa—. Me pregunto si en realidad escucha las oraciones.

—¡Por supuesto que sí! —prorrumpió Jenny.

—Otra idea que me ronda en la cabeza —prosiguió Carlos—, es que en la escuela dominical me enseñaron que Dios está en todas partes. ¿Acaso es posible? Y ¿cómo es eso de que Dios no tiene principio?

—No puedo creer que dudes de Dios —objetó Jenny—. ¡Más vale que papá no te escuche!

—¿Que yo escuche qué? —preguntó el papá acercándose a ellos—. Vamos, adelante. ¿De qué se trata?

—Bueno —murmuró Carlos—, a veces no entiendo los temas de la Biblia y de Dios. Tengo algunas inquietudes y Jenny piensa que eso está mal.

—Bueno —dijo el papá—, en realidad está bien que tengas preguntas.

—¿Ah, sí? —exclamaron los mellizos al unísono.

—Las preguntas con el medio para aprender —dijo el papá—. Por ejemplo, Jenny, tú preparaste macarrones con queso para nuestro almuerzo de ayer, ¿cierto? Jenny asintió y el papá continuó. ¿Cómo aprendiste esa receta?

—Yo escuché que Jenny le hizo muchas preguntas a mamá —agregó Carlos—. Tuvo que preguntarle cuánta agua debía usar y a qué temperatura debía cocinar. También le preguntó cuánto tiempo debía dejar hervir los macarrones. Luego se volvió a su hermana.

—Has observado miles de veces a mamá hacerlo, Jenny, pero al intentarlo sola se te olvida todo.

—Bueno, ahora puedo hacerlo —arguyó Jenny.

El papá sonrió.

—Pienso que tienes razón. Hacer preguntas te permitió aprender. Por cierto, Dios no se molesta si le hacemos preguntas sinceras. Él sabe que esto nos permitirá aprender. Ustedes han visto cómo mamá y yo tratamos de seguir a Dios y vivir para Él, y han seguido nuestro ejemplo. Sin embargo, al comenzar a caminar con Dios por sí solos, es probable que ustedes tengan preguntas . No teman preguntar, aunque parezca difícil. Buscar las respuestas para sus preguntas los ayudará a conocer a plenitud lo que creen.

UN CRISTAL LIMPIO

LECTURA BÍBLICA: Salmo 62:1-2, 5-8

7

de enero

—Papá, ¿podemos salir a buscar rocas mañana? —preguntó Josefina—. Hay un lugar espléndido cerca de aquí. Mi nueva amiga, Marcela, lo visita con frecuencia.

—Justo lo que necesitamos... más rocas —irrumpió el papá. Se acostó en el sofá después de un día agotador tras haber organizado muebles y desempacado cajas en la casa nueva—. Como puedes ver, estoy cansado de cargar todas las cajas de tu colección de rocas —agregó con un gesto.

Josefina se rió.

—Mañana te sentirás mejor —le aseguró—, entonces podemos ir, ¿por favor? Marcela dice que esas rocas son especiales. Ella también es aficionada a las rocas, solo que colecciona sobre todo cristales. Allí hay montones.

—Bueno, no sé lo que sucederá mañana, pero pronto iremos a buscar rocas —prometió papá.

El día que papá llevó a Josefina a buscar rocas, Marcela fue con ellos —y tal como había dicho, encontraron muchas curiosas.

—Mira esta —dijo Marcela. La limpió y la sacó a la luz para verla mejor. —Es todo un arco iris de colores. Es la mejor que he encontrado hoy.

—¡Genial! —exclamó Josefina—. ¿Qué piensas hacer con ella?

—Tal vez se la obsequie a mi tía Lidia —dijo Marcela—. Ella tiene una repisa especial para poner los cristales. Lucen preciosos con las velas que ella mantiene encendidas alrededor.

—¿Velas? ¿Una repisa especial? —preguntó el papá de Josefina.

—Mi tía Lidia llega muy cansada de su trabajo en la Corte, y dice que los cristales tienen un poder curativo que le da fuerzas —explicó Marcela—. Para mí, los cristales no son más que piedras hermosas.

—Y tienes razón, Marcela —se apresuró el papá a comentar—. Los cristales son pedazos brillantes de joyería, y también se los usa para fabricar relojes. Sin embargo, los cristales fueron creados por Dios, y solo Él es la única Roca que puede darnos fuerza.

PARA MEMORIZAR:

"Porque ¿quién es Dios, sino sólo Jehová? ¿Y qué roca hay fuera de nuestro Dios" *(2 Samuel 22:32).*

Y ¿QUÉ DE TI?

¿Conoces a alguien que pone su confianza en otra "roca" que no es Dios? Si necesitas auxilio o fortaleza o alguien a quién acudir, debes saber con la claridad de un cristal que sí puede hacerlo. Jesús es nuestra Roca y nuestro Salvador viviente. Confía en Él.

TESORO:

Confía en Jesús, la roca verdadera

8

de enero

PARA MEMORIZAR:

"¡Mirad cuán bueno y cuán delicioso es habitar los hermanos juntos en armonía!" (Salmo 133:1).

Y ¿QUÉ DE TI?

¿A veces rehúsas aceptar sugerencias distintas a tus ideas? ¿Te resulta difícil trabajar como parte de un equipo? Recuerda que Dios quiere que los cristianos trabajemos juntos y unidos. Si no trabajas de esa manera, será más difícil para ti cumplir con tu objetivo.

TESORO:

Trabaja con otros en unidad

VUELO EN FORMACIÓN

LECTURA BÍBLICA: Efesios 4:1-6

—Bueno, si así son las cosas, buscaré a alguien más para trabajar en mi proyecto científico —les dijo Felipe enojado a Alejandro y a Tomás. Se cruzó de brazos, se dio la vuelta y se alejó de los dos muchachos.

A la hora de cenar Felipe todavía estaba enojado. —Ellos no van a escucharme —dijo—. Quieren cambiar todo el proyecto científico. No importa lo que digan. A mí me gusta como yo lo planifiqué. Creo que buscaré a otros para que trabajen conmigo en mi proyecto.

El papá lo miró receloso, y luego le preguntó:

—¿Entonces no puedes volar en formación?

—¿Ah? —rezongó Felipe—. ¿De qué me hablas?

—¿Recuerdas aquel espectáculo de aviación de la armada que vimos el mes pasado? —preguntó el papá.

Felipe asintió. —¿Recuerdas a qué distancia volaban esos aviones el uno del otro? —lo interrogó.

—Creo que a unos noventa centímetros —respondió Felipe. Sus ojos brillaban al recordar la emoción que sintió al ver los magníficos aviones de color amarillo y azul en el cielo. —¡Eso sí es trabajo en equipo! Si uno se movía, todos se movían.

El papá asintió.

—Por cierto, volar en formación requiere un trabajo en equipo —señaló—. Lo mismo se requiere para realizar un buen trabajo en cualquier grupo para un proyecto, incluso tu proyecto científico. En un sentido, tú debes "volar en formación" para trabajar en él. Los otros chicos deben escuchar tus ideas, pero tú también debes prestar atención a las de ellos, ¿no crees?

—Bueno, tal vez —aceptó Felipe pausadamente—. Sí, supongo que tienes razón, papá. Necesitamos trabajar juntos. Suspirando, añadió. —Mejor voy a llamar a Alejandro y a Tomás para conocer sus ideas.

—A propósito del trabajo en equipo —dijo la mamá antes de que Felipe se fuera—, recordemos que el equipo más importante es el que integramos con Dios. Los cristianos debemos trabajar juntos para su gloria.

Felipe sonrió con travesura. —Piensas que olvidé la reunión especial para jóvenes esta noche, ¿cierto? Bueno, pues no es así. Y ya que voy a hablar con Alejandro y Tomás, también voy a invitarlos.

VISITA INESPERADA

9 de enero

LECTURA BÍBLICA: Mateo 24:36-44

—¡Mamá! —exclamó Gina mientras tapaba el auricular del teléfono—. Sara y su familia están en la ciudad. Sara quiere saber si puede pasar el fin de semana conmigo. Dime que sí, ¡por favor!

La mamá sonrió. —Por supuesto, querida —dijo—. Está bien.

Gina retomó su conversación. —Mamá dice que está bien, Sara. ¿A qué hora piensas llegar?

Después que las niñas conversaran otro rato, Gina colgó el teléfono. —Mami, ¡estoy tan emocionada! —gritó—. Sara llegará en dos horas. Es la primera vez que podemos vernos después de habernos mudado. Estoy tan feliz de que estén en la ciudad. Sara puede quedarse hasta el lunes.

—Grandioso —dijo la mamá sonriendo—, y cuanto antes debes cambiar las sábanas de la otra cama de tu cuarto.

Gina se fue deprisa. En la puerta de su habitación se detuvo y quedó consternada. ¿Cómo es posible que haya tanto desorden en mi habitación? —se preguntó extrañada. Sin tardar recogió montones de ropa dejada sobre la silla y en el piso. Echó pantalones sucios en la canasta, guardó las medias limpias en la gaveta y los zapatos en el armario. Al pasar por su escritorio volaron papeles por todas partes.

Mientras recogía los papeles en el piso vio el boletín de la escuela dominical. "Jesús viene pronto —leyó al abrir una gaveta para guardar los papeles—. No sabemos cuándo, pero debemos estar listos". Gina hojeó el relato que seguía. Luego prosiguió su limpieza, pero las palabras que leyó hacían eco en su mente. ¿Estaré lista si Jesús viene de repente? —se preguntó—. Sabía que Jesús vendrá en cualquier momento, pero de algún modo resultaba fácil descuidar una vida limpia, lo cual era cierto con respecto a su propia habitación. Sara me llamó por teléfono para avisarme que vendría, y así tuve tiempo para alistarme y limpiar mi habitación. Sin embargo, no habrá una llamada telefónica que me avise la venida del Señor, y no tendré tiempo para alistar mi corazón. Mientras Gina meditaba en esto, se propuso vivir cada día de tal modo que pudiera estar lista para recibir a Jesús en cualquier momento.

PARA MEMORIZAR:

"Vosotros, pues, también, estad preparados, porque a la hora que no penséis, el Hijo del Hombre vendrá" (Lucas 12:40).

Y ¿QUÉ DE TI?

¿Necesitarías tiempo para limpiar tu vida en caso de que Jesús llegara hoy? ¿Tendrías que pedirle perdón a alguien? ¿Confesar algún pecado y abandonarlo? ¿Necesitarías conocer mejor a Dios a través de la lectura de su Palabra? Nadie va a avisarte con anticipación la venida de Jesús. Vive cada día de una manera agradable a Él.

TESORO:

Prepárate para la venida de Jesús

CUENTAS ENREDADAS

10

de enero

TESORO:

**Reconcíliate
con Dios**

LECTURA BÍBLICA: 2 Corintios 5:14-21

—¡Oh, no! —gimoteó María—. Estoy haciendo las cuentas de nuestro club de jóvenes con-
quistadores. He contado el dinero una y otra vez
y las cuentas no cuadran. María señaló las
monedas y los billetes sobre la mesa.

—Estamos ahorrando para comprar una
videocasetera para la iglesia. Yo soy la tesore-
ra, y la señorita Martínez me dio el dinero para
guardarlo hasta mañana y depositarlo en el banco después de clases. Esta hoja dice que yo debería tener $27.00
pero solo tengo $22.00 ¡Ya he contado el dinero seis ve-
ces!

La mamá se acercó a la mesa. —Déjame contarlo y ver
si obtengo el mismo resultado —sugirió. Se dispuso a contar el dinero y obtuvo el mismo total de María.

—¿Qué va a suceder si me culpan por el dinero que
falta? —profirió María entre gemidos—. La señorita
Martínez confió en mí.

En ese preciso momento sonó el teléfono y María contestó. Habló durante unos minutos, luego colgó el teléfono
y miró a su mamá con una gran sonrisa. —¡Qué alivio!
—exclamó—. Era la señorita Martínez, y llamaba para disculparse. Me dijo que habían usado un billete de $5.00
para nuestra fiesta y que ella había olvidado anotarlo. Eso
significa que debo tener un total de $22.00 justo lo que
tengo.

Al llegar el papá a casa, María le contó cuán preocupada estuvo antes de la llamada de la señorita Martínez.

El papá asintió.

—Entonces ¿qué te pareció conciliar el dinero con la
cantidad anotada? —preguntó.

—¿Conciliarlos? —preguntó María—. Me parece haber escuchado una palabra parecida en la iglesia. ¿Qué
significa?

—Significa poner en orden o restaurar la comunión y la
armonía. El dinero que tenías en realidad no coincidía con
la cantidad que te pedían. No había armonía entre ellos, de
manera que tenían que conciliarse —explicó el papá—.
Además, tienes razón. En la iglesia hablamos de reconciliación porque en nuestra condición de pecadores no teníamos la justicia que Dios exige para alcanzar la salvación
y un hogar en el cielo. Entre tú y Dios debía efectuarse
una reconciliación. Eso ocurrió en el momento en el que
aceptaste a Jesús como tu Salvador, pues allí recibiste la
justicia exigida por Dios.

El papá sonrió.

—Ya que has conciliado tus cuentas del club, puedes
recordar que has sido reconciliada con Dios.

SUFICIENTE AMOR

11

de enero

LECTURA BÍBLICA: 1 Juan 4:16-20

—Te amo abuelita, pero extraño mucho a mamá —le dijo Julia a su abuela mientras ella sacaba algunas toallas de la secadora—. Quisiera que ya hubiera regresado del hospital.

—Lo sé, querida, pero llegará mañana —dijo su abuela para animarla—. Además, recuerda que traerá a tu nuevo hermanito. La abuela cerró la secadora y abrazó a Julia antes de comenzar a doblar las toallas.

—Sí, pero... —vaciló Julia. Luego añadió—. Abuelita, hay algo que me preocupa. Bajó la mirada.

—Supongo que es lindo tener otro hermanito, pero... me pregunto si mamá me seguirá amando. Quiero decir, tanto como me amaba antes de que naciera el bebé.

—Querida, por supuesto que lo hará —respondió la abuela de inmediato—. ¿Por qué piensas lo contrario?

Julia hizo un gesto.

—Pues, no lo sé. Solo se me ocurría pensarlo.

—Bueno, Julia. Déjame preguntarte algo —dijo la abuela—. Hace mucho que tienes deseos de volver a la ciudad donde vivías antes, ¿no es así?

Julia asintió.

—Papá dice que iremos cuando el bebé crezca.

—Bueno, ¿por qué deseas regresar allá? —interrogó la abuela.

—Oh, abuelita, ¡allá vive Camila, y ella es mi mejor amiga! —dijo Julia—. ¡Tú lo sabes!

—Pero hace ya tres meses que te mudaste —comentó la abuela—, y ahora tienes nuevos amigos.

—Abuelita, yo no olvidaría a Camila aunque consiga nuevos amigos —objetó Julia—. ¿Acaso no entiendes?

—¿Quieres decir que todavía la amas? —preguntó la abuela. Julia asintió, y la abuela sonrió.

—Entonces ¿por qué piensas que tu mamá dejará de amarte? —preguntó la abuela—. Ella tiene suficiente amor para darte a ti y a tu hermanito, de la misma forma que tú tienes amor en abundancia para Camila y tus nuevos amigos.

Julia también sonrió. Luego abrazó con fuerza a su abuelita. —Ya entendí —dijo—. Quisiera ver ya mismo a mi hermanito.

PARA MEMORIZAR:

"Y nosotros hemos conocido y creído el amor que Dios tiene para con nosotros. Dios es amor; y el que permanece en amor, permanece en Dios, y Dios en él" (1 Juan 4:16).

Y ¿QUÉ DE TI?

¿Alguna vez has pensado que tu mamá y tu papá te amarían más si no tuvieras hermanos o hermanas? Dios les da a los padres amor en abundancia para cada miembro de la familia. Y algo todavía más grandioso es que Dios ama profundamente a cada uno de sus hijos. Él es amor, y quiere que tú lo sepas. Y no solo eso, sino que puedas descansar en su amor cada día a cada instante.

TESORO:

Descansa en el amor de Dios

12
de enero

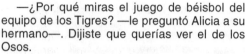
SIN VIDEOCASETERA

PARA MEMORIZAR:

"Pues aún no está la palabra en mi lengua, y he aquí, oh Jehová, tú la sabes toda"
(Salmo 139:4).

Y ¿QUÉ DE TI?

¿Te has preguntado cómo puede Dios escuchar tus oraciones mientras tantas personas también oran? ¿Te has preguntado si tus oraciones son importantes para que Dios las escuche? No te preocupes. Dios conoce cada detalle de tu vida y escucha todas tus oraciones. Ora en este mismo momento. Él te escucha.

TESORO:

Dios escucha nuestras oraciones

—¿Por qué miras el juego de béisbol del equipo de los Tigres? —le preguntó Alicia a su hermano—. Dijiste que querías ver el de los Osos.

—Sí, pero estoy grabando ese juego en videocinta, así que puedo verlo después —respondió Benjamín mientras se comía unas palomitas de maíz. En ese momento comenzaron los anuncios comerciales en la pantalla y Benjamín bajó el volumen del televisor para escuchar la radio. Le hizo una mueca a su hermanita.

—Nuestro equipo de la secundaria juega esta noche en las afueras de la ciudad, así que mientas pasan los anuncios comerciales escucho el juego en la radio —dijo—. Así puedo ver los tres juegos que me interesan. ¿Qué opinas, ah? ¡Dime si no tienes un hermano muy listo!

Más tarde, Alicia tenía que irse a dormir.

—Llévame a mi cama, papi —le pidió después de alistarse para dormir.

—¿Estás lista para tu oración de la noche? —le preguntó el papá al acercarse a su habitación.

—Sí —afirmó Alicia, y luego se arrodillaron junto a la cama. —Papá, siempre oramos antes de ir a dormir. Hay muchos niños que también oran al mismo tiempo, ¿no es así? —preguntó Alicia.

El papá asintió.

—Sí, supongo que muchos niños oran antes de dormir.

—Bueno, entonces Dios necesita una gran videocasetera para poder grabar las oraciones de todos los niños y escucharlas después —dijo Alicia.

El papá se echó a reír.

—Parece que has estado hablando con Benjamín —respondió—, pero Dios no necesita usar una videocasetera, y no se limita a escuchar una sola oración a la vez. Él puede escuchar la oración de todas las personas al mismo tiempo.

—Bueno ¿y qué sucede si mis oraciones no son muy interesantes? ¿Escuchará más bien las de otra persona? —preguntó Alicia—. ¿Así como Benjamín cambia de canal o escucha más bien la radio cuando pasan los anuncios comerciales aburridos?

—Dios no es como Benjamín ni se parece a nosotros —dijo el papá abrazándola—. Dios es Dios. Y como ya te dije, Él puede escuchar todas las oraciones del mundo al mismo tiempo. Él escucha todo lo que decimos, conoce todo lo que pensamos, y se interesa por todo lo que nos sucede.

—¡Qué alegría! —dijo Alicia—. Oremos, papi.

CONECTADO

13

de enero

LECTURA BÍBLICA: Hechos 1:8; 2 Timoteo 1:6-9

—¿Puedo faltar a mi grupo de estudio bíblico esta noche? —preguntó Raúl al levantarse de la mesa para ayudar a recoger la mesa después de la cena—. No tuve tiempo para preparar mi lección de esta semana, y sé que el pastor Francisco en realidad se molestaría.

—Bueno —dijo la mamá. Me parece bien que el pastor Francisco exija que estudies por tu cuenta, pero deberías ir al estudio aunque no hayas hecho tu tarea.

—No sé, mamá —dijo Raúl vacilante—. He pensado abandonar ese estudio. No tengo tiempo para tantos deberes.

La mamá hizo un gesto mientras encendía la radio.
—Este aparato no funciona —dijo después de un momento. Dio vueltas al dial y luego oprimió el botón para apagarlo. —Quería escuchar música mientras limpio la cocina.

—Raúl se acercó a la radio —encendió la radio y giró el dial. Luego se dio cuenta de que el cable pendía del mostrador y que estaba desconectado. —Aquí está el problema, mami —dijo riendo—. La radio está desconectada. Se necesita electricidad para que funcione, tú sabes. Sin electricidad no hay música.

—Esta radio me recuerda lo que te sucede —dijo la mamá mientras comenzaba a llenar de agua el fregadero.

—¿A qué te refieres? —preguntó Raúl.

—Bueno —prosiguió la mamá—, al igual que la radio, los cristianos necesitamos estar "conectados" a nuestra fuente de poder a fin de vivir para Dios y dar testimonio de Él. Conectarse equivale a dedicar tiempo al estudio de la Biblia y a vivir en obediencia a Dios. Asimismo, por medio de la adoración, la oración y la comunión con otros creyentes. Ayer mencionaste tu dificultad para testificarles a tus compañeros en la escuela, y que sientes como si fueras el único cristiano en tu clase de ciencia. Creo que el grupo de estudio bíblico puede ayudarte a mantenerte "conectado" para que puedas dar un buen testimonio allí.

Raúl suspiró, pero sabía que su mamá tenía razón.

—Está bien —dijo—, iré. Antes de alistarse para ir al estudio bíblico miró a su mamá con suspicacia.

—Mamá, ¿tú ya sabías que la radio estaba desconectada? —preguntó.

PARA MEMORIZAR:

"...porque Dios es el que en vosotros produce así el querer como el hacer, por su buena voluntad"
(Filipenses 2:13).

Y ¿QUÉ DE TI?

¿Practicas actividades que te permiten "conectarte" a tu fuente de poder? Leer la Biblia, orar, ir a la iglesia, a la escuela dominical, y recibir el apoyo de otros cristianos te ayudará a mantenerte conectado. Dale a Dios el primer lugar en tu vida para que su poder esté contigo.

TESORO:

El poder espiritual viene de Dios

14
de enero

PARA MEMORIZAR:

"...sírvele [a Dios] con corazón perfecto y con ánimo voluntario" (1 Crónicas 28:9).

Y ¿QUÉ DE TI?

¿Estás dispuesto a servir al Señor sin importar lo que te pida? ¿Incluso si no te agrada? Él puede ver tu corazón y sabe bien si le sirves con un corazón feliz y dispuesto.

TESORO:

Sirve a Dios de todo corazón

¿EN QUÉ PUEDO SERVIRLE?

LECTURA BÍBLICA: 1 Crónicas 28:2-6, 9

A Tomás le fascinaba ir a la tienda de silenciadores de su abuelo. Veía las chispas que saltaban cada vez que el soplete atravesaba el metal. Cambiaban los viejos silenciadores oxidados por otros nuevos y brillantes, a través de los cuales el aire a presión producía un zumbido intenso.

En casa, Tomás jugaba a ser el propietario de una tienda de silenciadores. Sus clientes eran su hermano y su hermana menor, Samuel y Laura. Cuando Samuel llamaba por el teléfono de juguete, Tomás preguntaba: "¿En qué puedo servirle?" Es así como aprendió a responder después de ver a su abuelo contestar el teléfono.

Luego Tomás esperó a que Samuel trajera su bicicleta para realizar las supuestas reparaciones. Laura vino también con su triciclo para instalarle un nuevo silenciador de juguete.

Una noche, los tres niños se alistaban para jugar a la tienda de silenciadores, cuando papá dijo:

—Es hora de vestirse. Las familias de nuestra iglesia se turnan para visitar a los ancianos en el hogar, ¿recuerdan? Esta noche es nuestro turno para visitarlos.

Tomás refunfuñó. —¿Por qué tenemos que ir allá? —preguntó—. Esos ancianos son muy aburridos. ¿Podemos quedarnos aquí?

El papá les señaló que no. —Ellos están esperando nuestra visita —dijo—. A ellos les gusta mucho ver a los niños. Eso los alegra.

—Bueno, a mí no me alegra tener que ir allá —alegó Tomás—. Eso arruina mi diversión.

De repente el papá cambió de tema. —Tomás ¿recuerdas cómo contesta el teléfono el abuelo en la tienda de silenciadores? —preguntó.

—Él dice: "¿En qué puedo servirle?" —respondió Tomás con un gesto.

Su papá asintió. —He escuchado la misma respuesta cuando juegas a que tienes una tienda en casa —dijo—. Es una buena forma de expresar tu disposición y deseo de ayudar a alguien.

—¿A qué te refieres? —preguntó Tomás.

—Bueno, la Biblia nos enseña que los que amamos a Dios debemos servirle de todo corazón —explicó el papá—. A Él le gustaría que le dijéramos: "¿En qué puedo servirte, Señor?". Esta noche pienso que su respuesta sería: "Puedes servirme llevando alegría a los que viven en el hogar de ancianos, sin quejarte".

Tomás quedó pensativo. Luego subió a su habitación y se arregló para salir.

¿AMIGO SECRETO?

LECTURA BÍBLICA: Marcos 8:34-38

La puerta se cerró de golpe al entrar Pedro a la casa tras su primer día de escuela.

—¡Mamá! —gritó—. ¡Adivina lo que pasó! Hoy hice nuevos amigos y en un rato vienen para jugar béisbol.

—¡Fantástico! —contestó la mamá. Luego se encontró a Pedro en la sala. —Vamos a cenar un poco más temprano. La reunión especial de jóvenes comienza esta noche en la iglesia.

Pedro titubeó al acercarse a las escaleras.

—No creo que vaya después de todo —dijo pausadamente. Miró a su madre nervioso. Ella permaneció callada, y Pedro, con la vista fija en el tapete.

—Verás, mamá, estoy tratando de ajustarme a estos chicos —explicó Pedro—, y dudo que alguno vaya a la iglesia.

—Bueno —contestó la mamá—, eso no significa que tú no debas ir, y lo sabes bien. Por cierto, ¿quién es el chico con el que hablaste esta mañana cuando te dejé en la escuela, el que usaba muletas?

—Ah, es Andrés —respondió Pedro—. Me agrada. Es uno de mis amigos y juego mucho con él. Pero algunos niños se burlan de él y no lo dejan jugar, así que otros también lo rechazan. Es un poco triste.

—Estoy de acuerdo —dijo su mamá—. Es una pena que los chicos rechacen a un amigo como Andrés solo porque les preocupa más el qué dirán —ella frunció el entrecejo y añadió—. Pero eso es justo lo que tú quieres hacer ¿no te parece Pedro? Quieres faltar a la reunión con tu mejor amigo, Jesús, solo porque te preocupa lo que tus nuevos amigos podrían pensar de Él.

Pedro se sonrojó y se quedó callado.

—Supongo que tienes razón, mamá —confesó después de una pausa—. Voy a decirles a los chicos que iré a la iglesia esta noche.

En ese preciso momento llegaron Miguel y Freddy con todo el equipo de béisbol.

—Todo listo, Pedro, ¡vamos! —dijo Miguel—. No podemos jugar hasta muy tarde hoy. Tenemos que ir a una reunión especial en la iglesia.

—¿De veras? —exclamó Pedro—. Yo también tengo pensado asistir a una reunión en mi iglesia. Él y su mamá sonrieron.

PARA MEMORIZAR:

"Porque no me avergüenzo del evangelio, porque es poder de Dios para salvación a todo aquel que cree" (Romanos 1:16).

Y ¿QUÉ DE TI?

¿Hablas de Jesús cuando estás con tus amigos o mantienes en secreto tu amistad con Él? ¿Temes si otros se burlen si descubren que eres cristiano? Ningún amigo en esta tierra es más importante ni maravilloso que Jesús. Él dio su vida por ti. Permite que tus amigos vean cuánto lo amas.

TESORO:

Que tus amigos sepan que amas a Jesús

16

de enero

PARA MEMORIZAR:

*"Velad, estad firmes en la fe"
(1 Corintios 16:13).*

Y ¿QUÉ DE TI?

¿Estás atento a las "señales del camino" de Dios leyendo la Biblia y escuchando a las personas que la enseñan? Es vital para tu viaje hacia el cielo.

LECTURA BÍBLICA: 1 Pedro 4:7-11

—Veo algo rojo —dijo Jaime. Estaba con sus padres de vacaciones y jugaba con su hermana Lucy.

Lucy miró a su alrededor.

—¿Es ese camión frente a nosotros? —preguntó. Jaime asintió, y seguía el turno de Lucy. En poco tiempo se aburrieron del juego.

—¿Cuándo vamos a detenernos? —preguntó Jaime.

—No estoy seguro —respondió el papá. Luego dio un vistazo a la silla del lado y sonrió. —Mamá tampoco ha estado atenta a las señales de tránsito —comentó—. Está dormida.

La voz del papá despertó a la mamá y ella se incorporó. —No estoy dormida —dijo. Y los demás se rieron. —Detengámonos a comer algo —sugirió—. ¿Han visto alguna señal de un restaurante próximo?

—Nadie ha estado atento —dijo Jaime con un suspiro—. Papá estaba ocupado conduciendo, mamá estaba dormida, y Lucy y yo estábamos jugando —dijo—, luego nadie prestó atención a las señales de restaurante, en caso de que hubiera. Tal vez pronto veamos una.

—¡Eh! Veamos quién avista primero una señal de restaurante.

—Esto me recuerda lo que sucede en la vida —dijo el papá—. Dios pone señales a lo largo del camino de la vida —continuó el papá—, pero si estamos demasiado ocupados con los asuntos mundanos tal vez las pasemos por alto.

—¿Qué señales nos da Dios, papá? —preguntó Jaime.

—Todos ustedes pueden ayudarme a encontrar algunas —respondió el papá—. Una que viene a mi mente es: "Cree en el Señor Jesucristo y serás salvo". Esa es la señal más importante porque nos indica el camino al cielo.

—Ya tengo una —dijo la mamá—. "Esfuérzate por presentarte a Dios aprobado". Todos los cristianos debemos estudiar la Palabra de Dios en nuestro viaje hacia el cielo.

—"Ora sin cesar" ¿es una de las señales de Dios? —preguntó Lucy.

El papá asintió.

—Claro que sí —dijo—. Es tu turno, Jaime.

—"Perdona y serás perdonado" —sugirió Jaime, y luego exclamó. —¡Miren! Esa señal indica que hay un restaurante en la próxima salida.

El papá sonrió. —¿Ven? —dijo—, vale la pena estar alerta para ver las señales.

TESORO:

Está atento a las señales de Dios

LLUVIA, LLUVIA, LLUVIA

LECTURA BÍBLICA: Salmo 51:1-10

—Yo pensé que estas vacaciones iban a ser divertidas —rezongó Nelson. En interior de la tienda estaba frío y húmedo por la lluvia que golpeaba contra las paredes. —¿Por qué tenía que llover hoy? —se quejó.

—Dios no nos prometió días soleados para nuestro viaje —respondió el papá—. Tendremos que sacarle el mejor partido a la lluvia y aceptarla de buena gana.

—Por ejemplo, nuestra camioneta necesitaba una buena limpieza —agregó. Pero Nelson no sonrió.

—Tú y Daniel deben ponerse sus pijamas —les dijo su mamá—. En seguida tendremos nuestro tiempo devocional y cantaremos algunos coros. Eso nos ayudará a olvidar la lluvia.

Los chicos obedecieron y se deslizaron en sus bolsas de dormir. —Por fin me caliento —dijo Nelson—. Tal vez haya dejado de llover cuando nos despertemos mañana.

—Tal vez —afirmó el papá—, entonces iremos felices de pesca. Ahora, ¿qué vamos a cantar esta noche?

—Ya sé —exclamó Nelson—. Cantemos "¿Qué puede limpiar mi pecado?" Estamos aprendiendo ese coro en la escuela dominical.

Daniel se rió con fuerza, y el papá le siguió.

—¿Por qué se ríen de mí? —preguntó Nelson—. ¿Cuál es el chiste?

La mamá sonrió mientras le explicaba.

—Con toda esa lluvia que nos ha tocado hoy y tú quieres cantar sobre cómo se lava el pecado —dijo.

Nelson hizo una mueca.

—Supongo que es un poco gracioso —añadió.

—Por cierto —agregó el papá con una sonrisa—, es una canción muy apropiada para cantar esta noche. ¿Recuerdan lo sucia que estaba nuestra camioneta? La lluvia lavó el barro y la mugre, y la sangre de Jesús lava nuestros pecados. En vez de lamentarnos por la lluvia, tal vez podemos aprovecharla para meditar en Jesús y en lo que Él hizo por nosotros al morir en la cruz.

—Muy bien. Gracias por elegir la canción perfecta, Nelson —añadió la mamá.

Toda la familia cantó el antiguo himno. Mientras la lluvia golpeaba la tienda, Nelson recordó que todos sus pecados habían sido limpiados por Jesús. ¡Qué grandioso es saber que Dios le perdonó todo lo malo!

17
de enero

PARA MEMORIZAR:

"...la sangre de Jesucristo su Hijo nos limpia de todo pecado" (1 Juan 1:7).

Y ¿QUÉ DE TI?

¿Tus pecados ya fueron limpiados? ¿Se los confesaste a Jesús? Él murió y derramó su sangre en la cruz para que recibas el perdón. Todo lo malo que has hecho puede ser limpiado.

TESORO:
Jesús limpia el pecado

18

de enero

PARA MEMORIZAR:

"No me olvidaré de tus palabras" (Salmo 119:16).

Y ¿QUÉ DE TI?

Primera Tesalonicenses 5:21 dice: "aférrense a lo bueno". ¿Lo haces? ¿Te "aferras" a lo que Dios dice? Solo tú puedes sembrar las palabras de Dios en tu corazón. Solo tú puedes memorizarlas. Solo tú puedes disciplinarte para pensar en ellas y ponerlas en práctica en tu propia vida. Es tu elección. Requiere tiempo y esfuerzo, pero recibirás una recompensa. Toma las palabras del Salmo 119:16 como tu promesa para Dios: "no me olvidaré de tus palabras".

TESORO:

Aférrate a la Palabra de Dios

LA CUERDA

LECTURA BÍBLICA: Salmo 119:9-16

—¡Po' favo' ven el v'ernes! ¡po' favo'! —rogó Aarón sacudiendo con fuerza un aviso para recordar el día de la familia en el preescolar.

—Por supuesto que iré —respondió la mamá, dándole al pequeño Aarón un abrazo. Y Ana también puede venir. No tiene que ir a la escuela el próximo viernes.

—¡Sí! —gritó Aarón emocionado mientras se retiraba a entretenerse con sus juguetes.

Ana sonrió. —Será agradable ver de nuevo a la señora Pérez —dijo—. Todavía recuerdo el preescolar. Nos divertíamos tanto allí.

Cuando Ana y la mamá visitaron el preescolar de Aarón, lo vieron junto con sus compañeros coloreando, escuchando una historia y buscando objetos de color azul en el aula.

Después que los niños comieron galletas y jugo, la señora Pérez hizo un llamado de atención.

—Es tiempo de ir al patio de recreo —anunció. Luego sacó dos cuerdas largas del armario. Los niños se alinearon con una cuerda y las niñas con otra. Todos se sujetaron de ella con fuerza. La señora Pérez tomó el extremo de ambas cuerdas y comenzó a andar.

—Tengan cuidado con los autos —les recordó a los niños al tiempo que cruzaban el estacionamiento. Los chiquillos de tres y cuatro años cruzaron en medio de varios autos estacionados y de un gran autobús amarillo. Sus pies levantaban un poco de polvo del piso y las risas parecían graznidos de ganso.

—Recuerdo esa cuerda —le dijo Ana a su mamá mientras seguían a los niños—. Asirnos de ella significaba estar a salvo. Luego rió y agregó.—El patio de recreo parecía mucho más lejano, y pasar todos esos autos me aterrorizaba.

La mamá sonrió.

—Tal vez ya seamos grandes, pero todavía necesitamos aferrarnos a una cuerda —comentó.

Ana la miró perpleja, y la mamá sonrió.

—No me refiero a una cuerda en sentido literal —dijo—, sino que en cierto modo la Palabra de Dios es como una cuerda. No que debamos tomarla para guardar nuestra salvación, pues la Biblia dice que somos "guardados por el poder de Dios". Sin embargo, la Biblia también dice que debemos aferrarnos a lo bueno. Una manera de lograrlo es leyendo, memorizando y obedeciendo lo que Dios dice en su Palabra.

LOS ZAPATOS NUEVOS DE CARLOS

LECTURA BÍBLICA: Mateo 23:5-7, 11-12

Carlos tomó un zapato del mostrador.

—Este me gusta, mamá —dijo. Su madre lo miró indecisa. —Son los mejores —insistió Carlos—. Todos los chicos compran esta marca. Los avisos en la televisión dicen que la suela especial reduce el impacto que produce el piso del gimnasio. Carlos cerró sus ojos imaginándose lo que dirían sus amigos al verlo llegar con sus nuevos zapatos al entrenamiento. Miró a su madre esperanzado, pero ella se había alejado.

—¿Qué te parecen estos? —preguntó su madre al tiempo que le mostraba unos zapatos parecidos a los que Carlos había elegido.

—¡Uy, no! —protestó Carlos. Nadie compra esa marca. Su madre le habló suavemente.

—Quiero comprarte unos zapatos que te agraden, pero no estoy dispuesta a pagar demasiado por una simple marca.

—Pero yo solo quiero esos —dijo lamentándose y pensando en sus amigos. Luego comenzó a quejarse en voz alta.

La mamá se disgustó.

—Entonces puedes quedarte con tus zapatos viejos —dijo con firmeza y se apresuró a salir de la tienda.

Esa noche en la cena, el papá preguntó:

—¿Quién estaba en la puerta hace un rato?

—El farolero de Joel —respondió Carlos malhumorado—. Solo vino para alardear de su nuevo monopatín. Le compraron uno nuevo hace meses y ahora compró otro solo para impresionar a los chicos. Es un fastidio.

La mamá lo miró sorprendida.

—¿Y acaso tú no me rogaste que te comprara cierta marca de zapatos porque querías impresionar a tus amigos? —lo cuestionó. Carlos la miró con asombro.

—Solo piénsalo un minuto —continuó su mamá con gentileza—. ¿En realidad necesitas comprar esa marca de zapatos, o más bien quieres usar tus posesiones para presumir con tus amigos, al igual que Joel?

Carlos masticaba lentamente. Era cierto. Su intención era que sus amigos se detuvieran a ver sus zapatos. Sabía que su actitud era similar a la de algunos hombres cuyas historias aprendió en la escuela dominical.

—Supongo que Joel y yo tenemos mucho por aprender —confesó.

PARA MEMORIZAR:

"Porque el que se enaltece será humillado, y el que se humilla será enaltecido" **(Mateo 23:12).**

Y ¿QUÉ DE TI?

¿Presionas a tus padres para que te compren ropa de marcas famosas? ¿Pides que te compren algo solo porque "todo el mundo" lo tiene? Examina tu corazón. ¿En realidad lo necesitas? Está bien vestirse de manera pulcra y agradable, pero nunca con el propósito de alardear.

TESORO:

No te vistas para impresionar

20

de enero

AMIGOS POR CORRESPONDENCIA

PARA MEMORIZAR:

"...bienaventurados los que no vieron [a Jesús], y creyeron" (Juan 20:29).

Y ¿QUÉ DE TI?

¿Te cuesta creer en un Dios invisible? Mira a tu alrededor las cosas que Él hizo, la belleza de un atardecer, el arco iris en el cielo, las plantas en crecimiento, los animales, y tú mismo. Lee la Biblia, la carta que Dios escribió para ti, y cree en Él. No necesitas ver a Dios para creer que es real.

TESORO:

Cree en Dios

LECTURA BÍBLICA: Juan 20:26-29

Mientras Beatriz y su vecina Jenny regresaban a casa después de la escuela dominical, conversaban acerca de la lección aprendida.

—No estoy segura de que en realidad exista Dios —confesó Beatriz—. ¿Tú si lo crees, Patricia?

Jenny hizo de inmediato un gesto de asombro.

—¡Por supuesto! —exclamó.

Beatriz frunció el entrecejo.

—Bueno, tú has estado en la iglesia toda tu vida —dijo—, supongo que para ti es más fácil. Sin embargo, tú nunca has visto a Dios, ¿o sí?

—No —confesó Jenny—, pero yo sé que es real.

Beatriz se encogió de hombros.

—¿Cómo puedes estar tan segura? —la cuestionó. En ese preciso momento Beatriz llegó a su casa.

—Nos vemos mañana —le dijo.

Al día siguiente, la madre de Beatriz recogió a las niñas después de clases. Las saludó y luego le preguntó a Beatriz:

—Querida, ¿recuerdas la revista que menciona a los amigos por correspondencia?

—¡Oh, sí! ¿Alguien escribió? —preguntó Beatriz ansiosa.

—¿De qué se trata? —preguntó Jenny.

—Una de las revistas que leemos tiene una lista de niños que quieren intercambiar cartas —le explicó Beatriz—. Yo envié mi nombre en el ejemplar de este mes. Se volteó para hablarle a su mamá.

—¿Me enviaron una carta, mamá? Su madre asintió y le entregó un sobre. Rápidamente lo abrió y comenzó a leer la carta de una niña llamada Susana.

Esa misma noche las niñas volvieron a hablar sobre la carta. Jenny miró a Beatriz muy pensativa y luego le preguntó:

—¿Tú crees que Susana es real?

Beatriz miró con asombro a Jenny, como si se hubiera vuelto loca. —¿Real? —preguntó—. Por supuesto que lo es. ¿Acaso no me escribió una carta?

—Bueno, tú dijiste que no sabías si Dios era real —Jenny le recordó—, pero mi papá dice que Dios también nos escribió una carta. La llamamos Biblia.

—Beatriz la miró con sorpresa. —Bueno, tú no puedes ver a Dios. En cambio, yo podría ir a visitar a Susana y verla —dijo.

—Puedes hacerlo si ella es real —dijo Jenny.

Beatriz alegó, luego frunció el ceño. De repente supo que Dios era muy real, tanto como Susana lo era para ella.

UN DIAMANTE EN BRUTO

LECTURA BÍBLICA: Romanos 5:1-5

Natalia dejó caer su maleta de libros en un rincón de la cocina de su abuela. Se negó a recibirle galletas de maní y leche.

—No gracias, abuelita —dijo—. No tengo ganas de comer. En medio de suspiros agregó:

—¡Nada me sale bien! Incluso oraste conmigo para que me fuera bien en mi examen de matemáticas, pero no funcionó. Una lágrima corrió por su mejilla.

—Ay, abuelita, no me gusta la escuela. Ni siquiera me gustó la clase de gimnasia hoy. ¡Nos obligaron a realizar todo tipo de ejercicios! Y mis papás no me dejan tener un cachorrito. El médico dice que soy alérgica a ellos.

La abuela le pasó un pañuelo. Luego sacó cuidadosamente el anillo de diamante de su dedo.

—Échale un vistazo —le dijo mientras sostenía el preciado anillo—. ¿Sabes algo de diamantes?

Natalia lo tomó.

—Bueno, sé que son lindos y muy costosos —dijo—, y que los extraen en minas. Creo que un diamante terminado requiere muchísimo tiempo.

Puso el anillo en su dedo y lo acercó a la luz.

—¡Oh, mira cómo brilla! —agregó.

La abuela asintió. —Ese no es el aspecto de los diamantes cuando salen de la tierra —dijo—. Se necesita un joyero experto que tome el diamante en bruto y con sumo cuidado lo pula y haga brillar.

—Recuerdo que estudié eso en la escuela —añadió Natalia—. Se utiliza una herramienta muy afilada y cualquier desliz puede quebrar el diamante y hacerlo añicos.

—Así es. ¿Sabías que somos como "diamantes en bruto", Natalia? —le preguntó la abuela—. En nuestro caso, Dios es el Joyero por excelencia. Aunque las herramientas que emplea, como las desilusiones, nos desagradan, Él las usa para darnos fuerza y hermosura. Y Él nunca comete errores. Si confiamos en Él, nunca permitirá que suframos daño alguno.

Mientras Natalia admiraba el diamante, la abuela puso algunas galletas sobre la mesa. Esta vez Natalia se las comió gustosa.

PARA MEMORIZAR:

"Dios mío, en ti confío; no sea yo avergonzado, no se alegren de mí mis enemigos" (Salmo 25:2).

Y ¿QUÉ DE TI?

¿Te has sentido decepcionado después de haberle pedido ayuda a Dios en la escuela y que las cosas no ocurrieran como esperaste? ¿Crees que a Él no le importa que no tengas amigos? Confía en Él para todo, y deja que el Joyero por excelencia haga de ti un hermoso y fulgurante "diamante".

TESORO:

Las pruebas te fortalecen

22

PARA MEMORIZAR:

"Amados, si Dios nos ha amado así, debemos también nosotros amarnos unos a otros" (1 Juan 4:11).

Y ¿QUÉ DE TI?

¿Te desagradan tanto los defectos de otras personas que eres incapaz de ver sus cualidades? ¿Te resulta difícil amarlas? Si recuerdas que Dios te ama a pesar de que no mereces su amor, será más fácil para ti amar a otras personas.

TESORO:

Ama a otros.
Dios lo hace

LOS CUADERNOS

LECTURA BÍBLICA: 1 Juan 4:7-12

—No soporto a Pablo González —murmuró Rafael—. Cree que se las sabe todas. ¡Es un completo sabelotodo!

La mamá suspiró, el papá frunció el entrecejo. Por su parte, Gina mostró estar de acuerdo.

—Alicia Campos es idéntica —dijo—. Y fíjate en Andrea. No es presumida, sino todo lo contrario. ¡Se viste horrible!

El papá alargó su mano para tomar un pequeño paquete junto a su silla.

—Chicos —les dijo—, tengo algo para ustedes. Abrió la bolsa, sacó dos pequeños cuadernos, y le entregó uno a cada niño.

—Oh, ¡gracias, papi! —exclamó Gina—. Pasó las hojas del cuaderno con rapidez. —Necesitaba uno para ciencias.

—Lo siento —dijo el papá—. Estos cuadernos serán destinados a un uso especial.

—Sí —asintió la mamá—. Últimamente han hablado demasiado sobre los defectos de otros, así que hemos decidido analizar con cuidado lo que sucede. La idea es que ustedes anoten todos los días en el cuaderno los nombres de las personas que les resultan desagradables y lo que les molesta.

—Y luego —añadió el papá—, anoten todo lo bueno que conocen de esas personas. El próximo lunes queremos ver sus cuadernos, así que tráiganlos a la hora de cenar. Tanto Rafael como Gina recibieron sus cuadernos con ciertas reservas.

Al presentar cada uno su cuaderno el lunes siguiente, Gina sonrió al abrir el suyo.

—¿Saben lo que descubrí? —preguntó—. Descubrí que al esforzarme por anotar las cualidades de las personas, mi lista de lo bueno es mucho más larga que la de sus defectos.

Rafael mostró su aprobación.

—A mí me sucedió lo mismo —dijo—, ¿puedo dejar ya de anotar todo eso?

—Todavía no —dijo la mamá con una sonrisa—. Continúen hasta llenar todo el cuaderno. Así se les quitará la costumbre de criticar todo el tiempo.

—Muy bien —convino el papá—. Ahora busquemos un versículo de la Biblia para aprender algo relacionado con el tema.

FORTALEZA VERDADERA

23

de enero

LECTURA BÍBLICA: Marcos 15:1-5

Samanta se sintió extraña al ver que su amiga María se burló de ella por no acceder a portarse mal en clase.

—Te estás volviendo una santurrona —dijo María para ridiculizarla—. Piensas que eres mejor que yo porque ahora vas a la iglesia todo el tiempo. La miró con dureza y le dio la espalda.

—Tú solo... —comenzó a decir Samanta, con una respuesta áspera a flor de labios. Pero calló, pues sabía que eso enfadaría más a María. Aunque en realidad deseaba hablar y defenderse, se quedó allí tranquila sin hablar.

Esa tarde Samanta habló con su madre acerca del incidente con María.

—Me sentí tan tonta —dijo Samanta—. Parecía una boba sin palabras. En realidad, pensé muchas respuestas. Al fin y al cabo yo tenía la razón y los otros chicos se equivocaron al actuar de esa forma. Pero me imaginé lo que sucedería después de decirle lo que pensaba, y sé que la situación hubiera empeorado.

Su madre asintió y expresó su comprensión:

—Es difícil mantener la boca cerrada cuando sabes que tienes la razón, ¿no es cierto? —dijo con cariño. Después de una pausa, añadió:

—A veces las personas no entienden que solo la fortaleza que Dios da te permite callar en circunstancias en las que desearías reaccionar con enfado. Jesús nos dio un buen ejemplo en ese sentido. ¿Cómo crees que se sintió cuando rehusó discutir con aquellos que lo acusaban falsamente? Él sabía que era inocente. Siendo Dios, podía desenmascarar las mentiras, pero era tan poderoso que pudo controlarse.

Samanta jugaba con un mechón de cabello rojo, pensativa.

—Nunca pensé que Jesús hubiera tenido tanta fortaleza para negarse a responder —dijo.

Su madre sonrió.

—Recuerda siempre, querida, que ser paciente y controlar tu lengua no es señal de debilidad —dijo—. Más bien demuestra que eres fuerte, tan fuerte que soportas el impulso de pecar. Cada día pídele a Dios que te dé su fortaleza para controlarte.

PARA MEMORIZAR:

"...todo hombre sea pronto para oír, tardo para hablar, tardo para airarse" (Santiago 1:19).

Y ¿QUÉ DE TI?

¿Crees que eres fuerte si gritas y te enojas? Jesús demostró que la fortaleza verdadera es saber controlarse, no enojarse ni pelear. Pídele a Dios que te ayude a controlarte.

TESORO:

Controlarse requiere fortaleza

24
de enero

LECTURA BÍBLICA: Romanos 4:5-8

—¡Mañana nos entregan las fotografías del colegio! —exclamó Andrea una noche—. Espero que la mía haya salido bien.

—Bueno, ¿qué tan buena podría ser? —dijo en broma Mateo—. Después de todo la cámara solo puede registrar las cosas tal como son. Se agachó cuando Andrea le lanzó una almohada.

Al día siguiente después de clases, Andrea entró con sigilo en la casa:

—Mis fotos son horribles —se lamentaba al encontrarse con su mamá—. Me caí de la bicicleta dos semanas antes de la fotografía ¿recuerdas? Tenía ese golpe en mi frente, y un rasguño en la nariz ¡cómo pudo ser! Pensé que no se iban a notar en las fotos ¡No lo puedo creer! ¡Se ven horribles! Enojada, tiró el sobre de las fotos bajo la mesa.

—¿Por qué pensaste que no se notarían? —le preguntó la mamá.

—Las cubrí con unos polvos que me prestó la señorita Rodríguez —dijo Andrea—, y además Carolina me dijo que no se notarían. La herida que tenía su hermana Dana en el momento de tomar la fotografía para la graduación no salió. Andrea hizo una pausa, luego añadió:

—Carolina también dijo que Dana temía que su cabello se viera mal, pero en las fotografías su cabello se vio perfecto. ¡Mira lo horrible que se ve el mío!

La mamá sonrió. —Bueno —dijo—, estoy segura de que tomaron las fotografías de Dana en un estudio y que también el fotógrafo las retocó. Eso significa que borraron o taparon las pequeñas imperfecciones como manchas en la cara o cabellos despeinados.

Esa noche, el papá también escuchó los lamentos de Andrea. —¿Entonces piensas que tu fotografía necesita algunos retoques? —preguntó.

Mateo se rió. —Ya se lo dije. La cámara solo registra las cosas como son —dijo—, no puedes engañarla.

El papá sonrió.

—Esto me hace pensar en las personas que tratan de tapar sus pecados —dijo—, pero no importa cuánto se esfuercen, la "cámara" de Dios muestra todo tal como es. Revela un corazón lleno de pecado.

—Y solo Dios puede darle el toque que borra todo el pecado —dijo la mamá—. Eso sucede en el momento en el que recibimos a Jesús como Salvador.

LA SOLEDAD DE BERTA

LECTURA BÍBLICA: Salmo 36:7-8; 37:3-5

Berta se sentó sola en las escaleras del frente. El sol brillaba en el cielo azul, pero en su corazón Berta sentía como si una gran nube negra se posara sobre su cabeza. —Me siento tan sola aquí —le dijo a Capitán, su nuevo cachorrito y lo abrazó con fuerza.

En ese preciso momento su papá regresó del trabajo.

—¿Qué sucede mi tesoro? —le preguntó al tiempo que se sentaba a su lado—. Parece que te sintieras completamente sola en este mundo.

—Pues, algo así —respondió Berta—. No tengo amigos en este pueblo, solo Capitán. Quisiera no haberme mudado de casa.

—Entiendo cómo te sientes —dijo su papá—. No es divertido ser el chico nuevo del barrio. Pero recuerda lo mucho que oramos a Dios y confiamos en Él, y finalmente conseguí este nuevo trabajo. Berta asintió, y el papá continuó: —¿Puedes confiar ahora en que Dios te ayudará a adaptarte al nuevo lugar? Miró al cachorrito que permanecía en completa paz sobre el regazo de Berta.

—Piensa un minuto en Capitán —agregó—. Recuerdo que se sentía muy solo las primeras noches que lo tuviste en casa, y que lloraba mucho por su mamá.

Berta sonrió. —Puedo entender cuán solo se sentía —dijo mientras mimaba a su cachorro.

El papá asintió.

—Sí, pero tú le diste tanto cariño que ahora está muy feliz de estar aquí —dijo—. Berta, si entiendes lo que sintió tu cachorro ¿no te parece que el Señor entiende cómo te sientes?

—No había pensado en eso —respondió Berta pausadamente—. Pero estoy segura de que me entiende.

—Y así como Capitán confía en que tú lo cuidas y te preocupas por su felicidad, puedes confiar en que Dios hará lo mismo por ti —dijo el papá con ternura.

—Lo intentaré —convino Berta—. Confiaré en Él para ayudarme a conseguir nuevos amigos.

PARA MEMORIZAR:

"...echando toda vuestra ansiedad sobre él, porque él tiene cuidado de vosotros" **(1 Pedro 5:7).**

Y ¿QUÉ DE TI?

¿Algún suceso te ha llevado a sentirte solo? ¿Desearías que la situación fuera diferente? Recuerda que Jesús se preocupa por ti. Él te ama y tú puedes confiar en que Él hará que todo se arregle.

TESORO:
Dios te cuida

26
de enero

LA DECISIÓN DE DANIEL

LECTURA BÍBLICA: Proverbios 4:20-27

PARA MEMORIZAR:

"...escogeos hoy a quién sirváis" (Josué 24:15).

Y ¿QUÉ DE TI?

Cuándo enfrentas una decisión difícil ¿Le pides sabiduría a Jesús para elegir lo correcto? ¿Le pides fortaleza para obedecer su voluntad? Él te guardará de tomar decisiones incorrectas si confías en Él.

Mientras Daniel caminaba a casa observó un cartel de colores que anunciaba la presentación de una película en un teatro cercano. Se trataba de la película a la que Miguel lo había invitado. Para la celebración de su cumpleaños, sus padres le habían dado permiso para invitar a algunos amigos a comer pizza y luego ir juntos a ver la película.

Aunque todos los otros chicos invitados a la fiesta estaban muy contentos, Daniel en realidad prefería no haber sido invitado. Después de ver el cartel publicitario se había dado cuenta de que no era el tipo de película que le permitían ver. En su corazón una voz parecía susurrar: "No pasará nada con una sola vez. Tal vez la película no sea tan mala, pero si en realidad lo es, simplemente no le pongas atención y disfruta las palomitas de maíz". Al mismo tiempo, sintió una voz de advertencia que le decía: "No vayas". Siguió su camino a casa, pero se volteó al ver que un auto se acercaba después de la curva. Era su papá.

—Hola hijo —lo llamó—. ¿Te llevo?

—¡Claro! Gracias papá. Daniel arrojó sus libros en la parte trasera del auto y suspiró.

—¿Qué te sucede? —lo interrogó—. No pareces muy contento.

—Me invitaron a una de esas fiestas de pizza y películas que celebran mis amigos en sus cumpleaños —explicó Daniel—. Lo de la fiesta suena bien, pero sé que la película es mala, así que voy a decirle a Miguel que no iré.

—Hijo, es inevitable que sea difícil para ti —dijo el papá—, pero me complace saber que decides lo bueno desde pequeño —hizo una pausa, y luego añadió—: Ese tipo de situaciones siempre me recuerdan una anécdota que escuché hace tiempo. Imagínate que viajas en un tren que se dirige hacia un puente roto. No sabes con exactitud a qué distancia está el puente. ¿Saldrías de él de inmediato o te arriesgarías a permanecer en él más tiempo?

—Saldría de inmediato —respondió Daniel sin titubear. El papá asintió.

—Es mejor decidirse en el momento justo en vez de lamentarse después por no haberlo hecho —añadió—. Lo mismo sucede con muchas decisiones en la vida. Es mejor tomar rápido las decisiones correctas antes de que sea demasiado tarde.

TESORO:
Elige el bien

UN AGENTE INMOBILIARIO JOVEN

LECTURA BÍBLICA: Apocalipsis 21:22-27

Cuando Darío supo que habían suspendido las clases en la escuela debido a un cortocircuito, su madre ya había salido de compras. Su padre, que era un agente inmobiliario, lo miró pensativo.

—Puedes venir al trabajo conmigo —resolvió el papá. Así que Darío se fue a la oficina con su papá.

Esa mañana conocieron al señor y a la señora González, que buscaban una casa.

A Darío no le gustó la primera casa que visitaron. Le pareció demasiado extravagante. La segunda casa le pareció demasiado oscura, y las habitaciones muy pequeñas.

—Esta casa sí me gusta —dijo Darío al visitar la tercera. —¡Miren ese arroyo y todos esos árboles para trepar! También le gustó mucho el interior de la casa. —Hay muchos escondites —exclamó emocionado.

El señor González rió y comentó. —Creo que acabas de venderla, Darío. Si a ti te gusta la casa, a nuestros chicos también les va a gustar.

Esa noche Darío le entregó el libro de la escuela dominical a su papá.

—No vas a creerlo, papá —dijo—. Mira la tarea que teníamos: Redactar un aviso inmobiliario para promocionar el cielo. ¿Quieres ver lo que escribí?

—Claro que sí —dijo el papá. Tomó el libro y se rió mientras leía. "Una mansión construida especialmente para usted en una calle dorada. No hay habitaciones porque no hay noche. Tampoco hay hospitales cerca porque no hay enfermedad. Toda la ciudad está decorada con magníficas joyas preciosas. El precio: ¡Gratis! Ya el Señor Jesucristo la pagó. Es un regalo para todo el que reciba a Jesús como Salvador".

El papá hizo un gesto de aprobación al devolverle su cuaderno.

—¡Fabuloso! —dijo felicitándolo—. Y recuerda que la venta de una propiedad se efectúa gracias a tus acciones y actitudes, así como por la publicidad. Vimos que eso sucedió hoy. No olvides que tus amigos observan si manifiestas alguna emoción con respecto al cielo. Eso podría animar en ellos el deseo de ir.

PARA MEMORIZAR:

"La ciudad no tiene necesidad de sol ni de luna que brillen en ella; porque la gloria de Dios la ilumina, y el Cordero es su lumbrera" (Apocalipsis 21:23).

Y ¿QUÉ DE TI?

La propiedad celestial que nos describe la Biblia parece la más atractiva, pero no todo el mundo ha leído acerca de ella. ¿Le haces una buena publicidad con tus acciones y actitudes? ¿Tu entusiasmo contagiaría a tus amigos para ir al cielo también?

TESORO:

Promociona tu hogar celestial con tus acciones

28

de enero

PARA MEMORIZAR:

"...Cristo padeció por nosotros, dejándonos ejemplo, para que sigáis sus pisadas" (1 Pedro 2:21).

Y ¿QUÉ DE TI?

¿Las otras personas ven el amor de Jesús reflejado en tu vida? Una buena pregunta que debemos formularnos a diario y en cada circunstancia es "¿qué haría Jesús?". Si sigues su ejemplo y pones en práctica sus enseñanzas, los demás verán el amor de Dios en ti.

TESORO:

Refleja el amor de Dios

EL SOL Y LA LUNA

LECTURA BÍBLICA: 1 Juan 2:3-6

—Las estrellas están muy brillantes hoy ¿no te parece, Esteban? —dijo Eric.

Los hermanos estaban afuera en el prado contemplando el cielo.

—Sí, lo están —convino Esteban—. La luna también está muy brillante.

—Sí... es una gran bola de fuego —dijo Eric.

—No precisamente —dijo Esteban—. El sol sí es una bola de fuego. A veces la luna también lo parece, pero no lo es. La luna solo refleja la luz del sol. Por eso brilla.

—¡Entren, chicos! —los llamó su madre—. Es hora de ir a la cama.

—Está bien —respondieron los dos y entraron en la casa.

—¡Oye, mami, adivina qué! —dijo Eric después de entrar—. Esteban me dijo que la luna no es una bola de fuego. ¿Lo sabías?

La mamá sonrió.

—Sí —dijo—. Ya lo sabía. Ahora corran a su cama antes de que la mañana los tome por sorpresa.

Al día siguiente en el almuerzo, Eric hizo una pregunta que lo tenía pensativo:

—Mamá, la maestra de la escuela dominical dijo que las personas deberían ver el amor de Dios reflejado en nuestra vida —dijo—, pero si no somos Dios ¿cómo pueden ver en nosotros su amor? No comprendo.

—¡Ya sé! —interrumpió Esteban—. ¿Recuerdas lo que te dije anoche acerca del sol y la luna?

—Claro —respondió Eric—. Dijiste que la luna refleja la luz del sol.

—Exacto —contestó Esteban—. La luna no es el sol, pero refleja su luz. Cuando las personas miran la luna, la luz que ven es en realidad la luz del sol. Nosotros no somos Dios, pero nuestra vida debe reflejarlo a Él. Cuando las personas observan nuestra conducta deberían ver lo que Jesús haría si estuviera en nuestro lugar. ¿Comprendes?

—Así es —convino ella—. Nosotros reflejamos el amor de Dios haciendo lo que Él nos manda y portándonos del mismo modo que Jesús lo haría si estuviera sobre la tierra.

TODO O NADA

29

de enero

LECTURA BÍBLICA: 2 Timoteo 3:14-17

David estaba sentado leyendo un manual para aprender a conducir. Al entrar el papá en la habitación se lo mostró sacudiéndolo.

—Juan se sabe todas las normas, así que está listo para pasar su examen de licencia de conducción del sábado —anunció David con un gesto—. Lo ayudé y me prometió comprarme un helado después de obtenerla y de que lo dejes conducir el auto.

—Ya veo —dijo el papá—. Bueno, por ahora solo tiene una licencia para aprender, pues aún le falta aprender a conducir. Y luego tendría que pasar la prueba de conducción antes de obtener su licencia. Pasará algún tiempo antes de que le permita conducir el auto. El papá le sonrió a David al tiempo que agregaba:

—A propósito, espero que no hayan olvidado preparar sus lecciones de la Biblia. ¿Ya estudiaron la de esta semana para la escuela dominical?

—Todavía no —contestó David—, pero lo haré ya mismo. Hizo un gesto al agregar. —¿Recuerdas a mi amigo Julio? Él dice que algunas historias de la Biblia no son más que mitos. Yo no creo eso, pero si fuera cierto ¿cómo puede alguien saber lo que debe creer?

—Es una buena pregunta —dijo el papá—. No se podría saber. Luego pensó un minuto.

—Déjame hacerte una pregunta —dijo—. Después de aprender todas esas normas para conducir un auto ¿crees que Juan puede escoger solo algunas que le agradan para obedecerlas y desechar las demás?

David hizo un gesto.

—Pues más vale que no —respondió— o tendrá problemas. Le pondrían muchas multas.

El papá asintió, y tomó el periódico de la tarde. Le mostró a David la foto en la portada.

—Esto ocurrió porque un conductor desatendió un semáforo en rojo —dijo.

—Sí, la veo —dijo David—. ¡Los autos quedaron destrozados!

—Debemos creer y obedecer todas las normas de conducción, lo cual también es cierto con respecto a toda la Biblia —dijo el papá—. ¡Es todo o nada! Si decides escoger qué partes de la Biblia creer, no tiene sentido. La historia, y el Espíritu de Dios confirman en nuestro corazón el hecho de que la Biblia entera es verdad.

PARA MEMORIZAR:

"Toda palabra de Dios es limpia; el es escudo a los que en él esperan" *(Proverbios 30:5).*

Y ¿QUÉ DE TI?

¿Tienes amigos o compañeros que intentan convencerte de que la Biblia relata mitos? ¿Te impulsan a dudar lo que dice la Biblia? Jesús resistió al diablo citando las Escrituras, y esa es una excelente manera de responder. Memoriza el versículo citado a continuación y cítalo cada vez que alguien afirme que algunas partes de la Biblia son falsedad.

TESORO:

Toda la Biblia es verdad

30

de enero

PARA MEMORIZAR:

"Así alumbre vuestra luz delante de los hombres"
(Mateo 5:16).

Y ¿QUÉ DE TI?

¿Das a conocer el amor y la verdad de Dios con los que te rodean en casa, en la escuela, y en tu barrio? No ocultes su luz por vergüenza o por temor al qué dirán. Obedece al llamado de Dios de hacer brillar esa luz que tanto necesita el mundo.

TESORO:

Habla de la luz del amor de Dios

UNA LUZ PARA COMPARTIR

LECTURA BÍBLICA: Mateo 5:14-16

—Vamos papá. Estamos listos —insistió Pamela. Todos estaban reunidos en la noche familiar. Afuera llovía, pero en la sala todos estaban cómodos y abrigados jugando, comiendo palomitas de maíz y bebiendo refresco.

—Ya voy —dijo el papá desde la habitación.

En ese preciso instante se fue la luz.

—¡Oh, no! —exclamó Pamela. —¡Ahora no! ¡No en nuestra noche familiar!

—Querido —llamó la mamá—, por favor trae la vela grande que está en la habitación, por favor. También hay fósforos en la gaveta.

—Está bien —contestó el papá—, espero encontrarlos en medio de la oscuridad... ¡Ay! ¡Me tropecé con el tocador!

Un minuto después vieron el resplandor del fósforo que el papá encendió en la habitación, y no tardó en llegar a la sala con la vela que guardaban en caso de emergencia.

—Espero que el apagón no dure mucho tiempo —dijo Timoteo—. Estaba ansioso por jugar y comer palomitas de maíz.

—Me agrada tener solo la luz de la vela —dijo Pamela.

—Es impresionante ver lo mucho que brilla una luz tan pequeña ¿no les parece? —dijo la mamá.

Pamela asintió. —Parece increíble que una llama tan diminuta alumbre tanto —dijo—. Papá, tenía un poco de miedo cuando estaba tan oscuro, pero apenas trajiste la vela, iluminó toda la sala.

—Una sala oscura puede asustarnos a todos —dijo el papá—, pero no es tan aterradora como la oscuridad del pecado. Es la oscuridad en la que viven las personas que no conocen a Dios.

—Las personas que viven en esas tinieblas tienen una buena razón para temer, y debemos hablarles de la luz del amor y la verdad de Dios.

La mamá asintió.

—De lo contrario, permitiríamos que tropiecen en la oscuridad —dijo.

—¿Así como le ocurrió a papá al tropezar en la habitación? —preguntó Timoteo con un gesto.

—Algo parecido —convino el papá—, pero con resultados mucho más catastróficos. Seamos diligentes en dar a conocer la luz de la verdad de Dios.

DE MAL EN PEOR

LECTURA BÍBLICA: Jonás 1:1-4, 15-17; 2:1, 7-10

Ni siquiera iría hoy a la escuela si me pagaran —pensó Andrés—. *No tengo lista mi tarea de lectura, y tampoco estudié para mi examen de historia.* Suspiró. *Redactaré una excusa diciendo que estoy enfermo.* Hizo una pausa. *Ya sé lo que voy a hacer. ¡Voy a ir de exploración a la vieja granja Duque!*

Andrés de dispuso a caminar adentrándose en el campo e ignoró una señal que prohibía el paso. Se divirtió mucho chapoteando en el arroyo hasta que escuchó a un perro que gruñía con furia ¡y que se acercaba! Andrés brincó fuera del arroyo, agarró sus zapatos y se echó a correr. Corrió y corrió hasta que cayó entre unas zarzas. Lo bueno es que el perro ya no lo persiguió más.

Andrés decidió fisgonear un poco las instalaciones de la vieja y polvorienta granja. De repente, lanzó un grito. "¡Oh, no! ¡Ay, ay, ay! ¡Avispas! ¡Tengo que salir de aquí! ¡Me duele!"

Andrés pensó regresar a la casa a la hora habitual de llegada de la escuela. Todo el tiempo trató de eludir el tema del día escolar. —Tengo una gran idea —dijo el papá justo antes de la hora de dormir—. Mañana es sábado, ¿qué te parece si vamos a pescar, Andrés? ¡Iremos a pescar a la granja Duque!

El papá estaba emocionado y Andrés un poco reacio por el viaje de pesca que se aproximaba. En ese momento la mamá habló. —Andrés ¿qué son todas esas manchas en tu brazo? —preguntó—. ¿Tocaste alguna hiedra venenosa?

Andrés respondió con remordimiento. —¿Do... dónde pude haber tocado hiedras ven... venenosas?

La mamá lo examinó de nuevo.

—Estoy casi segura de que es eso —afirmó—. Andrés ¿dónde estuviste? —preguntó con firmeza. Entonces relató la historia. —¡El perro, las zarzas, las avispas! ¡En toda la semana no he tenido, sino problemas!

—¿Sabes algo? —dijo el papá—, me recuerdas a Jonás. Él se sentía desdichado por la misión que Dios le había encomendado, y no quería hacerlo. Dios también te ha confiado una misión. Él desea que seas el mejor estudiante dentro de tus capacidades. Al igual que Jonás, tú abandonaste tu misión. Quisiste escapar de ella y te metiste en problemas. Debes pedirle a Dios que te perdone y te ayude.

PARA MEMORIZAR:

"...estad firmes y constantes, creciendo en la obra del Señor siempre"
(1 Corintios 15:58).

Y ¿QUÉ DE TI?

¿Tratas de escaparte de tus obligaciones en la casa o en la escuela? Pídele a Dios que te ayude a dar lo mejor de ti donde Él te ha puesto.

TESORO:

Sé diligente en el estudio y en tus deberes

BONIFICACIONES

PARA MEMORIZAR:

"...de gracia recibisteis, dad de gracia"
(Mateo 10:8)

Y ¿QUÉ DE TI?

¿Has estado "haciendo el bien" como Jesús? Él se complace cada vez que ofreces algo de ti a los demás. Inténtalo, y recibirás bendición.

TESORO:

Sirve a los demás

LECTURA BÍBLICA: Lucas 6:30-38

—Jaime dijo que el jefe de su papá le había dado una bonificación ayer —comentó Alex—. ¿Qué es una bonificación, mamá?

—Es algo adicional que obtienes aparte de lo que ya ganas, algo extra —explicó la mamá.

A Alex le pareció interesante. —Me gustaría recibir bonificaciones —dijo.

—Bueno, es posible —le dijo su mamá—. Te diré cómo. Cada día piensa en una o dos maneras de ayudar a alguien. Luego hazlo. Inténtalo durante una semana y miremos lo que sucede. Verás las bonificaciones que obtendrás.

Alex se quedó pensativo un momento. Luego dijo: —Solo dime cuáles serán las bonificaciones y quién me las dará.

—En un sentido, vienen de Dios —dijo la mamá—. La Biblia dice: "Dad, y se os dará; medida buena, apretada, remecida y rebosando darán en vuestro regazo; porque con la misma medida con que medís, os volverán a medir". Las bonificaciones son sorpresas que Dios te da, pero por regla general vienen a través de las personas. No siempre proceden de las personas a las que ayudas, y otras quizá no las recibas en esta vida, sino como recompensas futuras.

Alex decidió intentarlo. Esa semana le dio brillo a los zapatos de su papá, lavó el auto de su tío, e inclusive sacó a pasear al perro. Después de todo, los perros también son creación de Dios —pensó.

—¿Cómo te ha parecido el experimento? —le preguntó su mamá un día.

—Bien —declaró Alex—, solo que a veces me canso de ayudar a las personas. Y tampoco sé todavía si ya gané muchas bonificaciones.

—Bueno, piensa en esto —le dijo su mamá. ¿Cómo te sientes cada vez que haces algo bueno por alguien?

—¡Bien! —respondió Alex. Se dio cuenta de que se sentía mucho más dichoso. —¿Sabes una cosa? —añadió—. También las personas me sonríen más.

Su mamá asintió. —Yo diría entonces que has logrado más que una medida rebosante por todo lo que has hecho por otras personas ¿no te parece?

—Supongo que sí —convino Alex—, pero al menos una vez me gustaría ganar algo palpable.

—Tienes razón —dijo su mamá con una sonrisa—, así que ahora tienes tu bonificación de un helado por haber cortado el césped sin decírtelo. Alex hizo un gesto sin disimulo. —¿Y sabes qué? —agregó la mamá—. Toda la semana has obrado siguiendo el ejemplo de Jesús. Él anduvo haciendo el bien, y tú lo hiciste. Sé que está muy complacido contigo, ¡y eso vale mucho!

¿DÓNDE ESTÁ TU PASAPORTE?

2

de febrero

LECTURA BÍBLICA: Efesios 2:4-9; 19

—En nuestra clase de estudios sociales estamos simulando un viaje a Europa —le dijo Martín a su familia.

La semana pasada planificamos el viaje, alistamos los pasaportes, hicimos la agenda de actividades y empacamos las maletas. Hoy vamos a imaginar que fuimos a París, y cada día visitaremos un lugar nuevo para aprender toda clase de cosas interesantes.

—Parece una manera divertida de aprender —dijo el papá.

Una semana después Martín tuvo un problema. —Mañana viajamos de regreso a nuestro país —dijo—, ¡pero no encuentro mi pasaporte!

—¿Por qué no elaboras uno nuevo? —propuso la mamá—. Guardamos una de tus fotografías de la escuela del año pasado. Martín extrajo entonces la información de su certificado de nacimiento y de su tarjeta de Seguro Social, puso la fotografía y firmó.

Al día siguiente Martín se sentó en el supuesto avión y emprendieron el vuelo de regreso. Disfrutó mucho de las comidas y de la película. Por fin el avión "aterrizó". Todos hicieron fila para ingresar al país con sus pasaportes en la mano.

—Lo siento —dijo Gabriel, el estudiante que revisó el pasaporte de Martín—. No puede ingresar al país. Este pasaporte es falso. No es una prueba legítima de su ciudadanía.

—Pero yo soy un ciudadano —recalcó Martín—. No encontré el pasaporte que fabricamos en clase, de modo que hice uno nuevo. Vamos, Gabriel. Este es casi igual al otro, y tiene toda la información correcta.

—Hágase a un lado, señor. Tendremos que inspeccionarlo —respondió Gabriel—. Luego llamó a otro estudiante. ¡Seguridad! —gritó Gabriel—. Aquí por favor.

Esa noche Martín le contó a su familia el suceso.

—No me permitieron ingresar a mi país —dijo. No tenía una prueba válida de mi ciudadanía.

—¿Así que tu pasaporte falso no funcionó? —preguntó el papá. Martín movió la cabeza de un lado a otro.

—Es como el sermón del pastor Gutiérrez de la semana pasada —agregó el papá con aire pensativo—. Él nos recordó que solo los que tienen "pasaporte" válido pueden entrar al cielo. ¿Sabes de qué pasaporte se trata?

—Jesús es nuestro pasaporte al cielo —dijo rápidamente.

El papá asintió. Algunas personas creen que las buenas obras les permitirán ganarse el cielo —dijo—, pero todo eso no es más que un pasaporte falso. Solo si aceptamos a Jesús como Salvador seremos ciudadanos del cielo.

PARA MEMORIZAR:

"Jesús le dijo: Yo soy el camino, y la verdad, y la vida; nadie viene al Padre, sino por mí"
(Juan 14:6).

Y ¿QUÉ DE TI?

¿Eres un ciudadano del cielo? ¿Ya aceptaste a Jesús como tu Salvador? Nada más te permitirá entrar en el cielo. El único camino es Jesús.

TESORO:

Conviértete en ciudadano del cielo

UN ABUELO EN ADOPCIÓN

3

de febrero

Y ¿QUÉ DE TI?

¿Confías en que Dios responderá tus oraciones de la mejor forma según su voluntad, aunque no siempre como esperabas? ¿Estarías agradecido a pesar de sentirte un poco decepcionado y tener que esperar para ver su propósito? Dios siempre tiene un mejor plan. (A propósito, ¿hay alguien a quien podrías animar u ofrecer tu amistad?)

TESORO:

Dios contesta la oración

LECTURA BÍBLICA: Romanos 8:28-32

Mientras Nicolás y su amigo Juan caminaban pesadamente para visitar al abuelo de Juan, que se llamaba Guillermo, Nicolás anhelaba que su abuelo viviera cerca. Tras la muerte de su abuela, Nicolás oró para que su abuelo Fernando se trasladara a su pueblo o viviera con su familia, pero el abuelo prefirió no acompañarlos.

—¡Dios no respondió mi oración! —dijo quejándose.

—Lo que quieres decir es que no la respondió como esperabas —dijo su mamá.

El abuelo de Juan saludó calurosamente a los chicos y los llevó a ver las sandías que crecían en su huerta.

—Regresa con Juan dentro de dos semanas —le lanzó la invitación—, y las degustaremos.

En ese instante oyeron el golpe de una puerta, y Nicolás vio que un vecino de su abuelo había salido.

—¡Fuera de aquí! —gritó el anciano espantando algunas ardillas de su patio.

¡Vaya! —exclamó Nicolás—. No se ve muy feliz.

El abuelo de Juan asintió con su cabeza.

—Es José Piñeros. Vive solo, y ningún familiar vive cerca —explicó el abuelo—. Su único nieto solía visitarlo dos veces al año, pero murió en un accidente automovilístico hace un año. Creo que José solo se pasa el tiempo con viejos como yo. Extraña mucho a su nieto.

Un poco más tarde, al atravesar el límite del césped, el señor Piñeros los miró con desconfianza. Luego la expresión de su rostro se suavizó, se acercó y puso su mano sobre el hombro de Nicolás.

—No te conozco —dijo—, pero sin duda me recuerdas a mi nieto. Sus ojos se llenaron de lágrimas. Nicolás miró tímidamente a Juan sin saber qué decir.

—Si —continuó el anciano—, mi nieto solía visitarme, pero eso se acabó.

Después de una corta visita, Nicolás le dio la mano al anciano y le sonrió.

—Yo puedo venir a visitarlo de vez en cuando —dijo—. Puedo traerle algunas galletas que prepara mi mamá. Las lágrimas del señor Piñeros se transformaron en sonrisa.

Cuando Nicolás llegó a su casa le contó a su familia todo lo que había sucedido con el señor Piñeros.

—Voy a adoptarlo como mi abuelo ya que mi abuelo verdadero vive demasiado lejos —dijo—. Si Dios hubiera respondido mi oración como yo esperaba, el señor Piñeros se habría quedado solo. Ahora cuenta conmigo.

CASTIGO O CELEBRACIÓN

4

de febrero

LECTURA BÍBLICA: Lucas 15:1-10

Alfredo estiró el cuello y se asomó entre la cabeza de las demás personas. Jorge estaba en el estrado frente a la congregación. "En el cielo hay gozo cuando una de las ovejas del Señor regresa al rebaño —dijo el pastor Ruiz—. Este joven asistió a nuestra iglesia siendo niño, aquí aceptó a Jesús como su Salvador personal. Sin embargo, vinieron muchas tentaciones y se alejó de Dios. Ahora Jorge se arrepintió, ¡gloria al Señor! ¡Celebremos su regreso a casa!" Cuando las personas comenzaron a aplaudir, Alfredo arrugó su nariz. ¿Por qué todo este escándalo por Jorge? —pensó. Supe que estuvo con una banda. Al tiempo que Alfredo se sentaba de nuevo en su silla, la mamá tocó su hombro. Con la palma hacia arriba le indicó que permaneciera de pie, a lo que él obedeció.

Al final de la reunión, el pastor invitó a Jorge a acompañarlo a la parte trasera del auditorio. "Quiero que todos ustedes le den la bienvenida a Jorge a su casa —dijo el pastor Ruiz—. ¡Este es un día de gozo!"

Más tarde, Alfredo y su papá hablaban mientras la mamá preparaba la cena.

—Noté que te sentías incómodo para celebrar el regreso de Jorge y permanecer de pie —dijo el papá—. ¿No querías animarlo? Cuando eras pequeño él te agradaba mucho. ¿No te alegra verlo de regreso en la iglesia?

—Él estuvo en una banda ¿no es así? —preguntó Alfredo—. ¿Eso no está mal? ¿No deberían castigar a Jorge en vez de buscar que todo el mundo se alegre por él?

—Bueno, intentaré explicártelo —dijo el papá pensativo—. Veamos... ¿recuerdas cuando un cachorrito llegó a nuestra puerta?

Alfredo se rió. —Sí, ¡era tan tierno! Deseaba quedarme con él, pero tenía una marca y tú llamaste a sus dueños. Pensé que estarían enojados y lo castigarían.

—¿Y lo hicieron? —preguntó el papá.

—No —Alfredo sonrió al responder—. Lo abrazaron y le dieron golosinas. Estaban muy felices por haberlo encontrado.

—Lo que sucedió con Jorge se parece a lo del cachorrito —dijo el papá—. En un sentido, él estaba perdido, era cristiano pero vivía lejos del Señor. Sin embargo, Dios ama a Jorge mucho más de lo que aquellas personas aman a su cachorrito. Dios se alegra de que Jorge haya confesado y abandonado su pecado. Nosotros también celebramos, porque es una victoria sobre Satanás.

Y ¿QUÉ DE TI?

¿Te alegras cuando alguien confiesa su pecado y regresa a Dios? Es fácil desviarse, es difícil reconocer el pecado. Cuando alguien se arrepiente, en el cielo hay celebración. Los cristianos también debemos alegrarnos.

TESORO:

Alégrate cuando un pecador se arrepiente

5

de febrero

PARA MEMORIZAR:

"Enséñame, oh Jehová, el camino de tus estatutos, y lo guardaré hasta el fin. Dame entendimiento, y guardaré tu ley, y la cumpliré de todo corazón" (Salmo 119:33-34).

Y ¿QUÉ DE TI?

¿Estás atento a aprender algo nuevo cada vez que escuchas o lees la Biblia? Sin importar cuántas veces hayas escuchado una historia, todavía hay muchas enseñanzas que puedes aprender y mandatos que debes obedecer.

TESORO:

La Palabra de Dios siempre es nueva

LA MISMA HISTORIA

LECTURA BÍBLICA: Salmo 119:127-135

Rubén miraba a su hermana Mayra mientras se ponía la chaqueta, lista para ir a la carrera de niños en su iglesia.

—Es una lástima que estés resfriado y no puedas venir —dijo ella.

Rubén se encogió de hombros. —Bueno —dijo—, el pastor López solo va a hablar acerca de Noé. Ya escuché esa historia muchas veces. Harán lo mismo de siempre. En seguida se dio cuenta de que su mamá frunció el ceño. Pero es lo mismo de siempre —pensó Rubén para sí—. Me alegro de no ir. Lanzando un estornudo encendió el televisor.

—¿Estás mirando ese partido de fútbol? —preguntó el papá después que Mayra y su mamá partieran—. Esa es una transmisión diferida, ¿cierto? Tú ya sabes quién ganó.

Rubén asintió. —Si —dijo—, pero me gusta el fútbol.

Cuando Mayra y la mamá regresaron a casa, ya había terminado el partido y Rubén hojeaba algunas revistas viejas de baloncesto.

—¿Alguien tiene hambre? —preguntó la mamá.

—¡Si, estoy hambriento! ¡Comamos pizza! —exclamó Rubén sin tardar.

—¿Otra vez? —le preguntó la mamá. Comimos pizza hace dos noches.

—Nunca me aburro de comer pizza —respondió Rubén, y los demás convinieron en que era una buena idea.

Durante la cena, Mayra contó que había disfrutado mucho la reunión en la iglesia, pero Rubén permanecía indiferente. —Sigo pensando que es lo mismo de siempre. Ya sé todo acerca de Noé —le dijo a su hermana—. Pregúntame lo que quieras.

—¿Qué tan grande era el arca comparada con un campo de fútbol? —lo interrogó Mayra—. ¿Y cuántos pisos de altura tenía?

—Bueno... —la voz de Rubén se silenció. No sabía las respuestas.

—Tú dices que la historia de Noé es "lo mismo de siempre", pero un partido de fútbol diferido te parece emocionante —opinó el papá.

—También es probable que quisieras comer pizza todos los días —dijo la mamá.

—Y tú lees esas viejas revistas una y otra vez —añadió Mayra.

—¿Por qué todos me atacan a la vez? —se quejó Rubén.

El papá sonrió. —Es solo que no deseamos que pienses de la Biblia como si fuera "lo mismo de siempre", porque no lo es —dijo—. Siempre hay sucesos y enseñanzas nuevas para aprender, incluso de las historias más conocidas.

EL PROBLEMA DE DIANA

6 de febrero

LECTURA BÍBLICA: Proverbios 17:24-28; 18:13

—¡No te vayas todavía! —le rogó Juanita a su amiga, pero Diana se sentó y comenzó a desatar los cordones de sus patines, diciendo que tenía frío.

—¡No hace tanto frío! —refunfuñó Juanita. Diana no contestó, y Juanita regresó a la pista.

—Oye, Juanita —exclamó Liliana, quien patinaba a su lado—, ¿a ti y a Diana les gustaría ir a tomar un chocolate caliente?

—Voy a ver —respondió casi gritando. Dio unas vueltas y regresó al banco en el que se sentó Diana. Pero a ella tampoco parecía interesarle un chocolate caliente.

Juanita suspiró. Me hubiera gustado patinar con otra persona —pensó—. ¡Diana es muy aburrida!

Al llegar a casa, la mamá mezclaba algo en un tazón.
—Hmm... ¡mi favorito! —exclamó Juanita. Tomó una cuchara que su mamá había usado para mezclar y probó.
—¡Puaj! —exclamó esta vez—. ¿Qué es? ¿Estás preparando un pastel de queso? Yo pensé que era un pastel de crema.

La madre se rió. —Es mantequilla —le dijo—. Otra vez sacaste una conclusión sin conocer los hechos. Juanita sabía que solía caer en ese error.

Mientras su madre seguía cocinando, Juanita le comentó el problema que tuvo con Diana.

—Yo creo que ella solo quiere llamar la atención —murmuró Juanita.

—Hmm... —susurró la mamá—. ¿No crees que pudiste llegar a una conclusión equivocada con respecto a Diana? Tal vez exista una buena razón que justifique su conducta.

Juanita hizo una mueca. —¡Noo! —dijo—. Ella solo quiere ser el centro de todo.

Esa noche la mamá entró a la habitación de Juanita.
—Querida —le dijo—, acabo de hablar con la mamá de Diana y me contó que su papá no aparece desde ayer.

—¿Dónde está? —le preguntó Juanita.

—No lo saben —le respondió la mamá. Me enteré que tiene problemas con el alcohol y que desaparece con frecuencia. Pensé que debías saberlo para que ores por ella y seas una amiga comprensiva.

—¡Oh...! —susurró Juanita—. ¡Volví a apresurarme en mis conclusiones! Con razón Diana estaba triste hoy. La llamaré mañana y le haré saber que soy su amiga. Y también oraré por ella, y por su papá.

—Muy bien —dijo la mamá—. Yo también lo haré.

PARA MEMORIZAR:

"El que tarda en airarse es grande de entendimiento; mas el que es impaciente de espíritu enaltece la necedad" *(Proverbios 14:29).*

Y ¿QUÉ DE TI?

¿Te preocupas por alguien cuando se siente triste? ¿Eres paciente y comprensivo cuando eso ocurre? Si un amigo parece angustiado por algo, ora por él. Demuéstrale interés por su vida y tu disposición a ayudarlo en lo que necesite.

TESORO:

Sé un amigo comprensivo

7

de febrero

PARA MEMORIZAR:

"Jehová no mira lo que mira el hombre; pues el hombre mira lo que está delante de sus ojos, pero Jehová mira el corazón" (1 Samuel 16:7).

Y ¿QUÉ DE TI?

¿Temes que tus mejores esfuerzos sean vanos? ¿Sientes que no puedes testificar de tu fe como es debido? ¿Desearías poder orar, cantar o hablar como otra persona? ¿Te preguntas si el dinero que ofreces es suficiente? Recuerda: Jesús mira tu corazón. Además, tu amor hacia Él y tu deseo de servirle son lo más importante.

TESORO:

Dios acepta lo mejor de ti

POCO O MUCHO

LECTURA BÍBLICA: Marcos 12:41-44

Carla hacía reteñir sus monedas. Le gustaba escuchar el tintín que producían. Lo llamó su "canción de la escuela dominical" porque hacía reteñir las monedas antes de su clase del domingo. Por lo general se ganaba el dinero para la ofrenda, pero últimamente no había tenido suficiente trabajo, así que sus ofrendas eran cada vez más escasas. A veces solo tenía las monedas de menor valor.

En ese momento Santiago, el niño sentado junto a Carla, vio que ella arrojaba sus monedas en el recipiente de las ofrendas. El niño hizo una mueca.

—¿Eso es todo lo que tienes? —le preguntó en voz alta. Carla se sonrojó y se contrajo en la silla. Agachó su cabeza y no le contestó, pero al regresar a casa habló con su mamá.

—¿Cómo puedo saber si la ofrenda que doy es suficiente? —preguntó—. Creo que mi ofrenda de la escuela dominical de hoy fue la más pequeña de toda la clase.

La madre subió sus cejas.

—Pienso —dijo ella—, que el primer error es comparar las ofrendas. Nunca debemos dar con el propósito de causar alguna impresión en los demás. Dime, ¿qué piensa Jesús de tu ofrenda? Carla se encogió de hombros. La mamá guardó silencio por un momento.

—Carla, en tu pasado cumpleaños tus amigos te dieron regalos. ¿Algunos fueron más pequeños que otros? —le preguntó. Carla asintió. Y en cuanto a los niños que te trajeron los regalos más bonitos, ¿piensas que los aprecias más ahora? —le preguntó otra vez.

Carla sacudió su cabeza.

—Eso no importaba —respondió—. El regalo de Sandra fue pequeño, pero ella es mi mejor amiga. Vino a mi fiesta a pesar de que no tenía mucho dinero para comprarme un regalo. Su papá ha estado enfermo durante mucho tiempo. Pero yo le dije... ¡Ah! De repente Carla sonrió.

—¡Ahora entiendo lo que Jesús piensa de mi ofrenda! —declaró—. Él sabía que era lo mejor que podía darle, y está feliz por eso, así como yo estoy feliz con el regalo de Sandra. En realidad yo me puse muy feliz solo por tenerla en mi fiesta.

ESTAMPADO "DIFERENTE"

LECTURA BÍBLICA: Hechos 17:24-28

—Hay muchos tipos de pelotas ¿eh? —comentó Leonardo mientras él y su amigo Fabio observaban la vitrina de un almacén deportivo.

—Sí, y todas me gustan —dijo Fabio haciendo un gesto.

Una pareja de ancianos también se detuvo a observar. A los chicos les pareció extraña su manera de vestir, y tampoco entendían el idioma que hablaban. Leonardo frunció el ceño.

—Sigamos —dijo. Los chicos siguieron su paseo y cuando estaban lo suficientemente lejos para no ser escuchados, Leonardo afirmó.

—No me agradan los extranjeros. Hablan un idioma incomprensible, y usan ropa cómica. Pienso que al venir a nuestro país deberían tratar de ser como nosotros.

—Eso es una tontería —dijo Fabio—. Tal vez están aquí solo por una temporada. Si fueras de viaje a África, ¿te vestirías como sus habitantes? ¿Y dejarías de hablar hasta que pudieras aprender su idioma?

Leonardo no prestó atención a los interrogantes de Fabio.

—¡Mira! —exclamó—. ¡Una tienda para coleccionistas de estampillas! Mi papá colecciona sellos de correo.

Los chicos corrieron a asomarse a la vitrina. Fabio se detuvo a observar los precios, y sus ojos se abrieron de la impresión.

—¿Por qué algunas estampillas cuestan tanto? —preguntó—. No son más que un pedacito de papel.

Leonardo se rió. —Algunas estampillas valen mucho porque se imprimieron muy pocas copias —le explicó—. Eso incrementa su valor. Y algunas de las más costosas tienen un error de imprenta. Valen porque son diferentes de todas las demás.

En ese preciso momento la pareja de extranjeros pasó por el lugar.

—¡Oye! —dijo Fabio—, si es maravilloso que existan estampillas diferentes, ¿por qué todas las personas tendrían que ser iguales? Tal vez el hecho de ser diferentes también las hace interesantes. Leonardo hizo un gesto.

—Nos gusta la variedad en todo tipo de cosas —prosiguió Fabio—. Por ejemplo, en las flores, los pájaros, las pelotas y... las estampillas. Entonces ¿por qué no sería agradable también la variedad de personas? Además, ¿recuerdas la lección de nuestra escuela dominical de la semana pasada? Fue acerca del amor de Dios por todas las personas. Todas son valiosas para Él.

PARA MEMORIZAR:

"En verdad comprendo que Dios no hace acepción de personas, sino que en toda nación se agrada del que le teme y hace justicia" (Hechos 10:34-35).

Y ¿QUÉ DE TI?

¿Juzgas a las personas por el idioma que hablan? ¿Por su país de procedencia? ¿Por el color de su piel? ¿Cuál color piensas que le agrada más a Dios? La respuesta es que ¡Él las ama a todas por igual! Él creó a todas las personas y envió a su Hijo Jesús para dar su vida por cada una. Si Dios valora y ama tanto a las personas, tú también debes hacerlo.

TESORO:
Valora a todos

EL LLAMADO DEL AMOR

9

de febrero

PARA MEMORIZAR:

"Venid a mí todos los que estáis trabajados y cargados, y yo os haré descansar" (*Mateo 11:28*).

Y ¿QUÉ DE TI?

¿Ya viniste a Jesús? Él quiere que vengas y recibas la vida eterna que Él ofrece. Es maravillosa y gratuita, pero tú debes acercarte. Hazlo hoy.

TESORO:

Ven a Jesús

LECTURA BÍBLICA: Juan 6:35-40

—¡Mamá, Sati no quiere venir! —gritó Aarón—. Cuando la llamo aúlla y se pone a correr por todas partes. A veces se acerca a mí, pero si trato de tocarla sale corriendo de nuevo.

—¡Mira! En ese momento llamó a Sati, su nueva cachorrita. Como era de esperarse, Sati ladró y comenzó a correr en círculos por todo el patio, acercándose a veces a Aarón y luego escapándose en el último instante. Por último, agotada, se acostó jadeante. Aarón la miró y suspiró.

—¡Perra necia! —refunfuñó—. Debes aprender a obedecer.

—Tienes razón —le dijo su mamá—. Quisiera sugerirte algo que podría funcionar. Intenta darle una recompensa que la anime a venir a ti. Por ejemplo, una golosina para perro, creo que tenemos algunas en el garaje. Cada vez que la llames, ignora sus payasadas. Pero cada vez que viene a ti felicítala, consiéntela y dale una golosina. Tarde o temprano se cansará de fatigarse por nada. Aprenderá que necesita venir a ti para recibir su recompensa.

—Está bien —convino Aarón—. Vale la pena intentarlo.

Al cabo de varios días Aarón exclamó emocionado.

—¡Mira mamá! ¡Mira lo que hace Sati ahora! La mamá observó cómo Aarón llamaba a su perrita.

—¡Sati, ven! La perrita dejó de mascar el juguete que tenía, miró a Aarón y levantó la cabeza. Aarón repitió la orden. —¡Ven, Sati! Levantó una golosina para perro. Sati corrió rápidamente hacia él. Permaneció tranquila a su lado, lo miró fijamente pero se quedó quieta.

—¡Eres una buena chica, Sati! Aarón le dio una palmadita y le dio la golosina. Ella se la devoró.

—¡Grandioso! —exclamó la mamá.

Aarón estaba dichoso. —En realidad es muy inteligente —dijo. Se inclinó y abrazó a la feliz cachorrita.

La mamá sonrió. —Es muy inteligente al venir a su amo —convino. Con un gesto pensativo acarició las orejas de Sati. Si todas las personas vinieran al "amo" del universo, ¿no sería maravilloso?

—¿Venir al "amo" del universo? —repitió Aarón—. Supongo que te refieres a Jesús, ¿cierto? Luego asintió.

—Jesús también ofrece una recompensa, ¿no es así?

—Si —afirmó la mamá—. Él ofrece la suprema recompensa, que es la vida eterna. Es difícil comprender por qué no hay más personas que vengan a Él.

ESPINAS PELIGROSAS

LECTURA BÍBLICA: Hebreos 12:1-3

—¡Parece que estuviéramos en medio de la jungla! —exclamó Samuel mientras atravesaba una cerca de arbustos grandes y desordenados en el patio trasero. Ayudar a arrancar la cerca parecía toda una aventura para Samuel y Alejandra.

—¡Estos arbustos tienen espinas! —les advirtió el papá—. ¡Tengan cuidado!

—Lo tendremos —respondieron ambos, pero algunas espinas se enredaron en sus camisetas y les produjeron rasguños en los brazos. Luego el papá tuvo que extraerlas con mucho cuidado de su ropa y de su piel.

Durante casi dos horas estuvieron podando, aserrando y arrastrando esos arbustos, y hasta gateando entre el matorral.

—¡Mira cómo estamos! —exclamó Alejandra cuando por fin terminaron de arrastrar las ramas espinosas—. Todos estamos rasguñados y sangrando, incluso tú, papá.

—Esos arbustos son horribles —dijo Samuel—. Eran más peligrosos de lo que parecía.

—Sí, no se veían tan mal. Hasta pensé que eran lindos —dijo Alejandra—, ¡pero cada vez que nos descuidábamos las ramas nos agarraban y rasguñaban horrible!

El papá asintió. —Simbolizan las cosas que son malas pero tienen una buena apariencia —dijo—. A veces olvidamos que algunas cosas malas, como pecados, no se ven tan mal. Pero el pecado siempre nos daña. Causa mucho más daño y dolor que esos arbustos espinosos.

—¿Cuáles son algunas cosas malas con apariencia inofensiva, papá? —preguntó Alejandra—. No se me ocurre alguna.

—Bueno, por ejemplo los programas de televisión o las películas que fomentan un estilo de vida que no agrada a Dios —respondió el papá—. Escuchar cierto tipo de música podría fijar en nuestra mente mensajes perversos. En ocasiones buscar agradar a otros nos puede inclinar al mal y enredarnos en pecado. Si cedemos a acciones pecaminosas que no parecen tan malas, seremos atrapados como por esas ramas espinosas, que causarán dolor y heridas a nuestra vida.

PARA MEMORIZAR:

"...despojémonos... del pecado que nos asedia" (Hebreos 12:1).

Y ¿QUÉ DE TI?

¿Qué ves en la televisión? ¿Qué lees? ¿Andas en compañía de chicos cuyos valores y normas son contrarios a la Palabra de Dios? Las cosas que no parecen tan malas lo son, si te inclinan a lo malo. ¡Ten cuidado! No permitas que te enreden en el pecado.

TESORO:

No te dejes enredar en el pecado

11

de febrero

ASUNTOS IMPORTANTES

LECTURA BÍBLICA: 1 Juan 5:1-5

El señor Cárdenas se dirigió a la pizarra del salón de la escuela dominical.

—Díganme, niños, ¿cuáles deberían ser las cosas verdaderamente importantes en la vida? —preguntó. Los chicos lanzaron múltiples respuestas: La iglesia, Jesús, los amigos, la familia, el estudio de la Biblia, la oración. El señor Cárdenas las anotó todas en la pizarra.

—Está bien —dijo—. Es una lista larga. Luego se dirigió a otra parte de la pizarra.

—Ahora hagamos otra lista —dijo—. ¿Cuáles son sus pasatiempos? ¿Qué actividades disfrutan más?

Surgieron muchas respuestas en medio de risas y gran emoción. El béisbol, la televisión, los juegos de computadora, el fútbol. Incluso el señor Cárdenas hizo un aporte a la lista. Luego dio un paso hacia atrás y echó un vistazo a las dos listas.

—Ahora, díganme, ¿cuál lista ocupa la mayor parte de su tiempo?

Algunos chicos hicieron gestos, otros se deslizaron en sus sillas. Reinaba el silencio, y de pronto Felipe expresó lo que había en la mente de la mayoría.

—Creo que no pasamos mucho tiempo en las cosas que supuestamente consideramos más importantes.

El señor Cárdenas asintió.

—Si somos francos, debemos reconocer que las cosas de la primera lista por lo general no ocupan el primer lugar en nuestra vida —añadió—. Sin embargo, ¿eso significa que debemos desechar las actividades de la segunda lista? ¿O existe alguna manera de combinar las dos? Nadie dio sugerencias, así que el señor Cárdenas continuó.

—Pensemos por ejemplo en... el fútbol —dijo—. ¿Sería correcto afirmar que combinamos las dos listas si al jugar fútbol nos comportamos como Jesús quiere? Él desea que controlemos nuestro genio cada vez que el árbitro nos reprende, que seamos amables cuando perdemos y que no seamos orgullosos cuando nos va bien.

—¡Oigan! ¡Sí! —prorrumpió Felipe—. Mientras realizamos las actividades que anotamos en la segunda lista, podemos aprovechar las oportunidades para testificar a otros de Jesús, invitarlos a la escuela dominical, ¡y cosas por el estilo!

El señor Cárdenas asintió.

—Miren las dos listas y decidan con sinceridad ante Dios, lo que deben cambiar para poderlas combinar y poner en el primer lugar lo verdaderamente importante —dijo.

FIESTA CON PIZZA

12 de febrero

LECTURA BÍBLICA: Job 23:10-14

—He intentado formar el hábito de leer la Biblia todos los días— dijo Larisa mientras tomaba un pedazo de pizza—, pero siento como si nunca fuera a lograrlo. Leo mucho durante unos días, y luego... simplemente desisto. Varios chicos que estaban cerca asintieron, pues sabían a qué se refería. En ese momento disfrutaban de una fiesta de estudio bíblico donde estaban comiendo pizza, y el encargado los animaba a mantener un tiempo devocional diario.

—Leer la Biblia es como comer —dijo el señor Fuentes—. Ustedes muerden un primer bocado, luego lo mastican, se lo tragan y por último lo digieren.

—Pero ¿cómo puedes probar un bocado de Biblia? —preguntó Karen.

—Bueno, mira esta pizza —dijo el señor Fuentes—. Está partida en pedazos. La Biblia está dividida en secciones. Tú escogiste esta porción de pizza, y también puedes elegir una porción de la Biblia, que puede ser un libro o un capítulo. Y luego ¿qué haces?

—Das una mordida, y la señorita Ramírez dice...

—Marcos remedó la voz de su maestra de escuela—... "no tomen más de lo que puedan masticar bien". Los otros chicos rieron por su imitación.

—Ese es un buen consejo —convino el señor Fuentes—, y también puede aplicarse a la lectura bíblica. No muerdan demasiado a la vez. Una mordida podría ser solo uno o dos versículos o quizás un capítulo. La acción de masticar podría compararse a la acción de meditar en los versículos leídos.

—Y ¿cómo nos tragamos lo que masticamos? —preguntó Susana.

—¿Alguna vez han oído a alguien decir "ese cuento es difícil de tragar"? —les preguntó el señor Fuentes.

—Eso significa que es demasiado difícil de creer. Tragar lo leído podría compararse a creerlo, creer que la Palabra de Dios es verdad y que debemos obedecer su consejo. Luego, mirando a la pizza que tenía en la mano, añadió. —Eso nos lleva al proceso de digestión. ¿Qué ocurre en la digestión de los alimentos?

—Acabamos de estudiar ese tema en la escuela —dijo Marcos—. La comida digerida se transforma en algo que la sangre puede transportar al resto del cuerpo.

—Bien —asintió el señor Fuentes—. Con respecto a la lectura de la Biblia, la digestión podría significar la puesta en práctica de la Palabra de Dios, hacer o no hacer lo que Dios les ha enseñado a través del pasaje que leyeron. Es decir, permitir que la Palabra de Dios transforme la vida de cada uno de ustedes. Así que... les sugeriría tomar cuatro comidas en el día, a saber: Desayuno, almuerzo, cena y un pedazo de Biblia.

PARA MEMORIZAR:

"...No sólo de pan vivirá el hombre, sino de toda palabra que sale de la boca de Dios" (Mateo 4:4).

Y ¿QUÉ DE TI?

¿Pruebas "un bocado" de Biblia a diario? Trata de comenzar con la lectura de uno o dos versículos, pero no olvides meditar en lo que Dios te enseña allí. Luego, practica esa enseñanza.

TESORO:

Aliméntate con la Palabra de Dios

13

PARA MEMORIZAR:

"...más valéis vosotros que muchos pajarillos"
(Mateo 10:31).

Y ¿QUÉ DE TI?

¿Alguna vez has pensado cómo te sentirías sin una casa donde vivir? ¿O padeciendo frío? ¿O hambre? ¿Has hablado con tus padres y amigos sobre cómo podrías ayudar a otras personas? Tal vez exista una organización en tu ciudad que necesite dinero, comida o ropa para ayudar a las personas sin hogar. O quizá tu iglesia tiene un ministerio especial que requiere donaciones. ¿Estarías dispuesto a entregar algo tuyo a fin de ayudar a otros?

TESORO:

Ayuda al necesitado

EL COMEDERO

LECTURA BÍBLICA: Mateo 25:35-40

El frío viento invernal golpeó la nariz y las orejas de Graciela mientras ella y su madre hacían compras en el centro de la ciudad.

—¿Podemos pasar por la tienda de mascotas y comprar un poco de semillas para pájaros? —preguntó Graciela. La mamá estuvo de acuerdo y se dirigieron a la tienda.

Al cruzar un callejón vieron a un hombre que dormía allí, acurrucado contra un muro. No tenía guantes. Tenía puesta una chaqueta raída y unos zapatos gastados. Graciela asió a su madre de la mano y la empujó rápidamente fuera del callejón.

—¿Por qué tanto afán? —le preguntó su mamá.

—Ese hombre me pone nerviosa —confesó Graciela. Hizo un gesto y dio un vistazo hacia atrás por encima del hombro—. ¿Por qué se viste así? y ¿por qué duerme en la calle en un día tan helado? —preguntó.

—Supongo que no tiene un lugar donde vivir —contestó la mamá.

—En la escuela hablamos acerca de esas personas —dijo Graciela al tiempo que entraban en el cálido ambiente de la tienda—, pero nunca pensé que existieran en un pueblo tan pequeño como el nuestro.

Después que Graciela comprara una bolsa de comida para pájaros, ella y su madre emprendieron el regreso a casa. Al pasar por el callejón advirtieron que el hombre se había ido. La madre parecía triste.

—Espero que esté bien —dijo. Graciela asintió.

Al llegar a la casa, Graciela llenó de semillas el comedero del patio trasero. Luego entró y frotó sus manos frías.

—Me gusta alimentar a los pájaros —dijo mientras ella y su madre observaban a los pájaros abalanzarse sobre el comedero—. Hace mucho frío, y es muy difícil para ellos encontrar comida. Quizá morirían sin mi ayuda. Hizo una pausa y añadió.

—Pero ¿sabes qué? Mi maestra de la escuela dominical leyó un pasaje de la Biblia donde dice que Dios ve a cada pajarito que cae a tierra.

La mamá asintió.

—Dios cuida de los pájaros, pero Él declara que las personas valen más que muchos de ellos —dijo—. Hemos hallado la manera de ayudar a los pájaros en el invierno. ¿Crees que podríamos encontrar alguna forma de ayudar a los que no tienen un hogar? Mientras Graciela miraba fijamente el patio trasero cubierto de nieve, con sus dedos aún adoloridos por el frío, afirmó que debían intentarlo.

—Pensemos juntas en algo ¿te parece? —añadió su madre.

ALGUIEN QUE ESCUCHE

14
de febrero

LECTURA BÍBLICA: Mateo 6:8-13

Luisa observó los edificios altos que rodeaban su nueva casa. Sintió un nudo en la garganta al pensar en el turbulento divorcio que la había alejado de su padre. Ella quería comunicarle a su mamá la profunda soledad que sentía, pero su madre no parecía escucharla. Era como si siempre hubieran hablado de los problemas de su mamá, pero no de los suyos. Sabía que su madre estaría ansiosa por su primer día en un nuevo trabajo. Ella ni siquiera piensa en mí, ni en cómo me siento en el primer día de escuela —se dijo Luisa a sí misma al tiempo que sus ojos se llenaban de lágrimas.

Luisa se sentía temerosa de recorrer su nueva escuela, pero el director fue amable y envió a una persona para acompañarla hasta el salón de sexto grado. Cuando la campana sonó para la hora del almuerzo, Heidi, la niña sentada frente a Luisa, se dio la vuelta.

—¿Quieres que almorcemos juntas? —preguntó Heidi.

Luisa sintió un gran alivio y suspiró al saber que iría con su nueva amiga al restaurante escolar.

—¿En qué trabaja tu papá? —le preguntó a Luisa mientras comían.

Luisa esperaba que nadie le hiciera preguntas acerca de su papá. —Es vendedor —respondió sin más detalles—. ¿Y el tuyo?

Heidi se encogió de hombros.

—Él abandonó a mi mamá cuando yo era bebé.

Luisa esperó un momento para continuar, luego dijo en voz baja.

—Mis papás también se divorciaron. Casi entre sollozos añadió. —Y mi mamá solo se preocupa por sus problemas y ni siquiera me escucha cuando hablo de los míos.

—Entiendo a lo que te refieres —respondió Heidi—. Yo estuve muy sola hasta que conocí a mi Padre celestial.

—¿Tu qué? —preguntó Luisa.

—Mi Padre celestial, Dios —contestó Heidi—. Él siempre escucha. Puedo hablarle de cualquier cosa y me ayuda a no sentirme tan sola.

—Debe ser lindo —dijo Luisa con melancolía.

Heidi se inclinó emocionada hacia delante.

—¿Por qué no vienes conmigo a la escuela dominical y aprendes acerca de Él? —la invitó—. Cuando no tienes papá, es realmente lindo tener un Padre celestial.

—Alguien que escuche, ¿cierto? —preguntó Luisa.

Heidi asintió. —Él te escuchará, y también te ayudará.

PARA MEMORIZAR:

"...vuestro Padre sabe de qué cosas tenéis necesidad, antes que vosotros le pidáis" (Mateo 6:8).

Y ¿QUÉ DE TI?

¿Conoces al Padre celestial, Dios? Aunque tengas un papá terrenal, también necesitas conocer a Dios. Él te ama y siempre está atento para escucharte, sin importar cuáles sean tus problemas. Es vital que lo conozcas.

TESORO:

Dios siempre escucha

15
de febrero

PARA MEMORIZAR:

"...fiel es Dios, que no os dejará ser tentados más de lo que podéis resistir"
(1 Corintios 10:13)

Y ¿QUÉ DE TI?

¿En ocasiones te has sentido tentado de hacer trampa? ¿A ver programas de televisión prohibidos? ¿A ser cómplice de la murmuración contra otros? No pierdas tiempo pensando en lo que está mal y en alimentar los malos deseos. Más bien, piensa en lo que Jesús desearía que hicieras. Permítele guiar tus decisiones.

TESORO:

Enfócate en lo que Jesús espera de ti

DESENFOCADO

LECTURA BÍBLICA: Marcos 14:32-38

La cena había terminado y Jairo se alistaba para fastidiar a su hermana cuando la voz de su papá obligó un cambio de planes.

—Recibimos una llamada de tu maestra hoy, hijo. Jairo tragó saliva con dificultad, y de repente se quedó quieto en la cocina. Solo Peggy, la perra de la familia, intervino para pedir una golosina con ladridos.

—¡Peggy, cállate! —le ordenó el papá. Peggy se sentó de inmediato y esperó. Conocía bien la voz de su amo.

—La señora Jiménez no estaba muy contenta —continuó el papá—, y tampoco yo. Me dijo que hiciste trampa en un examen de matemáticas.

—Yo... no pude resistirlo —murmuró Jairo—. Heidi tenía su examen al descubierto y yo pensé en lo mucho que desearía estar en la lista de honor.

El papá cortó un pedazo de carne y lo sostuvo frente a Peggy. La perrita comenzó a relamerse hambrienta.

—Peggy ¡espera! —le ordenó el papá con firmeza. Luego puso el pedazo de carne sobre el piso frente a la perrita. Peggy batió la cola emocionada, pero se mantuvo quieta donde estaba.

—Jairo, ¿sabes por qué Peggy es capaz de resistir la tentación? —le preguntó su papá.

Jairo hizo una mueca. —Porque sabe que Sandra ayudó a preparar la cena de esta noche... ¡guácala! Su hermana le lanzó un codazo directo a las costillas.

—Mira los ojos de Peggy —dijo el papá, con tono serio e ignorando el chiste de Jairo—. Me están mirando ¿no es cierto? Jairo asintió.

—Si Peggy fijara su mirada en el pedazo de carne sería incapaz de resistirse —continuó el papá—. En cambio, ella pone sus ojos en su amo. Se volvió a Jairo.

—Cada vez que eres tentado ¿en qué debes enfocarte?

—En Jesús —contestó Jairo—. Ya lo sé, pero lo muestras como algo fácil.

—Debo admitir que no es fácil en absoluto —prosiguió el papá—, pero es nuestra elección. Cuando perdemos el enfoque correcto, necesitamos dirigir de nuevo nuestra mente hacia el punto indicado. ¿Y sabes qué? Creo que cuando lo logramos, Dios nos da una inmensa recompensa. El papá tomó el pedazo de carne y lo lanzó al aire. Peggy lo atrapó y se lo comió casi sin masticarlo. Se sentó y se relamió otra vez. La espera valió la pena.

CONTROL REMOTO

16

de febrero

—Espero que nos regalen unos autos de carreras a control remoto para nuestro cumpleaños —dijo Sebastián mientras él y su hermano gemelo Andrés caminaban a casa de regreso de la escuela.

—Yo también —dijo Andrés—, pero con papá desempleado, sabes bien que no van a poder comprarlos. Pateó una piedra en la acera.

—No estés tan seguro —le dijo Sebastián—. Cuando la tía Isabel llamó la semana pasada preguntó lo que desearíamos recibir para nuestro cumpleaños, entonces le dije que queríamos los carros. ¡Quién sabe! Tal vez los traiga.

Cuando los niños llegaron a la casa encontraron un paquete grande sobre la mesa. Era para ellos, de parte de la tía Isabel. ¿Sería posible? ¡Sí, lo era! Un auto de control remoto... bueno, algo parecido.

—¿Un camión de control remoto? —preguntó Andrés—. ¿Ni siquiera un auto? Su entusiasmo se desvaneció.

—¿Y nos toca compartirlo? —preguntó Sebastián con frustración.

—Por supuesto que pueden compartirlo —dijo la mamá—. ¿Por qué no?

Los niños suspiraron, pero se turnaron para jugar con el camión y aprender a manejar el control remoto.

—Es genial ponerle ese remolque atrás —dijo Andrés después de un rato—. No esperaba que fuera tan divertido.

—¿Qué esperabas? —le preguntó la mamá.

—Yo pensé que cada uno tendría su propio auto —contestó Sebastián.

—Yo no —dijo Andrés—. Yo ni siquiera esperaba tener un auto de control remoto. Miró pensativo.

—Supongo que deberíamos estar agradecidos por este camión, aunque tengamos que compartirlo.

—Estoy de acuerdo —dijo la mamá convencida—. Díganme, ¿qué les gusta del regalo?

—Bueno —dijo Sebastián después de pensarlo—, es veloz porque es un camión "turbo".

—Nunca había visto un camión que trajera un remolque, y pienso que es muy divertido ponérselo —dijo Andrés.

Sebastián hizo un gesto.

—Si —asintió—. Puede resultar más ameno que manejar un auto de control remoto normal.

La mamá asintió. —¿Qué les parece si le escribimos una nota de agradecimiento a la tía Isabel? —les propuso—. Cuéntenle todas las ventajas del regalo. Denle gracias por él, y recuerden darle gracias a Dios por la tía Isabel. Ella ha sido muy buena con ustedes. Los niños estuvieron de acuerdo.

PARA MEMORIZAR:

"sed agradecidos"
(Colosenses 3:15)

Y ¿QUÉ DE TI?

¿Te quejas y refunfuñas cada vez que recibes regalos que no se conforman a tus expectativas? ¿O te detienes a observar sus virtudes y luego escribes una nota de agradecimiento? No olvides hacerlo. Y sobre todo, no olvides darle gracias a Dios por quienes te aman tanto que te dan regalos.

TESORO:

Convierte la decepción en gratitud

17
de febrero

CONTROL REMOTO
(Continuación)

PARA MEMORIZAR:

"Y conozcan que tu nombre es Jehová; tú solo Altísimo sobre toda la tierra" (Salmo 83:18).

Y ¿QUÉ DE TI?

¿Le permites a Dios tomar el control de tu vida con una actitud alegre y dispuesta? Entonces nunca tendrás que temer los resultados. Dios sabe lo que más te conviene y es poderoso para realizarlo. Siempre puedes confiar en Él.

LECTURA BÍBLICA: Mateo 8:5-11

Mientras Sebastián y Andrés jugaban con su camión de control remoto una tarde, su hermanita Amanda se divertía en la sala saltando con su caballito de madera. —Mamá —dijo ella repentinamente—, quisiera tener un caballito de madera de control remoto, uno que se mueva solo.

—¡Sí, eso sería genial! —exclamó Andrés al tiempo que la miraba.

La mamá se rió. —Nunca he oído de algo parecido —dijo ella—. Tal vez ustedes puedan inventar uno cuando sean mayores.

—¡Pero yo quiero uno ahora! —insistió Amanda.

A la mamá se le ocurrió una idea. —Súbete en tu caballito de madera, y cuando yo te dé la indicación sigue mis órdenes —le propuso a Amanda—. Por ejemplo, si te digo que gires a la izquierda, gira a la izquierda. Si te ordeno girar a la derecha, gira a la derecha. No hay cables ¡Es como un control remoto! ¿Entendiste? Amanda asintió. —Y si dices que me detenga, me detengo, ¿eh?

—Así es —contestó la mamá—. ¡Aquí vamos! Avanza hacia delante. ¡Gira a la izquierda! ¡Gira a la izquierda otra vez! ¡A la derecha! ¡Hacia atrás! ¡Hacia delante! ¡Detente! Amanda saltó por todas partes siguiendo las instrucciones de su mamá. Los niños también se unieron al juego tomando cada uno su turno para dar y recibir instrucciones.

Justo antes de arroparlos en sus camas esa noche, la mamá les leyó una historia de la Biblia acerca de un centurión que le pidió a Jesús que sanara a su siervo. "Señor, no soy digno de que entres bajo mi techo" —dijo el centurión—, "solamente di la palabra, y mi criado sanará". La mamá sonrió. —A Jesús le agradó la fe de este hombre —dijo—, y cumplió la petición que le hizo. Jesús simplemente dijo la palabra y el siervo se sanó de inmediato.

—¡Control remoto! —exclamó Andrés haciendo un gesto. ¡No sabía que la Biblia mencionara un control remoto!

La mamá sonrió. —Es una manera original de ver la historia —dijo—. Dios creó el mundo y controla todo lo que hay en él. Si somos sabios dejaremos entonces que Él también tome el control de nuestra vida.

TESORO:

Dios tiene el control

ME DIO SED

LECTURA BÍBLICA: Salmo 63:1-8

—¡Mami, Laura hizo que me diera sed! —gritó Mateo—. Me dio papas fritas. Laura sonrió. —No tenías que comértelas, Mateo.

Mateo hizo pucheros. —Pero ella me obligó a probarlas, mami —insistió—. Por eso comí tantas. Laura dijo que eran muy ricas, y se puso a comer y comer.

—¿Y estaban ricas? —le preguntó su mamá.

—Si. Mateo asintió y luego repitió. —Pero ahora tengo sed.

La mamá sonrió al tiempo que servía dos vasos de jugo. —¿Sabías que los cristianos debemos ser como patatas fritas? —preguntó.

—¡Qué tontería, mami! —dijo Laura al tiempo que tomaba un vaso de jugo—. ¿Cómo es posible que una persona se parezca a una patata frita?

—Si —convino Mateo. Le hizo un gesto a su hermana mayor. —Me daría mucha sed si me comiera una patata frita gigante como tú, Laura.

—Eso te produciría mucha sed, ¿no es así? —dijo la mamá—. En ese caso, sed de un refresco o de un jugo. Le dio un golpecito en el mentón a Mateo. —Bueno, eso es precisamente lo que significaría parecernos a las patatas fritas. Si somos sal deberíamos provocar la sed en las personas, pero sed de Dios.

—Yo no sé cómo hacerlo —dijo Laura mientras tomaba más patatas fritas.

Mateo dijo que tú le impulsaste a probar las patatas fritas diciéndole lo ricas que eran ¿no es así? —preguntó la mamá—. Él también vio que te gustaron y que comiste más.

—¡Creo que ya entendí! —gritó Laura—. Si les decimos a nuestros amigos lo maravilloso que es Jesús, y si ellos pueden ver que somos felices como cristianos, van a querer lo que tenemos. Tendrán sed de Jesús.

PARA MEMORIZAR:

"Vosotros sois la sal de la tierra" (Mateo 5:13).

Y ¿QUÉ DE TI?

¿Eres un cristiano con sal? ¿Tus amigos ven a Jesús reflejado en tu vida? ¿Notan que disfrutas aprender acerca de Él en la iglesia y en la escuela dominical? ¿Ven que tu vida es desdichada o gozosa? Si demuestras tu fe en Jesús cada día, a pesar de que a veces enfrentes problemas, ellos anhelarán lo que tú tienes.

TESORO:

Provoca en otros la sed de Jesús

19
de febrero

JUGUETES Y COSAS

LECTURA BÍBLICA: Romanos 14:12-13, 19-21

PARA MEMORIZAR:

"más bien decidid no poner tropiezo u ocasión de caer al hermano"
(Romanos 14:13).

Y ¿QUÉ DE TI?

¿Te conduces con sabiduría para ser un ejemplo ante otros cristianos, en especial los que son nuevos en la fe? Es importante vivir de tal modo que evitemos ser tropiezo para alguien inclinándolo a pecar. Pídele a Dios que te ayude.

TESORO:

No hagas tropezar a otros

Liz tuvo un mal día. Sus amigas Liliana y Carol habían venido para jugar, pero en el momento en que Carol tomó un juguete que Liz quería, se enojó mucho. —Dámelo —ordenó agarrando el juguete. Carol no lo soltó, así que Liz le dio un fuerte golpe en el brazo. ¡Funcionó! Carol soltó el juguete. Pero también se paró y se fue a su casa. —Solo eres una bebé —le dijo Liz mientras se iba.

Carol la miró por un momento, indecisa. Luego la remedó. —Sí ¡una bebé grande! —gritó.

Después que Carol se fue, Liz dejó el juguete a un lado. —Carol no me cae muy bien —dijo. Luego ella y Liliana murmuraron de otros compañeros, de lo chistoso que se vestían, de lo tontos o feos que eran.

La mamá de Liz entró poco después en la habitación. —Es hora de que Liliana se vaya —dijo—, y de que recojas los juguetes, Liz. Después quisiera hablar contigo.

Después que Liliana se fue, Liz entró a su habitación sin recoger los juguetes. Al poco tiempo escuchó un grito penetrante. Corrió rápido a la sala y vio que su hermanito Felipe había tropezado con algunos juguetes que ella había dejado tirados, y que tenía una cortadura en la cabeza. La herida sangraba profusamente, y Liz se sintió muy mal.

Después que la madre curó a Felipe, se sentó con Liz. —Lo siento mucho —susurró Liz—. Todo fue mi culpa. Era mi obligación recoger todos esos juguetes.

—Así es, pero a mí me preocupa mucho más otro asunto —dijo la mamá—. ¿No fue Carol quien recibió la salvación en el club de niños hace unas semanas? Liz asintió mientras su madre continuaba. —Bueno, Felipe tropezó porque dejaste tirados unos juguetes, y temo que Carol tropiece en su nueva vida como cristiana por causa de algunas actitudes y palabras tuyas. Observé tu comportamiento y escuché un poco tu conversación. Tus palabras y tus acciones no fueron un buen ejemplo para ella y tampoco agradaron al Señor. Eso podría convertirse en un tropiezo para su vida espiritual.

Liz se abochornó al recordar su comportamiento aquella tarde. La madre la miró con seriedad. —Pienso que debes pedir disculpas ¿no crees? —le preguntó la mamá—. A Liliana y a Carol. Es muy grave impulsar a otros a pecar.

PEPINOS Y FRESAS

LECTURA BÍBLICA: Gálatas 6:7-10

Con un puchero, Liliana salió al huerto donde su mamá recogía frijoles. —Ana no quiere venir a mi fiesta de cumpleaños este año, mamá —dijo Liliana—. Se disculpó diciendo que debía ir a otra parte, pero yo creo que simplemente no quiere ir.

—¿Te refieres a la misma Ana que vino a tu fiesta el año pasado y te regaló un suéter que ella misma tejió? —le preguntó su mamá.

La expresión del rostro de Liliana se tornó aun más sombría. —Sí —murmuró—, pensando que su madre nunca olvidaba los detalles. Liliana se había burlado de aquel suéter delante de todas las niñas llamándolo "baratija hecha en casa".

La mamá se puso de pie. —Vamos a comer estos deliciosos fríjoles para la cena —dijo—, y también me gustaría probar algunas fresas. Señaló unas plantas. —Recoge por favor un puñado de fresas de esa planta —le dijo.

Por estar distraída, Liliana se inclinó hacia la planta y de inmediato se detuvo. —Mamá —dijo—, estas no son plantas de fresa sino de pepino.

—Recuerdo que planté pepinos allí, pero en este momento se me antoja unas fresas —dijo la mamá—. Recoge algunas, por favor.

—¿Qué te pasa, mamá? —le preguntó—. Es imposible cosechar fresas de una planta de pepinos. Entonces advirtió la expresión del rostro de su madre. —¡Ah! Ya sé lo que quieres.

—¿Ah, sí? —le dijo su mamá con ternura.

—Bueno, tiene que ver conmigo y con Ana, ¿cierto? —preguntó Liliana—. Quieres decirme que recibí lo que merezco, ¿cierto?

Su mamá sonrió. —No exactamente —dijo—. Quiero decir que segaste lo que sembraste. En el huerto cosechamos lo que sembramos, que en este caso eran pepinos. La Biblia dice que también cosecharemos lo que sembramos en nuestra vida. No puedes esperar una cosecha de amabilidad y amistad a menos que plantes semillas de amabilidad y de amistad.

—Yo... eh... —dijo Liliana tartamudeando. Luego suspiró—. Tienes razón mamá —admitió mientras se daba vuelta para marcharse—. Le pediré perdón a Ana.

Y ¿QUÉ DE TI?

¿Has "cosechado" algún fruto bueno hoy? ¿O tal vez no tan bueno? ¿Qué clase de semillas estás sembrando? La próxima vez que comas frutas o legumbres recuerda que siempre "cosecharás" lo que sembraste, tanto en tu huerto como en tu vida. Pídele a Dios que te ayude a plantar buenas semillas viviendo de manera agradable a Él. Entonces tu cosecha también será buena.

TESORO:

Planta buenas "semillas"

DESVÍO

de febrero

PARA MEMORIZAR:

"Reconócelo en todos tus caminos, y él enderezará tus veredas" *(Proverbios 3:6).*

Y ¿QUÉ DE TI?

¿Las instrucciones de Dios te parecen a veces difíciles o equivocadas? ¡Confía en Él! El tiene lo mejor para ti, y sabe dártelo en el momento apropiado. El nunca te dará instrucciones equivocadas.

TESORO:

Confía en las instrucciones de Dios

LECTURA BÍBLICA: Proverbios 3:1-6

—¡Oh, oh! —exclamó la mamá—. Esa señal dice "desvío, siga derecho". No podemos girar hacia autopista. El puente está cerrado por reparaciones. Descendió por la calle. —Pero nos estamos alejando de la autopista —dijo Magda mientras miraba por la ventanilla trasera—. Tenemos que salir a alguna parte ¿no es así?

—Solo si seguimos las señales del desvío —dijo la mamá—. Está atenta para observar la próxima.

Después de pasar unas dos cuadras, Magda indicó que había otra señal. —Dice que debemos girar a la derecha, ¡pero tendríamos que girar a la izquierda para ir en la dirección correcta! ¡Alguien debió cambiar las señales!

—Tranquila, cálmate —le dijo la mamá—. Limitémonos a obedecer las señales. La mamá giró a la derecha después de la señal. Las dos siguientes indicaban más giros a la derecha.

—Vamos en círculos —protestó Magda—. ¡Es imposible llegar a la autopista por aquí!

—¡Mira hacia adelante! —le dijo la mamá—. Esta calle conduce a la autopista. Las señales eran correctas aunque nos parecían equivocadas. Por fin volvieron a la autopista. —¿Sabes qué? —preguntó—. Alguien nos ha dejado señales para nuestra vida, y debemos confiar en que también son correctas y buenas, a pesar de que a veces nos parezcan equivocadas. ¿Sabes a quién me refiero?

Magda meditó en la respuesta. —¿A papá? —dijo adivinando.

La mamá se rió. —El estaría muy complacido de escuchar tu respuesta —dijo—. Sin embargo, me refería a Dios. La Biblia afirma cosas como "más bienaventurado es dar que recibir", y "la blanda respuesta quita la ira". Estas afirmaciones podrían parecernos equivocadas, pero son verdad.

—¿Qué tal la afirmación "ama a tus enemigos"? —dijo Magda—. Fue el versículo que memorizamos la semana pasada.

La mamá hizo un gesto. —Ya tengo uno apropiado para hoy —dijo—. "Por nada estéis afanosos, sino sean conocidas vuestras peticiones delante de Dios en toda oración y ruego, con acción de gracias".

—¡También aprendí ese versículo! —dijo Magda—. Ahora reconozco que debí orar en vez de preocuparme por el asunto de la autopista.

MIEMBROS DE LA FAMILIA

22

LECTURA BÍBLICA: Gálatas 4:1-7

—Hoy nos visitó una niña nueva en la escuela dominical —dijo Lea mientras saboreaba queso y galletas—. Su nombre es Ana. Viene de un orfanato en Rumania y una familia de apellido Ruiz la adoptó.

—¡Qué afortunada! —exclamó la mamá.

—Débora dice que siente lástima de Ana porque en realidad no pertenece a una verdadera familia —añadió Lea.

La mamá se sentó a la mesa. —Eso es absurdo —afirmó—. ¡Por supuesto que tiene una familia! En el instante mismo en que Ana fue adoptada se convirtió en miembro de la familia Ruiz como si hubiera nacido físicamente en ella. La mamá le sonrió a Lea. —Me pregunto si Débora sabe que ustedes también son adoptadas.

Lea se quedó boquiabierta y miro con asombro a su mamá. —¡Yo no sabía que era adoptada! —exclamó.

Sin dejar de sonreír, su mamá explicó. —Pues sí, lo eres. El año pasado, el día en que aceptaste a Jesús como Salvador, fuiste adoptada en la familia de Dios. Ahora eres una hija de Dios, así como Ana es hija de los Ruiz. La mamá extendió su mano y tomó una Biblia. La abrió y se la mostró a Lea. Lee Romanos 8:16–17 —dijo.

La niña leyó en voz alta. "El Espíritu mismo da testimonio a nuestro espíritu, de que somos hijos de Dios. Y si hijos, también herederos; herederos de Dios y coherederos con Cristo".

La madre asintió. —Te convertiste en hija de Dios y en heredera de sus riquezas celestiales —dijo—. Dios te acepta como su hija, así como los nuevos padres de Ana la aceptan como su propia hija.

Lea asintió. —Creo que Ana y yo vamos a ser buenas amigas —dijo pensativa—. Le alegrará saber que yo también soy adoptada. Después de una pausa miro a su mamá e hizo un gesto. —¿Sabes que, mamá? Si Ana se vuelve cristiana será doblemente adoptada. ¿No te parece interesante? Voy a decírselo.

PARA MEMORIZAR:

"El Espíritu mismo da testimonio a nuestro espíritu, de que somos hijos de Dios" *(Romanos 8:16).*

Y ¿QUÉ DE TI?:

¿Ya fuiste adoptado como miembro de la familia de Dios? Si no es así, ¿te gustaría serlo? En el momento en que confías en Jesús como tu Salvador te conviertes en miembro de una familia real e incluso recibirás una herencia. Pon tu confianza en Jesús hoy.

TESORO:

Los cristianos somos los hijos de Dios

23

de febrero

PARA MEMORIZAR:

"...sed benignos unos con otros"
(Efesios 4:32).

Y ¿QUÉ DE TI?

¿Te la pasas haciendo "bromas"? Ten cuidado. No uses esa palabra como disculpa para mentir o perturbar a alguien. No fastidies a otros con la excusa de que es una broma. Si lo haces debes confesarlo a Dios y pedirle que te perdone. Luego pídele perdón a quien hayas lastimado.

TESORO:

Sé amable

SOLO UNA BROMA

LECTURA BÍBLICA: Efesios 4:25-32

Gabriel entró en la casa después de golpear la puerta trasera. Algunas gotas salpicaron su cabello. Se encontró con su hermano Jonatan en la puerta. —Gabriel, yo te presté mi bicicleta —le recordó Jonatán—. ¿La guardaste?

Gabriel se encogió de hombros. —Noo. Un poco de lluvia no le hará daño.

Jonatán se apresuró a salir para rescatar su bicicleta. Regresó al instante. —¡Me hiciste mojar! —dijo quejándose—. Guardaste mi bicicleta pero dijiste que no lo habías hecho.

Gabriel se rió. —Solo era una broma —dijo.

A la hora de cenar, Gabriel le hizo una mueca a su hermana. —Oye, Cristina —le dijo—, toda la tarde fastidiaste con tu cabello, pero todavía se ve como un montón de paja.

—Mamá, otra vez Gabriel me está ofendiendo —se quejó Cristina mientras Gabriel insistía en que solo era una broma.

Más tarde, Gabriel vio que Cristina comía una ensalada. —Había una babosa en esa lechuga —le dijo—. ¿Tiene buen sabor? Se rió al verla saltar con una servilleta en su boca dirigiéndose al fregadero. —Era solo una broma —dijo Gabriel por divertirse.

Después de la cena cesó la lluvia. —Vamos afuera, Gabriel, y te mostraré cómo se lanza la pelota —le dijo el papá.

—¡Fantástico! —exclamó Gabriel—. Traeré mi pelota y mi guante. Al regresar a la sala notó que su papá descansaba.

—Vamos, papá —dijo Gabriel.

—No me molestes, hijo —contestó el papá—. Ahora quiero leer el periódico.

Gabriel insistió, pero su papá siguió leyendo. Gabriel lo miró enojado. —Me mentiste, papá —dijo Gabriel muy molesto—. Dijiste que me enseñarías a lanzar la pelota. El papá bajó el periódico lentamente y miró a Gabriel directo a los ojos. —Gabriel, solo era una broma —dijo. Gabriel parecía sorprendido. —He escuchado mucho esa frase últimamente —agregó el papá—, pero acabas de traducirla en términos más precisos, y tienes razón. Si no juego a la pelota contigo estaría mintiendo.

Gabriel se sintió avergonzado. —Ya entiendo... lo que quieres decirme, papá —dijo.

—Tus bromas han llegado al límite, hijo —dijo su papá—. Antes de que salgamos a jugar creo que deberías pedirle perdón a Jonatán y a Cristina, ¿no crees? Gabriel estuvo de acuerdo.

EL REGALO

LECTURA BÍBLICA: Marcos 14:3-9

—Mamá ¿viste los carteles que Julio dibujó para la escuela bíblica de vacaciones? —preguntó Jenny mientras su mamá arrancaba la maleza que había en el jardín de flores—. ¡Son estupendos! Y como Tania es muy talentosa para dar explicaciones, será la ayudante de la maestra en la clase de mi tía Renata. En cambio yo, solo puedo desentonar un poco a la hora de cantar y participar en juegos tontos para niños.

—Cantar y jugar son actividades importantes de la escuela de vacaciones —dijo la mamá—, y además tú no desentonas. Tú cantas muy bien.

Jenny suspiró. —Apuesto a que Dios no se impresionaría con mis cualidades —dijo.

—Jenny, eso no es verdad —dijo su mamá. En ese momento la conversación se interrumpió por los chillidos del pequeño David, quien corría sobre el césped hacia ellas.

—Regalo mío mamá —dijo David. Apretada entre sus manitas llenas de arena había una pequeña maceta. Estaba llena hasta la mitad con arena. David había enterrado allí una flor rosada y esparcido un puñado de hojas. Jenny se enterneció.

La mamá vio que David corrió hacia ellas con una gran sonrisa en su rostro. Luego se volvió a Jenny.

—¿No te parece un regalo tonto? —le preguntó con seriedad—. Esa vieja maceta que usó está rota y sucia. La flor y las hojas están marchitas. Más bien debió comprar algo en la florería.

Jenny la miró horrorizada. —¡Mamá! —protestó—. ¿Dónde podría conseguirlo? ¡Solo tiene tres años, y lo hizo porque te ama mucho!

La mamá sonrió. —Tienes razón —asintió—. En realidad me fascina el regalo de David, aunque no es perfecto. Y querida, cuando nosotros le damos regalos a Dios con amor sincero en nuestro corazón, ¿no crees que Él los recibe igualmente, aunque no sean perfectos?

—¿Te refieres a lo que voy a cantar y actuar con los niños? —le preguntó Jenny.

La mamá asintió, al tiempo que se inclinaba para recibir la flor en la maceta que David le regaló. —¡Gracias, mi David! —exclamó—. ¡Lo pondré en el centro de nuestra mesa para la cena! Lo abrazó y luego se volvió a Jenny. —Me alegra que David no se haya sentado a lamentarse por lo que no podía ofrecerme —dijo—. Estoy dichosa porque hizo lo que pudo. Eso es lo que Dios espera de nosotros también. Él quiere que hagamos nuestro mejor esfuerzo en servirle.

PARA MEMORIZAR:

"Esta ha hecho lo que podía" (Marcos 14:8).

Y ¿QUÉ DE TI?

¿Das lo mejor de ti para Dios? No compares tus capacidades con las de otros. No pierdas tu tiempo añorando los talentos que Dios les ha dado. Él desea que le sirvas con las habilidades que Él te dio. Si tu corazón está lleno de amor por Dios y tú le ofreces lo mejor de ti, Él recibe complacido tus regalos.

TESORO:

A Dios le agrada lo que le ofreces

25
de febrero

PARA MEMORIZAR:

"...el diablo, como león rugiente, anda alrededor buscando a quien devorar"
(1 Pedro 5:8).

Y ¿QUÉ DE TI?

¿Te has preguntado por qué tus padres te prohíben ir a una fiesta o ver cierta película en las que tus amigos participan? Su intención no es enojarte. Dios les ha designado la responsabilidad de trazar límites por tu seguridad. Respétalos.

TESOROS:

Las reglas de tus padres son para protegerte

LÍMITES

LECTURA BÍBLICA: Efesios 6:1-4, 10-12

Bruno y sus amigos trazaron un gran círculo de tiza en el camino de la entrada de su casa. —¿Para qué es eso? —preguntó el papá, que los observaba.

—Jugamos a las escondidas —respondió Bruno—, y esta es la zona de seguridad. Si nos encuentran podemos resguardarnos en esta zona antes de ser atrapados.

Al cabo de un rato algunos niños empezaron a irse, y Bruno corrió a su padre. —Papá —le dijo—, todos van a casa de Miguel para ver un programa de televisión. ¿Puedo ir con ellos? El papá le hizo una serie de preguntas, y luego respondió negativamente. —¡Ay, papá! —protestó Bruno—, ¿qué hay de malo en ese programa? Ernesto va a la iglesia y también va a verlo.

El papá se quedó pensativo un momento. —Lo que jugaban hace un rato me ayudará a explicarte —dijo—. Imagina que Satanás es el que busca atraparte. Tu madre y yo tratamos de protegerte de él trazando algunos límites para tus actividades, y eso constituye tu zona de seguridad. Dentro de tus límites incluimos lo que es bueno y conveniente para ti. Las cosas que definitivamente son malas quedan por fuera de esos límites.

—¿Cómo beber, fumar y jurar? —preguntó Bruno.

—Sí, esas cosas están absolutamente prohibidas en tu zona de seguridad. Sin embargo, entre el extremo de lo bueno y lo extremadamente malo, hay una gama de actividades acerca de las cuales la Biblia no nos habla de manera específica —le explicó su papá—. Algunas pueden ser mejores que otras, pero tu madre y yo tenemos que elegir el límite que trazamos y determinar hasta dónde puedes llegar.

—¿Y ese programa está por fuera de mi zona de seguridad? —preguntó Bruno.

El papá asintió. —Otros padres pueden trazar diferentes límites. Tal vez no estén mal —dijo—, pero para nosotros este es el límite.

—¿Y Satanás no puede atraparme si permanezco dentro de esos límites? —preguntó Bruno.

El papá sonrió. —Desearía que así fuera —dijo—, pero los límites no lo mantienen del todo alejado. No puede actuar con mucha libertad dentro de ellos, pero debes depender de Jesús para estar completamente protegido.

LA ORACIÓN DE ANA

26
de febrero

LECTURA BÍBLICA: Salmo 40:8-10

Cuando la mesera trajo la comida para la familia García, Ana, de diez años de edad, estaba impaciente por comer. —Ana —le dijo su padre—, te ves ansiosa por comenzar. ¿Te gustaría entonces guiarnos en oración para dar gracias?

Ana echó un vistazo al concurrido restaurante. —¿Ahora? —preguntó—. ¿Y qué si la mesera viene a traer la salsa de tomate?

—Estoy seguro de que no le molestará esperar —respondió el papá, y todos inclinaron la cabeza. Ana miró otra vez a su alrededor y luego masculló una corta oración.

—Ni siquiera pude entender lo que dijiste —refunfuñó Alex.

—Yo tampoco —afirmó Diana—. Hablaste demasiado rápido.

—No oré para ti —protestó Ana—. Dios sí me entendió, y Él sabe que estoy agradecida.

—Bueno, suficiente niños —intervino el papá—. Ana tiene razón. Dios conoce su oración. Pero querida, Alex y Diana también tienen razón.

La mamá asintió. —¿Te parece vergonzoso orar? —le preguntó.

—No —dijo Ana—, por lo general no, pero todo el mundo aquí nos está observando.

—¿Quién? —preguntó Alex, mirando a las otras mesas.

—Bueno, sentí como si todo el mundo nos hubiera observado cuando cerramos los ojos —dijo Ana—. ¿Por qué no podemos orar con los ojos abiertos?

—Lo que le importa a Dios no son los ojos —dijo el papá—, sino tu corazón. Puesto que eres cristiana, Jesús es parte de tu vida así como tú eres parte de nuestra vida familiar. ¿Cómo te sentirías si te dejáramos en casa porque no quisiéramos que nos vieran hablando contigo?

—Bastante mal, creo —admitió Ana.

—Pero seríamos incapaces de hacer semejante cosa —afirmó su mamá—, porque te amamos y nos sentimos orgullosos de estar contigo.

Ana permaneció en silencio un momento. *Me preguntó cómo se sentirá Dios si yo me avergüenzo de que me vean hablar con Él* —pensó. Soltó su tenedor y preguntó—. ¿Me permiten orar de nuevo? Sus padres sonrieron y asintieron.

"Amado Dios" —comenzó Ana, y de corazón le dio gracias a Dios por la comida. Terminó con un vigoroso amén.

PARA MEMORIZAR:

"...no te avergüences de dar testimonio de nuestro Señor"
(2 Timoteo 1:8).

Y ¿QUÉ DE TI?

¿Es difícil demostrar que conoces y amas a Dios cuando hay personas no creyentes cerca? ¿Te preocupa lo que podrían pensar? Cuando Jesús sufrió y murió por ti no le preocupó el qué dirán. ¡Nunca te avergüences de Él!

TESORO:

Nunca te avergüences de Jesús

27
de febrero

PARA MEMORIZAR:

"Abre mis ojos, y miraré las maravillas de tu ley" *(Salmo 119:18).*

Y ¿QUÉ DE TI?

¿Gozas de visión espiritual todos los días? ¿Meditas en lo que Dios te dice y le pides que te ayude a comprender sus palabras y a ponerlas en práctica? ¿O piensas que una vez por semana, quizá el domingo, es suficiente para atender a lo que Él quiere decirte? Pídele a Dios que abra tus ojos y te enseñe alguna lección especial o promesa cada día. Pídele que te muestre cómo obedecerle. ¡Entonces hazlo!

TESORO:

Dios nos da visión espiritual

ESPEJUELOS NUEVOS

LECTURA BÍBLICA: 1 Corintios 1:18-25

Teresa desapareció por la acera de camino a la casa de sus abuelos. Sus espejuelos nuevos le producían una extraña sensación, pero pensó que la hacían ver mayor. Estaba asombrada por todo lo que podía ver con ellos, como los detalles de las hojas de los árboles, y hasta los letreros de las señales de tránsito en una esquina lejana. Teresa reía dichosa. Se apresuró a medida que se acercaba a la casa de sus abuelos y al notar que su abuelo trabajaba en el patio.

Cuando Teresa y su abuelo entraron en la casa poco después, él le guiñó un ojo. —Abuela, una niña muy feliz nos visita —dijo—. Teresa le mostró con gran alegría sus espejuelos nuevos.

La abuela sonrió. —Recuerdo cuando tuve mis primeros espejuelos —dijo—. Todo cambia, ¿no es así?

—También recuerdo cuando adquirí mis espejuelos espirituales —añadió la abuela.

—¿Espejuelos espirituales? —preguntó Teresa—. ¿Qué es eso?

—Bueno, cuando las personas que no conocen a Jesús leen la Palabra de Dios, a veces les parece rara y no pueden comprenderla —explicó el abuelo—. Cuando tú conoces a Jesús como Salvador es como si tus ojos espirituales se abrieran, algo así como las gafas que te ayudan a ver bien. Comienzas a ver, o a comprender, lo que Él dice en su Palabra.

—Y es maravilloso —agregó la abuela—. Ver y entender lo que Dios dice es poseer la visión más grandiosa. Luego miró a Teresa. —¿Piensas dejar en ocasiones tus espejuelos sobre la repisa, o vas a usarlos todos los días? —preguntó.

La absurda pregunta hizo reír a Teresa. —Por supuesto que voy a usarlos todos los días —dijo—. De lo contrario, ¿para qué me servirían?

La abuela asintió. —Dios también nos da visión espiritual para que podamos disfrutar lo que Él nos ha preparado —aconsejó.

UNA LECCIÓN EN VALOR

28

de febrero

La maestra de la escuela dominical de Josué les había hecho un examen escrito. —¡Oh, no! —susurró Josué al tiempo que le entregaba su examen—. Debí escribir siete, y no cinco, en esta pregunta. Cuando los amigos de Daniel fueron arrojados al horno, lo calentaron siete veces más de lo acostumbrado.

—Lo cambiaré por ti —dijo la señorita Pérez mientras la campana sonaba. Luego se volvió a la clase. —Pídanle al Señor que les ayude a tomar decisiones correctas esta semana —dijo—, y para la próxima, alisten un testimonio de una decisión que requirió valor.

Aquella mañana, Josué no le prestó mucha atención al sermón. Más bien se la pasó pensando en cómo realizar una acción valerosa. Miró a su hermana menor. Quizá pueda rescatarla de unos captores esta semana —pensó—. ¡Atraparé a uno de ellos y luego... noo! ¡Eso no va a ocurrir! ¡Ya sé! Voy a rescatar el gato grande y gris de la señorita González si trepa demasiado alto en un árbol. Josué suspiró. Solo que eso nunca ocurre. ¿Acaso hay algo valeroso que yo pueda hacer?

Otros asuntos ocuparon la mente de Josué durante la semana y no pensó más en sus ideas heroicas, hasta el sábado en la mañana en que fue a la tienda con su padre. El cajero olvidó registrar un artículo, y el papá se lo hizo saber. —Papá, ¿necesitaste valor para hacerlo? —preguntó Josué mientras se dirigían al auto.

—En realidad no —contestó el papá—. Simplemente era mi deber, pero reconozco que a veces se requiere valor para hacer lo correcto.

De repente el estómago de Josué se revolvió por el sentimiento de culpa que lo invadió. Había luchado con él toda la semana. Tenía un asunto pendiente, y necesitaba valor.

El domingo en la mañana Josué se adelantó para llegar a su salón de clases. Su profesora estaba sola. —Señorita Pérez —saludó—, yo... yo... Josué pasó saliva con dificultad. —Yo no sabía la respuesta correcta a esa pregunta que usted cambió por mí. La vi. en la hoja de Luisa.

La señorita Pérez se veía seria, pero le dio una palmadita en la espalda. —Fue difícil confesarlo, ¿no es así? —preguntó—. Me alegra que hayas tenido el valor de admitir tu error. ¿Te gustaría contarlo a los demás niños de la clase esta mañana?

Josué negó con la cabeza. —En realidad no —dijo—, pero me siento mucho mejor ahora, y les contaré si usted lo considera conveniente.

PARA MEMORIZAR:

"...sed fuertes y valientes" (Josué 10:25).

Y ¿QUÉ DE TI?

¿Te quedas callado cuando tienes algo para decir? ¿Haces lo correcto aunque tengas miedo? Pídele a Dios que te dé el valor para tomar decisiones correctas. Pídele valor para admitir tus errores.

TESORO:

Atrévete a hacer lo correcto

EL TESORO DE OMAR

1

de marzo

PARA MEMORIZAR:

"...[la salvación] es don de Dios; no por obras" *(Efesios 2:8-9)*

Y ¿QUÉ DE TI?

¿Tratas de ganarte tu entrada al cielo? ¿Eso incluye ir a la iglesia, obedecer a tus padres, ofrendar para los misioneros o ser amable? Todo eso está muy bien, pero nunca podrás pagar el cielo con eso. Ninguna obra que hagas podrá abrirte la puerta del cielo. Solo cree en Jesús y recibe su regalo gratuito.

TESORO:

La salvación es gratuita

LECTURA BÍBLICA: Juan 3:14-17

Omar, un pescador de perlas de edad avanzada, señaló a un hombre en la calle.

—Mire, señor López. Ese peregrino se dirige a Bombay o tal vez a Calcuta. Anda descalzo y elige las piedras más afiladas para pisarlas. ¡A veces se arrodilla y besa el suelo! ¡Eso es bueno! Omar suspiró.

—Yo soy viejo y debo prepararme para la siguiente vida —dijo—. Debo comenzar mi peregrinación para asegurar un lugar en el cielo. Debo ir a Calcuta arrodillado. Los dioses me recompensarán. El sufrimiento será dulce porque me permitirá pagar mi entrada al cielo.

—Omar, un viaje semejante sería demasiado duro para usted, ¡por favor no lo haga! —le rogó el señor López, que era misionero—. Jesús murió para pagarle el cielo. Solo tiene que creer y recibir su regalo de salvación que es gratuito.

—¡No! Eso es demasiado fácil —insistió Omar—. ¡Uno debe trabajar para obtener un lugar en el cielo! —con una perla en la mano hablaba en un tono de nostalgia—. Antes de partir quiero darle esto. Mi hijo era pescador de perlas. Él encontró esta perla, ¡pero se quedó bajo el agua demasiado tiempo! Murió días después. Se la doy a usted, que es mi mejor amigo.

—¡Oh, cuánto siento la muerte de su hijo! —exclamó el señor López—. Le compraré la perla.

Omar negó con la cabeza.

—Nadie posee el dinero suficiente para pagar lo que vale esta perla para mí —respondió con tristeza—. Solo puede recibirla como un regalo.

—¡Oh, pero eso es demasiado fácil! —exclamó el señor López—. Debo pagar por ella, o trabajar por ella.

Omar respondió de inmediato.

—Nunca vendería esta perla, su valor se mide por la sangre de mi único hijo que murió. Solo recíbala como muestra del aprecio que siento por usted.

—Omar —dijo el señor López amorosamente—, para que usted pudiera entrar al cielo, Dios tuvo que pagar con la sangre de su Único Hijo. ¡Millones de años o cientos de peregrinaciones no bastarían para pagar la entrada al cielo! Es tan inestimable que nadie podría pagar por ella. Dios le ofrece la salvación como un regalo gratuito. Recíbalo como una muestra del amor de Dios por usted, que es pecador.

Omar dejó escapar un soplo.

—¡Ya veo! —exclamó—. Algunas cosas en realidad son tan valiosas que no pueden venderse o comprarse. El cielo es una de ellas. ¡Cuénteme más acerca de eso!

EL TOSTADOR Y LA BIBLIA

2
de marzo

LECTURA BÍBLICA: Santiago 1:21-25

—Mamá, no logro poner a funcionar el tostador —señaló Jaime—. ¡Mamá! —la llamó de nuevo. Al no escuchar una respuesta se fue a buscar a su madre al cuarto de ropas.

—Quiero preparar unas tostadas pero la tostadora no funciona —dijo Jaime—. No calienta.

—¿Está conectada? —le preguntó la mamá.

—¿Conectada? —repitió Jaime.

—Supongo. Siempre está conectada, pero voy a mirar. Jaime regresó a la cocina.

—¡Upa! —pensó. Con razón no funcionaba. Conectó la tostadora, puso dos tajadas de pan de uva y en un instante estaba saboreando deliciosas tostadas con mantequilla.

Al día siguiente en la clase de la escuela dominical, el maestro de Jaime preguntó mientras sostenía su Biblia.

—Yo sé que hace mucho tiempo ustedes aprendieron que deben leer la Biblia todos los días, ¿no es cierto? Todos asintieron.

—Bien —dijo—. Así lo espero. Sin embargo, ¿sabían que leer la Biblia no es suficiente? Lo que leen en ella debe conectarse con la vida de cada uno de ustedes.

—¿Eso qué significa? —preguntó Claudia.

Jaime levantó su mano. —Tengo un ejemplo de algo que debe conectarse para funcionar —dijo—. Ayer quería preparar unas tostadas, pero la tostadora no funcionaba. Cuando la revisé, me di cuenta de que no estaba conectada.

—Yo sé cómo conectar tostadoras —dijo Claudia—, pero todavía no entiendo cómo conectar la Biblia con nuestra vida —hizo una mueca—. La Biblia no tiene un cable.

El señor Beltrán sonrió.

—"Conectarla" significa poner en práctica su consejo —respondió—. La Palabra de Dios debe cambiar nuestra vida. Por ejemplo, si ustedes leen el mandato "obedezcan a sus padres", pero tratan de evadir sus obligaciones, no están permitiendo que la Biblia los cambie. No la han conectado a su vida.

—En cambio, si leemos "perdonen a otros", y luego perdonamos a alguien que nos trató mal, estamos conectados a lo que leemos —añadió Jaime.

—¡Exacto! —exclamó el señor Beltrán—. Esta semana no nos conformemos con leer la Biblia. "Conectémonos" a ella permitiéndole que cambie nuestra vida por medio de la obediencia.

PARA MEMORIZAR:

"Cualquiera, pues, que me oye estas palabras, y las hace, le compararé a un hombre prudente" (Mateo 7:24).

Y ¿QUÉ DE TI?

¿Lees tu Biblia todos los días? ¿Está conectada con tu vida y cambia tu comportamiento? Así debería ser. Recibe la bendición y el consuelo que te da, y asegúrate de poner en práctica lo que lees.

TESORO:

Practica las verdades de la Biblia

3

PARA MEMORIZAR:

"Guarda silencio ante Jehová, y espera en él"
(Salmo 37:7).

Y ¿QUÉ DE TI?

¿Estás preocupado por lo que sucede en tu vida o en el mundo? Las circunstancias no son siempre agradables, pero puedes estar seguro de que Dios lo sabe todo. Que otros vean en ti la paciencia y la confianza plena en que Jesús cuidará de ti.

TESORO:

Sé paciente y confía en Dios

BÚHO SITIADO

LECTURA BÍBLICA: Romanos 5:1-5

Roberto sostenía en completo silencio su caña de pescar mientras el sol de la mañana teñía el cielo de color violeta, y luego de color de rosa. Al otro extremo del bote su abuelo tiró el anzuelo al agua. Al golpearla, la carnada produjo un suave ruido. Aparte del coro de grillos todo estaba en silencio.

De repente, un chillido penetrante irrumpió en la atmósfera de calma. Roberto saltó. El ruido se escuchó de nuevo. —¿Qué fue eso?

Su abuelo señaló al tronco seco de un ciprés del otro lado del pantano. Un búho solitario estaba agarrado a una de las ramas superiores, y se vislumbraba su oscura silueta con el cielo al fondo. Un gran cuervo volaba en círculos alrededor de él, chillando cada vez que se acercaba.

—¿Qué le sucede a ese cuervo? —preguntó Roberto.

—Es difícil saberlo —dijo el abuelo—. Tal vez el búho esté sentado demasiado cerca del nido del cuervo. O simplemente el cuervo quiere fastidiarlo. A veces lo hacen.

Roberto observó mientras el ave negra arremetía una y otra vez, con sus chillidos penetrantes que resonaban en el pantano. El búho se limitaba a mover la cabeza.

—Ojalá se fuera ese cuervo —dijo Roberto—. ¿Podría lastimar al búho?

El abuelo negó con la cabeza.

—En realidad no —dijo—. Nuestro buen Dios equipó a los búhos con todo lo necesario para protegerse, como alas fuertes y garras afiladas. Si el cuervo se acerca demasiado, le tocará la peor parte, y él lo sabe. ¿Ves cómo permanece a una distancia prudente?

—Sí, pero si yo fuera el búho, no me quedaría sentado con ese bicho ruidoso abalanzándose —dijo Roberto—. Pelearía, escaparía volando, o cualquier otra cosa.

El abuelo se rió entre dientes.

—Tal vez ese viejo búho ya sabe que el cuervo se cansa después de un rato y se irá a molestar a otro —dijo—. Podríamos aprender algo de él. Cuando vienen circunstancias que nos perturban, por lo general perdemos la calma. Nos afanamos en pensar que debemos hacer algo al respecto. En vez de molestarnos por lo que ocurre, debemos confiar en el Señor. Debemos pedirle que nos ayude a saber cuándo es oportuno actuar o cuándo debemos simplemente esperar con paciencia a que Él obre.

SIN EXCUSA

LECTURA BÍBLICA: Salmo 19:12-14

María y dos de sus amigas hablaban de camino a la escuela, cuando Néstor, otro compañero, se apresuró a alcanzarlas.

—¡Vete! Camina con los niños, Néstor —dijo Graciela.

—Ay, no te enfades tanto —señaló María—. Puede caminar con nosotras. Pero las otras niñas siguieron su camino y dejaron a María caminando sola con Néstor.

—¿Quieres escuchar un chiste? —le preguntó Néstor, y comenzó a contarlo.

María se escandalizó.

—¡Néstor! —exclamó—. ¡Eso es espantoso! ¡Es indecente! De todos modos no voy a seguir caminando contigo.

María corrió para alcanzar a sus amigas.

—Oh —habló enojada—, ¡escuchen lo que me contó Néstor! Entonces les contó el chiste indecente a sus amigas.

—¡Eso es horrible! —exclamó Graciela.

Sara asintió.

—Deberíamos advertirles a los niños de la escuela que no jueguen más con Néstor —dijo.

—¡Sí! ¡así debe ser! —asintió María—. Ya que fue a mí a quien Néstor contó el chiste, les voy a advertir acerca de él. Así fue que durante la semana María repitió la historia muchas veces.

—Hoy fui a ver a tu maestra, María —dijo su mamá una noche. María frunció el entrecejo. Justo esa tarde su maestra la había dejado en el salón de clases durante el descanso para hablar acerca del chiste que estaba difundiendo.

—La señorita Castro está muy preocupada por ti, y yo también —continuó la mamá—. Me contó que otros niños le han dicho que tú has estado contando un chiste indecente.

—Pero mamá, tú no entiendes —protestó María—. Solo les estaba diciendo a los chicos lo que dijo Néstor, les estaba advirtiendo para que dejaran de jugar con él. Intenté decírselo a la señorita Castro, ¡pero ella tampoco entiende!

La mamá movió su cabeza.

—Me temo que eres tú la que no entiende —dijo—. En primer lugar, propagaste ese chiste mucho más que Néstor. En segundo lugar, murmuraste de él. ¿Te sientes satisfecha con eso? María negó con la cabeza lentamente.

—Debes confesarle a Dios lo que hiciste, María —dijo la mamá—, y pienso que deberías disculparte con tus compañeros y con tu maestra por haber contado ese chiste.

4 de marzo

PARA MEMORIZAR:

"Sean gratos los dichos de mi boca... delante de ti, oh Jehová" *(Salmo 19:14).*

Y ¿QUÉ DE TI?

¿Te inventas excusas para difundir algún chisme o decir palabras indecentes? ¿Tu conversación es aceptable y agradable ante Dios? Solo habla lo bueno, amable y provechoso.

TESORO:

Usa palabras que agraden a Dios

5
de marzo

Y ¿QUÉ DE TI?

¿Juzgas a los niños por su forma de vestir o la cantidad de juguetes que tienen? ¿O por ser listos o bien parecidos? Esfuérzate por conocerlos, investigar si son honrados, amables y obedientes a sus padres. Mira si aman a Dios. Él no juzga por las apariencias, y tampoco quiere que tú lo hagas.

TESORO:

Las apariencias decepcionan

REMOLACHAS ENCURTIDAS

LECTURA BÍBLICA: 1 Samuel 16:6-13

"¡No puedo creerlo! —exclamó Brenda mirando de reojo el canal de noticias mientras ponía la mesa para la cena. Esa cantante tiene todo lo que uno podría desear. Es bonita, talentosa, rica, famosa, y..."

—Acaba de arruinar su vida por usar drogas, y ahora la arrestaron —terminó la mamá de Brenda, sacudiendo la cabeza. ¡Qué tristeza!

—¡Si yo pudiera ser igual de bella! —dijo Brenda mientras observaba cómo se llevaban esposada a la gran estrella.

—Recuerda que las apariencias engañan —dijo la mamá. Abrió el refrigerador.

—Brenda, por favor baja al sótano y tráeme un frasco de remolachas encurtidas de la abuela. Vamos a comer un poco en la cena.

—Ya voy —dijo Brenda, dirigiéndose a las escaleras. No tardó en regresar con un frasco de remolachas de un intenso color morado.

—¡Mira el color de estas remolachas, y del jugo! —exclamó mientras sostenía el frasco a la luz de la ventana—. Me gustaría tener un suéter de este color.

La mamá rió. —Sí, es hermoso —convino.

Brenda le pasó el frasco a su mamá.

—Oh, no —dijo la mamá al abrirlo—. La tapa no está sellada. Es mejor que no nos comamos estas remolachas. ¡Podrían estar dañadas!

—Pero se ven bien —dijo Brenda.

—Tal vez se vean bien, pero si la tapa no está sellada, los gérmenes pueden entrar. No voy a arriesgarme —respondió la mamá. Luego vació el contenido en la basura.

—Si están dañadas podrían provocar un grave envenenamiento.

—¡Ay! —dijo Brenda.

—Me alegro entonces de que hayas notado que el sello estaba dañado.

—Sabes, querida, esas remolachas me hacen pensar en aquella artista a quien admiras —dijo la mamá—. Es hermosa y talentosa. A los ojos de muchos su vida es perfecta, pero Satanás estaba inyectándole veneno a su vida.

Brenda suspiró.

—Creo que tienes razón, mamá —dijo. —Las apariencias son engañosas —dijo la mamá—. Lo que puede parecernos atractivo podría no ser bueno en absoluto, incluso las personas. Por otro lado, una persona que no resulte tan atractiva podría ser excelente. Debemos tratar de ver lo que es en realidad y no juzgarla por su apariencia.

DESEQUILIBRIO

6 de marzo

LECTURA BÍBLICA: Lucas 2:42-52

"Y Jesús crecía en sabiduría y en estatura, y en gracia para con Dios y los hombres" —leyó el papá en el tiempo devocional una noche. Luego cerró la Biblia.

—Jesús era equilibrado —señaló la mamá. Ernesto se rió.

—Creo que el equilibrio está en el cerebro —dijo bromeando. Su mamá había tenido vértigo y problemas para mantener el equilibrio debido a un problema en el oído interno.

La mamá hizo un gesto.

—Sin duda descubrí cuán importante es el equilibrio —afirmó.

—¿Y tú crees que Jesús nunca se tropezó? —preguntó Elena, aunque sabía a lo que se refería su mamá.

El papá sonrió.

—La vida equilibrada de Jesús se refiere a su crecimiento y desarrollo —dijo—. Él "crecía en sabiduría", lo cual alude a su mente.

—Poder mental —dijo Ernesto haciendo una mueca—. Y crecer "en estatura" significa crecer físicamente, ¿cierto?

El papá asintió.

—Él gozaba de "gracia para con Dios", lo cual se refiere a su buena relación con Dios. Y lo mismo dice con respecto a "los hombres", lo cual evidencia que se desarrollaba socialmente y tenía buenas relaciones con las personas.

—Sí, como tú Elena —dijo Ernesto. A Elena le iba muy bien en la escuela, pero al parecer tenía problemas con sus compañeros de clase últimamente.

—¡Mira quién habla! —protestó Elena—. Solo te dedicas a levantar pesas. Tienes músculos fuertes pero un cerebro débil.

—Ya es suficiente —dijo el papá con firmeza—. En vez de criticarse mutuamente, cada uno debería pensar en la manera de lograr el equilibrio en su propia vida. Y no olviden tener en cuenta lo espiritual. Consagren tiempo a la Palabra de Dios y a la oración. Si lo practican con regularidad les sorprenderá lo bien que se desarrolla todo lo demás.

PARA MEMORIZAR:

"Jesús crecía en sabiduría y en estatura, y en gracia para con Dios y los hombres" (Lucas 2:52).

Y ¿QUÉ DE TI?

¿Eres equilibrado? ¿Comes bien, descansas y haces suficiente ejercicio? ¿Tienes buenos amigos y ayudas a las personas? ¿Aprendes más de Dios y le sirves? Examina tu vida para detectar lo que te falta para lograr el equilibrio y crecer física, social, mental y espiritualmente.

TESORO:
Sé equilibrado

7

de marzo

LA CREACIÓN Y LA VERDAD

PARA MEMORIZAR:

"Toda la Escritura es inspirada por Dios" (2 Timoteo 3:16).

Y ¿QUÉ DE TI?

¿Crees en la Biblia? ¿En todo lo que dice? ¿Puedes afirmar que Dios creó todas las cosas? De lo contrario, sería afirmar que Dios no siempre dice la verdad. Y eso no es cierto. Dios siempre dice la verdad, porque Él es la verdad. Toda su Palabra, la Biblia, es verdad.

TESORO:

Toda la Biblia es verdad

LECTURA BÍBLICA: Juan 17:17-19; 2 Timoteo 3:14-17

—¿Estás listo para el examen acerca de la evolución mañana? —le preguntó Julio a Daniel mientras caminaban a casa.

Daniel suspiró.

—Supongo que sí —respondió—. Puedo explicar la evolución como lo hizo el señor Ramírez, pero no creo en ella. Creo que Dios es el que creó todas las cosas.

—El señor Ramírez dice que cree en la Biblia, solo que no está de acuerdo en que Él creó todo —dijo Julio. Se encogió de hombros.

—¿Cuál es el problema? Al fin y al cabo ¿qué importa? Mientras otro niño pasaba haciendo ondas en su bicicleta, Julio frunció el entrecejo.

—Ahí va Rafael Velásquez. ¡Nunca volveré a confiar en él! —exclamó—. ¿Sabes lo que hizo? Me prometió que después de comprar su bicicleta nueva me vendería la vieja. Pero cuando consiguió la nueva me dijo que había vendido la vieja a Rodrigo por el doble del valor que me había pedido a mí.

—Bueno, no puedes culpar a Rafael por querer tener más ganancia —dijo Daniel.

—Tal vez no, pero la semana pasada hablé con Rodrigo, y me dijo que pagó el mismo precio que yo iba a pagarle. Rafael ha estado haciendo alarde de su nueva bicicleta con todos. Dice que su padre pagó mucho por ella. Ayer me encontré con su primo, y dijo que su papá le dio la bicicleta a cambio de un poco de trabajo, ¡y que tampoco es nueva!

Julio hizo mala cara.

—Creo que nunca más le creeré una sola palabra a Rafael. Si miente acerca de esto, también mentirá respecto a lo demás.

—¿No te parece que eso es también cierto con respecto a Dios y a la Biblia? —preguntó Daniel.

—¿Dios? —preguntó Julio—. ¿A qué te refieres?

—Bueno, la Biblia es la Palabra de Dios, y el primer versículo dice: "En el principio creó Dios los cielos y la tierra" —comentó Daniel—. Todo el capítulo muestra que Dios creó todas las cosas. Además, hay muchos otros versículos en la Biblia que hablan de Dios como el Creador de todo. Si son mentiras, ¿cómo podríamos creer cualquier cosa que dijera la Biblia?

Julio se quedó pensando.

—Así que... si vamos a creer en algo a Dios y a lo que dice la Biblia ¿tendríamos que creer que Él hizo todas las cosas? —preguntó.

—Así lo entiendo yo —dijo Daniel—. Creo que voy a anotarlo en alguna parte en mi examen de mañana.

CASI

LECTURA BÍBLICA: Hechos 26:1, 22-23, 27-29

"¡Oh, no!" —exclamó Darío al mirar su informe de calificaciones. Detestaba las matemáticas. Siempre hacía sus tareas de afán y a veces ni las hacía, ¡pero no se esperaba recibir una nota tan mala!

Sus padres estaban igualmente insatisfechos con su informe.

—Mamá y yo hablaremos con tu maestra —le dijo su papá al día siguiente—, no creemos que estés haciendo tu mejor esfuerzo. Pensamos que eres capaz de aprobar el curso. ¿Tú qué piensas?

Darío suspiró y asintió. —Me esforzaré —prometió.

—Ya sabes que hemos estado pensando en comprar un caballo —dijo el papá—. Tu mamá y yo hemos decidido que si trabajas duro y apruebas el curso conseguiremos el caballo para este verano. Si no estudias, tú serás el perjudicado, no habrá caballo.

—¡Está bien! ¡no hay problema! —exclamó Darío—. Prepárate para comprar ese caballo, papá. Solo debo asegurarme de cumplir con mis deberes y tener el caballo será fácil. Veamos... ¿qué nombre le voy a poner?

Durante algunos días Darío trabajó con mucho empeño. Cumplió con sus deberes y obtuvo buenas notas en los exámenes. Luego, a medida que los días se hacían más calurosos, estudiaba menos y jugaba más. En el momento de los exámenes sabía que iba mal en matemáticas. La noche anterior al examen sacó su libro de matemáticas y pasó varias horas estudiando. De vez en cuando preguntaba "¿cómo se resuelve este problema?" Y escuchaba con atención la explicación de sus padres.

Después de presentar el examen, Darío no se sentía muy seguro de haber aprobado. Tal vez lo apruebe —pensó. Debí estudiar más, pero quizás pueda lograrlo.

Cuando le entregaron el examen suspiró. Había aprendido mucho esa noche de estudio extremo, pero había comenzado demasiado tarde, y simplemente reprobó el curso.

—Lo siento —dijo el papá al ver la calificación—, pero tú sabes que esta nota significa que tendrás que olvidarte del caballo este verano.

—Pero papá, casi apruebo —suplicó Darío.

El papá negó con la cabeza.

—Un 'casi' no es suficiente —dijo—. Habíamos acordado que tendrías un caballo si aprobabas matemáticas, no si casi lo lograbas. No compraremos un caballo este verano.

PARA MEMORIZAR:

"[Jesús dijo:] El que cree en mí, tiene vida eterna" (Juan 6:47).

Y ¿QUÉ DE TI?

¿Estás casi seguro de que eres cristiano? Casi no es suficiente. Jesús dijo que los que creen en Él, no los que casi creen, tienen vida eterna. Debes estar absolutamente seguro. Decide ahora mismo creer en Jesús y confiar en Él para salvarte.

TESORO:

No basta con "casi creer"

9
de marzo

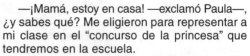

ESPEJO EN LA PARED

LECTURA BÍBLICA: 1 Pedro 3:1-4

PARA MEMORIZAR:

"Engañosa es la gracia, y vana la hermosura; la mujer que teme a Jehová, ésa será alabada" (Proverbios 31:30).

Y ¿QUÉ DE TI?

¿Te preocupas demasiado por la apariencia? La Biblia dice que la belleza exterior (la apariencia atractiva) es "vana". Es necesario que cultives la amabilidad y el servicio para convertirte en una persona realmente hermosa. Este principio es válido tanto para niños como para niñas. Todos necesitamos cultivar la belleza interior.

TESORO:

La verdadera belleza se demuestra en acciones

—¡Mamá, estoy en casa! —exclamó Paula—, ¿y sabes qué? Me eligieron para representar a mi clase en el "concurso de la princesa" que tendremos en la escuela.

—¡Grandioso! —contestó la mamá—. Me alegro por ti, hija.

—¡Estoy segura de que voy a ganar! —declaró Paula—. Todos en la escuela van a elegir entre tres niñas, y una de ellas realmente no es muy bonita. La otra es tímida, y casi nadie la conoce. La mamá frunció el entrecejo con discreción, y no hizo comentarios.

Durante los días siguientes, Paula pasó largas horas frente al espejo. Peinó excesivamente su cabello y se sonreía en el espejo. Además, a todos les preguntaba si notaban lo bonita que se veía.

—La belleza no es más que eso —la previno su papá.

Una tarde el papá llevó a Paula y a su hermano Pedro a la tienda de mascotas para escoger a un perro.

—¡Oh, mira ese cachorrito! —exclamó Paula señalando a un perro blanco—. ¿No te parece lindo? Sin embargo, cuando trataron de mostrarse amigables con él, ladró con furia. El hombre que atendía en el lugar les comentó que el perro tenía un carácter detestable.

—¡Pero es tan lindo! —repitió Paula.

—La belleza no es más que eso —le recalcó su papá, y decidieron comprar un perrito menos lindo pero mucho más amistoso.

Pocos días después, Paula regresó llorando. —Yo... yo... ¡no gané el concurso de la princesa! —gritó entre sollozos—. No... no puedo entenderlo. ¡Berta, con su cabello pegajoso y su ropa sucia, ganó!

—Paula —le dijo el papá con amor—, ¿recuerdas aquel cachorrito que vimos? ¿Por qué no lo trajimos a casa en vez de nuestro despeinado Lalo?

Paula se limpió los ojos mientras miraba a su padre con asombro.

—Porque era tan bravo y Lalo era tan amistoso, y...

—Y tú te has comportado como ese perrito blanco —irrumpió Pedro—, y Berta se comporta más como Lalo.

Paula resopló indignada, pero su papá continuó.

—Me temo que es cierto —dijo—. Nunca olvides que la verdadera belleza viene del interior. Pienso que debes gastar menos tiempo frente al espejo preocupada por tu apariencia y más tiempo pensando en otros y en tratar de ser agradable. Y por encima de todo, procurando agradar al Señor.

MANZANAS PODRIDAS

de marzo

LECTURA BÍBLICA: 1 Corintios 3:11-15

—¿Les gustaría ganar un poco de dinero? —dijo el tío Ramón a Emilia y a Tito—. Les pagaré por cada caja de manzanas que recojan. Solo tomen manzanas de los árboles. No recojan las manzanas que están caídas en el suelo.

Tito y Emilia se dispusieron a trabajar con mucho ánimo. Para recoger manzanas de las ramas más altas emplearon una escalera o un colector de vara. Al principio fue divertido, pero el trabajo resultaba muy lento. —Esto se demora mucho —se quejó Tito—. Muchas manzanas que están en el suelo se ven igual a estas. ¿Qué te parece si recogemos algunas, solo las que se ven bien? Emilia estuvo de acuerdo. Al principio fueron muy cuidadosos al escogerlas. Pero a medida que transcurría la jornada se mostraban menos exigentes.

El tío Ramón regresó a la hora del almuerzo.

—¡Vaya, qué trabajadores tan eficientes! —exclamó. Sin embargo, al comenzar a empacar las manzanas en su camión descubrió lo que habían hecho.

—Lo siento, chicos. No puedo pagarles por recoger las manzanas caídas —les dijo.

—¡Pero son casi perfectas! —protestó Tito.

El tío Ramón asintió.

—Sí, pero cuando caen al suelo se magullan. A menos que se las use de inmediato, las manchas de las magulladuras comenzarán a podrirse —explicó—. Luego las manzanas podridas dañarán a las otras. No estaría bien vendérselas así a los clientes.

—Y nosotros creímos que íbamos a ganar mucho dinero —dijo Emilia suspirando—. ¡Todo ese trabajo para nada!

Al día siguiente en la iglesia, Tito y Emilia se sorprendieron al escuchar la ilustración que utilizó el pastor en su sermón.

"El año pasado mi esposa y yo fuimos a un plantío de manzanas y recogimos algunas caídas que se veían bien —dijo el pastor Ruiz—. Recogimos muchísimas, y saboreamos tortas y salsa de manzana. Sin embargo, no sucedió lo mismo con las manzanas podridas que después aparecieron. No se conservaron bien y tampoco duraron. Muchas cosas en la vida son similares a ellas. Las personas, incluso cristianas, trabajan muy duro para conseguir muchas ganancias terrenales. Las disfrutan un momento, pero las cosas terrenales no perduran. Solo duran un instante. Dios quiere que trabajemos por las recompensas eternas, lo que perdura hasta la eternidad. Como alguien afirmó: 'Esta vida pronto pasará. Únicamente lo que hacemos por Cristo durará'".

PARA MEMORIZAR:

"Poned la mira en las cosas de arriba, no en las de la tierra" (Colosenses 3:2).

Y ¿QUÉ DE TI?

¿Estás trabajando por lo que el mundo valora, como el dinero, el buen vestir, la fama, una carrera exitosa para el futuro? Esas cosas son atractivas, pero solo duran un instante. Para obtener tesoros duraderos asegúrate de cumplir con la voluntad de Dios. Sus recompensas son eternas.

TESORO:

Vale la pena trabajar por lo eterno

11
de marzo

PARA MEMORIZAR:

"[Jesús dijo] voy, pues, a preparar lugar para vosotros" (Juan 14:2).

Y ¿QUÉ DE TI?

¿Alguna vez has colaborado en los preparativos de bienvenida para alguien que viene de visita? Si eres cristiano, el Señor Jesús está preparando un lugar en el cielo para ti. Es difícil imaginarnos cuán especial y maravilloso será ese lugar, y sabemos que no lo disfrutaremos un rato, ¡sino para toda la eternidad!

TESORO:

Jesús está preparando un lugar para los cristianos

BIENVENIDO

LECTURA BÍBLICA: Juan 14:1-3, 17-24

"¡Muy bien!" —exclamó Gabriel al llegar a la entrada de la casa de la abuela—. ¡Al fin llegamos! La abuela vivía tan lejos que tuvieron que viajar durante dos días para llegar a su casa.

—¡Sí! —exclamó Sara—. Estoy feliz de llegar al fin.

El papá hizo un gesto.

—Yo también —dijo—. Ahora solo quiero descansar con un gran vaso de té helado.

Gabriel se rió. —Bueno, apuesto que la abuela ya preparó una jarra con el té que te gusta listo para que lo bebas. Luego señaló hacia la casa.

—¡Miren!, allí está la abuela para recibirnos —añadió—, y tiene un vaso en la mano. Tal vez sea tu té helado.

Gabriel tenía razón.

—Sabía que desearías tomarlo ahora mismo —dijo la abuela. Ella también había pensado en los demás. Había horneado el pastel preferido de Gabriel, preparado dulce de chocolate para Sara, y dispuesto una bandeja con los bocadillos preferidos de la mamá. Además, la casa estaba impecable, había sábanas limpias en las camas y un plato especial se cocinaba en el horno. Había libros nuevos para que los niños leyeran, y también juegos variados.

—Debiste consagrar mucho tiempo a todos estos preparativos para nosotros —dijo Sara al ver todo el trabajo de la abuela.

—Bueno, me dio gusto preparar todo para ustedes porque los amo —dijo la abuela al tiempo que le daba un abrazo.

—Se parece a la enseñanza de la escuela dominical —dijo Gabriel con una mueca—. Aprendimos que Jesús nos ama y está preparando un lugar para los que lo aman.

—Me siento tan agradecida al saber que todos aquí amamos a Jesús y que disfrutaremos el cielo juntos —dijo la abuela—. ¡Será un lugar maravilloso!

El papá asintió.

—Nos diste una preciosa bienvenida a tu casa —dijo—, pero tienes razón. ¡No podemos imaginarnos cuán maravillosa será la bienvenida que Dios nos dará!

SE NECESITAN AYUDANTES

12 *de marzo*

LECTURA BÍBLICA: Éxodo 18:13-24

Natalia corrió aprisa bajando las escaleras de la biblioteca.

—¡Oye, Karen! —exclamó—. ¡Espérame!

Karen se detuvo y se volvió a su amiga. Cargaba dos bolsas grandes de víveres. Sus hombros estaban caídos, y se veía muy cansada.

—¿Dónde has estado todo el verano? —preguntó Natalia—. Ni siquiera te he visto en la feria.

Karen movió su cabeza de lado a lado.

—Mamá ha estado enferma y hay muchas cosas que no pudo hacer —respondió—. Como papá no está cerca, es mi deber cuidar a los pequeños y encargarme de todo lo demás.

Natalia frunció el entrecejo.

—Apuesto que también has tenido que cocinar y limpiar ¿o me equivoco? —preguntó.

Karen asintió. —¿Por qué no le dijiste a alguien? —le preguntó Natalia. Se estiró para tomar una de las bolsas que llevaba Karen.

—Vamos, te ayudaré a llevar una —dijo. Mientras caminaban hacia la casa de Karen, Natalia le preguntó.

—¿Sabes quién fue Moisés?

Karen se encogió de hombros.

—Un señor en la Biblia que recibió los Diez Mandamientos —dijo—. Supe que hicieron una película de su vida.

Natalia asintió. —Moisés fue el líder de una multitud de personas —dijo—. Estuvieron amontonados en la mitad del desierto durante cuarenta años, y se quejaban mucho.

—¿Aprendiste acerca de él en la iglesia? —le preguntó Karen.

—Si —respondió Natalia—. Bueno, lo cierto es que Moisés trataba de cargar con todo solo. Hasta que un día su suegro vino y le dijo: "Moisés, vas a agotarte si sigues así. ¿Qué te parece si consigues ayudantes?" Así lo hizo, y todo funcionó muy bien. Natalia miró con disimulo a su amiga.

—Moisés necesitó ayuda, y creo que tú también la necesitas —afirmó Natalia.

Una ligera sonrisa se asomó en el rostro de Karen.

—Ya la recibí. Gracias por traer esto, Natalia —dijo mientras tomaba la bolsa que tenía su amiga. Suspiró al tiempo que se disponía a entrar en su casa.

—¡Espera! Yo... eh... vi que compraste pastas —dijo Natalia—. Mi mamá me está enseñando a cocinar. ¿Te importaría si ensayo contigo?

Lágrimas corrieron por las mejillas de Karen.

—Gracias —susurró.

13

de marzo

PARA MEMORIZAR:

"El hijo honra al padre"
(Malaquías 1:6).

Y ¿QUÉ DE TI?

¿Eres hijo de un rey? Si eres cristiano eres hijo de Dios, ¡y Él es el Rey de reyes! ¿Estás estudiando los caminos de tu Padre Dios y aprendiendo cómo vivir para Él? ¿Tu vida le trae honra o vergüenza? Sigue las instrucciones de la Palabra de Dios y vive de tal modo que honres su nombre.

TESORO:

Honra a Dios, tu Padre celestial

EL HIJO DEL REY

LECTURA BÍBLICA: Salmo 47:1-9

—¿Vendrán a nuestro drama especial en la escuela esta noche? —preguntó Tomás emocionado.

—¡Claro que sí! —contestó la mamá—. ¡Por nada nos lo perderíamos!

Esa noche el papá y la mamá se sentaron orgullosos a ver el drama. Tomás representaba al príncipe Gregorio, quien se sentía desdichado por la vida que llevaba.

—¿Por qué tengo que estudiar todo el día? —dijo quejándose—. ¿Por qué me toca aprender todas esas normas de etiqueta de la corte y todos los deberes de un rey, y la historia del reino de mi padre? Y, de todos modos, ¿a quién le interesa lo que hizo mi tatarabuelo? Arrojó sus libros.

—Los niños del pueblo juegan y se divierten. ¿Por qué nunca puedo divertirme? Todos los días me dicen que un príncipe siempre debe cuidar sus palabras porque todo el mundo observa su conducta. ¡Eso es aburrido!

—¡Príncipe Gregorio! —exclamó su tutor—. ¡Debería usted considerar un honor ser el hijo del rey y gozar de tantos privilegios!

El príncipe frunció el ceño.

—Bueno, ¿eso significa que no puedo expresar lo que siento? —preguntó—. Entonces ¿no puedo enojarme en público? ¿Nunca puedo quebrantar una ley? ¿Siempre debo lucir impecable y limpio y decir solo lo que conviene?

—Por supuesto. El tutor asintió.

—Nunca debe decir algo que pueda avergonzar a su padre. Debe ser un ejemplo para las personas del pueblo.

—¿Algún día dejaré de escuchar tantas reglas y prohibiciones? —dijo el príncipe quejándose—. Estoy seguro de que los niños del pueblo no tienen que escuchar eso todo el día.

—Usted no es un niño del pueblo —señaló—. Usted es el hijo del rey Gregorio Víctor. Debe estudiar y aprender a ser un rey, pues los habitantes del pueblo lo observan. Ellos esperan que usted se comporte como un rey. Si ellos lo ven y se dan cuenta de que no respeta a su padre, ni su reputación ni sus leyes, ellos tampoco respetarán a su padre ni obedecerán sus mandatos. Como príncipe, usted debe honrar el nombre de su padre.

Los padres de Tomás y los demás asistentes aplaudieron con fuerza al final de la primera escena.

EL HIJO DEL REY
(Continuación)

14
de marzo

LECTURA BÍBLICA: Colosenses 1:10-14

—¡El hijo de un rey debería tener la libertad de comportarse como se le antoja! —murmuró el príncipe Gregorio en la segunda escena del drama en el que participaba Tomás—. ¡Estoy cansado de estudiar! Echó un vistazo al cuarto, y vio que estaba solo.

—Por primera vez no hay alguien por aquí para detenerme, así que me voy al pueblo. El príncipe salió rápido del escenario.

En la escena siguiente el príncipe Gregorio llevaba ropa sucia y rota.

—¿Cómo te llamas? Le preguntaron algunos niños.

—Soy el príncipe Gregorio —fue su respuesta.

—¡Uy sí, cómo no! —dijo un niño burlándose—. ¡Y yo soy Caperucita Roja, y este es Robin Hood!

—Al salir del palacio a hurtadillas mi ropa se echó a perder —explicó el príncipe—. Estoy aburrido de tantas reglas y me escapé para tener un poco de diversión. Los niños se rieron hasta más no poder, hicieron gestos y se fueron corriendo.

El príncipe Gregorio caminó por los alrededores buscando algunos chicos para jugar. Le preguntó a una mujer dónde se encontraban todos los niños.

—Están trabajando en el campo —respondió—. Van a la escuela y luego trabajan hasta la hora de la cena. Ella le preguntó quién era y luego lo invitó a quedarse en su casa con su familia.

—No tenemos mucha comida, pero ven con nosotros —dijo—. Será un gusto ofrecerte un lugar para dormir.

En la tercera escena del drama, el príncipe Gregorio estaba comiendo con otros niños.

—Hora de ir a dormir —anunció la mujer tan pronto terminaron de comer.

—Jovencito, puedes compartir tu cama con estos dos niños. Dio la orden por señas.

—Quedé con hambre —murmuró el príncipe Gregorio, pero no había más comida. Subió a la cama, pero dio vueltas sin descanso antes de caer dormido.

En la última escena, despertaron al príncipe con un grito. "¡Hora de trabajar!"

—¿Qué? —susurró el príncipe—. ¡Todavía está oscuro!

—Pronto amanecerá. Tenemos muchos quehaceres antes de ir a la escuela —dijo el niño mayor—. Ven con nosotros.

—No, me voy a casa —respondió el príncipe Gregorio.

—Tenías razón —le dijo el príncipe a su tutor al regresar al palacio—. Ser el hijo del rey es un gran privilegio a pesar de tantos deberes. En realidad soy muy bendecido y no voy a quejarme más.

El telón se cerró y terminó la obra.

PARA MEMORIZAR:

"...que anduvieseis como es digno de Dios, que os llamó a su reino y gloria" (1 Tesalonicenses 2:12).

Y ¿QUÉ DE TI?

¿Te quejas por tus deberes como hijo del Rey de reyes? Piensa en la gran bendición que gozas en tu condición de hijo del Creador y Rey de todo el universo. ¡Sé agradecido! Así te sentirás más feliz al cumplir con tus deberes.

TESORO:

Reconoce tus deberes y tus bendiciones

CASTILLO FLOTANTE

15

de marzo

Y ¿QUÉ DE TI?

¿Eres digno de confianza? ¿Dices la verdad con tus palabras y tus acciones? Dios aborrece la mentira y el engaño. Él no se complace con que le honremos solo de labios. Quiere que seamos rectos con Él y con los demás.

TESORO:

Sé digno de confianza

LECTURA BÍBLICA: Proverbios 12:17-22

"¡Listo!" —exclamó Adrián al terminar de clavar—. ¡Esta es la mejor casa en un árbol que haya visto! Estoy ansioso por dormir aquí. Las ramas nos van a mecer. ¡Será como estar en un castillo flotante! Jorge hizo un gesto de aprobación.

—Pidamos permiso para quedarnos a dormir aquí esta noche —propuso Adrián.

—Yo sé que mi papá no me dará permiso —dijo Jorge—. Él deseará revisarla primero y yo sé que hoy no tiene tiempo. Dijo que debe probar cuán segura es, antes de que la usemos.

—Mi papá dijo lo mismo —confesó Adrián—. ¡Oye, ya lo tengo! Pidamos permiso para pasar la noche en la casa del otro. Ellos pensarán que tú estarás en mi casa y que yo duermo en la tuya, pero en realidad dormiremos en la casa del árbol.

—Bueno... no sé. Jorge parecía dudoso, pero al fin acordó intentarlo.

Su plan funcionó, ¡pero en medio de la noche los despertó un fuerte trueno y el ruido de la lluvia!

—¡Oye! Me estoy mojando —gritó Adrián—. El techo está agrietado. ¡Vamos! Entremos a mi casa.

La tormenta también había despertado a los padres de Adrián, y se sorprendieron al tropezar con los niños en la cocina.

—¿Qué sucedió? ¿Ocurrió algo malo en tu casa, Jorge? —le preguntó el padre de Adrián.

Adrián respondió rápidamente.

—No —dijo—, eh... estábamos durmiendo en la casa del árbol, papá.

—¿En la casa del árbol? —preguntó la mamá—. Tú pediste permiso para quedarte en la casa de Jorge esta noche.

—En realidad no —respondió Adrián—. Solo pregunté si podíamos pasar la noche juntos.

—Ya entiendo.

—Usaste las palabras correctas, ¿pero qué de tus intenciones? Nos engañaste, ¿no es así? Los niños asintieron bajando la mirada.

—Aunque usaste palabras adecuadas, no fuiste sincero. Mentiste con tus acciones —continuó el papá—. Tú sabías que íbamos a revisar la casa del árbol antes de dormir ahí. Ya te lo había dicho. Le doy gracias a Dios porque los protegió esta noche, pero creo que la casa del árbol queda prohibida hasta que demuestres que podemos confiar en ti.

NO TAN JOVEN

LECTURA BÍBLICA: Marcos 10:13-16

En el preciso momento en el que Beatriz y su mamá se sentaban a almorzar un día, la puerta se abrió al llegar el papá. Su cara y su ropa estaban sucias, y su mano tenía una venda.

—¿Qué ocurrió? —preguntó la mamá.

—El apartamento ubicado junto a mi fábrica se incendió y fui a ayudar —explicó el papá.

—¡Estás herido! —exclamó la mamá, mirando su mano.

—No es una herida considerable, estaré bien —dijo el papá tranquilizándola—, pero me quedaré hoy en casa. Iré a cambiarme y luego les contaré todo mientras comemos.

Beatriz y su mamá escucharon con atención cada detalle del relato del incendio que contó el papá.

—Salían oleadas de humo y llamas de la casa —dijo—, y alcancé a ver a una niñita, más o menos de tu edad, Beatriz, en una ventana abierta del segundo piso. Extendí mis brazos y le dije "¡salta, linda! ¡salta! No te dejaré caer. Te lo prometo". Ella lloraba, y por un momento vaciló antes de saltar. Su ropa estaba en llamas pero logré agarrarla y apagarlas.

Beatriz abrió sus ojos mientras lo escuchaba.

—¡Eres un héroe, papi! —exclamó—. Me alegra tanto que pudiste rescatarla. ¡Le salvaste la vida! Después de un momento Beatriz agregó.

—Ella necesitaba que la salvaran, y tú... tú estuviste allí y le dijiste que saltara a ti, ¿cierto?

—Sí, querida, así fue —respondió el papá—. Me alegra que haya podido confiar en mí y que haya saltado como se lo indiqué.

—Yo también —dijo Beatriz—, bueno... más o menos así debemos confiar en Jesús, ¿cierto? En la escuela dominical mi maestra dijo que Jesús quiere que acudamos a Él. Necesitamos ser salvos, y Él nos ama y quiere salvarnos. Pensé que tal vez debía esperar a ser mayor, como tú y mamá. Pero si esa niñita tenía la edad suficiente para confiar en ti y venir a ti cuando la llamaste, entonces yo también la tengo para venir a Jesús y confiar en Él.

—¡Claro que sí, Beatriz! —exclamó el papá—. Por supuesto que puedes confiar en Él. Esta es la respuesta a nuestras oraciones.

PARA MEMORIZAR:

"Dejad a los niños venir a mí, y no se lo impidáis; porque de los tales es el reino de Dios" (Marcos 10:14).

Y ¿QUÉ DE TI?

¿Sabes que necesitas salvación de tus pecados? Jesús ama a los niños y te ama a ti. Él murió por ti. Tú también puedes venir a Él y entregarle tu vida y tu amor. Confía en Él para salvarte.

TESORO:
Entrégale tu vida a Jesús

17
de marzo

¡PELIGRO! ¡ALÉJATE!

LECTURA BÍBLICA: Salmo 1

—Esto es grandioso, tío Roberto —exclamó Martín mientras le ayudaba a su tío en los quehaceres domésticos—. Me alegra que mi mamá me haya enviado a pasar el verano contigo aquí en la granja. Frunció el entrecejo. —Aunque ella se preocupa demasiado —añadió Martín—. No quiere que algunos de mis amigos vuelvan a mi casa. Ella piensa que se portan muy mal. El hecho de que yo pase tiempo con ellos no significa que me porte como ellos. Después de todo soy cristiano.

El tío Roberto guiñó el ojo.

—Sí, pero esa clase de amigos muchas veces nos inclinan a pecar —dijo—. En vez de probar hasta dónde puedes resistir sin pecar con los demás, deberías alejarte de situaciones que puedan tentarte. Eso sería mucho más inteligente. Martín hizo un gesto y se quedó callado.

El tío Roberto abrió con cuidado una puerta que conducía a otro establo del granero. Había sido reforzado especialmente para encerrar a un toro inmenso, de largos cuernos y con una mirada penetrante.

—Como puedes ver, este animal es el motivo por el cual no te dejo jugar en este lado del granero —dijo el tío Roberto—. Si esta criatura se escapa, sería muy peligrosa. El hombre a quien se lo compré me dijo que había corneado a un hombre casi hasta matarlo.

—¿Eso hizo? —preguntó Martín—. ¿Cómo sucedió?

—Bueno, ese hombre sabía que el animal era bravo y peligroso, pero había cuidado al toro desde que era muy pequeño. Supuso que lo conocía bien y que tendría todo bajo control. Un día en el que iba a ponerle paja limpia para comer, se dio la vuelta solo un instante —explicó el tío Roberto—. Ese instante bastó para que el toro se lanzara y lo corneara.

El tío Roberto movió la cabeza de lado a lado.

—Si ese hombre hubiera permanecido fuera del alcance del toro nunca habría sido lastimado. El pecado es algo similar. La única manera de mantenerse seguro es alejarse de él. Elige amistades que no te conduzcan al pecado.

Martín lo miró pensativo. —Pero en ocasiones tengo que estar junto a los chicos de la escuela —dijo.

—Correcto —afirmó el tío Roberto—, pero es mejor evitar una amistad cercana con quienes te empujan a seguir a todo el mundo en sus malas acciones. Atrévete a decir no desde el principio. No andes con esa clase de chicos.

PARA MEMORIZAR:

"Bienaventurado el varón que no anduvo en consejo de malos" (Salmo 1:1).

Y ¿QUÉ DE TI?

¿Piensas que no serás perjudicado si andas con amigos a quienes les gusta hacer lo malo? ¿Crees que sabes cuidarte solo? Satanás es muy astuto. Él desea que pienses que puedes acercarte al pecado sin sufrir daño. No permitas que te engañe. Aléjate de las personas que te llevan a pecar.

TESORO:

Elige amigos que honren a Dios

TIEMPOS DE CALMA

18
de marzo

LECTURA BÍBLICA: 1 Samuel 3:1-10

Ernesto y su abuelo tomaron sus prendas y utensilios de pesca y se dirigieron a un río cercano. Después de estar sentados un rato, Ernesto se movió hacia otro punto. Pronto se paró y se fue a otra parte. En pocos minutos su entusiasmo por la pesca se había desvanecido.

—Los peces no quieren picar mi carnada hoy —dijo aburrido. Miró el gran pez que su abuelo acababa de pescar.

—¿Por qué pican tu anzuelo y no el mía? —preguntó Ernesto.

—Bueno, creo que te la pasas halando tu caña de pescar para revisar tu carnada, y además este es el cuarto punto en el que intentas pescar, Ernesto —respondió su abuelo—. Si quieres pescar no deberías moverte de un lado a otro todo el tiempo. Procura quedarte sentado y quieto.

Ernesto suspiró. —No me gusta quedarme sentado y quieto —murmuró.

—Ya lo sé, pero a menos que lo hagas será imposible lograrlo —le dijo su abuelo—. Hoy, en este mismo lugar, ya dejaste escapar varios peces, pero si no aprendes a quedarte sentado y quieto, a veces te perderás de cosas más importantes. Por ejemplo, si no te sientas juicioso en la escuela te irá mal. Y algo todavía más importante es que si no tomas tiempo para sentarte quieto y escuchar a Dios te perderás del privilegio de escucharlo.

Ernesto frunció el entrecejo.

—¿Cómo le ocurrió a Samuel en la Biblia? —preguntó—. Dios ya no nos habla más de esa forma, ¿cierto?

—De esa forma no —dijo el abuelo—, pero si tú consagras un tiempo especial para pensar en Dios, Él puede hablar suavemente a tu corazón. Puede decirte que te ama, o puede mostrarte algo que Él desea que hagas.

—Oro todas las noches —le dijo Ernesto a su abuelo.

—Te refieres a que tú eres quien habla —señaló su abuelo—. Deja que sea Dios el que te hable.

—¿Podemos quedarnos quietos y escuchar a Dios ahora? —preguntó Ernesto. Su abuelo estuvo de acuerdo y sonrió. Pocos minutos después Ernesto susurró.

—No escucho a Dios, pero oigo el sonido del agua y de los pájaros. ¡Parece música!

—Es la música de Dios —asintió el abuelo—. Es la música más bella del mundo.

—¡Algo picó! —Ernesto gritó de repente. En un instante sacó de su anzuelo un pez—. ¡Mira este pescado! —exclamó—. Valió la pena quedarse quieto y sentado, ¿eh?

—Sin duda —asintió su abuelo—, y siempre valdrá la pena, para las cosas que son más importantes. ¡Sigue haciéndolo!

PARA MEMORIZAR:

"Estad quietos, y conoced que yo soy Dios" (Salmo 46:10).

Y ¿QUÉ DE TI?

¿Dedicas tiempo para esperar en quietud a que Dios le hable a tu corazón? Antes de leer la Biblia pídele que te enseñe. En vez de salir corriendo a ocuparte en otros asuntos sería bueno detenerte y esperar a que Él te muestre lo que quiere enseñarte. Mantén tu mente callada delante de Dios, para que puedas "escuchar" su voz.

TESORO:

Escucha y obedece al Señor

OBEDECE LAS REGLAS

19

de marzo

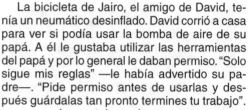

PARA MEMORIZAR:

"...el que los confiesa [los pecados] y se aparta alcanzará misericordia" *(Proverbios 28:13).*

Y ¿QUÉ DE TI?

¿Obedeces las "reglas" que Dios da en su Palabra? Él espera que las obedezcas. En caso contrario, confiesa tu pecado y prueba su misericordia. Luego acepta cualquier disciplina que Él te imponga, y aprende de ella.

La bicicleta de Jairo, el amigo de David, tenía un neumático desinflado. David corrió a casa para ver si podía usar la bomba de aire de su papá. A él le gustaba utilizar las herramientas del papá y por lo general le daban permiso. "Solo sigue mis reglas" —le había advertido su padre—. "Pide permiso antes de usarlas y después guárdalas tan pronto termines tu trabajo". Pero esta vez su papá no estaba en la casa para preguntarle. Los chicos inflaron el neumático y se fueron a dar un paseo.

Mientras Jairo y David regresaban a casa comenzó a llover. —No te preocupes por la bomba de aire. Te la llevaré en la mañana —prometió Jairo.

David no estaba muy seguro.

—Bueno... está bien —afirmó. Se sentía un poco culpable al regresar a su casa.

La mañana siguiente Jairo llamó a David. —No encuentro la bomba de aire por ninguna parte —le dijo Jairo.

—¡Oh, no! —exclamó con preocupación—. Tengo que ponerla en su lugar antes de que papá se dé cuenta.

—Mira... no le cuentes a nadie el asunto —dijo Jairo—, nadie se enterará de que la usamos.

Al principio parecía una buena idea, pero a medida que transcurría la mañana, David se sentía muy incómodo con el asunto. "Voy a tener que hablar" —murmuró para sí. Con un suspiro se acercó a su padre y le contó lo sucedido.

Su papá asintió. —El papá de Jairo acaba de llamarme —dijo—. Encontró la bomba de aire anoche y la resguardó de la lluvia. Me dijo que había pensado que era mía, y envió a Jairo para entregármela. Y en cuanto a ti... estás castigado.

—Ay, papá... ¿no podríamos olvidar este asunto, solo por esta vez? —suplicó David—. Ten en cuenta que vine para decírtelo.

—Sí, lo hiciste, y lo aprecio —dijo el papá—. En realidad había pensado castigarte durante una semana, pero ya que dijiste la verdad, voy a castigarte solo por el resto del día. Y la próxima vez obedece las reglas.

TESORO:

Sigue las reglas de Dios

CAMINO A LA VICTORIA

20
de marzo

LECTURA BÍBLICA: Proverbios 6:6-11

Lucas se sentó en la mesa de la cocina mientras leía una revista deportiva.

—¿Ya memorizaste el versículo de hoy? —le preguntó su hermana Clara—. La señorita Valdés dijo que todo el grupo tiene que recitarlo o no podremos participar en el concurso. Esta es la última semana que podemos recitarlos y obtener el premio.

Lucas frunció el ceño.

—Detesto memorizar —murmuró—. Es demasiado difícil. Siguió leyendo su revista.

—No olvides darle comida a Moti —le recordó su mamá mientras limpiaba la mesa—, y arreglarte para la escuela dominical. En el instante en el que el perro escuchó su nombre, agarró su plato y lo lanzó a los pies de Lucas.

—Ya voy —dijo Lucas al dirigirse a su cuarto. Moti agarró de nuevo su plato, persiguió a Lucas y lo lanzó a sus pies. Lucas no le hizo caso y pasó unos minutos repasando el versículo sin interés. Luego se arregló para ir a la iglesia, regresó a la cocina y se sentó a seguir leyendo su revista. De nuevo, Moti le lanzó su plato. Lucas se rió.

—¿No te das por vencido, eh? —dijo—. Está bien, te daré tu comida.

Esa mañana en la escuela dominical, Lucas trató de recitar su versículo pero olvidó muchas palabras. Refunfuño. ¿Qué importa? Apuesto que el premio es un lápiz, y ya tengo suficientes —pensó.

Lo cierto es que el premio no era un lápiz, sino un viaje a un inmenso zoológico, y Clara se lo ganó. —No es justo —protestó Lucas—. ¡Clara se gana todos los premios!

—Clara se esforzó mucho para ganárselo —dijo el papá.

—Así es —asintió la mamá—. Ella fue tan diligente como Moti al buscar su desayuno.

—¿Diligente? —preguntó Lucas—. ¿Qué significa eso?

—Significa perseverar en algo y no darse por vencido —dijo la mamá—. He observado que cuando Moti desea algo, ya sea su desayuno o jugar con la pelota contigo o ser atendido, te persigue hasta que obtiene lo que desea.

—Él no se rinde ni actúa con pereza —agregó el papá—. Pienso que todos deberíamos ser un poco más como él. Cuando somos diligentes hacemos nuestro mejor esfuerzo. Deberíamos practicarlo en cada aspecto de la vida. De ese modo seremos vencedores.

Después de meditar en eso, Lucas se sentía un poco tonto. ¡No esperaba aprender una lección de su perro!

PARA MEMORIZAR:

"Todo lo que te viniere a la mano para hacer, hazlo según tus fuerzas" (Eclesiastés 9:10).

Y ¿QUÉ DE TI?

¿Das lo mejor de ti en cada cosa que emprendes? ¿O te quejas por lo que "es injusto"? El Señor nos manda a ser diligentes, a emplear toda nuestra fuerza y a dar siempre lo mejor de nosotros mismos.

TESORO:
Trabaja con diligencia

ORACIÓN EN PÚBLICO

21
de marzo

PARA MEMORIZAR:

"Tarde y mañana y a mediodía oraré y clamaré" *(Salmo 55:17).*

Y ¿QUÉ DE TI?

Daniel sabía que lo estaban vigilando, pero no tuvo miedo de orar. ¿Tienes el valor de orar cuando otros te observan? ¿Le das gracias a Dios en público, incluso en el restaurante escolar? Orar en público puede ser un testimonio para otros. Puede afectar la vida de otros de manera positiva.

LECTURA BÍBLICA: Daniel 6:6-11, 16-23

Roberto echó un vistazo a su alrededor, luego inclinó la cabeza mientras su padre guiaba a la familia en oración antes de la comida.

—¿Por qué tenemos que orar cuando venimos a un restaurante? —le preguntó al papá después de que orara—. La mayoría de las personas no lo hace.

—En eso tienes razón —dijo el papá—, pero nosotros estamos agradecidos con Dios por todo lo bueno que nos da, y queremos decírselo sin importar en qué lugar estemos.

En una mesa cercana, una pareja joven de esposos, el señor y la señora Ríos, los observaba. Los Ríos no tenían una buena relación y habían decidido separarse. Sabían que sus hijos, Nicolás y Tania, sufrirían. Pero sentían que el divorcio era inevitable. Habían decidido ir a un restaurante para tratar el asunto durante la cena.

—Oye —dijo en voz baja el señor Ríos—. ¿Viste que esa familia oró antes de comer?

—Sí —susurró la señora Ríos—. ¿Sabes Carlos? Acabo de recordar un dicho: "La familia que ora unida permanece unida". ¿Tú crees que es cierto?

—No lo sé —respondió el señor Ríos—, pero por lo que veo en esa familia podría tener algo de verdad. Míralos ahora, se ríen y comparten un tiempo ameno. Se mostró indeciso, pero continuó.

—Sabes, Cristina, pienso que ambos nos hemos esforzado por aclarar nuestras diferencias, pero antes de proseguir con el divorcio, tal vez deberíamos intentar algo más. Nos casamos en la iglesia, y aunque fue allí donde comenzamos nuestra vida juntos, prácticamente nunca volvimos a ir. Tal vez debamos regresar ahora y renovar nuestros votos matrimoniales y nuestro compromiso con Dios. Quizá debamos orar y pedirle que nos ayude con nuestro matrimonio.

—Yo también he pensado lo mismo —le dijo la señora Ríos a su esposo—. No perdemos nada con intentarlo. Siento como si debiéramos agradecerle a esta familia el haber tenido el valor de orar en público, y contarles que cambiaron nuestra manera de pensar.

TESORO:

Atrévete a orar en público

HABLAR O NO HABLAR

22

de marzo

LECTURA BÍBLICA: Romanos 1:14-16

Ana ya estaba resuelta. Ahora que nos mudamos a una nueva ciudad, voy a ser como el resto de los niños —pensó decidida—. Estoy cansada de ser "diferente". Aquí los niños no tienen por qué enterarse de que soy cristiana. Solo pensarán que soy una fanática. Estoy segura de que eso pensaban los niños de mi antigua escuela. No voy a desperdiciar la oportunidad de cambiar esa situación.

Todo marchaba bien hasta el día de la fiesta de Juanita.

—Listo, amigos —dijo llamándolos a todos para comenzar con el primer juego—, esto es lo que vamos a jugar. Todos tienen que tomar un pedazo de papel de esta canasta. Cuando escuchen su nombre tienen que representar lo que se les indica en el papel. La niña comenzó a pasarles la canasta. —Habrá un premio para la mejor actuación —agregó.

Ana miró ansiosa el papel que le correspondió.—¡Oh, no! —murmuró quejándose. Volvió a mirarlo. Sí, había leído bien. Esto significaría burlarse de Dios, pero si no lo hago ¿qué van a pensar los chicos? —se preguntó—. ¡Ay! ¿qué voy a hacer? Trató de inventar alguna solución. Tal vez podría cambiar el papel con otro. Pero en ese caso sería otro el que se burle de Dios. Ay... ¿debería simplemente hacer lo que dice el papel o decir que no puedo? Todavía no se había decidido cuando escuchó su nombre.

Ana se puso lentamente de pie. Habló tímidamente.

—Yo... no puedo hacerlo —dijo. Todo quedó en silencio. —Yo... yo soy cristiana y siento que hacer esto significaría burlarme de Dios. Lo siento. Se sentó.

Después de un momento Juanita se rió. —Está bien —dijo—. Podemos seguir. Jaime, tú sigues. La fiesta prosiguió, pero Ana estaba distraída. Ya no pudo disfrutarla más.

De regreso a casa después de la fiesta, Sabrina alcanzó a Ana. —Me alegra lo que hiciste —dijo Sabrina en voz baja—. He pensado en eso muchas veces. También soy cristiana, pero no me he comportado como tal. Desde ahora voy a ser mejor testigo de Jesús. Ana quedó sorprendida y complacida. Las niñas siguieron caminando juntas en una conversación amena.

PARA MEMORIZAR:

"Porque no me avergüenzo del evangelio, porque es poder de Dios para salvación a todo aquel que cree" (Romanos 1:16).

Y ¿QUÉ DE TI?

¿Te avergüenzas de Jesús? Él estuvo dispuesto a morir por ti. Si hablas de Jesús puedes testificar a tus amigos inconversos y también animar a otros niños cristianos.

TESORO:
Testifica de Jesús

23
de marzo

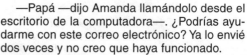

DIRECCIÓN CORRECTA

PARA MEMORIZAR:

"Y en ningún otro hay salvación; porque no hay otro nombre bajo el cielo, dado a los hombres, en que podamos ser salvos" (Hechos 4:12).

Y ¿QUÉ DE TI?

¿Te has preguntado si quienes siguen otras religiones llegarán al cielo? Dios dice que Jesús es el único nombre mediante el cual podemos llegar a Él. ¿Confías en Él y en nada más?

LECTURA BÍBLICA: Hechos 4:5-12

—Papá —dijo Amanda llamándolo desde el escritorio de la computadora—. ¿Podrías ayudarme con este correo electrónico? Ya lo envié dos veces y no creo que haya funcionado.

El papá dejó a un lado el periódico, se paró de su silla y se dirigió a donde se encontraba Amanda. —¿Estás segura de haber escrito la dirección correcta? —le preguntó.

Amanda frunció el ceño. —Creo que sí. Mónica misma la anotó en este papel. Le pasó al papá la hoja de un cuaderno.

El papá acercó una silla y se sentó junto a Amanda. Miró el papel y luego a la pantalla de la computadora. —Ya encontré el problema. Tú tecleaste la letra "o" después del nombre de Mónica. Lo correcto era teclear el número "cero".

Amanda miró fijamente el papel y tecleó de nuevo la dirección de Mónica, esta vez con un cero. Oprimió el botón de "enviar" y al momento la pantalla indicó que el mensaje había sido enviado.

Amanda hizo girar la silla. —Gracias, papá —dijo—. Tenías razón. La dirección era incorrecta.

Esa noche Amanda y su papá comieron juntos palomitas de maíz.

—Adivina qué, papá —dijo Amanda—. Mónica ya contestó mi mensaje. Hizo un gesto y añadió. —Me alegra que hayas descubierto el error. Ese mensaje nunca le habría llegado a Mónica si no hubiéramos escrito la dirección correcta.

El papá asintió. —¿Sabes Amanda? El error que cometiste al enviar ese correo electrónico se parece al error que muchas personas cometen con respecto a su salvación. Tienen la "dirección incorrecta" para llegar al cielo.

Amanda dejó de masticar. —¿De veras? —preguntó.

—Sí —dijo el papá—. Muchas personas piensan que no interesa si creen en Jesús, o en Buda, en Mahoma o en Moisés... o incluso en sus propias obras. Piensan que todos llegan al mismo lugar, el cielo. La Biblia no dice eso.

Amanda levantó sus cejas. —Es como si para ellos la dirección para llegar al cielo fueran esas personas o las obras, ¿cierto?

El papá asintió. —Solo hay una "dirección correcta" y es Jesús —dijo—. Si Él no es el centro de nuestra fe no llegaremos al cielo. La salvación se traduce JESÚS. Ningún otro nombre nos llevará a Dios.

TESORO:

Jesús es la "dirección correcta" para la salvación

LA LEY DEL ESPACIO

24
de marzo

LECTURA BÍBLICA: 2 Corintios 10:3-5; Filipenses 4:8

Esteban se encontraba en el ropero de la escuela cuando escuchó a algunos chicos riéndose y contando chistes. —Oye, Mario —dijo Ernesto—, ¿ya escuchaste la última broma pesada? Entonces Esteban escuchó sin querer una broma malintencionada. La mayoría de los chicos se rieron escandalosamente. Santiago abandonó el lugar, pero todo el día la historia dio vueltas en su mente.

Durante varios días Esteban fue asaltado por el chiste que había escuchado. Le parecía imposible olvidarlo. Al fin decidió comentarle el asunto a su papá. Después de contarle, su papá se mostró comprensivo.

—Satanás quiere controlar tu mente —le dijo el papá a Esteban—, y por eso trae a tu mente las cosas sucias que has visto y oído.

Esteban suspiró. —¿Qué puedo hacer entonces? —preguntó.

—Conoces la ley del espacio, ¿no es así? —le preguntó el papá.

—Claro —respondió Esteban—. Dos cosas no pueden ocupar el mismo espacio al mismo tiempo. Lo aprendimos en la clase de ciencia... pero de todas formas es sentido común. Señaló un libro. —Por ejemplo, toma ese libro. Nada más pudo ocupar ese espacio sobre la mesa mientras el libro estuvo allí.

—Correcto —asintió el papá—. Lo mismo ocurre con tu mente. Llénala de cosas buenas. De esa manera ninguna inmundicia puede invadir el espacio que ocupan las cosas buenas. Lee la Biblia y otros libros buenos. Escucha a personas y programas que no usan palabras obscenas ni enseñan cosas inmorales. Llena tu mente del conocimiento que te ayude a llevar una vida íntegra. Ese es el primer paso, y es tu responsabilidad.

—Yo leo mi Biblia y trato de escuchar cosas buenas, papá —dijo Esteban—, pero todavía no logro olvidar ese chiste.

—Bueno, ahora viene la parte de Dios —dijo el papá—. Cuando recibiste a Jesús como Salvador, también recibiste al Espíritu Santo. Él te da el poder para vencer el mal. Piensa en un versículo, o en un canto de alabanza al Señor, tan pronto te asalte el mal pensamiento. Pídele al Señor que limpie tu mente y te ayude a cambiar los pensamientos sobre aquel chiste por otros que sean puros y verdaderos. Descubrirás que cada vez piensas menos en eso hasta que por fin lo olvidarás. ¿Listo?

Esteban asintió. —Listo papá —afirmó.

PARA MEMORIZAR:

"...llevando cautivo todo pensamiento a la obediencia a Cristo" (2 Corintios 10:5).

Y ¿QUÉ DE TI?

¿Tienes problemas con algunos pensamientos? ¡Puedes vencer! Evita situaciones en las que exista el riesgo de escuchar o leer cosas inapropiadas. Llena tu mente de lo bueno. Ante todo, pídele al Espíritu Santo que te ayude a sustituir los malos pensamientos por otros que sean buenos.

TESORO:

Piensa en lo puro

25

de marzo

CURSO DE REPASO

LECTURA BÍBLICA: Deuteronomio 11:18-21

Maribel suspiró y apagó la computadora. Se dirigió a la cocina donde estaba su mamá trabajando.

—Mamá, estoy cansada de los juegos de computadora. Quiero cambiar de actividad —dijo Maribel—. Quisiera volver a tomar ese curso para hornear galletas.

—Bueno, eso estaría bien —dijo la mamá—, ¿pero no te gustaría tomar uno distinto?

Maribel negó con la cabeza. —Me gustó esa clase y si lo vuelvo a tomar sería como un curso de repaso. La maestra tenía tantas ideas que no puedo recordarlas todas. Suspiró. —Estoy aburrida y eso me parece interesante.

—Bueno, supongo que puedes repetir el curso si lo deseas —dijo la mamá—, pero el horario es el sábado en la mañana. Creo que no será muy apropiado. ¿Qué sucedería con tus tareas? ¿Ya las hiciste? Maribel asintió. ¿Y tus clases bíblicas por correspondencia? —preguntó la mamá.

—Eh... yo... —murmuró Maribel, buscando la manera de disfrazar sus excusas—. La lección que estoy estudiando ahora prácticamente solo requiere leer la Biblia, y ya he leído esos capítulos muchas veces. En realidad no pienso que necesite leerlos otra vez.

—Tal vez también necesites un curso de repaso de la Biblia —sugirió la mamá.

Maribel suspiró. —¿Podría hornear unas galletas de chocolate ahora? —preguntó. Su mamá estuvo de acuerdo, de modo que Maribel sacó su caja de recetas y buscó la que necesitaba. —Mamá, no encuentro la receta en su lugar —dijo.

—¿No está? Bueno... tal vez no la necesites. Has preparado esas galletas tantas veces —le dijo la mamá—. Hazlo de memoria.

—¡De memoria! —exclamó Maribel—. No recuerdo tan bien la receta.

—¿Tal vez no recuerdas las recetas de galletas, y lo mismo te sucede con los pasajes de la Biblia? —le preguntó su mamá al tiempo que la ayudaba a buscar la receta. Cuando la encontró, Maribel la recibió sin comentarios, pero entendió el punto. Mientras se horneaban las galletas sacó sus lecciones y su Biblia. Tenía asuntos pendientes en los que debía trabajar.

PARA MEMORIZAR:

"Lámpara es a mis pies tu palabra, y lumbrera a mi camino"
(Salmo 119:105).

Y ¿QUÉ DE TI?

¿Crees que conoces tantas historias bíblicas y que ya sabes todas las enseñanzas? Cuando lees pasajes conocidos, piensa que tomas un curso de repaso con Dios. Léelos de nuevo y pídele que te enseñe algo nuevo, y en seguida ponlo en práctica.

TESORO:
Lee y repasa la Biblia

SEGUNDA OPCIÓN

LECTURA BÍBLICA: Isaías 46:9-11

—Estoy alistando mi habitación para mi hermano y para mí —anunció Samuel dichoso. Estaba seguro de que el bebé por nacer sería un niño. —Ya tenemos suficientes niñas —dijo mirando a Andrea y a Ana, sus dos hermanas—. Estoy orando para que sea un niño.

—Puedes contarle a Dios lo que sientes, pero recuerda que solo Él decide si nos dará un niño o una niña —le dijeron sus padres.

—Sí, no estés tan seguro de que tendrás un hermano. Yo preferiría una niña —dijo Ana.

—Será un niño —insistió Samuel—. Ya se los dije. Yo oré.

Por fin llegó el gran día. El nuevo bebé nació, y era... ¡una niña! Aunque Samuel se sitió desilusionado, acudió al hospital ansioso para conocerla cuando fueron a recoger a la mamá.

—¡Miren! —exclamó Andrea mientras conducían de regreso a casa—. Hay un aviso de "se vende" frente a la casa que queríamos alquilar.

—Es interesante —dijo la mamá—. ¿Recuerdan que esa casa nos parecía perfecta y que justo una hora antes de tomarla la habían alquilado? Bueno, en realidad me alegra no haber vivido ahí. Sé que no hubiéramos podido pagarla, ¡y no quisiera mudarme en este momento!

—De todos modos, nuestra segunda opción finalmente resultó mejor —dijo el papá—, en especial desde que el propietario de la casa donde vivimos nos dio la opción de compra. ¿Cierto que nos divertimos arreglándola?

—Claro que sí —asintió Andrea—. Ahora entiendo por qué Dios nos dio la segunda opción con respecto a nuestra casa.

El papá echó un vistazo a Samuel, que estaba sentado junto a su nueva hermana.

—¿Y qué te parece la bebé? —preguntó el papá.

—Es muy linda —admitió Samuel—. ¡Mira! Agarró mi dedo. Ella también es mi segunda opción, como lo fue la casa para ti. Creo que Dios la escogió para nosotros, así que debe ser la mejor elección.

—Sin duda lo es —dijo la mamá con una sonrisa.

PARA MEMORIZAR:

"...a los que aman a Dios, todas las cosas les ayudan a bien" (Romanos 8:28).

Y ¿QUÉ DE TI?

¿Lo que Dios elige para ti resulta ser a veces tu segunda, tercera o cuarta opción? Como vimos en el pasaje de hoy, Dios sabe todo de principio a fin. Confía en Él y ora: "Señor, lo que tú eliges me parece bien".

TESORO:
Acepta la elección de Dios

27

de marzo

PARA MEMORIZAR:

"Me levantaré e iré a mi padre, y le diré: Padre, he pecado contra el cielo y contra ti" (Lucas 15:18).

Y ¿QUÉ DE TI?

Examina tus palabras. ¿Mencionas con mucha frecuencia la palabra "dame"? Al igual que el hermano menor del pasaje que leímos hoy, tal vez tú debas buscar a tus padres y a tu Padre celestial para arreglar las cosas diciendo "lo siento" y "gracias", y cumpliendo con tu responsabilidad.

TESORO:

No seas codicioso

DAME

LECTURA BÍBLICA: Lucas 15:11-24

—Estoy arreglando tu vestido para el banquete de los jóvenes —dijo la mamá cuando Clara llegó de la escuela—. Quizá tú misma puedas coser los botones después que esté listo.

—Supongo —refunfuñó Clara—, pero tú podrías coserlos mucho más rápido. Dejó sus libros a un lado.

—¿Podrías darme dinero? —suplicó—. Tengo que pagar una sudadera para la escuela. Y ¿puedo ir a la casa de Julia un rato?

—Ahora no —dijo su mamá—. Hoy tienes que limpiar tu cuarto.

—¿No podrías limpiarlo por mí al menos esta vez? —le preguntó Clara haciendo un puchero. Pero su mamá fue firme, y Clara se apresuró a hacerlo, aunque rezongando.

Esa noche, después de la cena, la mamá le pidió a Clara que limpiara la mesa. —Ay, mamá ¿tengo que hacerlo? —protestó—. Le dije a Pamela que la vería esta noche. ¿Podrías llevarme allá?

—Tendrás que cambiar tus planes —le dijo su papá.

—Sabes que tienes que cuidar a tu hermanito esta noche. Tu mamá y yo debemos ir a un estudio bíblico.

Clara habló con enojo. —¿Por qué no pueden llevárselo esta vez?

—Me parece, señorita, que quieres gozar de todos los privilegios por ser nuestra hija, pero ninguna de las responsabilidades —dijo el papá.

La mamá asintió. —Tú quieres que te demos ropa, dinero, transporte y muchas otras cosas —dijo—, pero cuando se trata de los deberes como lavar los platos, cuidar a tu hermano o limpiar tu cuarto, no quieres ser parte de la familia.

—Es fácil caer en el círculo vicioso del "dame" —añadió el papá—. Todos batallamos a veces con eso. También actuamos de ese modo con nuestro Padre celestial. Le pedimos que nos dé cosas, y luego olvidamos darle gracias y consagrar nuestra vida a Él.

Clara sabía que sus padres tenían razón. —Yo... lo siento —dijo después de un rato—. Me portaré mejor. Comenzaré ahora mismo llamando a Pamela para cancelar nuestra cita. Se levantó. —Y mamá —dijo mientras se dirigía hacia el teléfono—, gracias por coserme el vestido. Me gusta mucho, y yo puedo ponerle los botones, no hay problema.

ALGUIEN TE OBSERVA

28 de marzo

LECTURA BÍBLICA: Salmo 139:1-12

—No debí dejarte ver mi examen —dijo Luis con un sentimiento de culpa—. Creo que deberíamos decirle al señor García que le hicimos trampa.

—¿Por qué razón? —exclamó Javier—. Tú no hiciste trampa, sino yo.

—Pero yo te ayudé —dijo Luis—, así que yo también soy culpable.

—Bueno, no lo volveremos a hacer, así que nadie se enterará —dijo Javier—. Nadie nos vio.

—Dios sí —afirmó Luis—. Él lo ve todo.

—¿Quieres decir que Dios no confía en nosotros y por eso se sienta día y noche a espiarnos? —protestó Javier.

—No nos espía, pero sí nos observa —dijo Luis—. Él...

—Mira, dejemos el asunto para mañana —le propuso Javier—. Tal vez cambies de opinión. Luis se mostró dudoso, pero al final estuvo de acuerdo en esperar.

Esa noche Javier fue con Luis y con sus padres a visitar a la abuela de Luis que vivía en el campo. Mientras el papá conducía por una carretera de dos vías las luces de un auto que venía lo encandilaron. Tan pronto ese auto pasó, la mamá gritó. —¡Juan! ¡cuidado! Hay un...

Se oyó el chillido de los frenos del auto, luego un ruido sordo y sintieron que daban vueltas. Nadie salió herido, pero habían golpeado a una vaca y el auto se averió.

—Gracias por llevarme con ustedes hoy —dijo Javier cuando finalmente lo llevaron a su casa. —Fue emocionante. ¡Qué suerte que nadie salió herido!

—Fue mucho más que suerte —dijo la mamá de Luis—. Dios estaba vigilándonos esta noche.

—¡Eso es! —exclamó Luis—. Eso es lo que te quería explicar esta mañana, Javier. Dios nos vigila, pero no solo para sorprendernos haciendo lo malo. También nos observa para protegernos.

El papá asintió. —La Biblia dice que los ojos de Dios están en todas partes, mirando lo bueno y lo malo.

Javier estaba pensativo cuando se encontró con Luis la mañana siguiente. —He estado pensando —dijo—, y, bueno... te acompaño a confesar lo que hicimos. ¡Oye! Supongo que Dios también nos verá haciéndolo, ¿cierto?

—Claro que sí —respondió Luis—, y ¿sabes qué? Me da la impresión de que nos sonríe.

PARA MEMORIZAR:

"Los ojos de Jehová están en todo lugar, mirando a los malos y a los buenos" (Proverbios 15:3).

Y ¿QUÉ DE TI?

¿Te complace saber que Dios te observa? ¿A Él le complace lo que ve? Nada de lo que hagas se puede ocultar de Dios. Él ve todas tus acciones, buenas y malas, e incluso tus pensamientos.

TESORO:
Dios lo ve todo

29
de marzo

PARA MEMORIZAR:

"...a la hora que no penséis, el Hijo del Hombre vendrá" (Lucas 12:40).

Y ¿QUÉ DE TI?

Si Jesús regresara hoy a la tierra, ¿estarías listo, o te tomaría por sorpresa? Prepárate para encontrarte con Jesús. Asegúrate de conocerlo como Salvador. Luego, invierte tiempo con Dios y con su Palabra, y aprovecha cada oportunidad para servirle.

TESORO:

Prepárate para encontrarte con Jesús

LISTO A TIEMPO

LECTURA BÍBLICA: Marcos 13:32-37

El papá se dirigió a la cocina y se sirvió un vaso de leche. —Andrés, ¿ya desayunaste? —le preguntó.

—No. Andrés movió la cabeza de lado a lado y volteó la página del libro de aventuras que estaba leyendo.

—Sería conveniente que te apresuraras si quieres que te lleve a la escuela —le dijo el papá saliendo de la cocina.

Andrés miró el reloj. Siete y quince. Alcanzo a terminar este capítulo —pensó.

Justo cuando Andrés terminó el capítulo y cerró el libro, su papá se asomó a la cocina. —Vamos —dijo.

—¿Ya? —preguntó Andrés—. Es demasiado temprano.

—Anoche te dije que no puedo salir tarde hoy —dijo el papá—. Tengo una reunión a las ocho.

El papá esperó en la puerta mientras Andrés guardaba el libro en su maleta, sacaba un jugo de caja del refrigerador y una barra de cereal de la alacena. El papá movió su cabeza al ver que Andrés sostenía el desayuno en una mano y trataba de cerrar su maleta con la otra.

—El tiempo de la mañana debes invertirlo en alistarte para ir a la escuela, no en distracciones —le dijo su papá mientras se dirigían al auto.

—Sí, eso creo —respondió Andrés—. Tengo hambre. Iba a comer cereal en el desayuno, pero el tiempo voló para mí esta mañana. Se comió a mordiscos la barra de cereal.

—No imaginé que ya era hora de salir.

—"A la hora que no penséis..." —murmuró el papá.

—¿De qué hablas, papá? —preguntó Andrés.

El papá sonrió. Tu comentario me hizo pensar en algo que Jesús dijo. Él va a regresar, como bien sabes, y debemos estar listos. Es lamentable que muchos cristianos se preocupen más por divertirse que por prepararse para la venida de Cristo. Es fácil descuidar la iglesia y la lectura de la Biblia para jugar, leer otras cosas o simplemente dormir. Es fácil pensar que tenemos todo el tiempo del mundo para contarle a nuestros amigos acerca de Jesús, pero en realidad nadie sabe en qué momento vendrá. Cada día debemos recordar que Él puede regresar en cualquier momento.

EL ÁGUILA OCULTA

LECTURA BÍBLICA: Salmo 138:6-8

Mientras Laura esperaba que la abuela terminara de preparar los emparedados, ella se dirigía al columpio de la entrada de la casa donde su abuelo tallaba un pedazo de madera con su cuchillo.

—¿Qué haces, abuelo? —preguntó Laura, sentándose a su lado.

—Hay un águila atrapada en este pedazo de madera, y yo estoy liberándola —dijo el abuelo.

Laura se acercó a observar el bloque de madera y en seguida se lo pasó a su abuelo. —Yo no veo nada ahí —dijo.

El abuelo sonrió y dejó de tallar por un momento. —Bueno, no cabe duda de que allí está —insistió al tiempo que le daba vueltas al bloque de madera en su mano—. Cuando regreses del zoológico esta tarde te la mostraré.

Laura hizo un gesto de incredulidad, pero antes de decir cualquier cosa su abuela la llamó. —Ya voy —dijo Laura—. Nos vemos más tarde, abuelo.

Cuando todos estaban sentados en la cena aquella noche, el abuelo puso un águila tallada junto al plato de Laura. —Ahí la tienes, jovencita —le dijo guiñando el ojo—. Ahí está el águila que liberé del pedazo de madera.

Los ojos de Laura se abrieron con gran asombro. —¡Ohh...! —exclamó—. ¡Es muy hermosa!

—Quiero regalártela, querida —dijo el abuelo con una sonrisa—, y cada vez que la mires quiero que recuerdes algo muy especial. Laura lo miró expectante.

—Tú no podías ver al águila en el pedazo de madera esta mañana, pero yo sí —dijo el abuelo—. Solo se requería tiempo para que fuera visible. De igual manera, Dios ve en tu interior a una criatura muy especial. Tal vez no la veas aún, pero Él sí. Él tiene un plan especial, solo para ti. Entrégale tu vida, vive según su voluntad para ti, y compórtate como la persona que Él anhela que tú seas. Con el tiempo te convertirás en una esplendorosa escultura hecha por sus manos.

Absorta, Laura observó de nuevo el águila. Finalmente la puso sobre la mesa y se volvió a su abuelo. —Gracias —dijo—. Me pregunto qué hará Dios conmigo.

30
de marzo

PARA MEMORIZAR:

"...yo sé los pensamientos que tengo acerca de vosotros, dice Jehová, pensamientos... para daros el fin que esperáis" (Jeremías 29:11).

Y ¿QUÉ DE TI?

¿Deseas seguir todo lo que Dios te mande e ir dondequiera que Él to ordene? No temas dejarlo guiar tu vida. Él tiene un plan maravilloso para ti.

TESORO:
Deja que Dios dirija tu vida

31
de marzo

PARA MEMORIZAR:

"...a fin de conocerle, y el poder de su resurrección" *(Filipenses 3:10).*

Y ¿QUÉ DE TI?

¿Conoces mucho acerca de Dios? Eso está bien, pero no te convierte en hijo de Dios, un cristiano. Debes conocerlo personalmente, recibiendo a Jesús como tu Salvador.

TESORO:

Puedes conocer a Dios

LECTURA BÍBLICA: Filipenses 3:8-10

Felipe se columpiaba meditabundo. —Hola, Felipe. Al mirar a su alrededor, Felipe vio a Mauricio Rojas, un estudiante universitario que vivía en su barrio.

—Cuatro monedas por tus pensamientos —dijo Mauricio.

Felipe hizo un gesto. —Solo estaba pensando en cómo es Dios —dijo—. Gustavo dice que es muy estricto y duro, y tal vez un poco mandón. Así es su papá. El papá de Rodrigo es todo lo contrario, y Rodrigo piensa que Dios siempre es amoroso, bueno, y que nunca se atrevería a castigar a alguien. Yo no sé qué pensar. Miró a Mauricio.

—¿Tú sabes cómo es Dios, Mauricio? —preguntó Felipe.

Mauricio sonrió. —Sí, por experiencia personal —contestó—, porque conozco a Dios. Los ojos de Felipe se abrieron de asombro al tiempo que Mauricio continuaba.

—Podemos conocer a Dios si estudiamos la Biblia. Ella nos dice cuán grande es, que hizo el mundo y todo lo que hay en él. La Biblia dice que Dios es santo y no hace nada indebido. También es perfecto... y lo mejor de todo, que nos ama mucho.

—Entonces Rodrigo tiene razón. Si Dios nos ama, nunca nos trataría mal ¿cierto? —preguntó Felipe.

—No —respondió Mauricio—, no nos trataría mal, pero Dios es justo y no puede soportar el pecado. Él castiga al malvado y premia a los que lo obedecen. Es Todopoderoso, absolutamente sabio y lo ve todo. Y además, cuida de nosotros.

—¡Uy! —exclamó Felipe—. Les contaré a Gustavo y a Rodrigo.

—Felipe, no basta con saber cómo es Dios —dijo Mauricio—. ¡Tienes que conocerlo personalmente!

—¿De veras puedo conocerlo? —preguntó Felipe.

—Sí, puedes —le dijo Mauricio con toda certeza—. Dios te ama tanto que envió a su Hijo Jesús para llevar el castigo por tu pecado. Jesús murió en la cruz para que Dios pudiera perdonar tu pecado y que tú no recibieras el castigo.

—Oh —dijo Felipe pensativo—, ya había escuchado algo parecido.

—Jesús no solo murió por ti —continuó Mauricio—. Resucitó de los muertos. Eso celebramos en la Pascua. Si crees en Jesús y confías en Él, Dios perdonará tu pecado y te recibirá como su hijo.

—Eso me gustaría mucho —dijo Felipe—. Cuéntame más.

CONFÍA EN EL QUE SABE

1

de abril

LECTURA BÍBLICA: Deuteronomio 18:10-12

Catalina y Daniel corrieron aprisa a su casa para contarles la noticia a sus padres. —Murió —dijo Catalina casi sin aliento—. ¡Murió Camilo! Camilo era un niño vecino que había estado enfermo desde hacía un tiempo.

—Ay, eso es muy triste, pero sabemos que Dios tiene todo bajo control —dijo la mamá para consolarlos—. Me alegra que Camilo haya podido ir a la escuela bíblica de vacaciones del verano pasado y que haya aceptado a Jesús como su Salvador. Ahora está en el cielo.

Semanas después, Catalina y Daniel regresaban a casa de la escuela con la hermana de Camilo, Karina. Se mostraba muy emocionada. —¿Sabían que los muertos pueden hablarnos? —les preguntó mientras giraba para dirigirse hacia su casa.

Daniel frunció el entrecejo. —Yo no lo creo —dijo.

—Es verdad —insistió Karina—. Esperen aquí un minuto. Entró de prisa en su casa. Cuando regresó trajo algo consigo. —Mañana tenemos una sesión. Es una reunión en la que hay un médium, una persona que se comunica con los espíritus de las personas muertas —dijo—. Le preguntamos a esta tabla espiritista si Camilo podía venir y hablarnos, y dijo que sí. Karina les mostró la tabla de escritura espiritista.

—Pongan sus manos en el indicador conmigo y hagámosle una pregunta —les propuso—. El indicador señala la respuesta. Vamos, inténtenlo.

—¡De ninguna manera! —declaró Daniel—. ¡No quiero meterme con eso!

Al regresar a casa, Catalina y Daniel le contaron a su mamá lo que Karina había dicho.

—Creer en una tabla espiritista o en sesiones espiritistas está mal —les dijo la mamá—. Hay espíritus malignos que actúan a través de ellas. El médium que mencionó Karina es una persona que se entrega a los espíritus malignos que imitan y fingen ser una persona muerta que habla. La Biblia nos dice que no debemos participar en ese tipo de prácticas. De hecho, la Biblia dice que las personas que las practican son una abominación para Dios. En otras palabras, Dios detesta todo eso.

—¡Uy! —exclamó Daniel—. Eso es bastante claro.

—Es aterrador —dijo Catalina.

—Sí, lo es —asintió su mamá—, pero recuerda que solo hay dos poderes en la tierra, que son Dios y Satanás, y Dios es mucho más poderoso. Oremos para que Karina y sus padres aprendan a confiar en Dios, el único que conoce el futuro.

PARA MEMORIZAR:

"...mayor es el que está en vosotros, que el que está en el mundo"
(1 Juan 4:4).

Y ¿QUÉ DE TI?

¿Quieres conocer los acontecimientos futuros? No creas en horóscopos, en tablas espiritistas, ni en cualquier práctica de adivinación. Es peligroso jugar con las tácticas que Satanás usa y que Dios abomina. Dios es mayor que cualquier práctica de adivinación o de buena suerte. Confía en que Él obrará lo mejor en tu vida futura.

TESORO:

Solo Dios conoce el futuro. Confía en Él.

2

SEGUIR AL LÍDER

LECTURA BÍBLICA: 1 Timoteo 4:12

PARA MEMORIZAR:

"...sé ejemplo de los creyentes en palabra, conducta, amor, espíritu, fe y pureza" *(1 Timoteo 4:12).*

Y ¿QUÉ DE TI?

Todos somos seguidores y líderes a la vez. Tú sigues el ejemplo de alguien, y a la vez alguien te sigue a ti. Eso pone sobre ti una gran responsabilidad. Pídele a Dios que te ayude a ser un buen ejemplo para los que te imitan y respetan.

Un día, Fernando fue a llevarle algunos pastelillos recién horneados a su abuelo. Al sentarse junto al mostrador de la cocina para hablar y saborearlos, alguien tocó a la puerta.

—¿Estamos esperando a alguien? —preguntó el abuelo.

—¡Constanza! —exclamó Fernando al abrir la puerta—. ¿Qué haces aquí? ¡Mamá te va a regañar! Ella me dio permiso de venir.

—A mí también —respondió Constanza—. Mi mamá dijo que yo también podía venir.

Fernando hizo mala cara. —Bueno, al menos esta vez no me seguiste sin pedirle permiso —dijo. Se volvió a su abuelo. —Constanza piensa que tiene que seguirme a todas partes y repite todo lo que hago —dijo quejándose.

—Considero que es el mayor halago que ella podría ofrecerte —le dijo su abuelo—. Ella te sigue porque tú eres su ejemplo. A donde tú vayas ella te seguirá.

Fernando suspiró. —Supongo que me respeta y estima —dijo—, y me sigue como una sombra. Imita todo lo que hago. Cada vez que suspiro, ella suspira y dice "yo también".

El abuelo sonrió. —Entonces debes tener cuidado con tus suspiros —dijo.

—Yo también —repitió Constanza.

Fernando y el abuelo se rieron. —Bueno, Fernando y yo estamos saboreando unos pastelillos. Creo que tú también debes probar uno —dijo el abuelo—. Aquí tienes. Puso un pastelillo frente a ella, y comieron juntos.

—Me encantan los pastelillos de mamá —dijo Fernando.

—A mí también —dijo Constanza.

Fernando hizo una mueca. —Vamos, "chiquilla yo también". Tenemos que volver a la casa —dijo.

—Adiós, chicos —dijo el abuelo—. Fernando, recuerda que tú eres el ejemplo. Pídele a Dios que te ayude a ser uno digno de imitar.

Fernando miró a Constanza mientras ella le daba la mano y se balanceaba junto a él. Fernando nunca se había dado cuenta de la gran responsabilidad que tenía de ser un buen ejemplo. Está bien —pensó—, voy a ser el mejor ejemplo posible. Él sabía que el abuelo tenía razón, y que necesitaría la ayuda del Señor para serlo.

TESORO:

Sé un buen ejemplo

ENTIERRA ESA SEMILLA

3

de abril

LECTURA BÍBLICA: Efesios 4:25-32

Gabriela se dirigió al mostrador de la cocina y tomó un tiesto con tierra. Frunció el ceño al mirarla. —Planté semillas de calabaza hace tres semanas, mamá. Quisiera que salieran rápido, ¡pero ni siguiera han brotado! —dijo quejándose.

Alguien tocó la puerta y Gabriela fue a abrir. —Hola Gabriela —dijo Luisa, una vecina cercana—. ¿Puedes salir a jugar?

—No, hoy no puedo —respondió Gabriela—. Tal vez en otra ocasión. Cerró la puerta de golpe y volvió a la cocina. —Solo era Luisa —dijo a su mamá—. No entiende que ya no quiero jugar más con ella.

—Querida, yo sé que Luisa te ofendió hace dos semanas —dijo la mamá—, pero ella te pidió disculpas. ¿No crees que ya es hora de perdonarla? Gabriela hacía gestos mientras volvía a revisar el tiesto con tierra. Excavó en ella y extrajo una semilla, como había hecho en varias ocasiones anteriores.

—Gabriela, si quieres que Dios haga crecer esas semillas, tienes que dejar de desenterrarlas —dijo la mamá.

—Pero yo... —comenzó Gabriela. Suspiró. —Está bien —dijo mientras volvía a cubrir las semillas con tierra. —Ya no voy a revisarlas más, ¡solo voy a enterrarlas y me olvidaré de ellas!

—Bien —dijo la mamá. Al rato agregó. —Debes hacer lo mismo con tu disgusto contra Luisa. ¡Entiérralo y olvídalo!

—Pero es que ella... —murmuró Gabriela mientras meditaba en el consejo de su mamá. Luego hizo un gesto. —Si yo entierro mi enojo y me olvido de él, ¿Dios lo hará crecer? —preguntó con travesura.

—¡Gabriela Suárez! Tú ya sabes —exclamó regañándola, pero también hizo un gesto—. Está bien, admito que mi ilustración no es perfecta, pero sabes a qué me refiero. Olvidar tu enojo y perdonar a Luisa es importante para tu crecimiento espiritual.

Gabriela asintió y se dirigió hacia la puerta. —Lo sé —confesó—. Creo que iré a jugar con Luisa un rato.

PARA MEMORIZAR:

"Airaos, pero no pequéis; no se ponga el sol sobre vuestro enojo, ni deis lugar al diablo" *(Efesios 4:26-27).*

Y ¿QUÉ DE TI?

¿Hay "semillas" de rencor y de enojo que te impiden crecer en Cristo? Habla con Dios al respecto. Pídele que te ayude a enterrarlas y olvidarlas para que puedas crecer espiritualmente.

TESORO:

Entierra el enojo y perdona

4

de abril

PARA MEMORIZAR:

"Porque las cosas que se escribieron antes, para nuestra enseñanza se escribieron"
(Romanos 15:4).

Y ¿QUÉ DE TI?

¿Piensas que debes probar las cosas por ti mismo? No aprendas las cosas a las malas. A veces puedes evitar el pecado y sus espantosas consecuencias aprendiendo del ejemplo de otros. En caso de duda podrías preguntarte "¿qué haría Jesús?" Luego, esfuérzate por seguir su ejemplo.

TESORO:
Aprende del ejemplo

APRENDER A LAS MALAS

LECTURA BÍBLICA: 1 Corintios 10:6-11

—Hola, Benjamín —saludó Pablo a su amigo en el patio de atrás.

—Hola —respondió Benjamín—. Tengo algo que me gustaría que probaras. Podrías... Interrumpió su pregunta porque Pablo se lanzó a atrapar a su hermanito.

—¡Miguel! —exclamó Pablo—. ¡No toques esa flor! ¡Hay una abeja ahí!

—Insecto lindo —decía Miguel extendiendo su mano para acariciarla, al tiempo que Pablo se lanzó para alejarlo de la flor. —Quieres tocar suave —dijo Miguel.

—La abeja es linda —le dijo Pablo—, pero puede picarte. No la toques ¿de acuerdo? Miguel no dijo nada pero siguió gateando para ver otra flor. Pablo rió.

—Lo siento, Benjamín ¿qué ibas a darme para probar?

Benjamín miró a su alrededor y en seguida sacó un cigarrillo del bolsillo. —Esto... toma —dijo—. Esto te pone bien, te hace sentir de maravilla.

Pablo, asustado, preguntó. —¿Eso es marihuana? No quiero tener nada que ver con eso, ni con cualquier cigarrillo. Las drogas dañan tu cuerpo y tu mente.

—No sabrás lo que producen a menos que las pruebes —declaró Benjamín.

—Es una locura —insistió Pablo—. Ya está comprobado que son malas. Es un hecho, y no necesito probar drogas para aprenderlo.

En ese preciso momento Miguel lanzó un grito. —¡Palo! —gritó mientras levantaba la mano—, ¡Palo, me mordió!

Pablo corrió para ayudar a su hermano. —¡Te dije que no tocaras esa abeja! —exclamó Pablo. Mientras examinaba el dedo de Miguel, un auto se estacionó en la casa.

—¡Menos mal! Mi mamá llegó —dijo Pablo—. Vamos, Miguelito.

Después de llevar al niño con su mamá, Pablo volvió al patio donde conversaba con Benjamín.

—Miguelito es un buen ejemplo para ti, Benjamín —dijo Pablo—. Le dije que la abeja podría picarlo, pero de cualquier forma él insistió en tocarla. Aprendió acerca de las picaduras de abejas a las malas. Ya nos han advertido del daño que causan las drogas y que probarlas conduce al vicio. Por mi parte, no pienso aprender mi lección sobre las drogas a las malas, y espero que tú tampoco Benjamín.

EL TREN DAÑADO

5 de abril

LECTURA BÍBLICA: Filipenses 4:4-7

—¡Mi tren se dañó! —gritó José.

—Ay, José, no te preocupes —dijo Sandra para consolarlo y lo abrazó—. Tal vez el abuelo pueda arreglarlo.

Le llevaron el tren al abuelo, que les prometió que lo dejaría como nuevo. —¿De veras? ¡Grandioso! —exclamó José. El abuelo se llevó el tren a su taller y José se asomó a la mesa para observar. —¡No hagas eso! —protestó José mientras el abuelo doblaba una rueda—. De seguro la romperás.

—¡No seas tonto, José! —interrumpió Sandra—. El abuelo está reparando tu tren, no rompiéndolo. Y no lo dejas trabajar bien si te comportas así.

José hizo pucheros, pero salió al patio a esperar. Sin embargo, no tardó en regresar.

—No lo estás haciendo bien —le dijo a su abuelo después de observarlo durante unos minutos—. Te mostraré cómo hay que fijar esa pieza a la máquina. Se estiró para tomar el tren.

—¡José! —gritó Sandra—. ¡Ya deja de decirle al abuelo lo que tiene que hacer! ¿Por qué no te vas a jugar hasta que termine?

—Buena idea —dijo el abuelo—. Esto tomará un poco de tiempo, José.

—Pero quiero mi tren ya mismo —protestó José. De repente agarró el tren y salió corriendo por la puerta.

—¡Niño tonto! —exclamó Sandra con cierto desdén—. Te dio ese tren para que lo arreglaras y luego se lo lleva antes de que lo hagas.

—Todos cometemos el mismo error a veces —le dijo el abuelo con paciencia.

Sandra negó firmemente con la cabeza. —¡Yo no! —dijo.

El abuelo sonrió. —Me contaste que habías orado por un problema en la escuela y que se lo habías entregado a Dios, ¿no es así?

Sandra lo miró perpleja. —Sí... ¿y?

—Pues tú seguías preocupada por ese asunto esta mañana, Sandra —le recordó su abuelo—, de modo que ¿se lo entregaste a Dios o lo tomaste de nuevo?

—Eh... creo que volví a tomarlo —confesó Sandra—. ¡Creo que cometí el mismo error de José!

PARA MEMORIZAR:

"Guarda silencio ante Jehová, y espera en él" (Salmo 37:7).

Y ¿QUÉ DE TI?

¿Le entregas tus problemas, preocupaciones y necesidades a Dios en oración? Y a pesar de ello ¿sigues preocupándote por lo mismo? Después que le has entregado a Dios tus cargas, no trates de retomarlas. Actúa en obediencia a Él sin afanarte. Confía en que Él se encargará de todo y que lo hará bien.

TESORO:

Espera con paciencia la respuesta de Dios a tu oración

LA CÁPSULA DEL TIEMPO

6
de abril

PARA MEMORIZAR:

"No os hagáis tesoros en la tierra"
(Mateo 6:19).

Y ¿QUÉ DE TI?

¿Tus más grandes tesoros son cosas materiales como dinero, ropa, juguetes o buenas notas? Esas cosas pasarán. Acumula tesoros que perduren, no poniendo una Biblia en una cápsula del tiempo, sino agradando y sirviendo al Señor.

LECTURA BÍBLICA: Lucas 12:13-21

Era el aniversario número cien de la ciudad. Paula se paró de puntillas y se estiró para ver a los funcionarios municipales que estaban sobre la plataforma, que abrieron la cápsula del tiempo alistada y guardada hacía cien años. En seguida, el alcalde mostró algunos documentos y recordatorios que estaban guardados allí.

"¿No sería interesante alistar una cápsula del tiempo para nuestra familia? —preguntó Paula de camino a casa—. Comenzaré a hacer una. Allí pondré los tesoros familiares para las generaciones futuras".

Tan pronto llegó a casa, Paula tomó una caja. Luego, algunas monedas y billetes y las puso en la caja. Además, guardó una sudadera, un disco compacto, y un viejo libro de historias. Después agregó un osito de peluche, un par de espejuelos para nadar, un informe de calificaciones, algunas joyas, un libro de cocina y una foto familiar.

—Ya casi está lista —le dijo Paula a sus padres—. Cuando nuestros descendientes la vean podrán imaginarse cómo eran sus ancestros.

—Esos objetos resultarán interesantes para las futuras generaciones de nuestra familia —afirmó la mamá—, pero si quieres darles a conocer la esencia de nuestra vida, creo que te faltó incluir lo más importante.

—"¡Un par de patines!" —Paula dijo, y recordó que se trataba de un deporte muy conocido—. O quizás un palo de golf de papá. O ¿qué te parece un periódico?

La mamá negó con la cabeza. —Todo eso suena bien, pero me refiero a algo que le da sentido y valor a la vida, incluso si todas las demás cosas dentro de la caja faltaran —dijo.

—¡Una Biblia! —exclamó Paula—. Debí pensarlo antes. Ya que acabo de comprarme una nueva, voy a poner en la caja mi Biblia vieja.

—Bien —dijo el papá—, ¿y qué te parece guardar un boletín de la iglesia? Después de todo, nos gustaría que nuestros descendientes supieran que nos interesamos en las cosas que realmente valen, como servir a Dios, y no solo en los tesoros terrenales.

TESORO:

Acumula tesoros en el cielo

OLEADA

7

de abril

LECTURA BÍBLICA: Mateo 7:24-29

Germán tiró la puerta tras de sí al llegar. Después de saludar a su mamá, se sirvió un vaso de leche y se desplomó en una silla.

—No creerás lo que le ocurrió hoy a mi proyecto —dijo. Germán había trabajado durante dos semanas en una maqueta de una ciudad maya con un templo, un palacio y varias edificaciones pequeñas.

—Cuéntame lo que sucedió —dijo la mamá.

—Después que me dejaste en la escuela, Ernesto vino y comenzó a preguntarme acerca de mi proyecto —contó Germán—. Bueno, él llevaba un vaso con agua que iba a usar en el suyo. Antes de poder explicarle cualquier cosa, alguien empujó a Ernesto, y toda mi ciudad maya sufrió el golpe de una oleada.

—¡Ay, lo siento! —exclamó la mamá.

—Arrasó por completo el piso externo del templo principal —continuó Germán. Luego hizo un gesto.

—Cuando intentaba repararlo, alguien me sugirió que le pusiera yeso como piso en vez de arena. Debí hacerlo.

—Siento mucho que tu proyecto se haya arruinado —le dijo solidaria.

—Yo también —dijo Germán. Luego rió.

—Pero mi maestra dijo que era el proyecto de desastre natural más real que había visto. También dijo que siempre debo recordar que la arena no constituye un fundamento firme, y que las cosas no perduran a menos que tengan una base sólida.

La mamá asintió. —Tu relato me recuerda el pasaje de la Biblia que habla acerca de la importancia de edificar nuestra vida sobre el fundamento apropiado —dijo—. Si ponemos nuestra confianza en algo o en alguien aparte de Jesús es como si edificáramos nuestra vida sobre la arena. El único cimiento que perdura es el Señor Jesucristo.

—Sí —asintió Germán. Luego hizo un gesto. —Bueno —dijo—, yo elegí un mal cimiento para mi proyecto, pero tengo el mejor para mi vida, ¡y eso es más importante!

PARA MEMORIZAR:

"Porque nadie puede poner otro fundamento que el que está puesto, el cual es Jesucristo" *(1 Corintios 3:11).*

Y ¿QUÉ DE TI?

¿Edificas tu vida sobre el fundamento apropiado? ¿Ya aceptaste a Jesús como tu Salvador? Cualquier otro fundamento, como practicar buenas obras o ser bondadoso, algún día será arrasado. Acepta a Jesús ahora mismo.

TESORO:

Edifica tu vida sobre Jesús

8 de abril

AQUÍ, ALLÁ, Y EN TODAS PARTES

LECTURA BÍBLICA: Salmo 33:13-15;
Jeremías 32:19

PARA MEMORIZAR:

"Los ojos de Jehová están en todo lugar, mirando a los malos y a los buenos" (Proverbios 15:3).

Y ¿QUÉ DE TI?

¿Te gusta esconderte de las personas? Eso puede resultar divertido, pero recuerda que Dios siempre sabe dónde estás y lo que haces. Nunca puedes esconderte de Él. Dale gracias por cuidarte cada minuto de cada día.

—¡Jairo! ¿Dónde estás? —gritó su mamá llamándolo.

Jairo soltó una risa entrecortada. Le encantaba esconderse en el viejo árbol de manzana. Al asomarse entre las ramas y las hojas alcanzaba a ver hacia abajo. Podía ver la calle entera, y a su madre en el patio. Alcanzaba a ver a Tobi, el gato de la señora Ramírez, que se arrastraba en el césped. También podía ver a su amiga Paula montando bicicleta en el andén. Pero nadie abajo podía verlo.

—¡Jairo! —insistía su mamá—. El almuerzo está casi listo y te quedan cinco minutos para jugar. Luego entró en la casa.

Jairo no tenía muchos deseos de bajar del árbol todavía. Se recostó en una rama y se estiró boca abajo. Observó que un pájaro azul se posó sobre la cerca. También observó a la señora Ramírez que salía para llamar a Tobi a almorzar. Vio pasar a un camión azul por la calle.

Cuando su madre salió minutos después, Jairo todavía estaba en el árbol. Su madre lo llamó otra vez. Él no respondió.

—¡Jairo, el almuerzo está listo, ven ahora mismo! —gritó la mamá. Jairo sabía que no podía seguir jugando. Se balanceó y saltó al piso.

—¡Sorpresa, mamá! —dijo al tiempo que entraba a la cocina—. Yo podía verte pero tú no me veías. Podía ver a todo el mundo. Hizo una mueca.

—Yo creo que es así como Dios nos observa desde el cielo —agregó.

—Algo así, supongo —dijo su mamá—, pero Dios no solo observa a las personas en un solo lugar durante un rato. Él observa a todo el mundo a la vez, todo el tiempo. Él te estaba observando a ti también, incluso mientras estabas escondido y observándome.

—Lo sé —Jairo sonrió—. Dios siempre sabe dónde estamos.

TESORO:
Dios lo ve todo

EL ÁRBOL DEL PÁJARO CARPINTERO

9

LECTURA BÍBLICA: 2 Corintios 6:14-18

Roberto y su familia se levantaron temprano para unirse a una caminata campestre con un guía. —¡Enrique! —gritó Roberto al reconocer desde lejos a un chico con quien entabló amistad esa semana. Enrique corrió y juntos se sentaron al borde de una piedra debajo de un gran árbol.

Cuando el guía llegó, dio un saludo caluroso a todos.

—Antes de comenzar nuestra caminata campestre, permítanme mostrarles nuestro famoso árbol del pájaro carpintero —dijo.

—"Árbol del pájaro carpintero" —murmuró Enrique—. "Nunca he escuchado acerca de ese árbol". "No creo que exista en nuestro país".

El guía alcanzó a escuchar a Enrique y se rió.

—Bueno, pues miren hacia arriba, chicos. Están sentados justo debajo de un árbol del pájaro carpintero en este preciso momento. Al echar un vistazo al inmenso árbol, los chicos notaron que una gran parte del tronco superior estaba repleto de agujeros.

—¡Miren! —dijo Roberto—. Los pájaros carpinteros hicieron todos esos agujeros, ¿cierto?

—¿No dañan al árbol? —preguntó Enrique.

—Tal vez pienses que el árbol morirá porque los pájaros carpinteros han hecho tantos agujeros, pero en realidad no —respondió el guía—. Sin embargo, las cicatrices nunca se borrarán. Luego guiñó el ojo a los niños mientras se volvía al grupo para dirigirlo hacia un sendero cercano.

—Lo que él dijo se parece al sermón que predicó mi papá la semana pasada —dijo Enrique, al tiempo que caminaban con el grupo.

—¿De veras? —preguntó Roberto—. ¿Qué dijo?

—Trataré de recordarlo para explicártelo —dijo Enrique—. Mi papá dijo que cuando alguien peca, puede abandonar lo malo y recibir el perdón de Dios. Enrique hizo una pausa mientras buscaba las palabras adecuadas para expresarse.

—Creo que eso sería como ahuyentar a los pájaros carpinteros —dijo—, pero los efectos duraderos del pecado quedarán ahí, del mismo modo que los agujeros causados por los pájaros permanecen en el tronco. ¿Entiendes lo que quiero decir?

Roberto asintió. —Claro que sí —dijo—. Lo tendré presente.

PARA MEMORIZAR:

"Salid de en medio de ellos, y apartaos, dice el Señor"
(2 Corintios 6:17).

Y ¿QUÉ DE TI?

¿Piensas que no importa el mal que hagas porque Dios te perdonará de todos modos? Dios te perdona, pero los hábitos y las acciones malas (como usar drogas, fumar, ser cruel y perezoso) pueden dejarte cicatrices por el resto de tu vida.

TESORO:

Los efectos del pecado perduran

10
de abril

PARA MEMORIZAR:

"Jehová Dios mío, en ti he confiado"
(Salmo 7:1)

Y ¿QUÉ DE TI?

¿Alguien en quien confiaste te defraudó? Si eso ocurre, recuerda cuán importante es que tú mismo seas alguien digno de confianza, que no defraude a otros. Y por encima de todo, recuerda que debes poner tu fe y tu confianza en Dios. Él te ama y nunca te fallará.

TESORO:

Confía en Dios,
Él nunca falla

ALGUIEN EN QUIEN CONFIAR

LECTURA BÍBLICA: Salmo 37:3-9

—¡Mira, papá! —exclamó Eric, de cuatro años, al asomarse por la ventanilla del avión—. ¡Mira! ¡Hay nieve allá afuera!

Carlos, su hermano mayor, se rió entre dientes. —Eso no es nieve —le dijo—. Son nubes.

El papá asintió con una sonrisa. —Las nubes parecen nieve, ¿no te parece? —preguntó—. Se ven sólidas, como si pudieras caminar encima de ellas.

Carlos hizo una mueca. —Pero no pueden soportar tu peso —dijo con seriedad—. Si saltas sobre ellas caerías derecho a tierra.

—Tal vez sean nubes de nieve —sugirió Eric. Carlos negó con la cabeza.

—No. Las nubes son solo vapor de agua —dijo en el más solemne tono de hermano mayor—. Lo aprendí en mi clase de ciencia. No pueden soportar el peso de un objeto.

—Ahhh —murmuró Eric. Luego hizo otra pregunta ¿Y por qué el avión se sostiene en el aire?

—El avión está diseñado especialmente para volar —respondió el papá—, y el piloto aprendió a manejarlo de tal modo que se mantenga en el aire. Eric parecía satisfecho con esa explicación, y se volvió para mirar de nuevo por la ventanilla.

—Eric cree todo lo que le decimos —dijo Carlos en voz baja.

—Eso sucede porque él cree en nosotros y confía en que le decimos la verdad —dijo el papá—. A medida que crecemos descubrimos que existen personas y cosas en las cuales no podemos confiar, en tanto que otras son dignas de nuestra confianza, como por ejemplo la mayoría de médicos, bomberos, policías, predicadores, y maestros. Con todo, a veces las personas en las que confiamos nos defraudan.

Carlos lo miró pensativo. —La semana pasada el pastor Miguel nos dijo que hay alguien que jamás nos defraudaría —dijo—. Se refería a Jesús.

El papá sonrió. —Me alegra que hayas prestado atención a ese mensaje —dijo—. Es importante recordar que Dios siempre cumple sus promesas. Puedes poner toda tu fe y confiar en Él. Él siempre cumple lo que promete.

LAS OVEJAS DEL ABUELO

11 de abril

LECTURA BÍBLICA: Juan 10:2-5, 14

—¡Miren! —exclamó María mientras su madre estacionaba el auto en la granja de su abuelo—. ¡Ahora el abuelo tiene ovejas! Vamos a acariciarlas. Los niños saltaron fuera del auto y corrieron hacia el corral, pero las ovejas se lanzaron a correr hasta el extremo más lejano del redil.

—Las asustamos —dijo Pedro disgustado—. Volvamos a intentarlo. Recojamos un poco de hierba para darles, y esta vez caminemos en vez de correr.

María estuvo de acuerdo, y cada uno arrancó un puñado de hierba y lentamente lo acercaron a las ovejas. Pero el rebaño dio vueltas y salió corriendo lejos. María arrojó su puñado de hierba. —Me doy por vencida. Las ovejas del abuelo son muy salvajes —dijo.

Mientras Pedro tiraba su puñado de hierba, los niños vieron que el abuelo se acercaba. Salieron corriendo para abrazarlo.

—Abuelo ¿para qué son esos biberones? —le preguntó María al ver lo que llevaba en las manos.

—Dos de mis corderos los necesitan —respondió el abuelo—. Tengo que alimentarlos porque su madre murió.

—Quisiera darle de comer a un cordero —dijo María—, pero tus ovejas no nos quieren. Salen corriendo.

El abuelo sonrió. —Mira —dijo al tiempo que llevaba a los niños hacia un pequeño corral junto al granero. —Toma Rusti. Toma Copo de nieve —dijo llamándolos mientras entraba al corral. Dos corderitos salieron brincando y siguieron al abuelo mientras atravesaba el prado.

—Les gusta jugar a "seguir al líder" —dijo Pedro.

El abuelo asintió y les entregó a los niños los biberones. —Pueden darles el biberón —dijo.

María se reía nerviosa mientras alimentaba a un cordero. —Este baila mientras come —dijo—. Pero ¿por qué las otras ovejas no comieron la hierba que les ofrecimos?

—Las ovejas conocen la voz de su pastor y lo siguen. Su instinto es huir de los extraños —explicó el abuelo—. Eso siempre me recuerda que debemos imitarlas. Debemos seguir a Jesús que es nuestro Pastor, y huir lejos de otros que quieran apartarnos de Él.

PARA MEMORIZAR:

"Mis ovejas oyen mi voz, y yo las conozco, y me siguen" *(Juan 10:27).*

Y ¿QUÉ DE TI?

¿Sigues a Jesús, el buen pastor? Es Él quien te cuida, suple todas tus necesidades y te protege. Seguirlo te traerá gozo y seguridad. Por el contrario, seguir a Satanás siempre traerá dolor.

TESORO:

Sigue las enseñanzas de Jesús

12

PARA MEMORIZAR:

"Porque no me avergüenzo del evangelio"
(Romanos 1:16).

Y ¿QUÉ DE TI?

¿Los chicos de tu escuela saben que eres cristiano? Una manera sencilla para identificarte como hijo de Dios es orar antes de comer, incluso en la escuela. Lleva con honor tu distintivo. Puede abrirte puertas para hablar a otros acerca de Jesús. Y tal vez te sorprendas al ver que hay otros cristianos también por ahí.

TESORO:

Demuestra que eres cristiano

LA INSIGNIA

LECTURA BÍBLICA: Mateo 10:32-39

Mientras Carina y su mamá revisaban el menú en el restaurante, observaron a un grupo de personas que llevaba una insignia.

—Seguramente todas esas personas pertenecen al mismo club —comentó Carina. Luego vieron que un hombre con la insignia entró al restaurante y miró por un momento a su alrededor. Luego se unió al grupo y se presentó a los demás.

Cuando la mesera se acercó para tomar la orden de Carina y de su mamá, le preguntaron acerca del grupo que llevaba la insignia. —Son concejales de otras ciudades —explicó la mesera—. Se reúnen hoy en nuestra ciudad.

Al recibir su comida, Carina y su madre inclinaron su rostro para orar. Luego Carina dijo: —Mami, es fácil orar y darle gracias a Dios por la comida en un restaurante, pero ¿tú crees que debo hacerlo en la escuela? Yo sé que los chicos se van a burlar de mí. Y además, Dios sabe que estoy agradecida aunque no incline mi cabeza y se lo diga ¿cierto?

La mamá asintió, pero en tono meditativo señaló hacia el grupo de personas que llevaban un distintivo. —Ese hombre logró identificar a su grupo gracias a la insignia que llevan —dijo—. Delante de los demás, la oración antes de comer también funciona como un distintivo. Permite que otros nos identifiquen como cristianos y nos da oportunidades para hablar de nuestra fe.

Al día siguiente, Carina se sentó lejos de los otros niños en el restaurante escolar. Miró temerosa a su alrededor. Luego tomó aire, inclinó su cabeza y le dio gracias a Dios por la comida. Al instante su compañera Lina, se acercó.

—Supongo que eres cristiana —dijo—. Bueno, yo también lo soy, pero... me ha dado pena orar delante de los chicos. ¿Puedo sentarme contigo desde ahora? Podríamos orar juntas.

—Claro —dijo Carina. Hizo una mueca. —Me puse la insignia y encontré otra amiga del club, ¿eh? Después de ver la expresión de sorpresa de Lina, dijo. —Te explicaré mientras comemos.

TOMA TU CRUZ

LECTURA BÍBLICA: 1 Pedro 2:19-25

Diana asomó la cabeza por la ventanilla del auto para observar una fila de personas que marchaban a lo largo de la calle.

Un gran número de niños y adultos escoltados por unos policías, seguían a un hombre que representaba a Jesús. Llevaba lo que parecía ser una corona de espinas y una gran cruz sobre su espalda. "Una de las iglesias locales debe estar rememorando lo que sucedió un viernes santo hace muchísimos años" —dijo la mamá mientras detenía su auto ante la indicación del policía.

Diana apartó su mirada. Era difícil mirar la escena sin recordar lo que en realidad ocurrió, el sufrimiento de Jesús al morir en la cruz por los pecadores. Sin embargo, se volvió al escuchar los gritos de un hombre.

—¡Oigan, tontos! —gritó un hombre desde su auto. Hizo sonar su bocina y luego siguió vociferando. El hombre que representaba a Jesús no se inmutó. Él, y toda la multitud que lo seguía, continuaron su marcha solemne.

—Con ese tipo de gestos, y otros peores, las personas se burlaron y menospreciaron a Jesús hace muchos años —dijo la mamá—, pero Jesús también siguió adelante. Estaba decidido a cumplir con la voluntad de su Padre.

—Debió haber sido insoportable —comentó Diana.

La mamá asintió. —Los cristianos podemos ser objeto de burlas y menosprecio cuando permanecemos firmes en la verdad —dijo—, pero si eso sucede, debemos seguir adelante cumpliendo con la voluntad del Padre, como Jesús lo hizo.

—A veces me dejo llevar por lo que los demás chicos hacen sabiendo que está mal —admitió Diana—, pero ser excluida de sus actividades o soportar sus comentarios en nada se compara con lo que Jesús hizo por mí, ¿cierto?

—Así es —asintió su mamá—. Todos debemos "tomar nuestra cruz" soportando lo que sea para seguir a Jesús. Nada debe estorbarnos o impedirnos hacer lo que Dios nos pide.

13
de abril

PARA MEMORIZAR:

"[Jesús dijo:] Si alguno quiere venir en pos de mí, niéguese a sí mismo, tome su cruz cada día, y sígame" (Lucas 9:23).

Y ¿QUÉ DE TI?

¿Te menosprecian o rechazan por lo que crees? Jesús te comprende. Pídele que te ayude a hacer lo correcto a pesar de la oposición que enfrentes.

TESORO:
Sigue a Jesús cada día

14

de abril

ESPEJUELOS NUEVOS

LECTURA BÍBLICA: Salmo 119:129-133

PARA MEMORIZAR:

"Ordena mis pasos con tu palabra" *(Salmo 119:133).*

Y ¿QUÉ DE TI?

¿Sabías que la Biblia puede ayudarte a tomar decisiones correctas? Te da instrucciones para vivir bien, para ser salvo y encontrar la paz, el consuelo, la ayuda en medio de la dificultad y mucho más. Léela a diario, medita en lo que dice y obedécela. Entonces verás la vida con otros ojos.

—¿Qué estás leyendo? —le preguntó el doctor González a Tania al entrar al consultorio y notar que ella leía un libro.

Tania se sonrojó un poco. —Es... bueno... la Biblia.

—¿La Biblia? ¿Por qué lees eso? —le preguntó el doctor González. Antes de que ella pudiera contestar, él continuó. —Bueno, con tantos libros interesantes que existen me parece que ese libro tan viejo podría resultarte bastante aburrido.

—Oh, no —dijo Tania—. En absoluto. Mi maestra de la escuela dominical nos puso como tarea leer unas historias acerca de Daniel que se encuentran en la Biblia, y en realidad son fascinantes. Además, leer la Biblia me ha ayudado... es como... eh... no sé cómo decirlo. Tania se sentía mal de no poder expresar sus ideas.

El doctor González trajo un nuevo par de espejuelos y Tania se quitó los viejos que tenía. Luego le probó los espejuelos nuevos con cuidado de ponerlos bien detrás de las orejas de Tania. —¡Caramba! —exclamó Tania de inmediato—. ¡Qué diferencia!

El doctor González sonrió. —No te dabas cuenta de lo mucho que perdías por esos espejuelos viejos, ¿no es así?

—Sí —dijo Tania—. Todo se ve tan nítido y claro ahora. De repente tuvo una idea, y dijo. —Por eso leo la Biblia, doctor González. El doctor levantó las cejas. De inmediato, Tania agregó. —Leer la Biblia es como tener espejuelos. Me ayuda a ver con mayor claridad cosas como... lo que es correcto y lo que no. Me anima a elegir lo bueno.

—¿Para eso te sirve leer la Biblia? —preguntó el doctor González. Tania asintió con gran convicción.

—Debería probarlo —continuó—. Nos enseña el camino al cielo, y cómo adorar a Dios. También nos enseña a amar a otros y a ser bondadosos y honrados. Nos enseña a vivir.

TESORO:

Lee y memoriza la Palabra de Dios

TERMINADO

15

LECTURA BÍBLICA: Juan 19:28-30

de abril

—Hmm... ¡pastel! —exclamó Eduardo al entrar a la cocina donde su mamá y su hermana Julia estaban ocupadas.

—Vete —le dijo Julia—. Todavía no he terminado.

Eduardo se fue, pero el olor a limón lo perseguía. Cuando regresó en un rato, Julia vertía el relleno del pastel. —¿Puedo comer un pedazo? —preguntó.

—No, no puedes —le dijo Julia—. Todavía no está terminado. El relleno todavía está caliente.

Un rato más tarde, Eduardo vio que el pastel estaba sobre la mesa de la cocina. —¿Puedo comerme ya un pedazo? —preguntó.

Julia negó con la cabeza. —Todavía no está terminado —le dijo—. Es un pastel de limón con merengue y todavía no le he puesto el merengue.

Eduardo volvió a preguntar una vez más antes de la cena. —Ya está terminado —dijo Julia—, pero todavía no puedes probarlo. Lo preparé para la cena de esta noche.

En efecto, saborearon el pastel en la cena. Con mucho cuidado Eduardo comió y saboreó hasta la última migaja de su plato.

—Ahora sí está terminado el pastel —dijo, al tiempo que le daba suaves palmaditas a su estómago—. Ya se acabó todo.

En el culto familiar de aquella noche, el papá leyó un pasaje del evangelio de Juan. —Algo que escuché hoy me hizo pensar en las palabras de Jesús en la cruz —dijo.

—Como la frase "ya está terminado", por ejemplo. Me pareció escuchar por lo menos dos veces a Julia decirle a Eduardo que el pastel todavía no estaba terminado. Por fin dijo que ya estaba terminado, y sin embargo, Eduardo no podía disfrutarlo aún. ¿Por qué?

—Porque todavía no me lo había comido —respondió Eduardo con prontitud—. Culpa de Julia, ¡no mía!

El papá sonrió. —Jesús vino para recibir todo el castigo por nuestro pecado —dijo—. En la cruz, al final dijo: "Consumado es", lo cual significa que su obra estaba terminada y cumplida. Sin embargo, a muchas personas su obra completa no les aprovecha. ¿Por qué?

—Porque no lo han aceptado como Salvador —sugirió Julia después de una pausa.

—Exactamente —dijo el papá—. Para poder disfrutar de los beneficios del pastel terminado, debíamos tomarlo y comerlo. A fin de gozar de los beneficios de la obra terminada de Cristo, también debemos tomarla y recibirla.

PARA MEMORIZAR:

"Mas a todos los que le recibieron, a los que creen en su nombre, les dio potestad de ser hechos hijos de Dios" (Juan 1:12).

Y ¿QUÉ DE TI?

¿Ya aceptaste lo que Jesús hizo por ti? Si no es así, es tu culpa y no suya. Jesús ya terminó la obra de obtener tu salvación, y te la ofrece en este momento. Puedes recibirla aceptándole.

TESORO:

Acepta la obra consumada de Jesús

16

de abril

PARA MEMORIZAR:

"En el día que temo, yo en ti confío" (Salmo 56:3).

Y ¿QUÉ DE TI?

¿A veces sientes miedo? ¿Sabes qué hacer en ese caso? ¿Sabes a quién acudir? Si eres cristiano, habla con Jesús cuando tienes miedo. Confía en que Él te cuidará.

SIN MIEDO

LECTURA BÍBLICA: Salmo 91:1-5

—¡Mira! —exclamó Carla mientras caminaban rodeando una granja que visitaron. Señaló a unos polluelos que salían de debajo de su mamá gallina.

El papá hizo una señal con la cabeza. —Los polluelos actúan así cuando algo los asusta —dijo.

Tomando a su hermanito de la mano, Carla lo aproximó a la cerca y lo alzó para que viera a la gallina y a sus polluelos. —¿Puedo acariciar uno? —preguntó Jonatán.

—No, mi amor —dijo la mamá—. Se sentiría muy solo si lo apartamos de su mamá. Mientras hablaba, grandes gotas de lluvia comenzaron a salpicarlos.

Carla se encogió en su chaqueta. —¿Qué tan lejos estamos del auto, papá? —preguntó.

—Este es un lugar muy amplio y hay que caminar mucho para llegar al estacionamiento —respondió el papá, al tiempo que miraba al cielo—. Creo que nos espera un aguacero. Vamos al cobertizo para esperar un rato. Todos corrieron hacia el cobertizo y se apiñaron bajo el techo junto a las demás personas que trataban de resguardarse de la lluvia.

Jonatán estrujó a su mamá.

—Miren lo que tengo en mi bolso —dijo mientras sacaba un pequeño paquete. Comenzó a abrirlo y era un impermeable. Se lo puso y lo extendió hasta cubrir a Jonatán para protegerse con él. Lo único que se veía de Jonatán era su cabeza que sobresalía en el impermeable mientras se acurrucaba junto a su mamá.

—Papá, mira a Jonatán —dijo Carla riendo—. Parece uno de esos polluelos que se esconden debajo de su mamá.

—¡Tenían mucho miedo! —protestó Jonatán—. ¡Yo no!

—Bueno, si tuvieras miedo ese sería el mejor lugar donde podrías estar —dijo el papá. Luego le sonrió a Jonatán. —Eso me hace pensar en Jesús. Es a Él a quien debemos acudir siempre que tenemos miedo. Podemos estar seguros de que Él nos protegerá.

TESORO:

Confía en que Jesús te cuida

EN LA LÍNEA

17

de abril

LECTURA BÍBLICA: Efesios 5:1-8

—¿Te fijaste en la ropa que llevaba Rosita hoy? —preguntó Beatriz acercando el teléfono a su boca—. Se veía toda desgarbada.

—Toda su familia es desgarbada —dijo Daniela, al tiempo que ambas se reían.

—¿Y qué te parece Carolina, la niña nueva? —continuó Daniela—. ¿Te diste cuenta de que al reírse resopla? Suena como un cerdo.

—Horrible —dijo Beatriz—. Tal vez se crió en una granja de cerdos. En ese preciso momento escucharon que alguien descolgó el teléfono. —¿Qué fue eso? —preguntó Beatriz.

—Ay, discúlpenme niñas. Era la voz de la mamá de Beatriz. —Pensaba llamar desde la sala pero no me fijé que estaban hablando. Esperaré hasta que terminen. Beatriz escuchó cuando la mamá colgó el teléfono.

—¿En qué íbamos? —preguntó Daniela.

—No sé, pero ¿qué sucede si mi mamá nos escucha hablando de Rosita y de Carolina? —dijo Beatriz preocupada—. ¿Y si escuchó nuestros comentarios desagradables?

—No creo —dijo Daniela con seguridad—. Nos hubiéramos dado cuenta.

—Sí. Bueno, de todas formas tengo que irme —dijo Beatriz, y se despidieron.

—Mami, ya terminamos —le dijo Beatriz después de colgar el teléfono. Luego dudó.

—¿Escuchaste lo que hablábamos cuando descolgaste? —le preguntó.

—Yo sé que sus conversaciones son privadas —respondió la mamá.

—¿Pero escuchaste lo que estábamos diciendo? —insistió Beatriz—. Es decir... solo estábamos... bromeando un poco.

La mamá hizo un gesto de sorpresa. —Yo no las escuché —dijo —, ¿pero tu preocupación muestra que tal vez estaban diciendo cosas indebidas? Debes recordar que aunque yo no escuche lo que dices, el Señor sí. Él siempre está en la línea contigo.

PARA MEMORIZAR:

"Ninguna palabra corrompida salga de vuestra boca"
(Efesios 4:29).

Y ¿QUÉ DE TI?

¿Te avergonzaría que otros se enteraran de tus conversaciones? Recuerda que el Señor escucha todo lo que sale de tu boca. Más aún, Él conoce tus palabras cuando no son más que pensamientos. Asegúrate de que sean agradables a Él.

TESORO:

Habla bien de otros

18
de abril

¿POR QUÉ DUELE?

LECTURA BÍBLICA: Romanos 8:18-25

PARA MEMORIZAR:

"...las aflicciones del tiempo presente no son comparables con la gloria venidera" (Romanos 8:18).

Y ¿QUÉ DE TI?

¿Comprendes que el dolor y el sufrimiento son el resultado del pecado? Un día Dios destruirá el pecado por completo. Ya no habrá más sufrimiento, y todos los que creemos en Cristo seremos felices para siempre con Dios.

Un día, Andrés vio un conejo muerto al lado del camino. ¿Por qué los conejitos mueren? —pensó. Luego se sobresaltó frente a una escena en la televisión que mostraba pájaros y animales marinos muriendo por causa de un derrame de petróleo. Andrés suspiró. ¿Por qué suceden esas cosas?

Esa tarde Andrés visitó al señor Pérez, un hombre de edad avanzada y que sufría de artritis. En ocasiones Andrés lo ayudaba con los quehaceres domésticos o simplemente se sentaba a conversar con él. Andrés subió las escaleras y se sentó en su habitual silla verde. Después de hablar durante unos minutos, el señor Pérez se movió en su silla y luego gimió. —¡Ay! No debí moverme —dijo—. Mi cadera está tan adolorida hoy. La verdad es que también me duelen los hombros y la espalda.

Andrés hizo un gesto. Se entristeció al ver que el señor Pérez sufriera tanto. —¿Por qué haces mala cara, Andrés? —le preguntó el señor Pérez amorosamente.

—Muchos animales, usted y otras personas sufren —respondió Andrés suspirando—. ¿Dónde está Dios? ¿Acaso le importa?

—Es una buena pregunta —dijo el señor Pérez. Luego sonrió y señaló a unos gorriones que se revolcaban en un charco para bañarse.

—¿Ves a esos pájaros? —preguntó—. La Biblia dice que nosotros valemos mucho más que ellos, pero con todo, Él no los olvida. Ninguno cae a tierra sin que Dios lo sepa y se interese.

—Pero si a Dios le interesa —dijo Andrés—, ¿por qué permite que haya tanto sufrimiento?

—Bueno, Andrés, la naturaleza entera sufre y gime de agonía por los efectos del pecado que entró al mundo —explicó el señor Pérez—. Pero Dios ya hizo algo al respecto. Envió a su Hijo Jesús, a fin de salvarnos del sufrimiento eterno. Y un día en el que todos los cristianos estaremos en el cielo, Dios va a destruir para siempre el pecado del mundo. No habrá sufrimiento ni muerte en el nuevo mundo, y los que confiamos en Jesús disfrutaremos ese hermoso lugar. Luego sonrió.

—En realidad —agregó —, pienso que mi sufrimiento presente más bien me lleva a esperar y anhelar más el cielo.

TESORO:

En el cielo no habrá más sufrimiento

BLANCO DE VERDAD

19

de abril

LECTURA BÍBLICA: Salmo 119:1-11

—¿Cuántos huevos? —preguntó Lucía mientras su madre mezclaba la margarina y el azúcar.

—Tres —respondió la mamá—. Con esta receta se preparan muchas galletas.

Lucía sacó los huevos del refrigerador y los puso en el mostrador. —¿Puedo echarlos a la mezcla? —preguntó, y su mamá asintió. A medida que agregaba un huevo, la mamá batía la mezcla.

—Ahora —dijo la mamá—, tenemos que añadir harina, polvo de hornear y sal.

—Yo lo haré —propuso Lucía. Con cuidado midió la cantidad de harina y la puso en el cernedor. Luego hizo lo mismo con el polvo de hornear. —Siempre pensé que la harina era blanca —dijo sorprendida.

—Pues a mí me parece que lo es —dijo la mamá.

—Pero mira —comentó Lucía—. El polvo de hornear sí es blanco. Comparado con él la harina se ve de un tono amarillento.

—Es verdad —asintió la mamá. Luego añadió la sal y cernió los ingredientes secos.

—Lucía —dijo la mamá después de una pausa—, si te dijera que nosotros somos como la harina y que el polvo de hornear representa a Dios, ¿qué pensarías de lo que te digo? Lucía frunció el entrecejo. —Diría que no tiene sentido —respondió con una mueca.

La mamá sonrió. —A veces pensamos que estamos bien —explicó—, pero la Biblia nos muestra que no somos tan buenos como creemos.

—Ya entiendo —dijo Lucía—. Así como la harina no es tan blanca al compararla con el polvo de hornear, nuestra vida no es muy "blanca", o limpia, si la comparamos con la norma bíblica.

La mamá asintió. —Me parece triste que por lo general eso ocurre —dijo—. A medida que aprendemos a obedecer las enseñanzas de Dios y a parecernos a Él, la diferencia disminuye progresivamente.

PARA MEMORIZAR:

"¿Con qué limpiará el joven su camino? Con guardar tu palabra" (Salmo 119:9).

Y ¿QUÉ DE TI?

¿Cómo es tu vida comparada con las normas de Dios escritas en la Biblia? Lee la Palabra de Dios a diario para ver lo que Él dice, y permítele transformar tu conducta y tus actitudes.

TESORO:

Vive conforme a la Palabra de Dios

20

de abril

DE LA QUEJA A LA ALABANZA

LECTURA BÍBLICA: Hechos 16:19-25; Filipenses 4:11-13

PARA MEMORIZAR:

"...me gozaré en el Dios de mi salvación" (Habacuc 3:18).

Y ¿QUÉ DE TI?

¿A veces las circunstancias nublan tu día? Aunque te sientas desilusionado, asustado y solo, si alguien está enfermo o escuchas malas noticias, Jesús te entiende y está a tu lado. Medita en todo lo que Él sufrió por ti a fin de que pudieras gozar de su amor cada día.

TESORO:

Alégrate en tu Salvador

—Sandra se ha comportado de manera absurda —dijo bromeando Marco, el hermano de Sandra—. Se pone espejuelos oscuros cuando está nublado y lluvioso. Marco señaló las gotas de lluvia sobre el vidrio de la ventanilla del auto.

—Los espejuelos para el sol se usan cuando sale el sol. —El sol ya salió —dijo Sandra—. De hecho, todo el tiempo hay sol. Lo que sucede es que las nubes a veces lo ocultan, pero siempre brilla y está presente. Sandra se quedó con sus espejuelos para protegerse del sol.

Al llegar a casa, había varios mensajes en la máquina contestadora. Algunos eran de las amigas de Sandra que la invitaban a comer pizza. Ella trató de responder los mensajes, pero cuando lo hizo sus amigas ya habían salido. Ante eso, colgó bruscamente el teléfono.

—¡Grandioso! —dijo con ironía—. Podría haber salido con mis amigas, ¡pero no! Justo tenía que llover para que yo me demorara en llegar a la casa. ¡Qué día tan espantoso y deprimente!

Marco tomó los espejuelos oscuros de Sandra que estaban en la mesa y se los puso. —No es un día deprimente —dijo—. El sol brilla.

—¡Déjame en paz! —gritó Sandra malhumorada.

—¡Sandra! —la regañó su mamá—. ¡Romper el teléfono y gritar a tu hermano no arreglará las cosas! Debes cambiar tu actitud. Sé que te sientes desilusionada, pero eso no justifica la descortesía ni el malhumor.

—Bueno, dile a Marco que me deje tranquila —murmuró Lucía.

—Tú eres quien dice que el sol siempre brilla, incluso en días lluviosos —le recordó Marco.

—En realidad tu observación es muy apropiada —agregó la mamá—, solo que debes pensar en otra "luz" que siempre brilla a pesar de que en ocasiones nos incomoden las circunstancias. No me refiero a la del sol en el cielo, sino al Hijo de Dios. Aunque las cosas no suceden como quisieras, Él siempre está presente. Recuerda que Él controla todas las circunstancias, inclusive las que nos resultan desagradables. Su amor brilla por encima de todo eso. Piensa ante todo en su maravilloso amor por ti, ¡y tal vez termines cantando!

¿DEMASIADO BUENO PARA SER VERDAD?

21 de abril

LECTURA BÍBLICA: Romanos 5:6-10

Toda la familia estaba a la mesa comiendo cuando Esteban llegó a casa. —¡Llegas tarde! —le advirtió su padre.

—Lo siento —murmuró Esteban.

—Come primero y entonces hablaremos al respecto —dijo la mamá, mientras le pasaba las papas. Esteban asintió.

En muchas ocasiones había llegado tarde a la casa y ya le habían advertido que en caso de reincidir, pasaría toda la noche encerrado en su cuarto. Esteban se sintió mal pues sabía que su abuela llegaría después de la cena, y a él le fascinaba estar con ella.

Esteban se sintió muy solo en su cuarto aquella noche, pero sabía que merecía el castigo. Mientras trataba de decidir lo que haría, su hermano Santiago apareció en la puerta.

—Ya puedes bajar a la sala, hermanito —dijo Santiago gentilmente.

—¿Papá y mamá me dan permiso? —preguntó Esteban. Santiago asintió. —Sí. Yo acepté tomar tu castigo porque sé cuánto te gusta jugar con la abuela —dijo—. Me voy a mi habitación por el resto de la noche. Luego dio media vuelta y se fue.

Esteban permaneció sentado un rato, sin saber qué hacer. ¿Será verdad que puedo bajar? —se preguntaba—. No —pensó—. No puedo creer que Santiago tome mi castigo. Suena demasiado bueno para ser verdad. Si salgo de mi cuarto tal vez me meta en más problemas.

Más avanzada la tarde la abuela entró al cuarto de Esteban. —¿Por qué no bajaste? —le preguntó—. Estuve esperándote, pero ahora tengo que marcharme.

—¿En realidad Santiago tomó mi castigo? —preguntó Esteban. La abuela asintió. —¡Ay, no! —exclamó Esteban lamentándose—. Me perdí toda la diversión solo por no creerle.

La abuela lo miró con seriedad. —Esto me hace pensar en alguien que también tomó tu castigo —dijo—. Jesús murió para sufrir el castigo por tus pecados. ¿Ya aceptaste lo que Él hizo por ti? Esteban asintió y su abuela sonrió.

—Me alegra tanto —dijo—. Muchas personas no creen que Jesús haya tomado el castigo que merecían, y por esa razón no pueden beneficiarse de ello. Luego abrazó a Esteban antes de irse.

PARA MEMORIZAR:

"...siendo aún pecadores, Cristo murió por nosotros" (Romanos 5:8).

Y ¿QUÉ DE TI?

¿Sabías que Jesús sufrió el castigo que tú merecías por tu pecado? ¿Crees que murió por ti? Si no es así, nada de lo que Él hizo te ayudará. Hoy mismo confía en Él como tu Salvador.

TESORO:

Jesús sufrió el castigo por tu pecado

22

de abril

PARA MEMORIZAR:

"Porque el Señor al que ama, disciplina, y azota a todo el que recibe por hijo" (Hebreos 12:6).

Y ¿QUÉ DE TI?

¿Recuerdas alguna ocasión en la cual Dios se ha servido de alguien para disciplinarte? ¿Te enojaste con esa persona? Algunas personas que parecen "atormentarte", son a veces las que Dios usa para señalar tu necesidad de un cambio. Trata de descubrir quiénes son, y pídele a Dios que te ayude a hacer lo correcto.

TESORO:

Aprende de la disciplina

LECTURA BÍBLICA: Hebreos 12:5-11

—Susana, por favor no interrumpas más —dijo la señorita Bermúdez en un tono fuerte y severo. Susana la miró malhumorada. En varias ocasiones la señorita Bermúdez le había llamado la atención por lo mismo.

Esa noche Susana se quejó de su maestra delante de sus padres.

—La señorita Bermúdez solo quiere atormentarme —se quejó. Mientras hablaba observó que su perro estaba escarbando en el jardín. De inmediato tomó unas hojas de periódico, salió corriendo al jardín, y ¡pum! El perrito ladró de dolor.

—Ay, Tobi, en realidad eso no duele —dijo Susana al tiempo que le extendía su mano—. Te he dicho miles de veces que no escarbes, y además ya te he castigado bastante por eso. Luego entró a la casa.

—¡A veces pienso que nunca aprenderá! —le dijo a su papá.

—Aprenderá, ya lo verás —dijo el papá—. Solo requiere tiempo. Con una sonrisa solidaria, preguntó. —¿Crees que Tobi se pregunta por qué ese periódico siempre viene para castigarlo?

—No me gustaría que pensara que no es el periódico, sino yo quien lo castiga —dijo Susana—. Espero que siempre me quiera a pesar de eso.

—Estoy seguro de que así es —dijo el papá—. Pero tienes razón en algo. Tú lo castigas, y el periódico solo es el instrumento que empleas para corregirlo, ¿no es así? Susana asintió.

—Ahora imagínate que a veces Dios tiene que castigarte —dijo el papá—. ¿No te parece lógico que Él se sirva de algo o de alguien para hacerlo?

Susana frunció el entrecejo. —¿Qué quieres decirme? —preguntó.

—Bueno —dijo el papá—. A veces Dios se sirve de las personas para disciplinarnos, y en ocasiones lo que Él nos quiere enseñar son lecciones difíciles de aprender. ¿Has considerado la posibilidad de que Dios quiera enseñarte algo por medio de la señorita Bermúdez?

—Yo... eh... —Susana no sabía qué decir.

—Piénsalo —dijo el papá—. Tal vez Dios quiere cambiar algo en ti y es a través de ella que te habla en este momento, pero tú no has querido escucharlo. Es posible que debas detenerte y reflexionar en lo que Él intenta decirte.

EL DONANTE

LECTURA BÍBLICA: Romanos 5:6-11

Con gran nerviosismo Sofía aguardaba sentada en la sala de espera después de que su hermanito, que era solo un bebé, sufriera un accidente. Sus padres hablaban en voz baja pues se daban cuenta de que ella no dejaba de mirarlos.

—¿Cristian estará bien, papi? —preguntó con preocupación.

El papá asintió. —Los médicos piensan que sí, pero tenemos que ayudarlo, querida —dijo el papá. Luego le explicó que Cristian necesitaba una transfusión de sangre.

—Su tipo de sangre es muy escaso, y tú eres la única persona que lo tiene —dijo el papá—. Los médicos quieren que tú le des un poco de tu sangre. Él lo necesita para vivir, mi amor. ¿Te parece bien?

Sofía se quedó pensando un momento. Luego dijo con voz temblorosa. —Es... está bien. Amo mucho a Cristian, y si mi sangre le permite vivir, yo quiero dársela.

En poco tiempo todo estuvo listo, y una enfermera muy amable preparó todo para extraer la sangre de Sofía. Ella estaba muy tensa, y sostenía con toda su fuerza la mano de su mamá. Después de unos minutos, preguntó.

—¿Cuánto me falta para morir?

Su mamá se quedó boquiabierta. —¿Morir? —preguntó—. ¿Pensaste que donar sangre significaba que ibas a morir, Sofía? Con mucho temor, Sofía asintió. Su mamá la abrazó con fuerza. —Ay, mi amor —le dijo—, no vas a morir. Solo vas a dar un poco de tu sangre.

La enfermera asintió. —Tal vez te sientas un poco débil, pero te sentirás muy bien y correrás por todas partes cuando menos lo pienses —le prometió a Sofía.

Cuando el papá escuchó lo sucedido, le dio a Sofía un gran abrazo. —Perdónanos por no explicarte mejor lo que iba a suceder —dijo. Mientras acariciaba el cabello de Sofía agregó.

—No te hubiéramos pedido dar tu vida por tu hermano, pero nunca olvidaremos que estuviste dispuesta a hacerlo. Le doy gracias a Dios por ti, y porque lo que hiciste me recuerda la obra de Jesús por nosotros.

—¿Qué quieres decir, papi? —preguntó Sofía.

—Me recuerda a quien en realidad murió por nosotros, a Jesús, el Hijo de Dios —dijo el papá—. Él entregó su sangre, toda su vida, por cada hombre, mujer, niño y niña. Gracias a lo que Él hizo podemos recibir el perdón de nuestros pecados cuando confiamos en Él, y Él nos da vida eterna.

PARA MEMORIZAR:

"...siendo aún pecadores, Cristo murió por nosotros" (Romanos 5:8).

Y ¿QUÉ DE TI?

¿Ya recibiste la vida eterna que Jesús ofrece? Confiesa que eres un pecador y que necesitas el perdón. Cree que Jesús es el Hijo de Dios y que murió por ti. Pídele que te perdone y te salve. ¡Él lo hará!

TESORO:

Jesús murió para que tú vivas

24
de abril

PARA MEMORIZAR:

"¡Mirad cuán bueno y cuán delicioso es habitar los hermanos juntos en armonía!" (Salmo 133:1).

Y ¿QUÉ DE TI?

¿Siempre quieres ser el líder o el jefe, cada vez que juegas? Dios se agrada cuando tú cedes. Permíteles a los demás gozar las mismas oportunidades de ser el primero o de escoger los juegos.

TESORO:

Cuida tus relaciones

RIÑAS

LECTURA BÍBLICA: Salmo 133

—¡Tú escogiste la última vez! —gritó Sara.

—¡No es cierto! —protestó Lorena—. ¡Fuiste tú!

—Supongo que tengo una mejor memoria —dijo Sara enojada.

Lorena la miró malhumorada mientras se marchaba y caminaba hacia la casa. Eran primas y además vecinas, pero con frecuencia no congeniaban mucho.

El hermano de Lorena, Tomás, se cruzó con ella justo cuando salía.

—¿Qué sucede? —le preguntó al tiempo que veía el enojo en sus ojos—. ¿Otra pelea?

—Sara siempre quiere decidir lo que vamos a jugar —se quejó Lorena. Ella y Tomás se quedaron mirando una bandada de gansos salvajes que sobrevolaba graznando ruidosamente.

—Me pregunto qué problema tendrán. Eso suena horrible —dijo Tomás—. Tal vez uno de ellos quiere ser el jefe y se lanzó a ser el primero en la fila.

—¿Acaso no se turnan para ser el líder? —preguntó Lorena.

—Supongo que sí —dijo Tomás—. Tal vez uno se puso a contar las veces que ha sido el líder y pensó que no era suficiente. Le hizo una mueca a su hermana.

—Supongo que eso ocurre cuando actúas como un ganso tonto —agregó.

Observaron el momento en el cual la larga fila de gansos se dividió en cuatro, y luego en dos. Los graznidos se suavizaron, y finalmente las dos filas se convirtieron en una larga V.

—Me pregunto cuál decidió lo que debía hacerse —dijo Tomás—. Pienso que solo un verdadero líder es capaz de lograrlo. Los graznidos de los gansos prácticamente se silenciaron.

"Un verdadero líder" —susurró Lorena. Luego se asomó para ver a Sara, que estaba de pie. Eso es lo que quiero ser, un líder, no un ganso tonto —pensó. —Está bien, Sara —dijo—. puedes decidir esta vez.

Luego miró a Tomás, quien hizo un gesto de aprobación.

—Cuida muy bien tu vuelo, que sea tranquilo —dijo.

—Y que mi graznido sea armonioso ¿cierto? —dijo Lorena.

Aquella tarde Tomás no volvió a escuchar una sola riña más.

POR TU BIEN

LECTURA BÍBLICA: Proverbios 6:20-23

—¡Jaime! ¡apaga el televisor! —exclamó su mamá en un tono muy firme—. Ese programa con tantos disparos, asesinatos y toda clase de maldad no te conviene. Apágalo.

A regañadientes, Jaime obedeció. Mientras salía de su cuarto haciendo ruido, escuchó las conocidas palabras de su mamá: "Lo hago por tu bien, Jaime".

—Yo sé lo que es bueno para mí —murmuró Jaime al tiempo que entraba a su cuarto. Su pequeño perro, Veloz, estaba acostado al pie de la cama. Al verlo, se acordó de otro asunto que le molestaba. Su padre le había dicho que debía comprar una cadena para amarrarlo cada vez que saliera. Jaime suspiró. A Veloz le fastidiaría mucho estar amarrado. Le fascinaba correr, y por eso le había puesto ese nombre. Sin embargo, ahora que vivían en la ciudad, ya no podría correr tan libremente.

Cuando el papá regresó del trabajo trajo consigo una cadena y un collar.

—Aquí tienes, Jaime —dijo—. Puedes amarrarlo a una cuerda. Así Veloz tendrá más espacio para corretear.

Tal como Jaime lo había previsto, a Veloz no le gustó en absoluto estar amarrado, y peleaba para liberarse de la cadena. Corría en círculos y aullaba lastimosamente. Por fin Jaime tomó a su perro en los brazos.

—Por favor, trata de entender —le rogó—. Si corres por ahí sin cadena, te atrapará el perrero y tal vez nunca vuelva a verte. Te amarro por tu propio bien. Confía en mí, Veloz. Yo te quiero y solo quiero lo mejor para ti.

De repente Jaime se dio cuenta de que estaba repitiendo las palabras de su madre. Sabía que se había comportado como Veloz, con enojo y resentimiento. Yo sé que mi mamá también me quiere —pensó. Por eso me ordenó apagar el televisor.

25

de abril

PARA MEMORIZAR:

"Guarda, hijo mío, el mandamiento de tu padre, y no dejes la enseñanza de tu madre" *(Proverbios 6:20).*

Y ¿QUÉ DE TI?

¿Reconoces que tus padres han establecido normas por tu bien? No te ofendas por ellas. Cúmplelas, y luego te alegrarás de haberlo hecho.

TESORO:

Respeta las normas de tus padres

26

SANGUIJUELAS SALADAS

PARA MEMORIZAR:

"Vosotros sois la sal de la tierra" (Mateo 5:13).

Y ¿QUÉ DE TI?

¿Sabías que las personas necesitan liberarse del dominio del pecado? ¿Les has hablado acerca de Jesús y del regalo de la salvación? Nosotros los cristianos, siendo la sal de la tierra, debemos proclamar el mensaje de Dios: Que Jesús libera a los pecadores.

LECTURA BÍBLICA: Mateo 5:10-16

Juanita y Alberto venían riendo y salpicando agua junto a la playa cerca de la cabaña familiar. El agua resultaba muy refrescante en un día caluroso. Sin embargo, cuando Juanita comenzó a secarse con una toalla, de repente dejó de reír. Gritó horrorizada y señalaba el tobillo.

La mamá salió corriendo de la cabaña.

—¿Qué sucede? ¿Estás herida? —preguntó.

Juanita señaló otra vez su tobillo y comenzó a llorar.

—¡Es una sanguijuela! ¡Quítala! —gritó—. ¡Quítala!

—Cálmate, mi amor —dijo la mamá—. Nos encargaremos de ella. Alberto, entra en la cabaña y trae el salero.

Alberto se apresuró para traer la sal mientras Juanita seguía llorando y quejándose. En un instante regresó y le entregó el salero a la mamá.

—Mira lo que va a suceder —le dijo. En seguida se arrodilló y echó un poco de sal sobre la sanguijuela. De inmediato la delgada criatura oscura se enrolló y cayó en la arena.

—Bueno, así está mejor —dijo la mamá—. No fue tan terrible ¿no te parece?

Juanita suspiró y trató de sonreír. —¿Cómo supiste que la sal iba a desprenderla, mamá?

La mamá hizo una mueca. —Es un viejo truco que aprendí siendo niña. Cuando vives cerca de un lago, aprendes a manejar las sanguijuelas —dijo—, y mi maestra de la escuela dominical nos enseñó un día una lección que siempre me recuerda este pequeño truco.

—¿Cuál lección? —preguntó Juanita.

—Mi maestra estaba explicando un versículo de la Biblia que describe a los cristianos como la sal de la tierra —respondió la mamá—, y yo recordé cómo usábamos la sal con las sanguijuelas. Lo comenté en la clase y ella dijo que el pecado era como una pegajosa sanguijuela negra que se adhería a las personas y les sacaba poco a poco la vida. Nosotros somos como la sal que ayudará a esas personas a liberarse del pecado que se ha adherido a la vida de cada una de ellas.

—Solo Dios puede hacerlo, ¿no es así? —preguntó Alberto.

La mamá asintió. —Sí, pero Dios quiere que seamos como sal ayudando a las personas que quieren liberarse del pecado. Eso es posible llevando una vida conforme a la voluntad de Dios y contándoles lo que Jesús hizo por ellos.

TESORO:

Procura ser un cristiano "salado"

LA ADVERTENCIA

LECTURA BÍBLICA: Salmo 19:7-11

—Ahí está Tobi otra vez —dijo Raúl suspirando—. Siempre ladrando.

—Ese ladrido suena un poco diferente de lo acostumbrado —señaló la mamá—. Tal vez uno de ustedes debería ir a revisar.

—Ay, mami, estamos ocupados —respondió Sergio—. Además, Tobi ladra por cualquier cosa, ya sea una ardilla, personas que pasan, carros. Ladra por cualquier razón que se te ocurra. La mamá no insistió, y nadie fue a ver por qué Tobi ladraba.

Cuando Raúl y Sergio salieron para montar en sus bicicletas esa tarde, se detuvieron a revisar el garaje por todas partes. "¿Dónde están? —preguntó Sergio angustiado—. ¿Dónde están nuestras bicicletas?"

"¡No puedo creerlo! —gritó Raúl—. ¡Desaparecieron!"

—¿Quien se atrevería a entrar en nuestro garaje y llevarse las bicicletas a plena luz del día?

—Después de trabajar tanto repartiendo periódicos y de ahorrar dinero ¡nos pasa esto! —se quejó Sergio.

Los niños se apresuraron a entrar en la casa y tocaron a la puerta. —¡Desaparecieron nuestras bicicletas nuevas! —gritaron—. ¡Alguien las robó! Todos corrieron a comprobarlo.

De camino a casa para llamar a la policía y reportar el robo, el papá se detuvo para acariciar a Tobi.

—¿Acaso no escuchamos a Tobi ladrar hace un par de horas? —preguntó—. Él trataba de advertirnos lo que estaba sucediendo, pero nosotros lo ignoramos.

Esa noche el papá leyó en voz alta el Salmo 19. Después de leer el versículo once, levantó la mirada.

—Las advertencias son importantes —declaró—. Hoy mamá les advirtió que prestaran atención al ladrido de Tobi. Pero ustedes no lo hicieron. Tobi nos advirtió acerca de los ladrones. Nosotros lo ignoramos. Ahora vemos que Dios usa su Palabra no solo para bendecirnos y enseñarnos, sino también para advertirnos. Más nos vale escucharlo.

Los niños asintieron convencidos.

PARA MEMORIZAR:

"Tu siervo es además amonestado con ellos; en guardarlos [los mandatos de Dios] hay grande galardón" *(Salmo 19:11).*

Y ¿QUÉ DE TI?

¿Obedeces cada vez que te percatas de un mandato de Dios? Es probable que Él se sirva de tus padres o maestros para hablarte, y que en ocasiones lo haga a través de la Biblia. Presta atención a lo que Él dice y obedece sus mandatos. Él recompensa a los que lo obedecen.

TESORO:

Atiende al mandato de Dios

28

de abril

LA ADVERTENCIA
(Continuación)

LECTURA BÍBLICA: Lucas 6:27-37

PARA MEMORIZAR:

"...perdonad, y seréis perdonados"
(Lucas 6:37).

Y ¿QUÉ DE TI?

¿Te resulta difícil perdonar a alguien que te causó algún mal? No es fácil, pero Dios nos dice que debemos perdonar a otros así como Él nos perdona a nosotros. Pídele que te ayude a hacerlo.

Después del robo de las bicicletas, Sergio y Raúl les preguntaron a sus amigos y vecinos para emprender la búsqueda. También oraron por el asunto, y en el momento de orar el papá incluso intercedió por los ladrones.

Mientras oraban una noche la mente de Raúl vagaba. Quisiera atrapar al que se llevó las bicicletas que tanto esfuerzo nos costaron —pensó—. Terminaría con un ojo morado y con sangre en la nariz, y...

Apenas abrió los ojos leyó la frase de un cuadro colgado en la pared que decía "perdona y serás perdonado". Raúl luchó con sus sentimientos y pensamientos. Sabía que su deseo era vengarse de la persona que se había llevado su bicicleta, pero también reconocía que Dios le ordenaba perdonar. Tal vez esta frase sea una advertencia de Dios para mí —pensó.

Más adelante, una noche vinieron a su casa un hombre con un niño alto y delgado, que traían una bicicleta roja.

—Mi hijo Tomás, que vino conmigo, tiene algo para decirte —dijo el hombre.

—Creo... eh... que esta es tu bicicleta —murmuró Tomás—. Tenía miedo de devolverla por los rasguños, y de que la policía me persiguiera. Lo s... siento mucho. La pagaré.

—Sí, es mi bicicleta —dijo Raúl. Sintió que afloraba un poco la ira que había sentido antes al ver los grandes rasguños en su bicicleta nueva. De inmediato le pidió al Señor que lo ayudara a perdonar.

—Vi que un hombre puso una bicicleta azul en su camión, y cuando yo llegué se fue —explicó Tomás. Entonces se me ocurrió llevarme la otra bicicleta. Solo pensaba montarla un rato, y luego, bueno, yo... Ya no dijo más.

El papá se hizo cargo del asunto. —Gracias por tener el valor de devolverla —dijo. Lo apreciamos mucho. En seguida miró al papá de Tomás.

—Será mejor que usted se encargue de cualquier castigo necesario —agregó—. ¿Cierto, Raúl?

—Así es —asintió Raúl. La ira había desaparecido, y dichoso tomó su bicicleta y la guardó en el garaje.

TESORO:

Perdona a otros

ZAPATOS SUCIOS

LECTURA BÍBLICA: Isaías 1:16-18

—¡Genial! —exclamó Jaime cuando su madre le mostró un par de zapatos deportivos nuevos. ¡Justo lo que quería!

—Me alegra que te gusten —dijo la mamá—, pero intenta mantenerlos limpios un buen tiempo. Úsalos cuando salimos de compras o en lugares donde te gustaría lucir bien.

—Está bien, mamá —dijo Jaime mientras se probaba los nuevos zapatos.

Durante un tiempo Jaime fue cuidadoso con sus zapatos, pero un día llegó a la casa y estaban llenos de barro.

—¡Jaime! ¡Mira esos zapatos! —lo regañó la mamá.

—Lo siento, mamá —dijo Jaime—. Olvidé que los llevaba puestos. La señora Puentes necesitaba ayuda con su jardín y creo que me entusiasmé rociándolo con la manguera.

La mamá suspiró, y movió su cabeza de lado a lado.

—Fuiste muy amable en ayudarla, Jaime —dijo—, pero a pesar de tus buenas obras tus zapatos siguen sucios.

—Sí. Jaime suspiró mientras hablaba. Luego hizo una mueca. —Eso me hace pensar en el versículo que debía memorizar —señaló—. Dice que las buenas obras son como trapos sucios, que en este caso serían mis zapatos sucios.

—¡Qué brillante reflexión! —exclamó la mamá—. Bueno, ¡la Biblia dice que Dios siempre está dispuesto a perdonar nuestros pecados! Él promete que si los confesamos y nos volvemos a Él, Él nos dejará limpios como la nieve. Él nos perdona, así que yo también debo perdonarte.

—Trataré de ser más cuidadoso, mamá —prometió Jaime. Luego miró sus zapatos. —¿Podrás lavarlos para que queden limpios otra vez? —preguntó.

—No tanto como Dios puede limpiar tu corazón —dijo la mamá—, pero haré mi mejor esfuerzo.

29 de abril

PARA MEMORIZAR:

"...todas nuestras justicias como trapo de inmundicia" (Isaías 64:6).

Y ¿QUÉ DE TI?

¿Tu vida se parece a unos "zapatos sucios"? ¿Piensas que tus buenas obras compensan las malas? La Biblia dice que las buenas obras no bastan. Solo Dios puede limpiar tu corazón. Confiesa tu pecado hoy y recibe el perdón de Dios.

TESORO:

Las buenas obras no ocultan el pecado

30

de abril

PARA MEMORIZAR:

"...será instrumento para honra, santificado, útil al Señor, y dispuesto para toda buena obra"
(2 Timoteo 2:21).

Y ¿QUÉ DE TI?

¿Estás dispuesto a realizar algún trabajo o servicio que no es de tu agrado? Dios también usa y recompensa a los que están dispuestos a realizar oficios "comunes". Jesús dedicó su vida a servir a otros. Él es nuestro ejemplo a seguir.

TESORO:

Muéstrate dispuesto a servir

VASOS Y COPAS

LECTURA BÍBLICA: 2 Timoteo 2:19-22

—Mamá, le dije a la señora Ruiz que ayudaría en la guardería en el "Día de las madres", pero en realidad no quiero hacerlo. Me gustaría lucir mi vestido nuevo y estar en el culto contigo en la mañana. Cristina estaba cabizbaja.

—Lo sé, pero me complace que te hayas ofrecido para ayudar, y estoy segura de que el Señor también —dijo la mamá al tiempo que se volteaba para ver a su hija desde la cocina. En su mano llevaba una hermosa copa larga de cristal.

—¿No te parece preciosa? —dijo mientras ponía la mesa con otras piezas de cristalería. Se trataba de piezas antiguas que pertenecieron a la bisabuela de Cristina, y que brillaban con la luz.

—¡Mira! ¡Parecen hechas de diamantes! Cristina exclamó en admiración. Me gustaría que las usáramos con mayor frecuencia, y no solo en las ocasiones especiales.

La mamá sonrió. —Si lo hiciéramos, temo que pronto se romperían —dijo, tocándolas suavemente. Luego dispuso los objetos delicados en un armario y cerró las puertas de vidrio.

—Vamos, querida —dijo—. Almorcemos.

Mientras su mamá preparaba unos emparedados, Cristina sirvió leche en dos vasos. Tomó un gran sorbo y luego volvió a llenar su vaso.

—Después de todo me gustan estos vasos —dijo con una sonrisa—. Por lo menos no me preocupa desportillarlos o romperlos.

La mamá sirvió los emparedados en la mesa. —Pues la Biblia dice que somos como vasos —dijo—. Por lo general usamos copas por su belleza y vasos comunes para tomar agua por su utilidad. Pero como vasos del Señor, podemos ser bellos y útiles a la vez. Segunda Timoteo dice que si mantenemos nuestra vida limpia y pura seremos vasos de honra... "dispuestos para toda buena obra". La mamá le sonrió a Cristina.

—Hermosa y útil —repitió como un susurro—. Como lucir un delantal de guardería sobre un vestido nuevo.

Cristina se rió. —¡Buena idea! —exclamó.

La mamá también rió. —Y recuerda, Cristina —agregó—, Jesús nos da su recompensa cuando trabajamos para Él. Lo que hacemos puede parecernos insignificante, pero a sus ojos es hermoso.

RECOMPENSA INMERECIDA

1

LECTURA BÍBLICA: Salmo 103:8-14

de mayo

Darío tenía miedo. Se había iniciado un incendio en el bosque cercano a su casa, y el aserradero donde su padre trabajaba había sido alcanzado por las llamas. ¡Es mi culpa! —pensó Darío—. No debí haber encendido ese fuego para asar salchichas. Suspiró. ¡Espero que nunca me descubran! Ahora lo más probable es que la cirugía para mis ojos se posponga porque mi papá se va a quedar sin trabajo por un tiempo. ¡Darío se sentía muy mal!

El asunto empeoró cuando pasó por ahí el señor Agudelo, el propietario del aserradero.

—¡Creo que encontramos al culpable! —dijo el señor Agudelo—. Detuvimos a un vagabundo en el bosque y ahora está en la cárcel. Claro que alega ser inocente, pero aunque no lo confiese creo que tenemos suficiente evidencia para probar su culpabilidad.

—Pero... pero... —dijo Darío tartamudeando. ¿Qué debo hacer? —se preguntó. Un inocente está en prisión por algo que yo hice. —Es... es mi culpa. No había pensado confesarlo, pero las palabras brotaron de su boca. Darío les contó al señor Agudelo y a sus padres acerca del fuego que él había iniciado. "Yo pensé que lo había apagado por completo, pero seguro se reinició" —confesó. Con gran temor Darío aguardó la reacción de los demás.

El señor Agudelo estaba boquiabierto y lo miró fijamente.

—¿Van a enviarme ahora mismo a prisión? —preguntó Darío con voz temblorosa.

Después de una pausa que pareció demasiado prolongada, el señor Agudelo negó con la cabeza.

—No —dijo—, más bien serás operado de los ojos. Ofrecí una recompensa para encontrar a los culpables del incendio, ¡y ahora es tuya! Darío y sus padres no podían creerlo, pero el señor Agudelo insistió en que la recibieran.

—El delito cometido fue contra mí, y tengo el derecho de perdonar al agresor si así lo deseo —dijo.

—Apuesto a que esta es la primera vez que alguien perdona al ofensor y además le da una recompensa —dijo Darío lleno de admiración.

El señor Agudelo negó con su cabeza.

—No es la primera vez —dijo—. Eso es exactamente lo que Jesús hizo por nosotros. Nosotros pecamos contra Él. Dios tenía todo el derecho de exigirnos el pago por nuestro pecado, pero a cambio fue misericordioso y Jesús lo pagó por nosotros. Él entregó su vida en el Calvario para que pudiéramos ser perdonados. Cuando confiamos en Él, Él nos perdona y nos recompensa con la vida eterna.

PARA MEMORIZAR:

"No ha hecho con nosotros conforme a nuestras iniquidades, ni nos ha pagado conforme a nuestros pecados" *(Salmo 103:10).*

Y ¿QUÉ DE TI?

¿Ya acudiste a Dios para confesar tus pecados y pedirle perdón? Si no es así, no esperes más. Recibe el perdón de tus pecados y el regalo de la vida eterna.

TESORO:
Jesús ofrece el perdón de pecados

2

de mayo

PARA MEMORIZAR:

"Yo Jehová, que escudriño la mente, que pruebo el corazón" (Jeremías 17:10).

Y ¿QUÉ DE TI?

¿Deseas lo bueno? ¿O desearías cometer impunemente algún pecado? Si supieras que nadie se dará cuenta ¿robarías, harías trampa o desobedecerías? Si es así, debes confesar tu pecado a Dios. Pídele que tome el control de tu mente y de tus deseos.

LECTURA BÍBLICA: Marcos 7:20-23; Jeremías 17:9-10

Ya estudié suficiente para mi examen de historia de mañana —pensó Camilo— ¡pero hay tantas fechas que debo recordar! Espero no olvidarlas. Al cerrar su libro, Camilo recordó un truco que su amigo Eduardo le había enseñado. "¡Voy a probarlo!" —decidió. En un pedazo de papel anotó las fechas que resultaban difíciles de recordar. A la mañana siguiente deslizó el papelito entre la manga de su camisa. "Solo en caso de necesidad" —murmuró.

Al presentar su examen, Darío se dio cuenta de que había valido la pena estudiar tanto. La mayoría de las preguntas le parecieron fáciles de contestar. Sin embargo, algunas fechas lo confundían. Echó un vistazo al examen terminado. Luego miró a la señorita Salas. Estaba ocupada en su escritorio, así que deslizó el papelito y comparó las fechas con las de su respuesta en el examen. ¡Qué bien! —pensó. Son correctas. Mientras deslizaba de nuevo el papelito para guardarlo en su manga, notó que alguien estaba a su lado de pie.

La señorita Salas retiró su examen.

—Lo siento, Camilo. Tendré que darte cero como calificación —dijo mientras rompía el examen.

Cuando sus padres se enteraron de lo ocurrido, Camilo justificó sus acciones.

—No es justo —insistió—. Eduardo ha hecho trampa muchas veces y nunca lo han descubierto. Además, ni siquiera hice trampa. ¡No cambie una sola de las respuestas! La señorita Salas pudo haber tomado mi examen y calificarlo, pues en realidad no cambié mis respuestas. ¿Cómo puedo ser culpable?

—Dios ve nuestro corazón, Camilo —le dijo el papá—. Dios sabe que tu plan era cambiar las respuestas en caso de que fueran incorrectas. Lo que está mal no es la tentación, sino consentir el deseo y hacer un plan para pecar.

Camilo frunció el ceño. —Pero si todo comienza con el deseo de pecar, ¿cómo puedo resistir ese deseo? —preguntó.

—Confiésalo ante Dios y pídele que te ayude a vencer —dijo el papá—. Invita a Jesús a ser el Señor de tu vida. Luego, cada vez que te asalte el deseo de pecar, puedes entregárselo a Él. Si estás dispuesto a renunciar a él, Dios lo alejará de ti.

TESORO:

No maquines un plan para pecar

MUERTO, PERO VIVO

de mayo

LECTURA BÍBLICA: 2 Corintios 5:1, 6-9

Mientras daba vueltas tratando de dormir, Juan se preguntaba por qué sentía ese vacío en su estómago. De repente descubrió la razón. Se asomó a la otra cama. Sí, estaba vacía. Era verdad, su hermano mayor, Milton, ya no estaba. Habían transcurrido casi dos semanas desde que Milton partió hacia la escuela en la mañana y nunca regresó. Las lágrimas corrían por las mejillas de Juan al traer a su memoria lo ocurrido. Milton había fallecido en un accidente. Su mamá le había dicho que se fue al cielo.

La puerta del cuarto de Juan se abrió, y su mamá entró.

—¡Buenos días! Veo que ya estás despierto —dijo. Al notar sus lágrimas, se sentó a su lado en la cama.

—Estás pensando en Milton ¿cierto, mi amor? —preguntó—. Tu papá y yo también lo echamos de menos, pero tratamos de recordar lo feliz que es ahora con Jesús.

—Pero mamá, ¿cómo lo sabes? —preguntó Juan.

—Lo sé porque Milton recibió a Jesús como su Salvador —respondió la mamá—, y la Biblia dice que los que depositan su confianza en Jesús en esta vida, estarán con Él después de morir.

Juan asintió. —Bueno, pero sigo sin entender —dijo entre sollozos—. Tú siempre dices que Milton está en el cielo, pero lo pusieron en una caja y luego bajo tierra en el cementerio. Juan se cubrió el rostro con las manos.

—El cuerpo de Milton está en la tumba, pero su alma, que es su vida y el verdadero Milton, está con Jesús —explicó la mamá.

Juan miró sus manos. —Pero... mi cabeza, mis manos, mis oídos y mis ojos... esto soy yo ¿no es así?

La mamá movió su cabeza de un lado a otro.

—En realidad no —le dijo—. Tu cuerpo es tan solo una casa en la cual tu verdadero yo, que es tu alma, habita. Tu cuerpo puede morir, pero no tu alma. Ella vive. El cuerpo de Milton murió, y lo enterramos, pero Dios llevó la vida de Milton, que es su alma, al cielo. Así que cuando pienso en él, lo hago como si estuviera en el cielo, no en un cementerio.

Jaime suspiró. —De todas formas desearía poder verlo todos los días —dijo tristemente.

—Lo sé —respondió la mamá al tiempo que lo abrazaba—. Lo mismo deseamos todos. Ya no podemos volver a verlo aquí en la tierra, pero esperamos verlo en el cielo algún día. ¡Entonces estaremos juntos para siempre!

PARA MEMORIZAR:

"...más quisiéramos estar ausentes del cuerpo, y presentes al Señor"

(2 Corintios 5:8)

Y ¿QUÉ DE TI?

¿Sabías que tu vida, o tu alma, vive para siempre, ya sea en el cielo o en el infierno? Cuando un cristiano muere, su alma parte para estar con Jesús. Asegúrate de haber aceptado al Salvador. Si lo has hecho, vivirás para siempre en el cielo.

TESORO:

El cuerpo muere, el alma no

4

PARA MEMORIZAR:

"...a todos me he hecho de todo, para que de todos modos salve a algunos" (1 Corintios 9:22).

Y ¿QUÉ DE TI?

¿Te muestras amigable con todos, incluso con los que usan ropa gastada o no hablan bien tu idioma? Dios, en vez de fijarse en eso, mira la preciosa alma de cada persona. Tal vez si eres amigable, Dios te permita guiar a alguien para encontrarlo a Él.

TESORO:

Todas las personas son valiosas

BASURA O TESORO

LECTURA BÍBLICA: Santiago 2:1-4, 8-9

—¡Mira lo que encontré! —gritó Amanda al tiempo que subía corriendo las escaleras traseras de la casa de su tía Clara. Ella le había dado permiso de buscar cosas en el montón de basura que estaba detrás del granero.

—¡Mira! ¡un viejo plato frutero con la inscripción "1898" en el fondo! Dichosa, Amanda les mostró sus hallazgos a su tía y a su mamá.

—Se ve igual a uno que vi en la tienda de antigüedades —les dijo—. Aquel era muy costoso.

—Bueno, muy bien —dijo la tía Clara—. Tú lo encontraste y puedes quedarte con él, solo que tendrás que limpiarlo.

—¡Claro que sí! Dijo Amanda complacida mientras se disponía a limpiar el plato frutero.

Cuando Amanda trajo de nuevo el plato ya limpio, la tía Clara hizo un gesto de aprobación. —¡Qué cambio! —dijo—. A propósito, ¿recuerdas a Brenda, la niña vecina? No tarda en llegar. Pensé que te gustaría jugar con alguien.

—¡Oh, no! —refunfuñó Amanda.

—¿Cuál es el problema? —le preguntó la tía Clara sorprendida.

Amanda se encogió de hombros.

—Ella es sucia, y es como... bueno, es como tonta. No me agrada. Además —agregó Amanda al ver que su madre fruncía el entrecejo—, no es cristiana, y creo que nunca lo será. No es ese tipo de personas, en fin, ustedes saben a qué me refiero.

—¡Amanda! No... no sé a qué te refieres, y temo que tú tampoco te comportas como un cristiano —dijo su madre reprendiéndola.

La tía Clara la miró pensativa. —Amanda —dijo—, mira este plato frutero. Es bastante lindo después que lo limpiaste. ¿No te parece extraño que haya terminado en la basura? Hasta el día de hoy nadie había apreciado su verdadero valor para rescatarlo. Tomó el plato en sus manos. En un sentido, Brenda es como este plato, y nosotras también —agregó.

—¿Como el plato? —preguntó Amanda—. ¿En qué me parezco a ese plato?

—Bueno, hace un tiempo estábamos en un montón de basura que es el pecado —dijo la tía Clara—, pero Dios te rescató, te limpió y te dio hizo brillar. Brenda todavía está perdida, pero también es muy valiosa, tan valiosa que Jesús murió por ella.

Amanda sintió vergüenza. —Deja que Dios te use para ayudar a otros a venir a Él para que puedan brillar y recibir una vida nueva —le aconsejó su tía Clara—. Tal vez Él quiera que comiences a hacerlo con Brenda.

—Tal vez —dijo Amanda—. Voy a tratar de ayudarla.

UN PERRO PARA MARIO

5 de mayo

LECTURA BÍBLICA: Mateo 7:9-11

Mario se sentó y comenzó a escribirle una carta a su papá, que se encontraba lejos en el mar como parte de su servicio a la marina. "Los vecinos González tienen una camada de cachorritos —escribió Mario—. Mi mamá dice que le parece bien si tú estás de acuerdo. En realidad yo esperaba tener un perro como Rex, el de mi tío Pedro, pero este es gratis, y sería mejor que no tener perro". Mario terminó su carta y se apresuró para ponerla en el correo. Estaba ansioso por recibir la respuesta de su papá.

Cuando Mario llegó de la escuela días más tarde, lo recibió su mamá sonriente. —Acabo de hablar con papá por teléfono —le dijo—. Vendrá la próxima semana y se quedará durante un mes entero.

Mario estaba dichoso. —¿Dijo que podía tener un cachorrito? —preguntó ansioso.

—Sé que es difícil de entender para ti, pero te ruego que confíes en tu papá —le instó su mamá—. Él te ama y desea darte lo mejor.

—Sí ¡ya sé! —exclamó Mario quejándose, y se fue.

Por un tiempo la decepción de Mario opacó el gozo de aguardar el regreso de su papá, pero en el momento en el que llegó, lo saludó con gran efusividad.

—¿Podemos ir a ver un partido aprovechando que estás en casa, papá? —preguntó Mario—. ¿Y también salir a pescar en alta mar? De repente recordó la desilusión que sentía. —Todavía no comprendo por qué no pude tener mi perrito, papá —agregó con un gesto de desagrado.

En ese preciso instante se escuchó un ruido que provenía de la maleta del papá.

—¿Qué es ese ruido? —preguntó la mamá, que se mostraba sorprendida.

Mario identificó el ruido inmediatamente.

—¡Un perro! —exclamó—. ¡Hay un perro en tu maleta! Corrió para verlo. —¡Papá! —exclamó al tiempo que cargaba al perrito—. ¡Es idéntico a Rex!

El papá asintió. —No permití que tuvieras el otro perrito porque sabía que este es el que realmente querías —explicó—, y me enteré de que alguien lo ofrecía a bajo precio.

La mamá sonrió. —Ya te había dicho que puedes confiar en que tu padre siempre te dará lo mejor —le recordó a Mario.

PARA MEMORIZAR:

"Toda buena dádiva y todo don perfecto desciende de lo alto" (Santiago 1:17).

Y ¿QUÉ DE TI?

¿En ocasiones tu Padre celestial te niega lo que tanto anhelas y has pedido en oración? A veces Él dice "no" porque tiene algo mejor para ti. Dios te ama más que cualquier padre terrenal. ¡Puedes confiar siempre en Él y en su respuesta a tus oraciones!

TESORO:
Dios da lo mejor

6

de mayo

PARA MEMORIZAR:

"...todo lo que es verdadero... honesto... justo... puro... amable"
(Filipenses 4:8).

Y ¿QUÉ DE TI?

¿Tu mente es como un balde de agua limpia o un balde de basura? Aléjate de lo que puede influir en ti para mal, ya sean libros, imágenes o personas malas. Apaga el televisor cada vez que sea necesario. Canta, estudia tu Biblia, ora, y llena tu mente de cosas buenas.

TESORO:
Guarda tu mente pura

DOS BALDES

LECTURA BÍBLICA: 2 Timoteo 2:19 -22

—Iré a traer más agua —se ofreció Carlos. Tomó un balde y se dirigió al río. Él y sus padres pasaban ese fin de semana en una casa de campo al lado de un lago, con muchas incomodidades. Carlos regresó pronto con el agua fresca.

—Esto es divertido —exclamó.

—Ya que te parece tan divertido ¿por qué no traes más? —sugirió el papá—. Aquí hay otro balde que puedes usar.

Carlos miró el balde que le había dado su padre. —¡Es un asco! —exclamó—. ¡Ni siquiera sirve para traer el agua para lavar los platos! ¡ni la ropa! No pensarás tomar agua de ese balde, ¿cierto?

—¡Oh, no! —respondió el papá—. Tu mamá y yo usaremos el agua del balde limpio, pero se me ocurrió que tal vez tú podrías usar este. Ya que no te importa lo que pones en tu mente, pensé que tampoco te preocuparía lo que pones en tu estómago.

—¿Mi mente? —preguntó Carlos—. ¿De qué hablas?

—Tu mamá acaba de decirme que al empacar tu maleta esta mañana encontró algunas revistas y libros de bromas indecentes —explicó el papá. Mientras continuaba, Carlos se notaba avergonzado.

—Mi padre me contó que siendo niño en la granja tenían dos baldes. Utilizaban uno para traer el agua limpia a la casa porque en esa época no tenían acueductos. El otro balde era para recoger desperdicios y lo guardaban en la parte trasera de la casa para tirar allí la basura. Cada noche su trabajo consistía en llevar este balde para alimentar a los cerdos. Ese balde ni siquiera lo limpiaban. Hizo una pausa y luego agregó con seriedad.

—Tu mente puede ser un balde de agua limpia o un balde para desperdicios. Todo depende de lo que pongas en ella.

—Tu papá y yo hemos hecho nuestro mejor esfuerzo para que llenes tu mente de cosas limpias y sanas —comentó la mamá—, pero ya eres grande para elegir por ti mismo con qué alimentas tu mente.

Carlos estaba turbado. —¡No quiero que mi mente sea un balde de desperdicios! —le dijo a sus padres—. Desde ahora voy a ser cuidadoso con lo que pongo en mi mente, así como tengo cuidado con lo que pongo en mi estómago.

EL ATOMIZADOR

7

de mayo

LECTURA BÍBLICA: 1 Timoteo 6:6-10

Cuando Tania entró en la cocina, la mamá estaba dándole los últimos toques a su pastel de cumpleaños.

—Querida, parece que las hormigas decidieron asistir a tu fiesta —dijo la mamá sin mirarla.

—¿Mi tía Juana y mi tía Linda? —preguntó Tania.

La mamá se rió y señaló al piso donde varias hormigas estaban merodeando.

—Saca el atomizador contra insectos y acaba con esas hormigas, por favor —dijo.

Mientras Tania exterminaba las hormigas, lanzó un suspiro. La mamá dejó el pastel a un lado y puso su brazo alrededor de Tania. —¿Qué te molesta, mi amor?

—¡Todo! —exclamó Tania entre sollozos—. Detesto esta casa vieja... y Marcela va a estrenar ropa para mi cumpleaños y yo no. Marcela era la prima de Tania.

Su mamá soltó un suspiro mientras la abrazaba. —Hago mi mejor esfuerzo —dijo con ternura.

Tania trató de contener sus lágrimas.

—Lo sé, mami, pero no es justo. Marcela tiene un papá y una linda casa, y su mamá no tiene que trabajar como tú. A veces llego a sentir que la odio. Hizo una pausa para sonarse.

—No me gusta ser envidiosa. Me hace sentir mal, y yo quiero estar feliz en mi fiesta de cumpleaños.

—Lo sé —respondió su mamá—. Todos luchamos a veces con la envidia, pero siempre habrá personas que tienen más y otras que tienen menos. ¿Sabes qué extermina la envidia? Tania negó con la cabeza.

—Un espíritu agradecido —continuó la mamá—. Después que tu papá nos abandonó me sentí amargada durante un tiempo. Cuando fui agradecida por lo que tenía, por tenerte a ti, a mi familia de la iglesia, mi salud, y muchas otras cosas, la envidia que sentía por los que tenían más desapareció. Un corazón agradecido extermina la envidia de la misma manera que ese atomizador extermina las hormigas.

Tania enjugó sus lágrimas. —Estoy agradecida por ti, mamá —dijo. Trató de sonreír al tiempo que miraba a su alrededor. —Y doy gracias por ese hermoso pastel que preparaste, y por los amigos que vienen a mi fiesta, y por... ¡oh, ahí va otra hormiga! Tomó el atomizador contra insectos. Al oprimirlo dijo. —La próxima vez que sienta envidia recordaré echarle una buena dosis de gratitud. Funciona. Ya me siento mejor.

PARA MEMORIZAR:

*"Y la paz de Dios gobierne en vuestros corazones... y sed agradecidos"
(Colosenses 3:15).*

Y ¿QUÉ DE TI?

¿Sientes envidia de alguien que tiene más que tú? ¿No te parece un sentimiento horrible? Toma un pedazo de papel y un lápiz, y anota todas las cosas por las cuales puedes darle gracias a Dios. Te sentirás mejor de inmediato.

TESORO:
Sé agradecido

8
de mayo

PARA MEMORIZAR:

"Este es el día que hizo Jehová; nos gozaremos y alegraremos en él" (Salmo 118:24).

Y ¿QUÉ DE TI?

¿Estás ansioso por crecer rápido? No te apresures. Recuerda que cada edad tiene tanto ventajas como inconvenientes. Con la ayuda de Dios, disfruta cada año y cada día que Él te da. Aprende a ser feliz en cada edad.

TESORO:
Disfruta cada día

UN ENCUENTRO CON EL TIEMPO

LECTURA BÍBLICA: Filipenses 4:11-13

—Detesto ser un niño —refunfuñó Eric. Se fue a su cuarto murmurando disgustado.

—No entiendo por qué no puedo quedarme para ver ese programa de televisión. Solo porque hay unos tipos tratando de dispararle a alguien, mi mamá se pone nerviosa ¡y me ordena apagar el televisor! Todavía estaba enojado en el momento de acostarse un poco más tarde. ¡Desearía ser mayor para hacer todo lo que se me antoja! —pensó. Poco tiempo después escuchó los pasos de alguien que se acercaba. —¿Eres tú, mamá? —preguntó.

Una voz temblorosa respondió. —No. No soy tu madre. Mi nombre es Tiempo, y entiendo que quieras ser mayor. Puedo hacer que vivas en cualquier edad que desees.

—¿De veras? ¡Eric no podía creerlo! ¡Qué suerte! —murmuró—. Creo que me gustaría tener veintiún años.

¡De inmediato Eric resultó en medio de un campo de batalla! Las balas zumbaban a su alrededor y gritó horrorizado rogando vivir en otra edad.

El Tiempo le concedió cambiar a la edad de cuarenta años. Pero eso resultó peor aún, ¡pues resultó asistiendo al funeral de su mamá! Después de rogar de nuevo un cambio, Eric se dio cuenta de que a los cincuenta era un hombre de negocios lleno de preocupaciones y cansancio, que no tenía tiempo para divertirse. "Esto no me agrada" —dijo Eric quejándose—. —¿Podría tener ahora sesenta y cinco años? Ya estaré jubilado y la vida será más fácil.

El Tiempo volvió a concederle su deseo, pero ¡qué lástima! En vez de disfrutar de su jubilación, Eric estaba enfermo y muriendo. "¡No quiero estar así! —gritó—. Quiero volver atrás. ¡Quiero a mi mamá! ¡Mamá! ¡Mamá!"

Lo último que recordó Eric es que su mamá estaba a su lado.

—Aquí estoy —dijo ella para tranquilizarlo—. Seguramente tuviste una pesadilla.

Eric estaba temblando, ¡pero también se sentía aliviado!

—Sí, mamá —dijo—, ¿y sabes qué? Descubrí que mi vida es maravillosa. ¡Estoy feliz de ser un niño!

La mamá sonrió. —Bien —dijo—. Espero que aprendas a disfrutar las bendiciones que trae cada etapa de tu vida.

A QUIÉN CONOCES

9

de mayo

LECTURA BÍBLICA: Juan 14:1-6

Tara, Marcos y Juan escuchaban con atención al papá mientras leía la historia de Ramón, un niñito que había vivido hace muchos años en un país lejano. "Todos decían que el rey era muy amable —leyó el papá—, de modo que Ramón decidió ir a verlo y pedirle ayuda.

Al llegar al palacio lo detuvieron en la puerta. Él explicó que deseaba ver al rey, pero le negaron la entrada. Y ahora ¿qué puedo hacer? —se preguntaba Ramón—. ¡Ya sé! Voy a regresar saltando por encima del muro. Miró a su alrededor con sumo cuidado y luego trepó el muro hasta arriba. "¡Vaya, esto es muy fácil!" —se dijo. Pero en ese preciso momento varios perros feroces que estaban adentro se acercaron. Ramón volvió a saltar afuera. Esto no va a funcionar —pensó—. La única manera de entrar es por la puerta. Desalentado, caminó de regreso a la puerta y se sentó al lado del camino.

En ese momento llegó un carruaje, y un hombre joven se detuvo.

—¿Qué te sucede, muchacho? —le preguntó el hombre. Ramón le explicó su problema, y el joven asintió.

—Ven conmigo —dijo. En seguida habló con los guardias y le abrieron las puertas. Entraron, y Ramón alcanzó a ver a los perros. Se encogió nervioso al escucharlos ladrar. Pero de nuevo el joven dio órdenes y los perros se calmaron.

Ramón estaba boquiabierto. —¿Por qué todos te obedecen? —le preguntó admirado.

El joven sonrió. —Porque soy el príncipe —respondió—, y ahora vamos a ver a mi padre, el rey Carlos.

Y así es como Ramón pudo por fin encontrarse con el rey y pedirle la ayuda que necesitaba". El papá terminó su lectura y cerró el libro.

—¿Y el rey le ayudó? —preguntó Tara con curiosidad.

El papá sonrió. —Sí —le dijo con certeza—. Mañana leeremos lo que ocurrió después en el capítulo siguiente. Pero ¿sabes a quién me recuerda Ramón?

—¿A quién? —preguntó Marcos.

—A cada uno de nosotros —dijo el papá—. Todos deseamos vivir un día en el cielo con Dios, el Rey de reyes. Y los únicos que podrán lograrlo son quienes conocen al Hijo del Rey, el Señor Jesucristo.

PARA MEMORIZAR:

"Y esta es la vida eterna: que te conozcan a ti, el único Dios verdadero, y a Jesucristo, a quien has enviado" (Juan 17:3).

Y ¿QUÉ DE TI?

¿Has oído la expresión "no importa lo que conoces, sino a quién conoces"? Cuando se trata de la entrada al cielo, eso es cierto. Debes conocer al Hijo de Dios. ¿El Señor Jesús es tu Salvador?

TESORO:
Debes conocer a Jesús

10

de mayo

PARA MEMORIZAR:

"...yo sé los pensamientos que tengo acerca de vosotros, dice Jehová, pensamientos de paz... para daros el fin que esperáis" (Jeremías 29:11).

Y ¿QUÉ DE TI?

¿Te alegra saber que el mismo Dios que planificó e hizo el mundo entero quiere encargarse de tu vida? Entrégale tu vida entera y confía en que Él hará lo mejor con ella.

LECTURA BÍBLICA: Mateo 10:29-31

—Ven aquí, señor gusano —dijo Pedro mientras ponía un gusano en una lata—. Oye, papá, ¿los gusanos sirven para algo además de ser alimento para pájaros y carnadas para pescar?

—Claro que sí —dijo el papá—. Ayudan a que la tierra respire.

Pedro se rió. —¿Como los pulmones? —preguntó.

El papá sonrió. —Los gusanos excavan el suelo y permiten que el aire fresco lo penetre. Y al comer y digerir la tierra realizan un proceso similar al de cernir la harina para preparar un pastel, como lo hace tu mamá —explicó—. Mientras más digerido y fertilizado por gusanos sea el suelo, más propicio es para sembrar. Dios tiene un propósito para cada cosa.

—Sí... y me alegro de que una de las funciones de los gusanos sea servir como carnada para pescar —dijo Pedro—. Ya tenemos suficientes ¿no te parece? El papá asintió, y en seguida se dirigieron al lago.

¡Esa noche comieron pescado en la cena! —¡Hmm...! —exclamó Pedro—. Fue tan divertido comerlos como pescarlos. La pesca es mi deporte favorito. Quisiera no asistir a la escuela y salir a pescar todos los días.

La mamá se rió.

—Eso sería excesivo, ¿no crees? —preguntó—. Además, a ti te agrada la escuela.

—Sí, a excepción de la clase de ciencias —dijo Pedro—. Lo que sucede es que no creo algunas enseñanzas del señor Pombo, como la historia de que evolucionamos de criaturas inferiores. Dios hizo el mundo, las estrellas, e incluso los gusanos, ¿no es así?

—Claro que sí —contestó la mamá—. Todas las cosas funcionan juntas a la perfección, y resulta increíble que tantas personas no se den cuenta de que solo Dios pudo haberlo diseñado todo.

El papá asintió. —Todo es útil, nada es de desecharse —dijo—. Por ejemplo, cuando las hojas se caen de los árboles, se pudren y abonan la tierra. El sol se encuentra a la distancia perfecta para que la vida sea posible en nuestro planeta. En ocasiones los animales grandes se comen a los pequeños... y todo eso funciona en un equilibrio perfecto para que la tierra se mantenga en orden tal como Dios lo planificó.

—¡Se me ocurre algo! —dijo Pedro—. Si Dios planificó todo, también debe tener un plan para mí.

—Hay un versículo en Jeremías que habla de eso —dijo el papá—, y Jesús mismo dijo que tú eres más valioso que muchas aves. Dijo también que aun los cabellos de tu cabeza están contados. Luego sonrió. —Siempre puedes confiar en Dios y en su plan para tu vida.

TESORO:
Dios tiene un plan para tu vida

PARA DIOS NO ES CHINO

11

de mayo

LECTURA BÍBLICA: Hechos 17:24 -27

"Yeso yana kaunar yara" —cantaba Alejandra.
—¿Qué idioma es ese? —le preguntó su amiga Julia—. Cuando mi abuela no entiende algo suele decir "¡eso es como chino para mí!"

Alejandra se rió. —No es chino —declaró—. Es hausa. Mis tíos Esteban y María, que son misioneros en Nigeria, me la enseñaron.

—Y ¿qué quiere decir? —preguntó Julia con curiosidad.

Alejandra sonrió. —Quiere decir: "Jesús ama a los niños" —explicó.

—¡Oh, es casi la misma letra de una de nuestras canciones! —exclamó Julia—. La música también es parecida.

Alejandra asintió. —Mi tía Margarita le enseña a un grupo de niñas nigerianas de nuestra edad. Ella dice que una de las niñas se parece a mí en su manera de actuar. Y dice que lo más lindo es que ambas amamos al Señor. Vamos a escribirnos cartas y la tía Margarita va a ayudarnos con la traducción. Será divertido tener una amiga por correspondencia de Nigeria.

—Supongo que no somos tan diferentes de otros niños en otros países como a veces creemos —sugirió Julia.

Alejandra asintió. —La tía Margarita siempre me recuerda que para el Señor todos somos iguales —dijo—. Él ama a los niños nigerianos, y a todos los niños del mundo, así como nos ama a nosotras.

—Es verdad —asintió Julia—, como lo dice la canción. ¿Puedes cantarla otra vez? Alejandra volvió a cantar las extrañas palabras y se rió al ver cómo Julia trataba de repetir.

—Está bien. Puedes reírte si quieres —dijo Julia. Hizo un gesto y agregó.

—¡Apuesto a que los nigerianos se burlarían de ti!

—Tal vez —dijo Alejandra en acuerdo—. Pero ¿qué importa? Dios entiende, a pesar de que a veces pronunciemos mal. Para Él no suena como chino.

—Cantemos juntas —propuso Julia. Y lo hicieron.

PARA MEMORIZAR:

"...de tal manera amó Dios al mundo, que ha dado a su Hijo unigénito" (Juan 3:16).

Y ¿QUÉ DE TI?

¿Alguna vez has pensado en los niños que aman al Señor en todo el mundo? De muchas maneras se parecen a ti. Memorizan los mismos versículos y cantan a veces las mismas canciones, pero en un idioma diferente. Recuerda siempre que Jesús te ama, así como ama a todo el mundo.

TESORO:

Dios te ama a ti, y al mundo entero

UN REGALO PARA MAMÁ

12

de mayo

PARA MEMORIZAR:

"Hijos, obedeced en el Señor a vuestros padres, porque esto es justo"
(Efesios 6:1).

Y ¿QUÉ DE TI?

¿Le dices a tu mamá y a tu papá que los amas no solo con tus palabras, sino con una obediencia pronta y gustosa? ¿O te quejas y lamentas, y en ocasiones incluso discutes? Pídele a Dios que te ayude a demostrar amor por medio de la obediencia.

TESORO:
La obediencia es una muestra de amor

LECTURA BÍBLICA: Colosenses 3:20-25

Daniel se precipitó a salir de la casa, se desplomó en las escaleras de afuera y miraba la calle malhumorado, hablando en voz baja consigo mismo. Entonces vio a su hermana Patricia.

—Mañana es el "Día de las madres", y todavía no le hemos comprado un regalo —dijo ella—. Veamos si podemos encontrar algo.

—No puedo —dijo Daniel con enfado—. Mamá dice que no puedo salir del patio.

—¿Por qué no? —le preguntó Patricia—. ¿Qué hiciste?

—Limpié mi armario como ella me lo ordenó —se quejó Daniel—. Pero no le gustó. ¡Le dije que era mi armario, que a mí me gustaba así, de modo que a ella también debía gustarle!

—¡Daniel! —exclamó Patricia en tono de regaño.

—Dijo que había sido muy grosero y me ordenó arreglarlo de nuevo —dijo Daniel refunfuñando—. Después de terminar le pregunté si le gustaba. Me dijo que le gustaba mi armario, pero no mi actitud, así que debo quedarme en casa hoy.

—¡Ay, Daniel! —se lamentó Patricia—. Lo echaste todo a perder. ¡Oye, ya sé! Voy a preguntar si puedes ir a la tienda conmigo.

Patricia fue e hizo su solicitud, pero su mamá no la aceptó. Patricia se puso de mal genio y le respondió con insolencia a su mamá. Como resultado, ¡también la regañaron!

Al día siguiente después de la cena, Daniel y Patricia se sentían muy mal por no tener un regalo qué ofrecer a su mamá.

—Mamá, queríamos comprarte un regalo ayer —explicó Patricia—, pero tú no nos dejaste salir a comprarlo.

El papá los miró con seriedad. —¿Entonces ahora resulta que mamá es la culpable de que no le hayan comprado un regalo? —preguntó.

—No... —reconoció Daniel—. Creo que no.

—De todas formas ¿para qué iban a darle un regalo a mamá? —preguntó el papá.

—Bueno... para demostrarle nuestro amor —dijo Patricia.

El papá asintió. —¿Cuál es la mejor manera de demostrarle el amor a alguien? —preguntó.

—Pues... darle regalos y cosas —dijo Daniel vacilante.

—También demostramos amor con nuestra conducta hacia ellas —dijo Patricia lentamente. Después de un momento, añadió. —En realidad no nos comportamos como si te amáramos, mamá. Lo siento. ¡Lo siento mucho!

—Yo también —dijo Daniel—. Yo también.

DEMASIADO TARDE

13
de mayo

LECTURA BÍBLICA: Lucas 12:37-40

La abuela de Benjamín vivía en otra ciudad y se iba a mudar. Sus padres iban a ayudarla.

—Yo también quisiera ir —dijo Benjamín.

—Lo sé —dijo la mamá—, pero estoy segura de que te agradará quedarte con los Murillo. Ellos vivían muy cerca de la casa de Benjamín y eran casi como sus abuelos.

—Sí —dijo el papá—, además necesito que te encargues de tus deberes mientras estamos ausentes. Los anoté en una lista.

—Está bien, papá —respondió Benjamín—. ¡Puedes contar conmigo!

—¡Excelente! —dijo el papá—. Cumple con tu trabajo y te daremos un premio. Benjamín asintió con un gesto. ¡Estaba seguro de que la recompensa sería fabulosa!

A la mañana siguiente, Benjamín sacó las vacas para que pastaran y limpió el granero. Mientras comenzaba a limpiar el jardín escuchó un silbido. Se asomó y vio a su amigo Julián.

—Ven a nadar en mi nueva piscina —lo invitó—. Luego te ayudaré con tus deberes.

—Bueno... Benjamín estaba dudoso. Sabía que no debía ir, pero estaba cansado y acalorado. Nadar sonaba tan divertido, así que con el permiso del señor Murillo se fue.

Julián se presentó todos los días, y Benjamín abandonó sus labores y a cambio se puso a jugar. Cuatro días pasaron sin darse cuenta, y prácticamente no volvió a trabajar. El quinto día, mientras se sentaba a la sombra de un roble, Benjamín escuchó el ruido de un auto en la entrada de la casa. Se detuvo, y sus abuelos salieron de él.

—¡Buenas noticias Ben! —exclamó el papá—. La mudanza de la abuela resultó tan fácil que decidimos regresar a casa más pronto y más bien visitarla contigo el próximo fin de semana. ¡Y adivina qué! Pasamos por un buen almacén para comprarte una recompensa. El señor González va a traer en su camión la bicicleta que tanto querías.

—Ay... se lamentó Benjamín—. Yo también quisiera contarles... que no hice todo lo que me ordenaron. Se apresuró a continuar al ver el gesto de desagrado de su padre.

—Por favor, papá... ¿puedo quedarme con la bicicleta? Ahora sí me esforzaré. ¡Haré todo lo que me dijeron!

—Ya es demasiado tarde Ben —dijo el papá desilusionado—. Cuando llegue la bicicleta tendremos que devolverla.

PARA MEMORIZAR:

"...estad preparados, porque a la hora que no penséis, el Hijo del Hombre vendrá" *(Lucas 12:40).*

Y ¿QUÉ DE TI?

¿Has hablado con otros acerca de Jesús? ¿Ya invitaste a alguien a la escuela dominical? ¿Ayudaste gustoso a tu mamá? Dios promete recompensas a quienes trabajan con fidelidad, pero recuerda que sin trabajo no hay recompensa. Sirve a Dios con fidelidad.

TESORO:
Sin trabajo no hay recompensa

14

LA CASA NUEVA DE SIMÓN

de mayo

PARA MEMORIZAR:

"En el día que temo, yo en ti confío" (Salmo 56:3).

Y ¿QUÉ DE TI?

¿Recuerdas a cada instante que Dios está contigo, incluso en medio de sucesos extraños para ti que inspiran temor? Nunca puedes alejarte de Dios. Él está contigo en todas partes, todo el tiempo, siempre que lo necesites.

TESORO:
Dios está contigo en todas partes

LECTURA BÍBLICA: Salmo 139:5-12

Simón se sentó en su cama. ¿Qué es ese ruido? —se preguntó. Él y su familia se habían mudado a una casa nueva y ahora estaba durmiendo en una habitación nueva y extraña para él. Por algún motivo no se sentía seguro, como solía sentirse en la casa antigua que ya era tan conocida. Simón volvió a escuchar un ruido. ¡No me gusta este cuarto! ¡No quiero dormir aquí! —pensó. Saltó fuera de su cama y se lanzó por las escaleras buscando a su mamá.

—¡Simón! —exclamó la mamá al verlo llegar corriendo a la sala—. ¿Qué sucede, mi amor?

—¿Qué es ese ruido, mamá? —preguntó Simón.

Por un momento, la mamá estuvo muy atenta para escuchar cualquier ruido. —Se oye un trueno a lo lejos —dijo—. No te hará daño.

Simón sabía que su mamá tenía razón. Parecía tratarse de un trueno, y uno que cayó muy lejos. No había razón alguna para temer, pero de todos modos Simón sentía miedo. —No me gusta mi nuevo cuarto —dijo.

La mamá lo abrazó. —A veces es difícil acostumbrarse a una casa nueva —le dijo—. Todavía no te sientes seguro aquí. Luego señaló al cachorrito que estaba sentado a sus pies. —Creo que Motas todavía se siente un poco extraño aquí. ¿Por qué no te lo llevas a tu cuarto? Será una compañía agradable para ti.

Simón miró al perrito. —Está bien —dijo—. Ven, Motas. Te cuidaré, como siempre lo hago.

La mamá volvió al cuarto de Simón para arroparlo.

—Cada vez que sientas miedo, recuerda que al mudarnos no nos alejamos de Dios —dijo—. Él está a tu lado siempre, como lo estuvo en nuestra antigua casa, y a pesar de que afuera haya tormentas. Puedes confiar en que Él te cuida.

Más tarde, al escuchar el ruido otra vez, Simón tomó una manta y se acomodó junto a Motas.

—Tú no sientes miedo cuando ves que estoy cerca. Sabes que te cuido y te doy seguridad, ¿no es así? —preguntó mientras acariciaba la cabeza del perrito—. Yo tampoco siento miedo cuando recuerdo que Dios está cerca. Él me cuidará y me hará sentir seguro. En seguida Simón cerró sus ojos y se dispuso a dormir.

LÍNEA AL CIELO

LECTURA BÍBLICA: Salmo 5:1-3

de mayo

—Tu proyecto científico se ve muy bien —dijo el abuelo mientras se asomaba por encima del hombro de José—. ¿Cómo lo llamarás?

—Medios de comunicación —respondió José. Incluyó información acerca del teléfono, la radio, la televisión, los satélites y los cables de fibra óptica submarinos. Luego dispuso algunas fotografías y dibujó diagramas para ilustrar el proyecto. Ahora estaba dándole los últimos retoques.

El abuelo de José se detuvo a estudiar su proyecto.

—Ah —murmuró—, olvidaste el medio de comunicación más importante.

José se sorprendió mucho. —¿Tú crees? ¿Cuál es? —preguntó.

—La comunicación con Dios —respondió el abuelo, y sus ojos se iluminaron.

—Nunca pensé en esa posibilidad —dijo José—. A veces, en los tiempos bíblicos, Dios les hablaba a las personas por medio de sueños, ¿cierto?

—Así es, y en otro tiempo les habló de manera audible —dijo el abuelo—, pero ahora Él nos habla de otra manera.

—Lo sé —dijo José—. Nos habla por medio de la Biblia ¿eh?

El abuelo asintió y sonrió. —Dios también les habla a sus hijos inspirando pensamientos en la mente, y en el corazón de cada uno del ellos —dijo—. Así obra el Espíritu Santo. ¿Y sabes cómo podemos hablar con Dios?

José asintió. —Claro que sí. Por medio de la oración. En seguida miró el afiche recién terminado. —Oye ¡se me ocurre una idea! Todavía queda espacio en mi afiche, así que pondré una imagen del cielo con una línea trazada hasta la tierra donde un hombre lee su Biblia. Luego trazaré una línea que va desde un hombre orando hasta el cielo. Hizo un gesto. —Será divertido escuchar el comentario de mi maestro. Tal vez piense que estoy loco, pero no me importa.

—Será una buena manera de dar testimonio —asintió el abuelo—, y también recuerda utilizar tú mismo estos medios de comunicación.

PARA MEMORIZAR:

"Dios, Dios mío eres tú; de madrugada te buscaré" *(Salmo 63:1).*

Y ¿QUÉ DE TI?

¿Mantienes una buena comunicación con Dios? ¿Lees algunos versículos de la Biblia a diario? ¿Consagras tiempo a la oración? Habla con Dios todos los días y escucha también lo que Él quiere decirte.

TESORO:
Comunícate con Dios

16

de mayo

PARA MEMORIZAR:

"soportándoos unos a otros, y perdonándoos unos a otros si alguno tuviere queja contra otro" *(Colosenses 3:13).*

Y ¿QUÉ DE TI?

¿Te aferras a los malos recuerdos? No lo hagas. Aprende a deshacerte del desorden que puede llenar tu mente. Deshecha los malos recuerdos a medida que pones en práctica el mandato de Dios de perdonar a otros.

TESORO:
Deshecha los malos recuerdos y perdona

ZONA DE DESASTRE

LECTURA BÍBLICA: Colosenses 3:12-17

—Vamos a limpiar tu cuarto, Mateo —dijo la mamá una tarde—. Ahora mismo.

—Ay, mamá —protestó Mateo—, ¿tengo que hacerlo?

—Sí, es necesario. La mamá tomó algunos productos de limpieza del armario. Luego llevó al cuarto de Mateo una gran bolsa negra para la basura.

—Comienza revisando las cosas que guardas debajo de la cama. Tira todo lo que no sea indispensable —ordenó.

Pronto la mamá llenó una canasta con la ropa que ya no le quedaba a Mateo. Él, por su parte, puso algunas cosas que guardaba debajo de la cama en la bolsa negra, pero puso la mayoría de ellas a un lado. Sacó algunos juegos de tarjetas y los miró.

—La última vez que jugué esto, Jaime hizo trampa —dijo—. No volveré a jugar con él.

—Él te pidió disculpas, Mateo —le recordó su mamá—. Debes olvidar las ofensas. Acuérdate solo de los buenos momentos que pasaron juntos y desecha los malos recuerdos. Tú... El teléfono interrumpió la conversación, y la mamá salió a contestar la llamada.

—Era la abuela —dijo la mamá al regresar—. La tía Carolina está organizando una cena para el cumpleaños del abuelo y quiere saber si asistiremos. Debería recordar que no volvimos desde aquel año en el que el tío Juan se salió de sus casillas y nos arruinó el día a todos. La mamá se agachó junto al montón de cosas que Mateo quería conservar.

—Mateo, ¡debes aprender a escoger lo que debes guardar y lo que debes tirar! —exclamó la mamá—. Estos cachivaches han convertido tu cuarto en una zona de desastre.

Mateo hizo una mueca. Mamá, tú también debes aprender a tirar las cosas, como los malos recuerdos que convierten la vida en una zona de desastre —dijo—. El tío Juan se disculpó. Mamá, si desechas lo malo, yo también lo haré.

La mamá se mostró sorprendida, pero después de un momento, se estiró por encima del montón de basura de Mateo y lo abrazó.

—Tan pronto terminemos con nuestra labor aquí voy a llamar a la abuela para decirle que sí estaremos en la cena de la tía Carolina la próxima semana —dijo. En seguida se levantó. —Pensándolo bien, la llamaré ahora mismo.

—Entonces supongo que tendré que llamar a Jaime e invitarlo a venir —dijo Mateo—. Cuando venga jugaremos este juego si por fin encuentro todas las tarjetas. Entonces alargó su brazo para buscarlas debajo de la cama.

NO PASAR

LECTURA BÍBLICA: Isaías 53:3-6

—El señor Ochoa es un cascarrabias —dijo Ernesto un día—. ¿Sabes lo que está haciendo, mamá? ¡Está poniéndole avisos de "no pase" a cada poste de la cerca alrededor de su granja! ¡Quiere alejar a todo el mundo! El señor Ochoa, que era un vecino, no era muy amigable, y Ernesto hacía todo lo posible para no encontrarse con él.

—Bueno, entonces preocúpate por amarrar a Tomi para que no se salga del patio —le dijo su mamá. Tú sabes que el señor Ochoa detesta los perros, y en realidad no queremos causarle molestias. Además, últimamente ha perdido algunos pollos y ha tratado de dispararle a cualquier perro que se atraviesa en su granja.

Unos días más tarde, cuando Ernesto llegó de la escuela, se dirigió al patio trasero y llamó a Tomi, pero no escuchó su alegre ladrido. Al echar un vistazo a su alrededor notó que la puerta estaba entreabierta ¡y que Tomi se había salido!

—¡Mamá! —gritó Ernesto mientras corría hacia la casa—, no sé cómo pero la puerta se abrió y Tomi no está. Voy a buscarlo. Ernesto se dispuso a buscar a su perro silbando y llamándolo. Escuchó sus ladridos en la propiedad del señor Ochoa, de modo que se apresuró para llegar hasta allí. Llegó justo en el momento en el que el señor Ochoa le apuntaba a Tomi.

—¡Deténgase por favor! —gritó Ernesto. Se lanzó sobre su mascota justo cuando el arma se disparó.

Más tarde, el señor Ochoa habló con la mamá de Ernesto en el hospital. —¡Me siento tan mal! —dijo—. Nunca quise dispararle al chico. —¡Saltó justo para interponerse y salvar a su perro!

La mamá de Ernesto asintió. —Lo sé. ¡Él quiere mucho a Tomi! —dijo—. Gracias a Dios solo fue una herida superficial. Los médicos dicen que podrá regresar mañana a la casa. Hizo una pausa y luego agregó en un tono solemne.

—Como pudimos ver, aunque Tomi infringió la norma, fue Ernesto el que resultó herido. Esto me lleva a pensar en mi propia situación. Yo infringí la ley de Dios a causa de mi pecado. Merecía la muerte eterna, pero Jesús se adelantó y tomó mi lugar. La Biblia dice que Él fue "herido por mis transgresiones". Él tomó mi lugar en la cruz del Calvario, y también tomó su lugar, señor Ochoa. Ese es el gran amor que tiene por usted.

El señor Ochoa escuchó con atención. —En realidad no entiendo la razón —murmuró—, pero me agradaría conocer más al respecto.

17
de mayo

PARA MEMORIZAR:

"...él [Jesús] herido fue por nuestras rebeliones, molido por nuestros pecados" (Isaías 53:5).

Y ¿QUÉ DE TI?

¿Sabes cuánto te ama Jesús? Tú también has infringido su ley, has pecado contra Dios. Sin embargo, Jesús tomó el castigo que tú merecías. Él fue herido y murió por ti. Deposita tu confianza en Él como tu Salvador.

TESORO:
Jesús murió por tus pecados

18

PARA MEMORIZAR:

"No dejes a tu amigo"
(Proverbios 27:10).

Y ¿QUÉ DE TI?

¿Valoras a tus amigos? ¿Estás dispuesto a invertir tu tiempo para restaurar y guardar tus amistades? ¿O andas de amigo en amigo? Buscar nuevas amistades es algo grandioso, pero sigue el consejo de Dios y no pierdas los viejos amigos por buscar otros nuevos. Sigue amándolos.

TESORO:
Valora a tus amigos

AMIGOS DESECHABLES

LECTURA BÍBLICA: Juan 15:13-15

Raquel llevaba unas galletas y un vaso con leche al cuarto de ropas donde su mamá estaba doblando la ropa.

—Mamá ¿puedo llamar a Constanza e invitarla a venir?

La mamá puso una toalla más en el montón que había puesto sobre la secadora. —¿Quién es Constanza? —preguntó.

—Es mi amiga nueva. Raquel mojó una de las galletas con leche.

—Supongo que también vas a llamar a Paula —dijo la mamá.

Raquel negó con la cabeza. —No. Hace poco peleamos. De todos modos, Constanza es mucho más famosa.

—¿Ah? La mamá frunció con discreción el entrecejo al tiempo que le pasaba a Raquel un montón de toallas.

—Lleva estas al baño de huéspedes, por favor —dijo.

Mientras Raquel ponía sobre la secadora el vaso con leche, su mamá le preguntó: —¿Tatiana y Laura todavía son tus amigas?

Raquel se encogió de hombros. —En realidad no. Ellas... bueno... Constanza es más simpática. Al darse la vuelta para salir, golpeó el vaso con leche. —Puedo... ¡Ay! La leche se derramó dentro de la secadora. —¡Lo siento! Raquel dejó el montón de toallas en el piso y tomó la de encima.

—¡No limpies con esa toalla limpia! —exclamó la mamá. De inmediato tomó toallas desechables de un rollo instalado en la pared. —¡Mira! ¡Limpia con estas!

Raquel limpió la leche derramada y luego arrojó las toallas usadas a la basura. Su mamá la observó pensativa.

—Las toallas desechables resultan muy prácticas. Simplemente las usas y luego las tiras.

Raquel se encogió de hombros. —Eso es lo bueno de ellas.

—Sí, pero a diferencia de las toallas de papel, los amigos no deberían ser desechables —dijo la mamá—. Los amigos son valiosos, pero tú los has tratado como si fueran toallas desechables. Es como si quisieras usarlos y luego desecharlos. Luego señaló una hermosa toalla amarilla que estaba en el montón.

—Si una amistad se deteriora, hay que arreglarla. Tú necesitas más de un amigo en la vida, así como nuestra familia necesita más de una toalla.

Raquel acercó su mejilla al montón de toallas limpias, perfumadas y suaves. Sonrió.

—¿Puedo llamar a Constanza, a Paula, a Tatiana y a Laura para invitarlas a venir?

—¿Vas a invitarlas a todas? —dijo la mamá riéndose—. Bueno, por esta vez. Llámalas. Entre más pronto mejor.

DOBLE RIESGO

19

de mayo

LECTURA BÍBLICA: Proverbios 4:14-19

Santiago estaba disgustado. —"¿Por qué mamá y papá son tan anticuados?" —murmuró para sí—. Todos van a ir, incluso mi amigo Felipe. Los padres de Santiago no le dieron permiso para ir a la fiesta de Juan porque sus padres estaban fuera de la ciudad. Pablo, el hermano mayor de Juan, iba a ser el anfitrión de la fiesta, pero no gozaba de muy buena reputación.

El día siguiente era sábado, y Felipe vino para jugar.

—¿Sabías que Pedro Ramírez está en el hospital? —le preguntó Felipe tan pronto llegó.

—Piensan que tal vez tenga meningitis, ¡y nosotros nos sentamos a su lado ayer en el bus! ¡Mi mamá dice que si tiene esa enfermedad tal vez tengamos que vacunarnos!

—¡Ay, no! —exclamó Santiago—. ¿Por qué?

—Porque es una enfermedad contagiosa, y estuvimos expuestos a ella —explicó Felipe—. Mi mamá cree que hay una vacuna que podría protegernos contra ella. En realidad es una enfermedad muy grave.

—Espero que Pedro se recupere —dijo Santiago preocupado. Luego vino a su mente otra idea.

—A propósito, ¿cómo la pasaron anoche en la fiesta?

—Pues ¡menos mal que no fuiste! —exclamó Felipe—. Pablo y sus amigos llevaron drogas, y solo nos usaron a nosotros como pretexto para ocultar sus intenciones. Hubo un operativo policíaco en la casa, pero yo no estaba allí. No me gustó la música escandalosa que pusieron ni su comportamiento. Yo me asusté y me fui antes de que la policía llegara.

La mamá de Santiago estaba escuchando la conversación.

—Temí que algo así pudiera ocurrir —dijo—. Por eso no te di permiso de ir, Santiago. No deseaba que te expusieras al pecado.

—Pero estamos expuestos a él todos los días —protestó Santiago—. El pecado está en todas partes.

—Eso es cierto —dijo la mamá—. Los gérmenes que producen la meningitis también están en todas partes. Pero hay más riesgo de contagio en algunos lugares.

Felipe asintió. —¡Ya entendí! Había más riesgo al sentarnos junto a Pedro en el autobús que si hubiéramos estado lejos de él —dijo—, y hubieras estado en un riesgo mayor en la fiesta que al permanecer en casa, Santiago. ¡Vaya! ¡Logré salvarme de ambos riesgos en un solo día!

PARA MEMORIZAR:

"...el que se junta con necios será quebrantado" (Proverbios 13:20).

Y ¿QUÉ DE TI?

¿Algunos lugares que frecuentas, los amigos que eliges o los programas de televisión que ves te exponen al pecado? ¿Te incitan a beber alcohol, a fumar, mentir, blasfemar o desobedecer? Debes evitarlos. Son una verdadera amenaza para tu vida.

TESORO:
Evita exponerte al pecado

20

de mayo

DOBLE RIESGO
(Continuación)

PARA MEMORIZAR:

"El que anda con sabios, sabio será" (Proverbios 13:20).

Y ¿QUÉ DE TI?

¿Asistes con frecuencia a la iglesia y a la escuela dominical donde te enseñan más acerca de la Biblia? ¿Escuchas música que glorifica a Dios? ¿Los libros que lees te acercan más a Él? ¿Buscas tener compañerismo con amigos cristianos? Todas estas cosas te ayudarán a resistir el pecado.

LECTURA BÍBLICA: Salmo 119:1-8

—Vamos afuera a montar bicicleta, Felipe —dijo Santiago después de jugar un rato en la computadora. Felipe estuvo de acuerdo y salieron a montar bicicleta.

Al momento, la mamá de Santiago salió.

—Les tengo buenas noticias, chicos —les dijo—. La mamá de Pedro me acaba de llamar para decirme que padece algún tipo de infección viral. Está muy enfermo, pero no tiene meningitis.

—¡Bravo! —exclamó Santiago—. ¡Nuestro amigo Pedro estará bien!

—Y no tenemos que vacunarnos —agregó Felipe. Le dio un golpecito en la espalda a Santiago.

Santiago hizo un gesto. —Esta vez te salvaste fácil —le dijo.

—Pensaste que habías estado expuesto a un doble riesgo, uno al pecado y otro a la meningitis. Pero creo que de ninguno vas a sufrir consecuencias negativas.

Felipe asintió. —Me alegra no tener que vacunarme —dijo—, pero si Pedro tuviera meningitis, al menos existiría la vacuna. Es una desgracia que no podamos también vacunarnos para protegernos del pecado.

—No existe ese tipo de vacuna —dijo la mamá de Santiago con una sonrisa—, pero sí hay una alternativa. Podemos resistirlo. Ya saben que podemos proteger nuestra salud si mantenemos una buena resistencia física por medio de una dieta balanceada y adecuado descaso y ejercicio. ¿Cómo creen que podemos conservar nuestra resistencia espiritual frente al pecado?

Los chicos meditaron antes de responder.

—Supongo que ir a la iglesia nos ayudaría a lograrlo —sugirió Felipe—, y tener amigos cristianos.

Santiago asintió. —Sí, y también orar, leer la Biblia y otros buenos libros.

La mamá sonrió. —Buena idea —dijo—. Si ustedes guardan su corazón y lo mantienen expuesto a todo eso, serán menos propensos a pecar cuando venga la tentación.

TESORO:
Practica actividades constructivas

PROYECTO DE CONSTRUCCIÓN

de mayo

LECTURA BÍBLICA: Proverbios 16:19-24

—Miguel, escúchame recitar este versículo, y luego podrás repetirlo después de mí. Juan recitó cada palabra lentamente. Le estaba ayudando a un vecino a memorizar un versículo para la escuela dominical. Miguel trató de repetir el versículo, pero tenía dificultades con las palabras que no conocía. Después de varios intentos, Juan frunció el ceño.

—Creo que eres un caso perdido —dijo. Luego le pasó un libro de estudio a Miguel. —Toma esto y practica en tu casa.

Miguel tomó el libro. —La próxima semana lo haré mejor —susurró.

Juan hizo una mueca y murmuró. —Sí, claro. Mientras los muchachos se disponían a salir, Juan vio a su mamá en el corredor. En vez de la expresión sonriente que solía tener, su mamá lucía disgustada.

—¿Hace cuánto estás ahí? —preguntó Juan.

—Lo suficiente —respondió la mamá. Le sonrió a Miguel. —Puedes volver cuando quieras, Miguel —dijo.

Más tarde, los padres de Juan examinaban algunas fotografías exhibidas sobre la mesa. El papá notó que Juan llegó.

—Estas son fotografías tomadas antes, durante y después de la construcción del hotel de las palmeras —dijo el papá—. Debo seleccionar algunas para el artículo que voy a escribir acerca del proyecto en el periódico.

Juan tomó una fotografía. —Me gusta esta. Resulta interesante del proyecto "antes". Se puede ver todo el edificio antiguo y la grúa. Señaló a las fechas impresas en algunas fotografías.

—Derribaron el antiguo edificio en solo una semana —dijo—, pero pasó más de un año para terminar el nuevo. Al parecer, resulta más fácil derribar que construir.

—Sí —afirmó el papá—. Es lamentable que no solo sea cierto con respecto a la construcción, sino a muchos otros aspectos de la vida.

La mamá asintió. —Por alguna razón, que puede ser nuestra naturaleza pecaminosa, nos resulta más fácil criticar a las personas por sus faltas que elogiarlas por sus buenas cualidades —dijo—. Nos impacientamos en vez de ayudarlas y animarlas. Entonces miró a Juan y él recordó cuán impaciente había sido con Miguel. Entendió que su madre también pensó en ello.

—Dios quiere que ayudemos a "construir" a otros en la fe, no a derribarlos —añadió el papá.

PARA MEMORIZAR:

"...exhortaos los unos a los otros cada día" (Hebreos 3:13).

Y ¿QUÉ DE TI?

¿Tus palabras y tus actitudes animan a otros? Pídele a Dios que te ayude a construir las vidas de los demás. Él puede ayudarte a criticar menos y a elogiar más. También puede enseñarte a ser paciente con quienes más necesitan ayuda. Emplea palabras que animen a otros a alcanzar grandes logros con la ayuda de Dios.

TESORO:

Emplea palabras de ánimo

22

de mayo

PARA MEMORIZAR:

"Y sabemos que a los que aman a Dios, todas las cosas les ayudan a bien" (Romanos 8:28).

Y ¿QUÉ DE TI?

¿Te enojas con Dios cada vez que algo malo te sucede a ti o a un ser querido? Quizá no siempre comprendas cómo una situación difícil podría resultar para tu bien, pero Dios sí. ¡Confía en Él en toda circunstancia!

TESORO:
Confía en Dios en medio de la prueba

ESPINAS Y MORAS

LECTURA BÍBLICA: 2 Corintios 4:8, 15-18

—Era tu padre, Catalina —dijo la mamá después de colgar el teléfono—. Hubo un incendio en la casa de la abuela esta mañana. Ella no estaba en su casa y por eso no sufrió daños. Sin embargo, perdió casi todas sus pertenencias.

—Ay, no —lamentó Catalina—. Y ahora ¿dónde se va a quedar?

—Se quedará con la tía Laura durante unos días —dijo la mamá—, y luego estará con nosotros una temporada.

—Mami, ¿por qué permite Dios que le ocurran esas cosas a un cristiano? —preguntó Catalina—. No comprendo.

—Las pruebas son parte de la vida —dijo la mamá—, lo cual es cierto tanto para cristianos como para los que no lo son. La gran diferencia es que los cristianos tenemos a alguien a quién acudir para buscar ayuda.

—¡Pero perderlo todo! —dijo Catalina lamentándose—. ¡Eso es demasiado! Se volvió a su hermana menor quien le halaba el brazo.

—Está bien, Rosita —dijo Catalina—. Voy a salir contigo un rato.

Las niñas salieron, pero pronto estuvieron de regreso. Rosita sostenía su mano y sollozaba. —¡Mami! —gritó—. ¡Mano duele!

—Estábamos recogiendo moras —explicó Catalina.

—A Rosita le fascinaron, y se estaba divirtiendo mucho hasta que se rasguñó con un arbusto.

—¡Arbusto! —gritó Rosita—. ¡Arbusto malo!

—No es un arbusto malo —le dijo Catalina mientras la mamá limpiaba las manos de Rosita. —Produce moras deliciosas. Solo que debes tener más cuidado.

La mamá abrazó a Rosita. —Catalina tiene razón —le dijo—. Las moras estaban deliciosas ¿cierto? Rosita asintió.

—Ya sabes, Catalina —prosiguió la mamá—. Temo que muchas veces actuamos como Rosita.

Catalina la miró atenta. —¿A qué te refieres? —preguntó.

—Por haberse rasguñado con la planta de moras, era incapaz de ver su lado positivo —explicó la mamá—. Muy pronto olvidó lo deliciosas que eran las moras. Del mismo modo, cuando sufrimos por alguna circunstancia, olvidamos con facilidad que también encierran cosas buenas. Por ejemplo, no entendemos por qué la abuela perdió su casa, y sin embargo, Dios dice que todas las cosas obran para bien a los cristianos. No siempre podemos descubrirlo, pero Dios sí. Debemos recordar que Él es mucho más sabio que nosotros.

LA INUNDACIÓN

23

de mayo

LECTURA BÍBLICA: Mateo 24:35-39

—¡Qué tormenta! —exclamó el abuelo Pérez, que vivía en una finca cerca de un gran río. Helena y Andrés, que estaban de visita, asintieron.

—En las noticias de la televisión informaron que ya es imposible transitar por las carreteras —dijo Andrés—, así que no podemos salir de aquí ¿cierto?

—No podemos escapar en auto —dijo el abuelo—, temo que el río podría inundar toda esta zona si llegara a desbordarse. Pienso que la mejor opción es salir en mi bote y remar río abajo. Entonces se apresuraron a empacar unas pocas cosas y salieron.

Mientras se desplazaban río abajo, se detuvieron en cada finca por la que pasaban y les insistían a los habitantes que también abandonaran sus casas. La mayoría de las personas se mostraban indiferentes. "El dique nunca se ha roto, y estamos seguros de que no se dañará ahora" —decían—. "Estaremos bien".

En una casa estaban celebrando una fiesta. Las personas se reían cuando el abuelo les advirtió que podría ocurrir una grave inundación. "¡Oh, no, no! ¡Se parece a Noé y su arca! —gritó un hombre—. ¿Dónde están todos tus animales?"

El abuelo suspiró. —Desearía que todas estas personas vinieran —dijo—, pero eso no sucederá, así que debemos continuar.

Por fin, el abuelo y los niños llegaron a un lugar seguro. Poco después el dique se rompió. Un torrente incontrolable invadió la ribera del río, y muchos perdieron la vida y sus propiedades.

—Siento mucha tristeza por las personas que pudieron haber escapado y no lo hicieron —dijo Helena.

—¿Recuerdas al que se burló del abuelo llamándolo "Noé"? —le preguntó Andrés—. Bueno, el primer nombre del abuelo es Noé, y sí obramos en parte como Noé en la Biblia, al advertirles a las personas acerca de la inundación. A él tampoco le creyeron.

—Es verdad —dijo el abuelo en tono pensativo—. Es muy triste que se pierdan vidas porque hay personas que no atienden la advertencia de un peligro inminente. Y es todavía más lamentable que se pierdan almas porque no creen las advertencias acerca del juicio de Dios. Eso también podría ocurrir en cualquier momento. Noé y su familia se salvaron porque le creyeron a Dios. Esta historia ilustra lo que ocurre a los que confían en Jesucristo. Los que han aceptado a Jesús como su Salvador personal estarán seguros cuando venga el juicio de Dios.

PARA MEMORIZAR:

"¿cómo escaparemos nosotros, si descuidamos una salvación tan grande?"
(Hebreos 2:3).

Y ¿QUÉ DE TI?

¿Ya pusiste tu confianza en Cristo como tu Salvador? ¿O eres como aquellas personas en la fiesta que la estaban pasando tan bien? ¿Sientes que no hay peligro alguno? Confía en el Señor Jesús como tu Salvador antes de que sea demasiado tarde. ¡No postergues esa decisión!

TESORO:
En Jesús hay seguridad

LENGUA DE FUEGO

24

de mayo

PARA MEMORIZAR:

"...el que lo ama [a su hijo], desde temprano lo corrige"
(Proverbios 13:24).

Y ¿QUÉ DE TI?

¿Crees que te castigan demasiado? Dios les ha encomendado a tus padres la responsabilidad de instruirte. Eso también implica castigarte cuando haces algo malo. Ellos te castigan porque te aman y quieren que aprendas a controlar tu conducta para que dejes de cometer acciones perjudiciales. Dale gracias a Dios por tener unos padres que te cuidan y se preocupan por ti.

TESORO:
La disciplina es parte del amor

LECTURA BÍBLICA: Proverbios 29:15-17

—Papá ¿podemos encender una hoguera para asar salchichas? —preguntó Teresa después de ayudarle a su padre a recoger hojas y ramas secas en el patio trasero de la casa—. Traeré unos fósforos.

—Hoy no —le dijo el papá—. El clima está demasiado seco y el viento sopla.

—¡Ay, por favor! —rogó Teresa.

Pero su papá fue firme. —No vamos a encender fuego —reiteró al tiempo que entraba en la casa—. Llévate los fósforos, Teresa.

—No entiendo por qué se pone tan nervioso —murmuró Teresa después que su padre se fue—. Tampoco hay tanto viento como dice. Entonces tomó un fósforo, lo miró por un momento, y luego lo encendió. Observó cómo el fuego se consumía hasta que tocó sus dedos. Lo sopló. Luego encendió otro fósforo para probar si podía dejarlo encendido por más tiempo. Esta vez fue demasiado lejos, y "¡ay!" —exclamó. De inmediato arrojó el fósforo justo sobre el montón de hojas y ramas secas. En un segundo todo el montón estaba ardiendo en llamas.

Teresa corrió para extinguir el fuego con la manguera antes de que su padre saliera de la casa. Al regresar con la manguera se dio cuenta de que el viento había soplado sobre las hojas que ardían y las había extendido alrededor, de modo que el fuego se esparció por otros lugares. Entonces gritó al ver que el viento lanzó una parte del material que ardía sobre el techo del garaje. Su mamá se asomó por la ventana, echó un vistazo y llamó de inmediato a los bomberos.

Después de que los bomberos se fueron, Teresa se sentó con sus padres en la cocina. —Me alegro tanto de que no hayamos sufrido daños graves —dijo el papá—. Pero tú tienes mucho qué explicar, Teresa.

—No era mi intención —lloró Teresa después de contar lo sucedido—. Lo siento mucho, pero fue un accidente.

—Lo sé —dijo el papá con un suspiro—, pero ya sabes que no debes jugar con fósforos. Si hubieras obedecido el accidente no hubiera ocurrido. Debemos castigarte por desobedecer. Dios nos ha encomendado a tu mamá y a mí esa tarea. También siento mucho lo que ocurrió, y espero que hayas aprendido la lección, querida.

LENGUA DE FUEGO
(Continuación)

25

de mayo

LECTURA BÍBLICA: Santiago 3:2-10

Teresa esperaba tener el papel de la princesa en la obra de teatro escolar, pero la señorita Martínez escogió a Juana López. —Juana no hace más que jactarse por eso —dijo Teresa entre quejidos a su amiga Lina—. Con una familia como la que tiene yo no me jactaría tanto. —¿Qué sucede con su familia? —preguntó Lina con curiosidad. Después de rogarle un poco, Teresa le contó que el papá de Juana era alcohólico y que su mamá sufría de problemas mentales. —¡Vaya! —exclamó Lina—. No juguemos más con ella. Teresa asintió haciendo un puchero. Después de todo, ¡yo debí ser la princesa! —pensó.

—Escuché algo terrible hoy —dijo la mamá de Teresa dos semanas más tarde—. Parece que han circulado en la escuela algunos rumores acerca de la familia López, y me enteré de que algunos chicos están rechazando a Juana. ¿Sabes algo acerca de esto, Teresa? Teresa se encogió de hombros, pero su madre notó que se había sonrojado.

—Se rumora que el señor López es un bebedor y que su esposa tal vez termine en una clínica de problemas mentales —agregó la mamá mirando fijamente a Teresa—. No tendrás algo que ver en esto, ¿no, Teresa?

—Eh... bueno, no era mi intención —dijo Teresa con voz entrecortada—, pero Juana sí había contado que su papá se tomó un trago en Navidad, y dijo que su mamá estuvo a punto de... es decir... él dijo que no sabía cómo evitar que ella sufriera un colapso nervioso.

—Teresa, lo que me cuentas no es correcto —dijo con firmeza—, pero nada tiene que ver con las historias que están contando ahora. Eso demuestra que los chismes aumentan y se divulgan de manera descontrolada.

El papá hizo un gesto de desaprobación. ¿Recuerdas las llamas que encendiste hace un tiempo? —le preguntó—. ¡Un solo fósforo causó tantos problemas! Y una sola lengua puede hacer lo mismo. La diferencia es que en ese caso es un fuego mucho más difícil de extinguir.

—Ay, papá, lo siento mucho —lloró Teresa.

—Bueno, mañana tendrás que ir a casa de Juana y pedirle disculpas —le dijo el papá—. Y en la escuela tendrás que aclarar el chisme con todos los que lo escucharon. Con todo, es probable que nunca puedas reparar el daño que causaste, pero al menos deberás intentarlo.

PARA MEMORIZAR:

"...la lengua es un fuego, un mundo de maldad"
(Santiago 3:6).

Y ¿QUÉ DE TI?

¿Controlas tu lengua? ¿O te metes en problemas por ella? Siempre que te sientas tentado de decir algo incorrecto, recuerda que tus palabras pueden encender un fuego que se esparce sin control. No inventes chismes y tampoco los divulgues. Pueden traer mucho dolor y provocar muchos daños.

TESORO:
No digas chismes

26
de mayo

PARA MEMORIZAR:

"Lámpara es a mis pies tu palabra, y lumbrera a mi camino"
(Salmo 119:105).

Y ¿QUÉ DE TI?

¿A veces no puedes "ver" el camino que debes seguir? ¿O las decisiones correctas? ¿Quisieras tener más claridad en cuanto a lo bueno y lo malo? A medida que conozcas a Dios por medio de la oración y del estudio de la Biblia, su "luz" te ayudará a tomar decisiones que le agraden. En vez de tropezar en la vida, pídele que te ayude.

TESORO:
Utiliza la luz de Dios

EN LA OSCURIDAD

LECTURA BÍBLICA: Salmo 119:97-105

El culto de la noche había terminado, y Miguel se dispuso a ayudar a su mamá a organizar la guardería. Afuera estaba lloviendo, así que antes de terminar la mamá salió para traer el auto mientras Miguel guardaba los últimos juguetes. Justo antes de salir, un rayo sacudió el edificio y se fue la luz. "¡Grandioso!" —exclamó Miguel, mientras esperaba que sus ojos alcanzaran a ver algo en medio de la oscuridad. Pero no fue así. La habitación se encontraba en la mitad del edificio y no tenía ventanas. Debo tener mucho cuidado —pensó.

Miguel caminó con mucha cautela hacia la puerta. Su rodilla tropezó con algo. Extendió su mano y tocó la mesa que usaban los niños. Entonces giró hacia la derecha. "¡Ay!" —exclamó. Se golpeó la cabeza con el borde de un anaquel, que se sacudió al tiempo que los libros caían al piso. Luego anduvo a tientas buscando una pared. Cuando se va la luz en casa no es lo mismo —pensó—. Allá sí sé dónde está cada cosa. Aunque no le temía a la oscuridad, lo invadió un sentimiento de inquietud. Bordeó una mesa larga y tropezó con un montón de cubos de madera que los niños usaban para jugar. Entonces cayó de rodillas sobre ellos. Esto es ridículo —pensó. Luego encontró la pared y se dirigió lentamente hacia la puerta. ¿Dónde está mamá? ¡Necesito luz!

Solo hasta ese momento, al fondo del pasillo, se vislumbró un poco de luz. —Continúa, hijo —le dijo su mamá—. Ya voy.

De regreso a casa Miguel le habló a su madre acerca del versículo que había aprendido en su clase aquella mañana. —Tu palabra es lámpara a mis pies y lumbrera a mi camino —citó—. Creo que le contaré a mi maestra que en realidad no me alumbró en absoluto cuando se fue la luz en ese oscuro edificio.

La mamá se rió. —Ese versículo no se refiere a la luz en sentido literal —dijo—, sino a la sabiduría que Dios nos da cuando meditamos en su Palabra, y a su poder para guiar nuestra vida. ¿Comprendes?

Miguel asintió. —Lo que dices se parece mucho a lo que dijo mi maestra.

—Creo que tropezarse en una guardería en medio de la oscuridad fue una experiencia bastante desagradable —dijo la mamá—, pero tropezar en la vida y no tener luz sería inimaginable ¿no te parece?

AMIGOS POR CORRESPONDENCIA

27 de mayo

LECTURA BÍBLICA: Juan 20:24-31

—Como tarea de redacción, el profesor asignó a cada uno el nombre de un niño que vive en otra ciudad para que intercambiemos correspondencia —contó María llena de emoción—. El nombre de mi amiga por correspondencia es Jenny Gómez.

María se sentó aquella noche a escribirle su primera carta a Jenny. Le contó cada detalle de su vida, de su iglesia y de su familia. En poco tiempo llegó una carta de respuesta de Jenny. En ella le contaba acerca de su gran familia y de su casa en el campo, e incluía una fotografía. Jenny también mencionó que su familia no asistía a la iglesia.

Durante los meses siguientes, María y Jenny intercambiaron muchas cartas. Ambas anhelaban conocerse algún día. Una tarde, María entró corriendo a la cocina con una carta en la mano. —¡Mamá! ¡mamá! —gritó—. El papá de Jenny viene a la cuidad en un viaje de trabajo y dice que Jenny también podría venir. ¿Puede quedarse con nosotros ese fin de semana? ¿Sí, mami? ¿sí?

La mamá rió. —¡Tranquila! —dijo—. Le preguntaré a tu padre, pero estoy segura de que no hay problema.

Por fin Jenny se quedó en la casa de María y las dos niñas se divirtieron mucho hablando y conociéndose mejor.

Después de la cena, el papá leyó algunos versículos de la Biblia. Uno afirmaba que Abraham era amigo de Dios.

—Señor Valbuena —dijo Jenny—. No entiendo. No sé quién es Abraham, y no comprendo cómo alguien puede ser amigo de Dios. Si no podemos verlo, ¿cómo es posible que alguien sea su amigo?

—Jenny, dime cómo llegaste a ser amiga de María —le preguntó el papá—. ¿La viste primero?

—Bueno... no —respondió Jenny—. María me contó todo en sus cartas.

El papá asintió. —Dios también nos escribió una carta —dijo—. Es la Biblia. Ella nos cuenta cómo es Dios, y que nos amó tanto que envió a su Hijo Jesús para morir por nuestros pecados. Dice que si recibimos a Jesús como Salvador podemos conocerlo de manera personal aunque no podamos verlo.

Jenny meditó en lo que dijo el papá. Luego sonrió al ver a María. —Bueno, yo estoy muy contenta de haber conocido a María —dijo—. Creo que también me gustaría conocer más acerca de Jesús.

PARA MEMORIZAR:

"...a quien amáis sin haberle visto"
(1 Pedro 1:8).

Y ¿QUÉ DE TI?

¿Conoces a Dios? Aunque no puedes verlo, puedes aprender acerca de Él leyendo la Biblia, que es la carta de Dios para ti. Por la fe, cree en Dios y en su Palabra, y deposita tu confianza en su Hijo Jesús. Así sabrás que algún día irás al cielo, donde lo verás cara a cara.

TESORO:
Puedes conocer
a Dios por medio
de la fe

28

de mayo

RUIDO DE BOCINAS

LECTURA BÍBLICA: Salmo 75:4-7

PARA MEMORIZAR:

*"Alábete el extraño, y no tu propia boca"
(Proverbios 27:2).*

Y ¿QUÉ DE TI?

¿Te gusta escuchar a las personas que se alaban a sí mismas? ¿Haces lo mismo? Es grandioso ser promovido o recibir honores, y puedes emocionarte cuando eso ocurra, pero no te jactes. Es mucho más agradable oír a otros halagarte. Recuerda que todos tus talentos o habilidades provienen de Dios.

TESORO:
No te alabes a ti mismo

Patricia se tapó los oídos con las manos. —Sami, ¡tu bocina ya me hizo doler los oídos! —exclamó—. ¡Mamá, por favor dile que ya no pite más!

La mamá hizo un gesto.

—Sami, Patricia te va a ayudar a llevar el triciclo hasta el salón de juegos del sótano.

—Pero yo quiero montar aquí arriba —dijo el pequeño Samuel sollozando—. Me gusta mi nueva bocina. Intentó sonarla de nuevo.

Patricia se apresuró a detenerlo agarrando su mano antes de que pudiera tocarla.

—¡Ya no más! ¡Vas a reventar mis oídos! Tomó el triciclo y comenzó a descender por las escaleras. Samuel la seguía protestando a voz en cuello.

Cuando Patricia regresó a la cocina, dijo: —Ahora sí puedo contarte las últimas noticias, mamá. Me promovieron a la clase avanzada. Solo el cinco por ciento de los alumnos logran llegar allí. Subió el mentón.

La mamá cerró la llave y le dio un abrazo. —¡Te felicito, linda! —dijo.

Patricia se sentía orgullosa. —Tengo que llamar al abuelo, a la tía Marta, a Estefanía y a otros para contarles. Entonces tomó el teléfono portátil y marcó. Durante unos minutos Patricia se paseó por la cocina hablando por teléfono. A medida que sus conversaciones se prolongaban el semblante de su mamá se tornaba más serio.

Cuando Patricia colgó después de la sexta llamada y comenzó a marcar otro número, la mamá dijo: —Es suficiente, Patricia. ¡Ya me duelen los oídos!

Patricia la miró asombrada. —¿Qué dices? —exclamó—. Pero mamá, ni siquiera estoy hablando fuerte.

—No —respondió la mamá—, pero tú también pones a sonar tu bocina y no es agradable escucharla.

—¿A qué te refieres, mamá? Yo solo... —reaccionó Patricia.

La mamá la tomó de la mano. —Has estado diciéndole a todo el mundo lo maravillosa e inteligente que eres. Al jactarte es como si sonaras tu propia "bocina", y a nadie le gusta escucharla —dijo—. Dios te ha bendecido con una mente brillante y tus profesores te han ayudado a desarrollarla. Tienes mucho qué agradecer, pero recuerda que todo lo que tienes lo has recibido del Señor.

De repente se escuchó con fuerza el sonido de la bocina del triciclo de Sami. La mamá sonrió. —Querida, si vas a sonar tu bocina, hazlo en el sótano por favor.

LOS TROFEOS DE LA ABUELA

LECTURA BÍBLICA: Mateo 6:19-21

de mayo

Un sábado, toda la familia Carmona se alistó para limpiar el desván.

—¡Mira, Max! —exclamó Luisa mientras sacaba un librito de un viejo baúl que le pertenecía a su bisabuela. En la portada del libro estaba escrito "mis trofeos".

—Genial —dijo Max—. Me pregunto cuáles trofeos ganó la abuela Carmona.

—Apuesto que no se trata de trofeos de atletismo, como tú piensas —dijo Luisa haciendo una mueca—. Tal vez participó en concursos de lectura y ganó un trofeo como el que yo quiero ganarme.

Max tomó el libro y lo abrió. "10 de mayo. Gracias Señor, por permitirme hablar hoy con Sara —leyó—. Gracias por obrar en su corazón y porque tomó la decisión de aceptarte como Salvador". Luego pasó algunas hojas. "16 de julio. Hoy salió Guillermo para la India como misionero. Antes de ser salvo era tan camorrista".

—¿Quiénes eran Sara y Guillermo? —le preguntó Luisa a su papá.

—Creo que eran niños a quienes la abuela Carmona guió para conocer a Dios —respondió el papá—. Ella trabajó como misionera para los niños durante muchos años. Esos niños se convirtieron en "trofeos" vivientes de la gracia de Dios a medida que se volvían a Cristo.

—Sí —agregó la mamá—. La abuela no tenía muchos tesoros en esta tierra, pero era muy rica en tesoros celestiales. Hay unos versículos en Mateo que señalan la importancia de acumular tesoros en los cielos.

—Podemos aprovechar esto para aprender algo esencial —dijo el papá—. Todos debemos preguntarnos en qué lugar estamos acumulando tesoros. ¿En la tierra o en el cielo?

—¿Debo guiar a alguien a conocer al Señor para acumular tesoros en el cielo? —preguntó Luisa—. No creo que pueda lograrlo.

—No necesariamente —dijo el papá—. En realidad, yo creo que podemos acumular tesoros en los cielos mediante cualquier obra que hacemos por Jesús, ya sea testificarle a alguien, ser bondadosos o simplemente estar dispuestos a ayudar en casa. Si lo hacemos para el Señor, Él nos recompensará.

PARA MEMORIZAR:

"...haceos tesoros en el cielo" *(Mateo 6:20).*

Y ¿QUÉ DE TI?

¿Dónde está tu tesoro? ¿Te ocupas solo de lo que puedes ganar para ti en esta tierra? Amontona tesoros en el cielo testificando de Jesús, ayudando a otros, obedeciendo a tus padres y a Dios.

TESORO:

Acumula tesoros en el cielo

30

de mayo

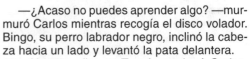

EL ADIESTRAMIENTO DE BINGO

PARA MEMORIZAR:

"Enséñame a hacer tu voluntad, porque tú eres mi Dios" *(Salmo 143:10).*

—¿Acaso no puedes aprender algo? —murmuró Carlos mientras recogía el disco volador. Bingo, su perro labrador negro, inclinó la cabeza hacia un lado y levantó la pata delantera.

—No, sacudir no. ¡Traer! —ordenó Carlos, mientras lanzaba otra vez el disco volador en el patio. Bingo corrió tras él. Antes de caer al suelo, Bingo saltó y lo atrapó con su boca.

—¡Buen perro! —exclamó Carlos, y aplaudió—. Ahora, ¡tráelo Bingo!

Bingo dejó de mover la cola y la dejó señalando al aire. Levantó tus orejas escuchando con atención los ruidos del bosque. De repente, soltó el disco volador y se lanzó a perseguir a una ardilla. "Me doy por vencido" —gruñó Carlos, y se desplomó en el prado.

—¿Qué ocurre? —preguntó Valeria, la hermana mayor de Carlos. Se acercó y se sentó junto a Carlos en el prado.

—Intento adiestrar a Bingo —dijo Carlos, al tiempo que tomaba un libro en sus manos—. He cumplido con todas las instrucciones de este manual de adiestramiento para perros, y a veces parece que entendiera. Luego, de repente, sale corriendo detrás de una ardilla.

—Bingo es un perro de cacería. Ese es su impulso natural —dijo Valeria mientras hojeaba el libro. Le hizo un gesto a su hermano.

—Es como decir que nuestro impulso natural es pecar —agregó—. ¿Recuerdas que el pastor Guillermo nos lo explicó en su sermón?

Carlos frunció el ceño. —Gracias por recordármelo —dijo. Esperaba que Dios no se diera tan fácil por vencido con él, como le sucedía con Bingo. —¿Tú crees que yo soy un caso perdido? —preguntó.

Valeria negó con la cabeza. —Tú conoces la respuesta tan bien como yo —afirmó—. No somos un caso perdido porque Dios nos ama y nos ayuda. La Biblia es nuestro manual de adiestramiento. Dios quiere que dejemos de pecar, pero si pecamos podemos pedirle que nos perdone y Él lo hará.

Carlos sintió que alguien lo tocó por la espalda. Dio la vuelta y vio a Bingo, que traía el disco volador en su boca. Carlos sonrió y lo acarició. —¿Quieres volver a intentarlo? —preguntó. Lanzó el disco volador de nuevo, y Bingo corrió tras él.

Y ¿QUÉ DE TI?

¿Sientes que eres un caso perdido, como si jamás fueras a vencer el pecado? No te des por vencido. ¡Dios no lo hace! Confiésale tu pecado y pídele que te perdone. Lee tu manual de adiestramiento, la Biblia. Cada día pídele a Dios que te enseñe y te ayude a seguir sus instrucciones.

TESORO:
Sigue la enseñanza de Dios

DIOS Y LAS COMPUTADORAS

31

LECTURA BÍBLICA: Salmo 33:6-11

—Escucha esto, Rodrigo. Martín se sentó en la cama mientras Rodrigo estaba sentado frente a la computadora.—¡Esta revista dice que una computadora puede grabar toda la enciclopedia británica en dos segundos!

Rodrigo sacudió la cabeza lleno de asombro. —Apuesto que el mundo entero será gobernado por computadoras dentro de diez años —dijo.

El ruido de un trueno y el estallido de un relámpago estremecieron a Rodrigo, quien saltó a la cama. "¡Estuvo cerca!" —exclamó.

—¡Oh, no! ¡La computadora se apagó! ¡Seguramente hubo una sobrecarga y perdí todo el programa! ¿Cómo pudo ocurrir? Tenemos un protector de voltaje.

—Sí, pero papá dice que de todos modos eso puede ocurrir, y nos advirtió que no debíamos usar la computadora en caso de tormenta —recordó Martín—. ¡Esperemos que no se haya dañado del todo! Se miraron con preocupación.

Martín se dirigió a la sala. —Papá —dijo—, el último trueno que se escuchó apagó la computadora.

El papá se dirigió rápidamente a la habitación y frunció el ceño al ver la pantalla apagada. —Estos aparatos son muy delicados —les recordó—. Hay que protegerlos.

—Justo cuando imaginábamos que algún día estas máquinas gobernarían al mundo —dijo Rodrigo. Se veía disgustado.

—Las computadoras realizan operaciones asombrosas, pero para funcionar adecuadamente es indispensable la intervención humana —dijo el papá—. No son más que máquinas creadas por el hombre, de modo que son imperfectas. Dios hizo al hombre para ser una criatura sin igual, pero su perfección se deterioró por causa del pecado. Por eso, todo lo que el hombre diseña también es imperfecto. Incluso la computadora más avanzada resulta primitiva comparada con la mente de Dios.

—Sí. Él creó las mentes que inventaron la computadora, ¿cierto? —dijo Martín.

—Así es —respondió el papá—. Somos incapaces de comprender la sabiduría y la genialidad de Dios. Solo Él es perfecto. Se dio vuelta para irse. —Llevaremos este aparato al almacén mañana y veremos si se puede reparar.

PARA MEMORIZAR:

"Ellos [la tierra y los cielos] perecerán, mas tú [Dios] permaneces" *(Hebreos 1:11).*

Y ¿QUÉ DE TI?

¿Te impresionan los grandes adelantos tecnológicos del hombre, hasta el punto de sentir que ya no necesitas a Dios? Recuerda que fue Él quien creó al hombre. El hombre solo conoce lo que Él decide revelarle, y depende por completo de Él para su supervivencia. Siempre necesitarás a Dios.

TESORO:
Siempre
necesitarás a Dios

UNO SOLO

1

de junio

PARA MEMORIZAR:

"Porque cualquiera que guardare toda la ley, pero ofendiere en un punto, se hace culpable de todos" (Santiago 2:10).

Y ¿QUÉ DE TI?

¿Te sientes aferrado a "un pecadito"? Cuando Dios te convence de pecado y te deshaces de él en su mayor parte, sigues siendo culpable ante Él. Confiesa tu pecado y pídele que te perdone y que te ayude a abandonar hasta el más mínimo pecado.

TESORO:
Desecha todo pecado

LECTURA BÍBLICA: Santiago 2:8-10

Josué se sentó en la mesa rodeado de útiles para pintar. —Mañana se cumple el plazo para el concurso del afiche ecológico —le dijo a su madre—. Espero ganar el primer premio. ¿Crees que podré lograrlo?

La mamá se asomó para ver el afiche por encima del hombro de Josué. —A mí me gusta.

La pequeña Marcela, de solo tres años, haló el brazo de Josué. —Pintar también —dijo. Josué le hizo un gesto y le dio un pedazo de papel y algunos lápices de colores.

Después de la cena, Josué y sus padres estaban en la sala. En ese momento Marcela se dirigió hacia ellos. Le pasó una revista a su papá. —Leamos historia, papi.

El papá hizo un gesto de asombro. —¿De dónde sacaste eso?

—Debajo cama de Josué —respondió la chiquilla.

—¡Te dije que te alejaras de mi cuarto! —exclamó Josué enojado.

El papá frunció el entrecejo. —¿De dónde sacaste esta revista, Josué? —le preguntó.

Josué miró mal a Marcela. —Mauricio me la prestó —respondió malhumorado—. ¿Qué tienen de malo?

—¿Qué tienen de bueno? —preguntó el papá—. ¿Acaso dijiste "tienen"? —repitió—. ¿Eso dijiste? Josué cayó en cuenta de su error demasiado tarde. —Arroja esta revista y las demás que se le parezcan ahora mismo en la basura, Josué —le ordenó su padre—. Este tipo de basura ha arruinado la vida de muchas personas. No permitiremos ese tipo de cosas en nuestra casa.

A regañadientes, Josué sacó las revistas que tenía bajo la cama. Se apresuró a guardar una debajo de su almohada y luego llevó las otras a la basura en el garaje.

Poco tiempo después Josué regresó a la sala, exhibiendo su afiche y gritando. —¡Mira lo que hizo Marcela! ¡arruinó mi afiche!

—Solo lo pinté —dijo la chiquilla.

—Sí, claro. Con un lápiz morado —gruñó Josué.

—Pensé que le habías entregado los lápices de colores a Josué —dijo la mamá.

Lágrimas corrieron por las mejillas de la pequeña Marcela. —Gardé uno.

—¡Pues uno solo bastó para dañar mi trabajo! —exclamó Josué furioso.

"Uno solo..." Una mirada pensativa apareció en su expresión. Lentamente, repitió. "Uno solo bastó". Sin decir más fue a su cuarto, tomó la revista que había escondido bajo la almohada, y la tiró a la basura.

LA RECETA MÉDICA

2

de junio

LECTURA BÍBLICA: Juan 14:25-29

—¿Por qué Dios permite que haya guerras? —preguntó Ramiro después de escuchar las noticias en la televisión.

—Es una pregunta difícil, y una inquietud que los hombres han tenido durante siglos —dijo el papá—. No es fácil... Se detuvo al percatarse de que la mamá entraba por la puerta cargando a Tania. El papá se apresuró a recibirla y la acostó en el sofá. —¿Qué dijo el médico? —preguntó.

—Tiene una inflamación en la garganta —dijo la mamá—. El doctor Alvarado le aplicó una inyección y le formuló esta receta. En seguida le pasó una hoja de papel. —¿Podrías ir a comprar esto mientras preparo la cena? Ramiro tomó su suéter. —Iré contigo —dijo. Él y su papá salieron en el auto.

Al regresar, el papá le sonrió a Tania, que se sentía molesta. —Le daré un poco de esta medicina —le dijo el papá a la mamá.

—¡No quiero! —gritó Tania—. ¡Me duele la garganta!

—Esto te ayudará a sanar la garganta —le dijo el papá con ternura. Alistó una cucharada del medicamento para dárselo.

Tina escondió la cabeza en la almohada. —¡No! No quiero. Me dolerá más la garganta.

—Más bien te hará sentir mejor —dijo el papá con paciencia.

—No puedo tragármelo —gritó Tania.

—Si puedes gritar de esa manera también puedes tragarte el medicamento —dijo el papá con firmeza—. Ahora, tómatelo.

La niñita se dio cuenta de que su papá hablaba muy en serio. Se tomó el medicamento y en pocos minutos cayó profundamente dormida.

Esa misma noche, Ramiro retomó la misma pregunta. —¿Por qué Dios permite que haya guerras, papá?

—Creo que ya tengo la respuesta —dijo—. Imagínate que la guerra es como una enfermedad causada por el pecado. Cuando Jesús murió en el Calvario le dio al mundo la receta médica o la cura, para el pecado. Él quiere que toda la humanidad ponga su confianza en Jesús como Salvador y que luego siga sus enseñanzas a diario. La receta médica habría resultado inútil para Tania si ella no la hubiera tomado, y del mismo modo la receta que Dios ofrece no puede ayudarles a las personas si no la reciben poniendo su confianza en Jesús. Yo le insistí a Tania para que tomara el medicamento, pero el Señor no obliga a las personas para que acepten el suyo.

Ramiro asintió. —Ya entendí —dijo—. Las guerras existen porque las personas rechazan la cura que Jesús ofrece.

PARA MEMORIZAR:

"La paz os dejo, mi paz os doy"
(Juan 14:27).

Y ¿QUÉ DE TI?

¿Te preguntas por qué siempre hay guerras en el mundo? Si todos tuviéramos la paz de Dios en nuestro corazón, las guerras no existirían. Tú no puedes evitar que haya guerras, pero puedes obedecer la receta que Jesús ofrece y tener paz en tu corazón. Confía en Jesús como tu Salvador, y vive para agradarle.

TESORO:

Puedes tener paz en tu corazón

DEMASIADO TARDE

3
de junio

LECTURA BÍBLICA: Mateo 25:1-13

PARA MEMORIZAR:

"Velad, pues, porque no sabéis el día ni la hora en que el Hijo del Hombre ha de venir" (Mateo 25:13).

Y ¿QUÉ DE TI?

¿Algún acontecimiento importante te ha sobrevenido sin estar preparado? Eso produce una sensación desagradable. Sin embargo, nada es más importante que prepararse para el día en el cual te presentarás delante de Dios. No esperes. Confía en Jesús como tu Salvador antes de que sea demasiado tarde.

TESORO:
Prepárate para encontrarte con Dios

Felipe sentía mariposas en el estómago. Hoy era el concurso de ortografía y él había sido elegido para competir junto con los mejores chicos de las otras clases de su edad.

—Mamá —dijo desesperado—, ¿recuerdas el libro que me dio la maestra para preparar el concurso de ortografía? Tengo que estudiarlo y no lo encuentro. ¿Lo has visto?

—No —respondió la mamá—. ¿Dónde lo viste por última vez?

—En realidad prácticamente no lo he visto —confesó Felipe—. Siempre me daba la impresión de que tenía mucho tiempo, pero de repente ya llegó el gran día.

—Bueno —dijo la mamá—, creo que ya es un poco tarde para estudiar. Es...

—¡Mami! —exclamó Andrea, la hermanita de Felipe desde su habitación—. ¿Puedes ayudarme con los zapatos?

—Lo siento, Felipe —dijo la mamá—, pero en este momento no puedo ayudarte a buscar el libro. Tal vez tu padre tenga tiempo.

Felipe miró a su papá, que terminaba de tomar una taza de café. —Tengo que salir para la oficina y no me queda mucho tiempo —dijo—, pero echemos un vistazo en tu habitación antes de irme. Mientras se dirigían hacia el cuarto de Felipe, el papá le preguntó: —¿Recuerdas lo que predicó el pastor Tomás el domingo pasado?

—Ya pensé en eso, papá —dijo Felipe—. Habló acerca de lo desagradable que resulta que nos tome por sorpresa un acontecimiento importante. Echó un vistazo a los libros sobre un anaquel.

—Bueno, no veo el libro que buscas, pero puede servirte como consuelo saber que es más grave no estar listo para el día del juicio de Dios que para un concurso de ortografía —agregó el papá.

—Sí. Ni siquiera la sensación de tener mariposas en el estómago por el concurso de ortografía se compararía con eso —dijo Felipe—. Supongo que muchas personas creen que cuentan con todo el tiempo del mundo para prepararse antes de su encuentro con Dios ¿no es así?

—Me temo que así es —dijo el papá—. Y temo que muchos esperarán hasta que sea demasiado tarde, cuando verán a Dios cara a cara y no estarán listos.

DONES DE DIOS

LECTURA BÍBLICA: Lucas 10:25-37

4

de junio

Camila se sentó en la playa con su gaviota y acariciaba sus plumas blancas. Miró a su mamá que estaba frente a ella.

—No estoy segura de poder liberar a Edgar, mamá —dijo—. ¡Es casi mi único amigo! La mamá se sentó junto a Camila. —Algunos chicos de la escuela dicen que yo soy tonta porque asisto a clases especiales. Camila miró a su mamá con los ojos llenos de lágrimas.

—Mamá, ¿por qué no puedo ser lista como los otros niños?

La mamá puso su brazo alrededor de Camila. —En primer lugar, querida, nuestro valor o importancia no dependen de nuestras capacidades —dijo la mamá—. Dios hizo a cada persona especial, con dones y talentos propios. Lo importante es lo que hacemos con ellos.

Camila enjugó sus lágrimas. —Yo no tengo talentos. La mamá sonrió. —Por supuesto que los tienes, Camila —dijo—. Yo creo que tú tienes el don de ayudar a otros.

—¿Tu crees? —preguntó Camila con sus ojos abiertos. La mamá asintió. —Tú ayudas a muchas personas. Cuando la abuela Matilde se fracturó la cadera tú la visitaste casi todos los días para ayudarla. Nunca olvidas orar por los niños de la escuela cuando están enfermos. Además, mira a Edgar. Camila miró a la gaviota que tenía entre los brazos. La gaviota dejó de acicalarse las plumas para jugar picoteando la nariz de Camila.

—Edgar estaba casi muerto cuando lo encontraste con esa cuerda de pescar atada a su cuello —continuó la mamá—, y tú lo cuidaste hasta que se recuperó por completo.

Camila se encogió de hombros. —Cualquiera puede hacerlo.

La mamá movió su cabeza negativamente. —Ojalá eso fuera cierto —dijo—, pero en realidad muy pocas personas son sensibles a las necesidades de los demás.

Camila meditó en eso. Esas palabras levantaron su ánimo. Miró a la gaviota. —Bueno, Edgar, ¿te gustaría volar libre? —le preguntó. Se puso de pie y lanzó a Edgar al aire. Al principio aleteó con mucha dificultad, luego emitió un fuerte graznido como en señal de gratitud, y voló rumbo al lago, dejando atrás su experiencia dolorosa y disfrutando de nuevo su habilidad para volar. Camila sonrió. Entendía en parte lo que Edgar sentía.

PARA MEMORIZAR:

"Y... puso Dios... los que ayudan"
(1 Corintios 12:28).

Y ¿QUÉ DE TI?

¿Sabías que cada persona tiene dones especiales que Dios le ha dado? ¿A veces te burlas de los niños que tienen ciertas limitaciones? Tú eres especial para Dios, y Él desea que siempre recuerdes que todas las personas son especiales, al igual que tú.

TESORO:
Cada persona tiene dones especiales

5
de junio

PARA MEMORIZAR:

"Porque él conoce nuestra condición, se acuerda de que somos polvo" (Salmo 103:14).

Y ¿QUÉ DE TI?

¿Sientes que nadie te comprende? ¿Desearías que alguien entendiera tus sentimientos cuando te sientes fracasado? ¡El Señor te hizo! Tú eres su creación, y Él sabe con exactitud cómo te sientes. Háblale acerca de tus problemas y de tus dudas.

TESORO:
El Señor te entiende

EL TALLADOR

LECTURA BÍBLICA: Salmo 103:11-14, 22

David sostenía con fuerza el bate. Tengo que pegarle —pensó. ¡Tengo que hacerlo! Si no lo hago, mi equipo perderá el juego y nos eliminarán del torneo.

La pelota se dirigía hacia él. Bateó tan fuerte como pudo, pero la pelota rebotó lentamente en dirección del lanzador. Poco después el juego terminó.

David se sentía muy mal. —¡Lo arruiné todo! —lloró mientras regresaban a la casa con su papá y Samuel, su hermano mayor—. Es mi culpa que hayamos perdido. El papá y Samuel trataron de convencerlo de que no era cierto, pero sus esfuerzos fueron en vano. —Ustedes no entienden —dijo acongojado.

Esa tarde, David y Samuel asistieron a una feria de talladores. Se pasearon por el lugar admirando todas las obras exhibidas allí. Había flores, patos, peces, y otros animales.

—Voy a aprender a tallar así —declaró David—. Mira ese pato canadiense. Es hermoso. Miró la etiqueta y leyó. "Jaime Rodríguez. Ganador del primer premio".

—Me pregunto si lo hizo con una sola pieza de madera —murmuró Samuel.

—Si observan con cuidado el cuello, se darán cuenta de que hay dos piezas de madera pegadas —dijo un hombre detrás de ellos.

Samuel observó detenidamente la pieza tallada. —Ah, ya lo veo. Pero casi ni se nota —dijo—. Me preguntó qué tipo de madera será.

—Es pino blanco —respondió el hombre—. Cortado en invierno, secado al aire durante dos años.

—Usted sabe mucho acerca de este pato —dijo David. El hombre sonrió. —Yo soy Jaime Rodríguez —dijo.

—Ah —dijo Samuel—, eso lo explica todo.

De regreso a casa David mencionó su fracaso en el juego de béisbol. —Ustedes no entienden cómo me siento —insistió cuando Samuel trató de animarlo diciéndole que no lo había hecho tan mal.

—Oye, ya sé —dijo Samuel—. El señor Rodríguez sabía todo acerca del pato porque él lo hizo ¿cierto? Bueno, Dios te hizo a ti. Tal vez yo no entienda cómo te sientes, pero Dios sí. Él conoce todo acerca de ti, y entiende tus sentimientos. Hizo un gesto al añadir. —Y eso debería animarte.

EXCLUIDOS

6 de junio

LECTURA BÍBLICA: Juan 14:1-6

El tío de Juan era el conserje de la escuela y le ofreció un boleto para el juego escolar del sábado en la tarde. En un principio a Juan le pareció un plan aburrido, pero en la tarde del sábado cambio de opinión. Los chicos dijeron que el juego sería interesante —pensó. Tal vez el tío Esteban todavía está en la escuela para que yo pueda entrar.

Cuando Juan llegó a la escuela, el juego ya había comenzado y alcanzaba a escuchar los gritos emocionados y las risas de la multitud. Se asomó por la puerta para ver mejor.

—Espera un minuto. ¿Tienes un boleto para entrar? —le preguntó el portero.

—En realidad no... pero estoy esperando a mi tío, Esteban Rojas —respondió Juan en un tono alentador—. Él trabaja aquí.

—Lo siento —dijo el hombre—, pero no puedes entrar sin un boleto.

Juan salió desilusionado y se sentó en las escaleras. Debí aceptarle el boleto a mi tío Esteban cuando me lo ofreció —pensó. En seguida escuchó que alguien se aproximaba y vio a su tío. —Tío Esteban, ¿todavía tienes un boleto para mí? —preguntó Juan ansioso.

El tío Esteban movió la cabeza negativamente. —Se lo regalé a otro chico. Lo siento —dijo, al tiempo que se sentaba con Juan en las escaleras. Se quedaron en silencio durante algunos minutos, y luego el tío Esteban habló con aire pensativo.

—Comprendo que te sientas decepcionado por no haber podido entrar al juego, especialmente cuando sabías que era tan fácil entrar y divertirte —dijo—. Se me ocurre pensar que muchas personas se van a sentir igual cuando sepan que rechazaron el boleto para entrar al cielo.

Juan asintió. —Que es Jesús ¿cierto? —dijo—, y no entrar al cielo será mucho peor que perderse un partido.

—Así es —afirmó el tío Esteban—. Esas personas vivirán en tormento, pero la buena noticia es que eso no tiene por qué ocurrir. El boleto al cielo está al alcance de todos, y todos los que se arrepientan de sus pecados y crean en Jesús, un día disfrutarán la belleza del cielo.

PARA MEMORIZAR:

"[Jesús dijo] nadie viene al Padre, sino por mí" (Juan 14:6).

Y ¿QUÉ DE TI?

¿Ya recibiste el "boleto" que necesitas para entrar al cielo? Jesús está preparando un hermoso lugar para los que han abandonado su pecado y se han vuelto a Él como su Salvador. No esperes más. Acepta a Jesús hoy mismo.

TESORO:
Cree en Jesús

EL CÉSPED ARRUINADO

7
de junio

PARA MEMORIZAR:

"La semilla es la palabra de Dios"
(Lucas 8:11).

Y ¿QUÉ DE TI?

¿Te esfuerzas por sembrar la semilla de la Palabra de Dios? Asegúrate de no arruinar lo que otros han sembrado quejándote de la iglesia, mostrando indiferencia hacia la Palabra de Dios o comportándote de manera egoísta y poco amable. Tus palabras y acciones deben contribuir al crecimiento de la semilla.

LECTURA BÍBLICA: Lucas 8:10-15

Jairo salió después de ver a su amigo Natán en el patio de al lado.

—¡Oye, Jairo! —lo llamó Natán desde su lado de la cerca que separaba los patios—. ¿Quieres jugar fútbol? Tendremos que jugar en tu patio porque papá dedicó dos días para sembrar más césped. Y ¡adivina qué! Mi hermanito y sus amigos volvieron a arruinarlo.

—¿Cómo lo hicieron? —preguntó Jairo asomándose por encima de la cerca para ver el patio de Natán.

Natán se rió. —Pues ellos pensaron que podían ayudar sembrando más semillas, pero en realidad pisaron lo que mi papá había sembrado y todo quedó hecho un desastre. Tuvieron que repetir toda la operación, y ahora papá dice que nadie puede entrar. Natán lanzó la pelota. —¿Puedes jugar? —le preguntó otra vez.

Jairo negó con la cabeza. —No en este momento. Tengo que ir a una tonta reunión de iglesia —dijo—. Allá solo cantamos y escuchamos al predicador. ¡Es tan aburrido!

Al escuchar la voz de su papá que lo llamaba desde la entrada, Jairo salió a toda prisa.

—Pobre señor López —dijo Jairo al contarle a su padre lo que le ocurrió a su vecino con el césped—. Tanto trabajo solo para que su hijo lo arruinara.

—Entiendo cómo se siente —respondió el papá—. Verás... también he trabajado muy duro para sembrar una semilla, que es la Palabra de Dios. Le he hablado al señor López acerca del Señor durante tres años. Por fin mostró un poco de interés la semana pasada. Hizo muchas preguntas, y Natán también.

—¿De verdad? —exclamó Jairo. No se imaginaba que Natán pudiera estar interesado en conocer acerca de Dios.

—Justo antes de llamarte escuché que le dijiste a Natán que la iglesia era muy aburrida —dijo el papá—, y temo que eso no ayudará a que la semilla de la Palabra de Dios crezca.

Jairo se asustó. —Eh... yo... espero no haber arruinado lo que tú sembraste, papá —dijo en voz baja—. En realidad... lo siento mucho.

TESORO:

Ayuda al crecimiento de la "semilla" de la Palabra de Dios

SENTIMIENTOS

LECTURA BÍBLICA: Salmo 25:4-5, 8-10

de junio

Juan Carlos probó una jugosa fresa roja antes de poner otro puñado en una canasta.

—¿Por qué nuestra familia tiene que salir al campo misionero, abuelo? —preguntó con un suspiro—. Me gusta vivir donde estamos ahora. Quisiera que mi papá siguiera trabajando allí.

—Entiendo que sea difícil para ti dejar tus amistades —dijo el abuelo—, pero el Señor te ayudará a adaptarte al cambio. Además, recompensará y honrará los sacrificios que hagas.

Juan Carlos limpió una lágrima de su rostro. —Se supone que debería estar contento por irme, pero no lo estoy —dijo—, entonces dudo que reciba alguna recompensa por los sacrificios. Supongo que soy un caso perdido, abuelo, ¡pero no puedo cambiar lo que siento!

—Juan Carlos, ¿sentiste que me ayudabas cuando recogiste fresas esta mañana? —le preguntó el abuelo.

Juan Carlos negó con la cabeza. —En realidad no —dijo—. Tú sabías que yo quería ir a nadar.

—Bueno, ¿tenemos ahora las fresas que recogiste aunque lo hayas hecho sin entusiasmo? —le preguntó el abuelo.

—Claro, mi canasta está casi llena —dijo Juan Carlos mientras sostenía la canasta repleta de frutas dulces y jugosas.

—Yo no te obligué a ayudarme, así que supongo que estuviste dispuesto a recogerlas a pesar de que no tenías deseos de hacerlo. Tu voluntad y tus sentimientos no siempre concuerdan —explicó el abuelo. —Dios entiende esa situación. Yo no creo que Jesús tuviera deseos de ir a la cruz. ¿Tú qué piensas?

—Supongo que no —dijo Juan Carlos pausadamente—, pero de todos modos lo hizo.

—Exacto —dijo el abuelo—. Entonces... ¿lo que quieres decirle a Dios es que no sientes deseos de ir al campo misionero, o que no quieres hacerlo?

Juan Carlos se quedó pensativo. Luego hizo una mueca. En realidad creo que no puedo elegir. Ellos me llevarán de todos modos. Pero entiendo lo que me quieres decir, abuelo. Tal vez no pueda cambiar mis sentimientos, pero sí puedo cambiar mi voluntad.

El abuelo asintió al tiempo que se ponía de pie. —Ahora siento deseos de preparar un pastel de fresas —agregó—, y ya que recogimos todas estas ¡pues manos a la obra!

Juan Carlos sonrió, y entraron en la casa.

PARA MEMORIZAR:

"Enséñame a hacer tu voluntad, porque tú eres mi Dios" (Salmo 143:10).

Y ¿QUÉ DE TI?

¿Te has sentido culpable porque en realidad no tenías deseos de obedecer a tus padres o maestros? ¿O porque te cae mal un chico de la escuela? Pídele a Dios que te revele su voluntad en cualquier situación, y dirige tu mente a lo correcto, sin importar si te gusta o no.

TESORO:
Elige hacer lo bueno

SOBRE RIELES

9

de junio

PARA MEMORIZAR:

"Sométase toda persona a las autoridades superiores"
(Romanos 13:1).

Y ¿QUÉ DE TI?

¿Te aburre seguir las normas? ¿Desearías que no existieran? Las normas se crean para ayudarte a disfrutar de la vida, no para aburrirte. Cuídate de obedecer a tus padres y a tus maestros, y por encima de todo, a Dios.

LECTURA BÍBLICA: Romanos 13:1-5

Julio estaba trabajando con su tren eléctrico cuando escuchó que su padre había llegado a casa. En un momento estuvieron juntos en el sótano. —¿Cómo va tu proyecto de trenes? —preguntó el papá.

—¡Bien! —exclamó Julio—. Ya casi está listo para andar.

—¿Y cómo te fue hoy en la escuela? El papá tenía curiosidad de saberlo.

Julio frunció el entrecejo. —Está bien, ya sé lo que quieres saber —dijo—, pero me estoy aburriendo con tantas normas tontas que tenemos. Una norma ridícula dice que no puedes salir al descanso si llegas tarde más de tres veces. En realidad lo único que quieren es fastidiarnos.

—¿Entonces llegaste tarde? — le preguntó el papá.

—¡Solo dos minutos! —declaró Julio—. Me parece absurdo que se preocupen por esos minutos. ¡Al fin y al cabo llegué! Estiró la mano para enganchar dos rieles en su lugar.

—Hmm —murmuró el papá—. Bueno, veamos cómo funciona tu tren. Entonces se dispuso a encenderlo, y el tren comenzó a moverse.

—¡Papá! —exclamó Julio—. ¿Qué estás haciendo? Todavía no he instalado todos los rieles. ¡Va a desbaratarse! Mientras hablaba, el tren dio una vuelta, se salió del riel y se volcó. —Te lo dije —exclamó Julio.

—De modo que el tren necesita rieles, y estos no arruinan su funcionamiento. Más bien permiten que el tren se deslice suavemente, ¿no es así? —preguntó el papá.

Julio asintió. —Claro —dijo en acuerdo.

—Bueno, las normas son como esos rieles —dijo el papá—. Cuando obedeces las normas, ellas te permiten andar por la vida de manera suave y agradable. Si eliges desobedecerlas, te sales del camino y todo parece un desastre. Dios quiere que sigamos las normas de las personas que ha puesto en autoridad sobre nosotros, como los padres y los maestros.

—Ya entendí, papá —admitió Julio al tiempo que recogía su tren—. Los rieles son buenos para los trenes, y las normas son buenas para los chicos.

—Exacto —afirmó el papá—, y para los grandes también.

TESORO:
Obedece las normas

EL CORAZÓN

LECTURA BÍBLICA: Santiago 2:1-4

Cuando Alexandra llegó a la casa después de la escuela, se encontró con su padre en el huerto que tenían detrás de la casa.

—Te ayudaré a recoger unas manzanas, papá —dijo.

—Bien —dijo el papá. Después de un momento preguntó. —¿Cómo te fue hoy en la escuela?

—Bien —respondió Alexandra. Tomó una pequeña manzana roja de una rama y la puso en su canasta.

—Claro que hay una niña nueva. Se llama Juanita, y no me agradó mucho. Parece extraña, como si le sucediera algo. Alexandra notó que su padre fruncía el ceño y se apresuró a cambiar el tema. —¡Oh...! —exclamó al tiempo que extendía la mano para tomar una manzana roja—. Creo que me comeré esta.

—No sé —dijo el papá—. Creo que tiene una mancha negra.

—A mí me parece que está bien —dijo Alexandra, y le dio un gran mordisco—. Ay... ¡que asco! —exclamó. Y al instante escupió el pedazo. —¡Tiene gusanos! Miró la manzana con cuidado. —Por fuera se ve como una diminuta mancha negra, ¡pero adentro es horrible!

El papá sonrió y le ofreció una manzana áspera y deforme. Luego sacó un cuchillo pequeño de su bolsillo y cortó una rebanada. —Toma, Alexandra —le dijo—, prueba un pedazo de esta.

Alexandra lo miró con recelo, pero tomó el pedazo y lo probó. —¡Está deliciosa! —dijo—. Es mucho más sabrosa de lo que se ve por fuera.

—La apariencia de las manzanas no era tan importante como su interior ¿no es así? —le preguntó el papá—. Es importante tenerlo presente con respecto a las manzanas, y también a las personas. Dios nos ordena amar a todos.

Alexandra hizo un gesto tímido de vergüenza. —¿Como Juanita? —preguntó—. Creo que a partir de mañana voy a descubrir lo que hay en su interior.

10 de junio

PARA MEMORIZAR:

"No juzguéis según las apariencias" (Juan 7:24).

Y ¿QUÉ DE TI?

¿Tu actitud hacia las personas depende de su apariencia? Eso es acepción de personas, y a los ojos de Dios es pecado. Más bien descubre lo que hay en el interior de cada persona. Tal vez de ese modo encuentres a un buen amigo.

TESORO:
No juzgues a las personas por su apariencia

PEDAZO DE BARRO

11 de junio

PARA MEMORIZAR:

"como el barro en la mano del alfarero, así sois vosotros en mi mano" (Jeremías 18:6).

Y ¿QUÉ DE TI?

¿Estás dispuesto a dejarte moldear por la mano de Dios? ¿Lees todos los días la Biblia y oras para que el Espíritu Santo te permita comprenderla? Pasa tiempo con Dios a diario, y permítele moldearte para que llegues a ser como Él quiere.

TESORO:
Deja que Dios te moldee

LECTURA BÍBLICA: Isaías 45:9-13

Julián sostenía en su mano un animal hecho de barro pero sin cabeza. —¡Mira mamá! —exclamó—. ¿Cómo puedo llevarlo a la escuela sin cabeza? Abrió lentamente su mano. En ella había un pedazo deforme de barro, duro y seco. —Esta era la cabeza —murmuró—. Olvidé ponerla en el recipiente para que no se secara.

—Lo siento, Julián —dijo la mamá—, pero ya es muy tarde para trabajar en eso. Es hora de ir a la cama y tú necesitas descansar.

—Tengo que entregar mi proyecto escolar, ¡y ahora todo mi trabajo se perdió! —dijo Julián lamentándose. Dejó los materiales en una cómoda, haló sus cobijas y se deslizó en la cama. Todavía gimoteaba antes de despedir el día.

La mamá vio la Biblia que estaba junto al proyecto escolar en la cómoda de Julián. —¿Todavía lees tu Biblia antes de dormir? —le preguntó.

Julián suspiró. —A veces —respondió—, pero últimamente he estado muy ocupado. Además, no la entiendo muy bien. Estiró las sábanas hasta cubrir su barbilla. —¿En verdad piensas que los niños deben leer la Biblia? —preguntó—. ¿No te parece mejor esperar hasta que sea mayor y pueda entenderla?

La mamá tomó el pedazo de barro endurecido. Lo acercó para que Julián lo viera. —Nos parecemos mucho al barro ¿sabes? —dijo.

—¿De veras? —preguntó Julián.

La mamá asintió. —La Biblia nos compara al barro que Dios puede moldear —dijo—. Pero si nuestro deseo es que Dios nos moldee, debemos permanecer suaves. Una manera de lograrlo es leyendo su Palabra, la Biblia.

Julián echó un vistazo al pedazo de arcilla. —Entonces si espero hasta ser mayor para leer la Biblia ya podría estar endurecido, como este pedazo de arcilla —dijo.

—Sí, eso podría suceder —asintió la mamá—. Las personas que han estado alejadas de Dios resultan con frecuencia más duras y menos dispuestas a que Dios las moldee.

—Bueno mami, entonces pásame la Biblia, por favor —dijo Julián—. No quiero endurecerme demasiado para que Dios pueda moldearme.

CONVERSACIÓN CON DIOS

12

de junio

LECTURA BÍBLICA: Mateo 6:5-13

—Ahora vamos a orar —dijo la mamá al tiempo que cerraba la Biblia que estaba leyendo con Darío. Era su tiempo devocional juntos, y estaban solos porque el papá se encontraba lejos de la ciudad.

—Ora tú —dijo Darío—. Yo no sé qué decir.

—Me gustaría comenzar —asintió la mamá—, pero ¿no te gustaría hablar con Dios también? Darío negó con la cabeza. —Hoy no —dijo. Mientras la mamá oraba en voz alta Darío no dejaba de moverse. Esperaba que terminara pronto. Quería salir y jugar. Además —pensó—, en realidad Dios los sabe todo ¿no es cierto? ¿Para qué contarle todo lo que Él ya sabe?

Después de un rato, mientras Darío jugaba afuera, escuchó que sonaba el teléfono. Siguió jugando tranquilo hasta que de repente se le ocurrió que podría tratarse de una llamada de su padre. Entonces corrió a la cocina y vio que la mamá ya había colgado. —¿Era papá? —le preguntó Darío—. Quería hablar con él. Quería contarle que Santiago se enojó conmigo hoy en la escuela y preguntarle qué me aconseja.

—Él también quería hablar contigo —dijo la mamá—, pero al menos ya sabe lo que sucedió con Santiago, pues yo se lo conté.

—No es lo mismo, yo quería contarle —insistió Darío—. Además, hoy no hemos hablado. Quiero conversar con papá.

—Bueno, entonces vamos a llamarlo para que puedan hablar —sugirió la mamá.

Después de que Darío habló con el papá y colgó el teléfono, le hizo un gesto a su mamá. —Papá estaba muy contento de recibir mi llamada —afirmó—. Dijo que le complacía mucho que yo le contara lo que había hecho aunque ya lo sabía.

La mamá sonrió. —A los padres terrenales nos gusta conversar con nuestros hijos, y lo mismo sucede con tu Padre celestial —le recordó su mamá.

Darío asintió lentamente. —Yo... supongo que a Él le gustará que yo le cuente lo que sucedió con Santiago, ¿cierto?

PARA MEMORIZAR:

"orando en todo tiempo con toda oración y súplica en el Espíritu"
(Efesios 6:18).

Y ¿QUÉ DE TI?

¿A veces no sabes qué decir en oración? Solo cuéntale a Dios lo que sucede en tu vida. Él te ama y quiere que converses con Él. Él quiere participar en tu vida cotidiana.

TESORO:
Dios quiere que converses con Él

13

de junio

PARA MEMORIZAR:

"Como son más altos los cielos que la tierra, así son mis caminos más altos que vuestros caminos" (Isaías 55:9).

Y ¿QUÉ DE TI?

¿Te preocupa que un ser querido fallezca? Cuéntale tus temores y penas a Dios. Él tiene un plan perfecto para cada vida, incluso el momento en el que deben partir al cielo. Confía en su bondad a pesar de que no lo comprendas.

TESORO:
Confía en Dios cuando estás triste

CUANDO DIOS DICE NO

LECTURA BÍBLICA: Isaías 55:8-13

Mientras los padres de Eric estacionaban el auto en el patio, él abrió la puerta trasera. —¿El abuelo está bien? —preguntó ansioso al verlos salir del auto.

—Tu abuelo ya no sufrirá más —dijo el papá en voz baja—. Murió esta tarde. Ahora está en su hogar celestial. Eric intentó contener las lágrimas y disimular el nudo que sentía en la garganta. Se marchó mientras su papá trataba de explicarle.

En su habitación, Eric meditaba en todos los planes que se había trazado el abuelo. —"¡No es justo!" —murmuró—. Oré todo el día por el abuelo. Se supone que Dios puede hacer cualquier cosa. Pudo haberlo sanado, pero en realidad pienso que ni siquiera me escuchó.

—Dios siempre escucha, pero a veces su respuesta es "no" —dijo el papá con amabilidad. Hizo una pausa y luego añadió. —Eric, tú sabes que ya era hora de dejarlo ir. Él extrañaba demasiado a la abuela últimamente. Ahora están juntos en el cielo y un día los volveremos a ver también. Eric no aceptó las palabras de su padre. No estaba listo para renunciar a la compañía de su abuelo.

El papá se sentó a su lado. —A veces te enojas cuando nos pides algo que no podemos comprarte o nos pides permiso para hacer algo que te prohibimos —le recordó su papá—. Tú sabes que te amamos y queremos lo mejor para ti, pero también deseas que todo se haga a tu manera. Eric se retorcía. Tenía problemas con su carácter.

—Cuando estés más tranquilo podremos hablar del asunto, y seguir amándonos. Somos una familia aunque no siempre estemos de acuerdo —continuó el papá—. Sucede lo mismo con Dios. Cuando las cosas no suceden como quisiéramos, a veces nos enfadamos y lo alejamos de nuestra vida. Después de superar el enfado, creo que te darás cuenta del gran amor que Dios tiene por el abuelo y por ti también.

—Pero voy a extrañarlo demasiado —dijo lleno de tristeza. Recostó su cabeza sobre el hombro del papá. No se preocupó si podía parecer un bebé.

—Oye, está bien llorar —dijo el papá con ternura—. Podemos llorar juntos. —¡Yo también voy a extrañarlo demasiado!

Eric abrazó a su papá con todas sus fuerzas.

AMOR INCREÍBLE

14

de junio

LECTURA BÍBLICA: 1 Juan 4:9-16

—Me alegra haber traído mis espejuelos para el sol y mi crema protectora —dijo Amanda mientras que se sentaba en la playa—. ¡El sol brilla tanto!

El papá asintió. —¡Parece que tendremos un día esplendoroso! —declaró—. Hace poco leí un artículo en el que afirmaban que el sol emite tanta luz y calor, que alcanzarían para más de doscientos millones de planetas como el nuestro.

—¿De veras? —preguntó Amanda—. ¡Es asombroso!

El papá asintió. —El sol fue creado por un Dios asombroso, tan generoso que todo lo hizo con gran prodigalidad —dijo—. Lo más asombroso es que su amor es tan increíble como el resplandor del sol, ¡y que ama a cada persona como si fuera la única en todo el universo!

Amanda enjugó su frente. —¡Oh! —exclamó al mirar el reloj—. Ya debo irme a casa. Tengo que ayudarle a mi tía Clara esta tarde en el centro misionero.

—Bien —dijo el papá mientras se alistaban para abandonar la playa. —De todos modos me parece que ya pasamos suficiente tiempo bajo el sol. Tal vez tú puedas llevar un poco de luz a esos niños en el centro misionero.

Durante cinco horas aquella tarde, Amanda colaboró en arrullar a los bebés, calentar biberones, servir galletas, recoger juguetes, leer historias, enjugar lágrimas y conciliar riñas infantiles. Llegó a casa exhausta.

—Amanda ¿cómo te fue llevando luz a los niños hoy? —preguntó el papá—. ¿Les llevaste una buena dosis de luz y calor?

—Eso espero —respondió Amanda—, pero la tía Clara y yo sentimos que hace falta más apoyo. Solo podíamos atender a un niño a la vez, pero algunos deseaban acaparar toda la atención.

El papá sonrió. —Bueno, cuando manifiestas amor como hoy, Dios obra —dijo—. Su luz y su amor son mucho más poderosos que el sol, y tú hiciste brillar su amor con esos niños.

PARA MEMORIZAR:

"...si Dios nos ha amado así, debemos también nosotros amarnos unos a otros" (1 Juan 4:11).

Y ¿QUÉ DE TI?

¿Crees que es imposible para Dios alcanzar con su amor a todas las personas de la tierra? Dios ama a toda esa multitud de personas, y su voluntad es que sus hijos hagan brillar su amor en todas partes. ¿De qué maneras podrías demostrarles a otros su amor?

TESORO:
Debemos demostrar a otros el amor de Dios

15
de junio

ESTE VIEJO PLANETA

LECTURA BÍBLICA: Salmo 89:8, 11-13

PARA MEMORIZAR:

"De Jehová es la tierra y su plenitud" (Salmo 24:1).

Y ¿QUÉ DE TI?

¿Recoges empaques, latas o botellas que encuentras en el piso? ¿Tienes cuidado de no dejar basura? Dios te asignó este planeta como tu hogar terrenal. Cuidar la naturaleza es una manera de demostrar que eres un buen administrador de tu planeta.

TESORO:
Cuida la tierra que Dios creó

—Mamá dice que tendremos una cena campestre en el parque —anunció Adela cuando su padre llegó a casa un sábado al mediodía—. ¿Podemos salir pronto?

—Podemos jugar en los columpios antes de comer —dijo Talía.

—Habrá tiempo para todo eso —dijo el papá—, pero primero debo arreglar el garaje y lavar el auto.

Las niñas hicieron un gesto de disgusto. —¿Por qué? —preguntó Talía—. No está tan sucio. Y además es un carro muy viejo.

Entonces fue el papá el que se disgustó. —Tienes razón. Es viejo —respondió—, pero es el único auto que tenemos y Dios nos manda ser buenos administradores de lo que nos ha dado. Ustedes podrían ayudar. Así terminaríamos más rápido.

Las niñas se dispusieron a ayudar a regañadientes. Adela barría el garaje mientras Talía lavaba los paños y el papá sacaba la manguera. Lavaron y brillaron el auto hasta dejarlo resplandeciente.

—¡Miren esto! —dijo el papá satisfecho—. Parece nuevo.

Adela asintió y sonrió. —¿Ya podemos irnos? —preguntó. Y pronto salieron todos.

En el parque el papá empujó a las dos niñas en los columpios. Y luego disfrutaron una deliciosa cena campestre.

—Es tan hermoso este lugar —dijo la mamá—. Las flores, los árboles y el cielo se ven maravillosos.

Después que terminaron de cenar, Adela le ayudó al papá a llevar la basura a un cubo cercano. —Mira esto —observó el papá—. El cubo de basura está lleno y algunas personas la arrojaron al suelo. Es una vergüenza que las personas traten tan mal este viejo planeta.

—Conducimos un auto viejo y vivimos en un planeta viejo —dijo Adela con una risa entrecortada—, pero son los únicos que tenemos por el momento. Dios quiere que seamos buenos administradores de ellos ¿no es así?

—Tienes razón, Adela —dijo el papá animándola—, pensé que tal vez los cubos de basura del parque estarían llenos y traje algunas bolsas de basura. Las sacaré del auto y limpiaremos todo este desorden.

ENSALADA DE FRUTAS

16

de junio

—Mamá, ¿podemos almorzar una ensalada de frutas? —preguntó Isabel.

—Buena idea —dijo la mamá—. Puedes ayudarme a prepararla. Hoy tenemos muchas frutas diferentes que podemos usar. Mientras comenzaban a preparar las frutas, a la mamá se le ocurrió una idea.

—Tal vez podamos escoger nueve frutas diferentes para nuestra ensalada que simbolicen el fruto del Espíritu —dijo—. El versículo para memorizar en la escuela dominical de la semana pasada los enumeraba.

—Está bien —convino Isabel—. Los nombraré a medida que agregamos las frutas. Dispuso algunos pedazos de naranja en la vasija. —A estos los llamaré amor. Los pedazos de piña simbolizarán el gozo. Abrió una lata y los agregó. —¿Qué más tenemos?

—Hay rebanadas de durazno fresco —dijo la mamá—, y un melón para hacer bolitas.

Isabel llamó a los duraznos paz, y a las bolitas de melón paciencia. —A los cubos de manzana los llamaré benignidad y a los de pera bondad —dijo—. Voy a rebanar unas bananas y las llamaré fe.

—Listo, y ahora podemos agregar estas uvas —dijo la mamá. Isabel las denominó mansedumbre.

Isabel echó un vistazo a su alrededor. —Necesitamos una fruta para el dominio propio —dijo—. Tal vez podamos agregar uvas pasas.

—Buen trabajo, Isabel —dijo la mamá sonriendo—. Me enorgullece saber que recuerdas el fruto del Espíritu a la perfección.

A la hora del almuerzo todos saborearon la ensalada.

—Deliciosa hasta la última gota —dijo el papá, mientras mordía el último pedazo de piña.

—Bueno, ya se acabó nuestro fruto del Espíritu —dijo Isabel.

—¡Espero que no! —exclamó la mamá—. Espero que el fruto espiritual esté siempre presente en nuestra vida cotidiana.

El papá asintió. —Las personas no se darán cuenta de que almorzamos el fruto hoy —dijo—, pero mi oración es que por medio del fruto en nosotros vean que nuestra vida le pertenece a Dios.

PARA MEMORIZAR:

"Así que, por sus frutos los conoceréis" (Mateo 7:20).

Y ¿QUÉ DE TI?

¿Los demás pueden ver en ti el fruto del Espíritu? ¿Tu forma de hablar y tu comportamiento demuestran que conoces a Jesús? ¿Tu familia y tus amigos descubren a través de tu "fruto" que tu vida le pertenece a Él? El fruto del Espíritu debe ser evidente en la vida de cada cristiano.

TESORO:
Demuestra el fruto del Espíritu

17

UNAS POCAS FLORES

de junio

PARA MEMORIZAR:

"...al que sabe hacer lo bueno, y no lo hace, le es pecado" (Santiago 4:17).

Y ¿QUÉ DE TI?

¿Haces lo correcto? ¿Tratas de pensar por ti mismo antes de seguir las ideas de otros? A diario debes tomar muchas decisiones. Pídele a Dios que te ayude a tomar las que son correctas y a actuar como es debido.

TESORO:
Practica el bien

LECTURA BÍBLICA: Efesios 5:8-11, 15-17

—No sé qué regalarle a mi mamá para su cumpleaños —le dijo Ernesto a su amigo Daniel—. No tengo mucho dinero.

—Ya sé lo que le puedes comprar —dijo Daniel rápidamente—, y no cuesta nada. Luego lo llevó hacia el jardín de flores de la señora Martínez. Ella tenía las flores más hermosas del barrio. —Aquí es donde consigo los regalos de cumpleaños para mamá —agregó Daniel, señalando los racimos de flores.

Ernesto se sentía confundido. —¿Lo que me propones es que robe las flores de la señora Martínez? —preguntó.

—No lo veas de esa forma —respondió Daniel—. Ven y toma algunas flores cuando sepas que no está en casa. Tiene tantas flores que ni siquiera lo notará.

A mamá le encantan las flores —pensó Ernesto, y es cierto que la señora Martínez tiene demasiadas. Seguramente no le importará que tome unas, así que tal vez esté bien hacerlo. ¿Pero podría decirse que eso es robar? Robar es pecado. Le preguntaré a papá.

Ernesto encontró a su papá leyendo el periódico. —Papá, ¿tú crees que la señora Martínez se molestaría si yo tomara algunas de sus flores para dárselas a mamá en su cumpleaños? —preguntó Ernesto.

—No lo sé —dijo el papá, quien no apartó su vista del periódico—. ¿Por qué no le preguntas?

—¿Preguntarle? —repitió Ernesto—. ¡Los chicos dicen que ella no es muy amable!

El papá sonrió. —Tal vez te lleves una sorpresa —le dijo.

Después de pensarlo un rato, Ernesto tomó una decisión. Me da miedo, pero voy a preguntarle —pensó. Se estremeció mientras golpeaba a la puerta de la señora Martínez. Cuando por fin abrió, Ernesto presentó su solicitud sin dar un solo respiro, y luego esperó la respuesta. Se sorprendió mucho al ver la amable sonrisa en el rostro arrugado de la señora Martínez.

—¿No crees que tu mamá se sentiría muy orgullosa de ti si supiera que ganaste las flores por ayudarme en el jardín? —preguntó—. Vuelve mañana, y arreglaremos los detalles degustando un pedazo de pastel de chocolate.

Ernesto suspiró aliviado al despedirse y volver a casa. Estaba muy contento de haber hablado con la señora Martínez.

NUBES SIN AGUA

de junio

LECTURA BÍBLICA: Eclesiastés 5:2-7

Lucas permaneció en la ventana mirando cómo se alejaba una nube oscura que se vislumbraba en el firmamento. —"¡Esa tonta nube no sirvió para nada!" —murmuró—. Esperaba que lloviera para no tener que cortar el césped del patio de la señora Suárez. Lucas se sentó a mirar la televisión. —Bueno, de todas formas no lo haré hoy. Quizá llueva más tarde.

—La señora Suárez te espera en quince minutos ¿cierto? —le preguntó su papá.

—Sí, pero no importa —dijo Lucas—. El prado estará allí mañana. Además, este es uno de mis programas favoritos.

El papá se asomó a la ventana para ver la nube que acababa de desaparecer en el horizonte. —Parece que aquella nube traía lluvia, pero ya no hay esperanza —dijo—, y creo que se divisa otra nube sin agua en medio de la sala.

Lucas miró por todas partes. —¿En la casa? —preguntó.

El papá asintió. —A veces las personas se comportan como esa nube —dijo—. Hacen promesas, pero a la hora de cumplirlas desaparecen. Luego miró a su hijo con seriedad.

De repente el programa de televisión ya no resultó interesante para Lucas. —Supongo que te refieres a mí —dijo—. Si no cumplo mi promesa creo que la señora Suárez pensará de mí lo mismo que yo pienso de esa nube tonta. Lucas se puso de pie y apagó el televisor. —Iré ahora mismo.

El papá sonrió e hizo un gesto de aprobación. —No solo la señora Suárez y yo nos sentiremos complacidos. Dios nos ha dicho en su Palabra que debemos cumplir nuestros "votos" o promesas, y sabemos que eso también le agrada.

PARA MEMORIZAR:

"Mejor es que no prometas, y no que prometas y no cumplas" (Eclesiastés 5:5).

Y ¿QUÉ DE TI?

¿Has hecho promesas que al final no querías cumplir? Ten cuidado con hacer promesas. No estás obligado a prometer, pero si prometes debes cumplir tu palabra. De ese modo no solo agradarás a las personas, sino también a Dios.

TESORO:
Cumple tus promesas

19

de junio

PARA MEMORIZAR:

"para que andéis como es digno del Señor... llevando fruto en toda buena obra"
(Colosenses 1:10).

Y ¿QUÉ DE TI?

¿Tu vida lleva fruto para el Señor? ¿O más bien está llena de malezas como la ira, la desobediencia y la envidia? Pídele a Jesús que te ayude a arrancar de tu vida todo pecado para que puedas llevar fruto para Él.

TESORO:
Límpiate de todo pecado

EL HUERTO

LECTURA BÍBLICA: Juan 15:1-8

Leonardo miró con desagrado la parte del huerto que le correspondía. Durante la primavera le había rogado a sus padres que le dieran una parte del huerto para él solo, y ellos accedieron. Ahora había tanta maleza que era casi imposible ver sus plantas de tomate. Su parte no se veía como un huerto, sino como un matorral de diente de león y otras plantas silvestres. En seguida observó la parcela de su mamá. Ella estaba agachada junto a sus plantas, arrancando malezas con sus manos. Surcos de habichuelas y pimientos en perfecto orden ya estaban brotando.

La mamá subió la mirada y vio que Leonardo la observaba. Se apoyó en una piedra para ponerse de pie y caminar hacia él. Ambos permanecieron en silencio durante un momento, contemplando las malezas que habían invadido la parcela de Leonardo. —Un poco desordenado ¿no? —comentó Leonardo.

La mamá asintió y se inclinó para arrancar un poco de maleza.

—Pero si hace poco lo desyerbé —dijo Leonardo con voz lastimosa.

La mamá se arrodilló y comenzó a arrancar más malezas.

—¿Sabes en qué me hace pensar esta maleza? —preguntó—. Se me ocurre que las malezas son como los pecados en la vida de una persona. Tanto la maleza como el pecado crecen muy rápido y se convierten en un desorden inimaginable. La mamá observó las malezas que tenía en la mano.

—Si no arrancamos la maleza con frecuencia crecerán rápido y en poco tiempo arruinarán el huerto. Asimismo, si no arrancamos el pecado con frecuencia, arruinará el fruto que podemos dar para el Señor.

Leonardo también miró las malezas que tenía su mamá en la mano. —Vamos —dijo animándolo—. Te ayudaré a limpiar tu huerto. Pero recuerda que es mucho más importante limpiar tu vida confesando tus pecados a diario y apartándote de ellos para que no puedan echar raíces ni crecer.

Leonardo asintió concienzudamente. —No cabe duda de que las malezas pueden tomar mucha ventaja —dijo. Luego se arrodilló y junto con su mamá comenzaron a limpiar su porción del huerto.

FALTANTE

20

de junio

LECTURA BÍBLICA: Mateo 18:10-14

Mientras Carolina servía un poco de leche en un vaso, la foto impresa en la caja atrajo su atención. Debajo de la foto estaba escrita la frase "¿ha visto a este niño?" —¿Sabes qué? —dijo Carolina—. Me haría muy feliz poder encontrar a uno de esos niños. Debe ser horrible sufrir un secuestro o perderse lejos de casa. ¡Sus padres deben sentirse tan angustiados!

—Seguro que sí —afirmó la mamá.

—Recuerdo cuando regresé a casa de la escuela con Mayra y olvidé llamarte —dijo Carolina. —Estabas tan angustiada que gritabas por todas partes para encontrarme.

—Estaba muy preocupada —recordó la mamá—, y sentí un gran alivio cuando por fin te encontré.

—Lo sé, tan aliviada que comenzaste a regañarme —dijo Carolina riendo—. Pero desde entonces aprendí que siempre debo contarte mis planes antes de llegar a casa. De todas formas me gustaría encontrar a algún niño perdido y ayudar para que otros padres ya no vivan más angustiados.

Carolina se imaginó vigilando los parques en busca de niños que se vieran asustados y solos. Necesitaré muchas monedas para llamadas telefónicas —pensó—, y llevaré algunos libros para que los niños se entretengan mientras llegan sus padres. ¿O tal vez sea mejor llevarlos hasta su casa? Bueno. Luego pensaré en eso. Primero tengo que encontrar a algún niño perdido, ¡y eso parece poco probable!

—¿Sabes, mamá? —dijo—. Creo que nunca encontraré a uno.

—Bueno —dijo la mamá—, estaba pensando que quizá ya conocemos algunos "niños perdidos".

La cuchara de Carolina se precipitó con fuerza en el plato. —¿Conoces a algunos? —preguntó. Observó de nuevo el rostro de cada uno de los niños en la caja de leche. —¿Has visto a este niño que se llama Gustavo Márquez, mami?

La mamá negó con la cabeza. —En realidad me refiero a los niños que están "perdidos" porque no pertenecen a la familia de Dios —explicó—. Conocemos a muchos niños, pero muchos no conocen a Jesús. Debemos contarles acerca de Él y decirles que Él los invita a "volver a casa", lo cual significa pertenecer a la familia de Dios.

PARA MEMORIZAR:

"Porque el Hijo del Hombre vino a buscar y a salvar lo que se había perdido"
(Lucas 19:10).

Y ¿QUÉ DE TI?

¿Sabías que los niños que no conocen a Jesús están "perdidos" en sus pecados? Es imposible para ti rescatarlos. Solo Jesús puede. En cambio, puedes contarles acerca de Él. Asimismo, invitarlos a lugares donde puedan escuchar de su amor. Esfuérzate por llevarlos al lugar donde Jesús pueda "encontrarlos".

TESORO:
Háblales a otros niños acerca de la familia de Dios

21
de junio

PARA MEMORIZAR:

"Gustad, y ved que es bueno Jehová" *(Salmo 34:8).*

Y ¿QUÉ DE TI?

¿Has invitado a tus amigos a la iglesia? ¿Les has contado acerca de Jesús? Si algunos se han burlado y piensan que eres un tonto por lo que crees, no discutas. Muéstrate amigable y acéptalos al igual que Jesús los acepta. Después de un tiempo tal vez tus amigos sientan la curiosidad y el deseo de "venir y ver" lo que ocurre en la iglesia. Y lo mejor de todo es que podrían llegar a conocer a Jesús.

TESORO:
Sé un cristiano amigable

VEN Y VE

LECTURA BÍBLICA: Juan 1:44-51

—Oye, Camilo —exclamó Miguel buscando alcanzar a su amigo en el pasillo de la escuela—. ¿Quieres venir conmigo a la iglesia el domingo? Durante meses Miguel había invitado a Camilo para que lo acompañara a la iglesia.

—No —dijo en tono de burla. —Voy a mirar un partido de fútbol en la televisión. ¡Nada me impedirá ver ganar a mi equipo favorito!

—Tendrás mucho tiempo para eso —le dijo Miguel.

Camilo se rió. —Bueno, te he dicho muchas veces que incluso sin un partido de por medio, no creo que sienta deseos de ir a la iglesia —respondió—. De vez en cuando se te ocurren ideas tontas ¿no? Mejor dicho, los domingos.

—La iglesia no es una tontería. ¡Es grandiosa! —afirmó Miguel.

—¡La iglesia es una tontería! —insistió Camilo.

—¡No lo es!

—¡Sí!

—¡No!

—Olvídalo, Miguel —rezongó Camilo—. No voy a ir.

Miguel se fue decepcionado. Desearía que Miguel viniera, pero no debí discutir con él acerca de eso —pensó. Se acordó de la historia de Felipe y Natanael narrada en la Biblia. Cuando Felipe le habló a Natanael acerca de Jesús de Nazaret, este exclamó "¿de Nazaret puede salir algo bueno?" Felipe no se enojó. Simplemente le dijo "ven y ve".

De todas formas lo importante no es ir a la iglesia —pensó Miguel—, sino conocer a Jesús. Tal vez solo por medio de nuestra amistad Camilo se dará cuenta de que conocer a Jesús es grandioso.

—Camilo ¡espera! —lo llamó Miguel corriendo detrás de su amigo—. Siento mucho haber discutido contigo acerca de ir a la iglesia. En realidad pienso que se agradaría mi clase de la escuela dominical, me gustaría que vinieras un día para que vieras por ti mismo lo interesante que es. Pero ¿qué te parece si vienes a mi casa el próximo domingo después de llegar de la iglesia? Podríamos ver juntos el partido.

—¿Aunque no te acompañe a la iglesia? —preguntó Camilo sorprendido.

—Claro —dijo Miguel—. ¿Qué bocadillos quieres que te preparemos?

NO ME ENCIERREN

22

de junio

—¡Mira esto! —exclamó Alberto al tiempo que señalaba a un artículo en el periódico—. En la ciudad van a exigir el cumplimiento absoluto de la norma que obliga a los dueños encerrar a los perros dentro de su propiedad. A Motas no le gustará estar encerrado.

—Creo que no —convino la mamá. Rió mientras agregaba. —Pero ese conejo del jardín del señor Vázquez va a sentir un gran alivio. Motas no ha hecho otra cosa que desesperarlo.

—Voy a mostrarle el artículo y se lo leeré —dijo Alberto bromeando—. También le daré una seria lección acerca del malvado perrero.

La mamá se rió. —Anda hijo —declaró.

Alberto tenía razón. A Motas no le gustó que lo encerraran, y no dejaba de cavar por fuera del patio. Cuando intentaron amarrarlo a una cadena aullaba sin parar.

—¡Ese Motas! —exclamó Alberto un día en el cual notó que su perro se había escapado de nuevo—. Iré a buscarlo.

Alberto salió a buscar a su perro, pero no lo encontró. Una vecina salió y le dijo que había visto al perrero llevárselo. Alberto lloraba mientras le contaba lo sucedido a la mamá.

—Es posible traerlo de nuevo, ¿no es así? —preguntó.

—Claro que sí —le dijo su mamá confiada. Luego hizo un gesto. —Pero tú sabes que volverá a salir —dijo—. En realidad no sé qué vamos a hacer con él.

De regreso a casa el papá se detuvo para recoger a Motas en la perrera. —El tío Roberto dice que si necesitamos un lugar para Motas podríamos dejarlo en la finca —dijo el papá—. Allá puede correr libre. Lo extrañaremos, pero podemos visitarlo.

—Está bien —convino Alberto—. Al menos será mejor que no volverlo a ver. Suspiró.

—Si tan solo Motas entendiera que el patio es un lugar que le ofrece protección y seguridad —dijo—. Entonces comprendería por qué lo encerramos o lo amarramos. Frunció el entrecejo. —Perro tonto —agregó, pero con ternura acarició la cabeza de Motas.

El papá sonrió. —¿Sabes Alberto? Nosotros nos comportamos a veces igual que Motas —dijo—. A veces también nos sentimos encerrados por normas que nos desagradan. Pero Dios ha puesto en nuestra vida a padres, maestros, policías... e incluso normas que nos dan seguridad y protección.

PARA MEMORIZAR:

"Obedeced a vuestros pastores" (Hebreos 13:17).

Y ¿QUÉ DE TI?

¿Estás dispuesto a obedecer las autoridades que Dios ha puesto en tu vida y a las normas que debes seguir? Nunca serás demasiado viejo para someterte a las reglas que rigen en la vida. Siempre habrá personas en autoridad sobre tu vida. Dios dice que debes obedecerlas.

TESORO:

Las normas existen por tu bien

23

de junio

PARA MEMORIZAR:

"...prepárate para venir al encuentro de tu Dios" **(Amós 4:12).**

Y ¿QUÉ DE TI?

¿Tu mamá, o papá, o tal vez uno de tus abuelos o amigos partieron para estar con Jesús? ¿Volverás a verlos? Así será, si has aceptado a Jesús como tu Salvador. ¿Ya lo hiciste? Si no, ¡pon tu confianza en Él ya mismo!

LECTURA BÍBLICA: Apocalipsis 21:2-4, 22-27

Era más de la medianoche cuando el señor Jiménez despertó a sus cuatro hijos Juan, Ester, Pablo y Rut. Mientras los ayudaba a vestirse, les explicó de la manera más cuidadosa y tierna posible, que iban al hospital para ver a su mamá. Hace un tiempo los médicos habían dicho que no se mejoraría. Ahora ella quería verlos, y ellos sabían que no le quedaba mucho tiempo. A pesar de las lágrimas que brotaban, prometieron ser valientes.

Cuando se aproximaron a la cama donde yacía su mamá, ella los saludó con gran amor.

—No lloren por mí —les dijo—. Voy a estar con Jesús. Tenía deseos de verlos otra vez. Luego los llamó uno a uno para que se acercaran. Primero Rut, la más pequeña, luego Pablo y luego Ester. Les dijo "te amo", y recordó el día en el que habían aceptado a Jesús. En seguida le dijo a cada uno "buenas noches, mi amor. Te veré en el cielo".

Por último, llamó a Juan, su hijo mayor. Sostuvo su mano mientras rememoraba algunos momentos hermosos. Después de decirle que lo amaba le dijo "adiós, mi amor".

—¿Adiós? —repitió Juan—. Mami, ¿por qué me dices "adiós" a mí? Les dijiste "buenas noches" a mis hermanos.

—Tus hermanos han aceptado a Jesús como su Salvador, y un día nos encontraremos en el cielo —dijo—. Pero tú todavía no eres salvo, Juan, y aunque me parte el corazón, debo decirte adiós. A menos que recibas a Jesús como tu Salvador, tu nombre no estará escrito en el libro de la vida del Cordero, y nunca te volveré a ver.

—N... no me digas adiós, mamá —lloró Juan—. Yo... yo reconozco que he hecho muchas cosas malas y que necesito ser salvo. He pensado mucho en eso. Juan hizo una pausa. Luego añadió. —Antes de irte, ¿quisieras orar conmigo? Yo... yo también quiero que Jesús sea mi Salvador.

Allí, junto a la cama de su madre, Juan inclinó su cabeza y le confesó a Jesús que era un pecador y que deseaba ser salvo. Su madre dichosa oró aquella noche.

—Gracias, Jesús, por permitirme conservar mi familia por toda la eternidad.

TESORO:
Prepárate para tu encuentro con Dios

LAS NIÑAS DE TUS OJOS

24

de junio

LECTURA BÍBLICA: Proverbios 7:1-4

Sara cerró sus ojos y se agachó rápidamente al ver que un lápiz lanzado al aire se aproximaba para golpearla. Cuando escuchó que rebotó en su escritorio y luego cayó al piso, se enderezó y le lanzó una mirada a Jaime, que se mofaba. —Casi me pegas en el ojo —dijo Sara con enfado.

—Jaime... Sara... ¿qué está sucediendo? —preguntó la señorita Navarro al tiempo que se dirigía hacia ellos.

—¡Jaime lanzó un lápiz y casi me golpea en un ojo! —dijo Sara.

—Ella pidió un lápiz y yo solo le estaba pasando uno —respondió Jaime con prontitud—. Mi intención no era lastimarla.

—Pues sí —dijo Sara acusándolo.

—Pues no —insistió Jaime.

—Jaime —dijo la señorita Navarro con firmeza—, debes tener más cuidado. Pudiste haber lastimado a Sara aunque no era tu intención. Jaime asintió, pero seguía protestando.

—Sara ¿ves que Jaime no quería lastimarte? —preguntó la señorita Navarro. Sara miró a Jaime y asintió.

Esa tarde en su casa, Sara les comentó a sus padres lo que había aprendido. —Aprendimos que nuestros párpados poseen un reflejo que les permite cerrarse cuando algo se acerca a nuestra cara —comentó—. Eso ocurre porque nuestros ojos son delicados y podrían sufrir daños con facilidad. Sin ese reflejo muchas personas podrían quedar ciegas.

La mamá asintió. —Todos tratamos de cuidar mucho nuestros ojos porque son muy importantes —dijo.

—¿Sabías que a veces Dios se refiere a sus hijos como "la niña de sus ojos"? —preguntó el papá.

—Es una expresión curiosa —dijo Sara—. ¿Qué significa?

El papá sonrió. —"La niña de sus ojos" se refiere a algo de sumo valor —dijo—, lo cual evidencia que el pueblo de Dios es de mucho valor para Él. La Biblia también dice que debemos guardar sus mandamientos como "la niña de sus ojos". Debemos estimar y valorar la Palabra de Dios. Si ella es importante para nosotros la tendremos en cuenta y la obedeceremos.

PARA MEMORIZAR:

"Guarda mis mandamientos y vivirás, y mi ley como las niñas de tus ojos" (Proverbios 7:2).

Y ¿QUÉ DE TI?

¿Cómo tratas la Palabra de Dios? ¿Es importante para ti? ¿La lees a diario? Leer y obedecer las promesas y las enseñanzas divinas te permitirá valorarla más.

TESORO:
Estudia y obedece la Palabra de Dios

25
de junio

¿ROBARÍAS?

LECTURA BÍBLICA: 1 Tesalonicenses 2:10-13

PARA MEMORIZAR:

"No hurtarás"
(Éxodo 20:15).

Y ¿QUÉ DE TI?

¿Entiendes que hacer trampa está mal o consideras que es "una ayudita" y nada más? En realidad es robar. Es pecado, y debes confesarlo a Dios y quizá también a otros.

Cuando Armando regresó de la escuela, le mostró a la mamá su examen de historia con gran orgullo. —¡Vaya! —exclamó ella.

—Es fantástico. Debo admitir que me sorprende, porque no estudiaste mucho. Luego miró el examen. —Recuerdo que también estudié estas cosas —dijo—. ¿Qué te parece si jugamos a que yo te hago preguntas y luego tú me interrogas a mí? Vamos a ver quién sabe más.

—Ay, mamá —razonó Armando—. Quiero irme a jugar. Pero la mamá insistió, y pronto descubrió que Armando sabía poco o nada de lo que estaba escrito en el examen.

—Armando, ¿hiciste trampa? —le preguntó la mamá.

—Bueno... no precisamente —dijo Armando con voz entrecortada—. Es decir, muchos niños soplaron algunas respuestas. Eso es normal.

—Tal vez ellos lo hagan, pero eso no significa que esté bien —respondió la mamá con firmeza—. Además, tú dices que has aceptado a Jesús como tu Salvador. ¿No te parece que deberías comportarte diferente?

—Sí, bueno... supongo. Pero soy humano —dijo Armando defendiéndose—, y en realidad no es tan malo. Es solo... es como una pequeña ayuda y nada más.

—Armando, ¿te atreverías a robar? —le preguntó su mamá.

—¡Claro que no! —respondió Armando—. Robar es malo. Es un mandamiento.

—Exacto —convino la mamá—. Y ¿qué es robar?

—Bueno, es tomar algo que no te pertenece —respondió Armando.

—Tu respuesta es correcta. La mamá asintió mientras sostenía en su mano el examen. —Y tú tomaste estas respuestas que no te pertenecían. Las robaste, hijo.

—Yo... eh... Armando no sabía qué decir. —No era mi intención robar —dijo por fin.

La mamá movió su cabeza de lado a lado. —No —dijo—, tal vez no, pero lo hiciste. Tendrás que devolverle el examen a tu maestra mañana y confesar que hiciste trampa esta vez y también en otras ocasiones. Ella decidirá lo que corresponda. Por ahora deberías confesarlo al Señor y pedirle que te perdone. Y luego, en vez de jugar después de la escuela, te quedarás en casa hasta que estudies todos los temas del examen.

TESORO:
Hacer trampa es robar

EN UN MINUTO

LECTURA BÍBLICA: Salmo 119:57-64

de junio

"En un minuto" —dijo Lucas cuando su padre le ordenó sacar la basura. Cuando la mamá le recordó limpiar su habitación, Lucas respondió "listo en un minuto". Cuando le pidieron que cortara el césped su respuesta fue "espera un minuto. Estoy ocupado". Pero el "minuto" se prolongó mucho más, y en numerosas ocasiones tuvieron que repetirle que cumpliera con las tareas encomendadas.

Una tarde, después de la cena, Lucas le pidió a su papá que jugaran básquetbol un rato. —Claro, Lucas. El papá asintió. —Espera un minuto.

Lucas salió y se paseó en bicicleta frente a la casa mientras esperaba. Finalmente regresó donde su papá. —¿Cuándo vas a salir? —le preguntó.

El papá se asomó por encima del periódico. —Ah, en un minuto —respondió, y siguió leyendo.

Lucas esperó un rato, y luego volvió a preguntar... una y otra vez. Cada vez que preguntaba obtenía la misma respuesta.

—Pero papá —protestó Lucas al fin—, ya me has dicho cuatro veces lo mismo. Eso fue hace media hora.

La mamá lo miró con una sonrisa. —¿Sabes? No nos importa que otros esperen —dijo—, pero detestamos que nos hagan esperar, ¿no es así?

—¿Qué quieres decir? —preguntó Lucas. En realidad temía saber la respuesta.

—Muchas veces nos dices que harás algo "en un minuto", y luego tardas en cumplirlo —fue la respuesta de la mamá que tanto temía.

El papá asintió. —Quise darte hoy un poco de tu propia medicina —añadió. Luego hizo una pausa. —En realidad todos podemos aprender algo de esto. Para todos resulta fácil pedirle a Dios que espere. Por ejemplo, a veces me propongo hablarle a alguien del Señor "en un minuto" y luego jamás lo cumplo.

—Me alegra que Dios no haga lo mismo —dijo la mamá pensativa—. ¿No sería terrible que al necesitar su ayuda Él nos dijera "en un minuto. Estoy ocupado con alguien más"? Seamos diligentes en llevar a cabo lo que Él nos manda.

—Sí —dijo el papá—, y eso también significa obedecer a tus padres con prontitud. Se levantó. —Vamos a jugar básquetbol. No dejemos pasar más minutos.

PARA MEMORIZAR:

"Me apresuré y no me retardé en guardar tus mandamientos" (Salmo 119:60).

Y ¿QUÉ DE TI?

¿Te gusta posponer las cosas "un minuto" o más bien obedeces rápidamente? Pídele a Dios que te ayude a cumplir de inmediato con las tareas que te asignan cada día. No pospongas las responsabilidades que Dios te encomienda. La obediencia inmediata le agrada.

TESORO:
Obedece rápidamente

27
de junio

PARA MEMORIZAR:

"...sé ejemplo de los creyentes"
(1 Timoteo 4:12).

Y ¿QUÉ DE TI?

¿Tienes una "sombra", un hermano pequeño o vecino que te sigue a todas partes? O tal vez alguien que no conoces te sigue. Sé un buen ejemplo. Para lograrlo, necesitas tener un buen líder, al Señor Jesús. Enséñales a otros a seguirlo así como tú lo sigues.

TESORO:
Sé un buen ejemplo

LA SOMBRA

LECTURA BÍBLICA: 1 Timoteo 4:12-16

Pablo y su amigo Raúl salieron a ver una obra cercana, y como siempre Ricardo, de apenas cuatro años, quiso acompañarlos. —¿Ves esa puerta abierta? —preguntó Raúl, después de observar un momento—. Acerquémonos y echemos un vistazo. Si actuamos con seguridad nadie nos cuestionará. ¡Vamos!

Pablo dudó. —Ese aviso dice "no se acerque" —dijo.

—Si tienes miedo quédate aquí como una gallina —se mofó Raúl—. Yo voy a entrar.

—Espera —exclamó Pablo. Se volvió a Ricardo. —Siéntate aquí y espérame —le ordenó—. No me tardo. Ricardo observó mientras los chicos atravesaban la puerta y llegaban al otro lado de la cerca.

Ricardo no tardó en aburrirse y salir en busca de su hermano. En el área de la construcción volaban ladrillos mientras derribaban un viejo edificio. —¡Oye! —gritó un obrero que avistó a Ricardo—. ¿Quieres que te maten? Tomó a Ricardo rápidamente y se lo llevó al encargado de la obra. Pronto descubrieron también a Pablo y a Raúl, y los llevaron al encargado.

—Lo sentimos —dijeron avergonzados—. Nunca volveremos a entrar. Pablo miró a Ricardo.

—Vamos —le dijo—. Volvamos a casa.

—No tan rápido —dijo el encargado—. Voy a enviarlos con alguien para asegurarme de que en realidad regresen a la casa, y de que sus padres sepan lo que sucedió. Así fue como los tres niños regresaron a la casa de cada uno de ellos.

—Niños, los hubieran podido lastimar gravemente —dijo el papá regañándolos—. Ese obrero dijo que Ricardo estuvo a punto de ser golpeado por unos ladrillos.

—Le dije a Ricardo que se quedara afuera —protestó Pablo.

—Pero tú no te quedaste afuera —señaló el papá—. A veces tú y tus amigos llaman a Ricardo "la sombra" porque los sigue a todas partes. Debes tener cuidado en decidir a quién sigues tú, sabiendo que Ricardo irá tras de ti. La Biblia dice que si bien eres joven, debes ser un buen ejemplo para que los demás te sigan.

Pablo suspiró, y al saber que estaba castigado por un mes, se dio cuenta de que era mejor no protestar.

BATIDO DE CHOCOLATE

28

de junio

LECTURA BÍBLICA: Proverbios 15:1-4

Pamela miró horrorizada cuando su batido de chocolate se derramó sobre la mesa. —¿Acaso no puedes dejar mis cosas quietas, Jennifer? —gritó.

—Yo no quería derramarlo —dijo Jennifer. Sus labios temblaban. —Solo quería un sorbo para probarlo.

La mamá llevó a la mesa toallas desechables. —Toma, Jennifer —dijo—. Las niñas grandes limpian lo que ensucian.

—No, espera —dijo Pamela—. ¡Quiero tomármelo! Tendremos que volverlo a echar en el vaso.

—No entiendo cómo piensas hacerlo —dijo la mamá.

Pamela tomó una cuchara y trató de recoger la bebida cremosa y oscura. Fue inútil. —Lo compré con mi dinero —refunfuñó—, y no tenías derecho, Jennifer.

—Yo... lo siento —murmuró Jennifer.

—Vas a tener que comprarme otro la próxima vez que vayamos al centro comercial —le informó Pamela.

—Pero yo no tengo tanto dinero —dijo Jennifer lamentándose.

—Entonces ahorra —dijo Pamela enojada y mirando a Jennifer—. Desearía no tener una hermana menor.

—Vete a tu cuarto, Jennifer —ordenó la mamá—. Luego hablaremos del asunto. Después que Jennifer se fue, la mamá se volvió a Pamela. —Jennifer no debió tocar tu batido, pero eso no es excusa para decir palabras desconsideradas.

Pamela subió la mirada mientras limpiaba el mostrador. —No es justo —continuó—. Jennifer daña mis cosas, y tú me regañas a mí.

—Debes entender —dijo la mamá—, que desear no tener una hermana es mucho más grave que derramar un batido.

—Bueno... me porté mal —murmuró Pamela—. No fue mi intención.

—Podemos estar enfadados y sin embargo, cuidar nuestras palabras —comentó la mamá—. De lo contrario, las palabras pueden derramarse y provocar un desastre mucho mayor que el causado por el batido. Y recoger las palabras es aún más difícil que volver a poner el batido en un vaso. De hecho, tal vez nunca puedas recoger las palabras, pero al menos pienso que deberías intentar reparar el daño, ¿no crees?

Pamela suspiró, pero asintió, y se dispuso a ir al cuarto de Jennifer para pedirle perdón.

PARA MEMORIZAR:

"Sean gratos los dichos de mi boca... delante de ti, Oh Jehová" (Salmo 19:14).

Y ¿QUÉ DE TI?

¿Tienes cuidado de no decir palabras imprudentes y cargadas de ira? A veces es difícil controlarse, pero después que las has pronunciado es imposible retomarlas. Pídele a Dios que te ayude a controlar tu lengua.

TESORO:
Controla tu lengua

CONCHAS ROTAS

29
de junio

PARA MEMORIZAR:

"¿Quién dio la boca al hombre? ¿o quién hizo al mudo y al sordo, al que ve y al ciego? ¿No soy yo Jehová?"
(Éxodo 4:11).

Y ¿QUÉ DE TI?

¿Conoces a personas que se ven "diferentes"? Dios las creó así por razones que no comprendemos. Él quiere que las aceptemos, que hablemos y juguemos con ellas, y que les demostremos el amor de Jesús.

TESORO:
Dios creó a cada persona como es

LECTURA BÍBLICA: Salmo 139:14-16; Éxodo 4:10-11

Nelson y su hermana Laura se divertían de maravilla en sus vacaciones junto al mar. Pasaron horas en la playa nadando, construyendo castillos de arena, buscando conchas y haciendo nuevas amistades. —¿Quieres venir con Ernesto y conmigo para buscar conchas? —le preguntó Nelson un día—. Él sabe dónde encontrar las más grandes.

—¿Ernesto? No pensarás jugar con él ¿o sí? —respondió Laura—. Él habla tan chistoso. Habla como un bebé, ¡y está todo tullido!

—¿Y qué? Eso no significa que no pueda jugar con él —respondió Nelson—. En realidad es muy simpático, y me agrada.

—Bueno, si te descuidas tal vez tampoco querrán jugar contigo —declaró Laura—. Yo buscaré mis propias conchas. Se volvió y partió en dirección opuesta.

Cuando Laura regresó a casa esa tarde, notó que Nelson había llegado antes, y que tenía muchas conchas realmente hermosas. —¡Oh! ¡Son tan grandes! —exclamó Laura—. Las únicas conchas enteras que encontré eran pequeñas. Me gustan mucho más las tuyas. Suspiró y añadió. —Desearía haber ido contigo.

—¿Aunque haya ido con Ernesto? —le preguntó Nelson.

Laura se sonrojó y miró a la mamá.

—Esa es una buena pregunta —dijo la mamá—. Nelson me contó lo que piensas de Ernesto. Tomó una de las conchas de Nelson y se la pasó a Laura. —Mira esta con cuidado —le dijo.

Laura tomó la concha y la examinó de cerca. —¡Tiene un borde roto! —dijo sorprendida. Luego tomó otra. —Esta también tiene una pequeña grieta.

—Sí —dijo la mamá—, pero de todas formas son hermosas ¿no te parece?

Laura asintió. —Yo solo tomé las que no tenían defectos, pero estas son más hermosas aunque no sean perfectas.

—Me parece que has tratado a las personas del mismo modo que a las conchas —dijo la mamá—. Ernesto no te parece perfecto, así que lo "desechas" y te niegas a jugar con él. Laura miró avergonzada mientras su mamá continuaba.

—Dios nos hizo a todos, incluso a Ernesto. No siempre entendemos por qué Dios hace ciertas cosas, pero Él tiene un propósito para todo y para todos. Debemos recordar que cada persona es especial para Él.

DOS TESOROS DIFERENTES

30 de junio

LECTURA BÍBLICA: Lucas 12:16-21

"Allá va" —dijo Fernando mientras observaba que el avión despegaba. El señor López, que era un amigo de la familia y trabajaba como misionero en África, había visitado a la familia la semana pasada.

—Sin duda él trabaja mucho, ¿no es así? —agregó Fernando.

El papá asintió. —Sí, pero como él mismo dice, vale la pena porque muchas personas están conociendo a Jesús.

De regreso a casa con su familia pasaron junto a una gran mansión junto a la cual había muchos carros estacionados, y muchas personas se arremolinaban.

—La señora Márquez vivía allí. Era una señora muy adinerada que en realidad se aferraba a sus riquezas —dijo la mamá—. Siempre temía que otros pudieran robarle sus posesiones. Hace poco murió, y leí en el periódico que habría una subasta de sus bienes. Sus herederos están vendiendo todo y repartiendo la herencia.

—Detengámonos un momento —sugirió Fernando.

—Está bien —convino el papá, así que se detuvieron para curiosear.

—Hay algunos objetos muy hermosos aquí —dijo la mamá mientras se paseaban por algunas habitaciones—, ¡y aunque son usadas resultan demasiado costosas para nuestro presupuesto!

Cuando regresaron al auto para seguir su camino, el papá comentó pensativo. —Hoy vimos un gran contraste. La señora Márquez fue reconocida por sus riquezas terrenales. El señor López es reconocido por su servicio a Jesús. Dos vidas diferentes, y dos tesoros diferentes.

—¿La señora Márquez era cristiana? —preguntó Fernando.

—Pues, no que yo sepa —respondió la mamá—, claro que no podemos juzgar su corazón.

—Parece que a ella solo le interesaba aferrarse al dinero y a las riquezas —añadió el papá—, pero sus riquezas y preciosos bienes de nada le sirven ahora. Es lamentable que haya personas más preocupadas por su bienestar terrenal que por su destino eterno.

PARA MEMORIZAR:

"Porque ¿qué aprovechará al hombre, si ganare todo el mundo, y perdiere su alma?" *(Mateo 16:26).*

Y ¿QUÉ DE TI?

¿Deseas tener mucho dinero y posesiones? El dinero y los bienes de nada servirán el día en el que Dios te llame a su presencia. Debes prepararte desde ahora para ese momento. Debes aceptar a Jesús como tu Salvador.

TESORO:
El dinero y las posesiones pasan

LEÑA AL FUEGO

1

de julio

PARA MEMORIZAR:

"...el siervo del Señor no debe ser contencioso, sino amable para con todos"
(2 Timoteo 2:24).

Y ¿QUÉ DE TI?

Si alguien dice o hace algo que te ofende o te disgusta, ¿qué haces? Si alguien comienza a pelear contigo, ¿le pones leña al fuego respondiendo con agresividad? Obedece a Dios y muéstrate amable, bondadoso y paciente.

TESORO:
Abandona las peleas

LECTURA BÍBLICA: 2 Timoteo 2:22-26

Mientras Orlando y David estudiaban, su padre entró a la habitación con un martillo oxidado en la mano.

—Chicos, les dije que si usaban mis herramientas debían guardarlas en su lugar —dijo el papá con firmeza—. Encontré esto abajo entre las tablas del fuerte que están construyendo.

—Lo sentimos papá —dijo pronto David—. Esto no se repetirá, ¿cierto, Orlando?

—Pues así será —dijo el papá regañándolos—, ¡porque les prohíbo volver a usarlas! Orlando comenzó a protestar y a justificarse, pero el papá no le prestaba atención, y se fue al garaje.

Orlando le lanzó una mirada a David. —¿Por qué no le dijiste a papá que yo no tomé sus herramientas? —preguntó Orlando disgustado—. Tú fuiste el que las usó y las dejó afuera.

David se encogió de hombros. —Tú usas las herramientas de papá tanto como yo —dijo—. Además, ¡viste lo enojado que estaba! No voy a echarme la culpa.

Cuando Orlando se disponía a lanzarle un puñetazo a su hermano, de repente vino a su memoria la escena reciente de su pastor arrodillado junto a una hoguera en un campamento.

—Chicos, ¿qué ocurre si pongo más leña en el fuego? —preguntó el pastor Guillermo.

—El fuego crece —respondió alguien mientras un leño seco ardía y alimentaba el fuego.

—Correcto —asintió el pastor Guillermo—. ¿Y qué ocurre si dejamos de poner leña?

—El fuego se extinguiría —respondieron con prontitud.

—Correcto —asintió el pastor—. Quiero que recuerden que Proverbios 26:20 compara una disputa o una pelea con una hoguera. Sin leña una hoguera se extingue, y sin palabras o actitudes agresivas una disputa también se acaba. Dios no quiere que sus hijos peleen. Él nos manda ser bondadosos y amarnos mutuamente.

Orlando sabía que si persistía en discutir con David se iniciaría una gran pelea. Ya había sucedido en muchas ocasiones. De hecho, David estaba listo para cualquier confrontación. Orlando dudó solo un instante. Entonces se volvió y se alejó diciendo en voz baja. "¡Esta vez haré lo que Dios me ordena!"

DÍA DE CAMPO LLUVIOSO

LECTURA BÍBLICA: Salmo 142:1-7

de julio

Darío corrió para contestar el teléfono. Era su amigo Sebastián. —Dicen que va a llover mañana —le contó.

—¡Mañana! —exclamó Darío—. Mañana tendremos nuestro día de campo del club bíblico de niños. ¡No es posible!

Al día siguiente, el cielo se cubrió cada vez más de nubes oscuras en el transcurso de la mañana. En el momento en el que Darío y Sebastián abordaban el autobús de la iglesia para ir al campo comenzó a lloviznar. Cuando llegaron al sitio del día de campo llovía muy fuerte.

—No creo que podamos llevar a cabo nuestros planes —murmuró Darío al tiempo en que el autobús se detenía y el señor Flórez se ponía de pie frente al grupo—. Supongo que tendremos que regresar a casa ¿no es así?

—¡No, no, no! Tendremos nuestro día de campo a pesar de la lluvia —les aseguró el señor Flórez—. ¿Ven esa gran tienda al fondo? Allá comeremos. En seguida los niños salieron del autobús y corrieron hacia la tienda. Allí organizaron algunas mesas y sirvieron la comida.

Antes de comer, el señor Flórez le dio gracias a Dios por la comida. Oró para que todos aprendieran algo especial antes de finalizar el día. Darío, por su parte, oraba en silencio para que dejara de llover.

Mientras comían papas fritas y salchichas, contemplaron la lluvia. Luego el señor Flórez dirigió algunos juegos y sesiones de preguntas bíblicas.

—¡Esto es divertido! —exclamó un chico—. ¡La lluvia no impide que pasemos un rato ameno! Darío pensó lo mismo. Se sorprendió de cuánto pudo divertirse a pesar de que Dios no hubiera detenido la lluvia.

Justo antes de regresar a casa, dejó de llover y salió el sol. —Esta tienda nos resguardó mientras lo necesitábamos —les dijo del señor Flórez—. ¿Sabían que existe una tienda donde ustedes siempre podrán refugiarse en los momentos difíciles de la vida? Dios es como una tienda. Es un refugio para ustedes. Corran a Él si se sienten angustiados. Cuéntenle sus problemas y confíen en que Él les ayudará a superarlos. Pídanle que les enseñe acerca de Él y confíen que el sol siempre volverá a brillar en la vida de cada uno de ustedes.

PARA MEMORIZAR:

"Esperad en él en todo tiempo, oh pueblos; derramad delante de él vuestro corazón; Dios es nuestro refugio" *(Salmo 62:8).*

Y ¿QUÉ DE TI?

¿Tienes problemas que parecen imposibles de solucionar? Dios los conoce todos bien, y cuida de ti. Acude a Él con tus preocupaciones y confía en que Él se encargará de ellas.

TESORO:

Dios es tu refugio

PUDÍN DE CHOCOLATE

3

de julio

PARA MEMORIZAR:

"...creced en la gracia y el conocimiento de nuestro Señor y Salvador Jesucristo" (2 Pedro 3:18).

Y ¿QUÉ DE TI?

¿Ya aprendiste a alimentarte solo espiritualmente? ¿O todavía eres un cristiano "bebé", que depende de otros para alimentarse? Para crecer y convertirte en un cristiano maduro, aprende a leer la Palabra de Dios por ti mismo y a "alimentar" tu alma a diario.

LECTURA BÍBLICA: Hebreos 5:12-14

Juan observaba a su hermanita que tomaba gustosa un biberón con leche, mientras él se comía un pudín de chocolate.

—¿Puedo darle a Sara un poquito de pudín? —preguntó.

La mamá sonrió. —Creo que no —dijo—. Sara es apenas una bebé y el chocolate podría causarle un dolor de estómago.

—¡Pero lo único que toma es leche! —exclamó Juan—. Apuesto que ya está aburrida de tomar lo mismo.

—El primer alimento para los bebés es siempre la leche —le dijo su mamá—. Tú también tomaste solo leche durante un tiempo. Después se añade cereal, legumbres, frutas y por último carne, y por supuesto ¡pudín de chocolate! La mamá le sonrió.

—Desde pequeño te alimentamos con mucho cuidado —agregó—, y mira que te convertiste en un jovencito grande y fuerte.

Juan hizo un gesto y se sentó más derecho mientras su mamá continuaba.

—Juan, ¿sabías que tu padre y yo también procuramos alimentarte con la Palabra de Dios, la Biblia, de un modo semejante?

—¿En serio? —preguntó Juan. Parecía sorprendido.

La mamá asintió. —Cada vez te damos más de la Palabra de Dios, de manera progresiva —dijo.

—Cuando eras muy pequeño comenzamos a leerte versículos sencillos de un libro de historias bíblicas. Luego te leíamos el libro de historias que te compró la abuela, que tenía palabras más complejas y era más detallado que el anterior. También te leíamos directamente de la Biblia algunas historias sencillas.

—Ahora yo puedo leer solo mi propia Biblia —dijo Juan.

La mamá asintió. —Nuestro deseo es que ames la Palabra de Dios —agregó.

Juan hizo una mueca. —¿Tanto como al pudín de chocolate? —preguntó.

—Sí —asintió la mamá—. Eso ¡y mucho más!

TESORO:

Lee la Palabra de Dios

PAN ÚTIL

4
de julio

LECTURA BÍBLICA: Salmo 119:33-40

—Hola abuelo —saludó Felipe mientras él y su hermana corrían a las escaleras de la entrada de la casa de su abuelo.

—Hola chicos —respondió el abuelo con una mueca—. ¿Qué hacen hoy?

—Nos atrasamos en memorizar los versículos para el club bíblico —dijo Raquel—. Mamá dice que debemos memorizarlos todos hoy. También dijo que podíamos descansar media hora para venir acá.

—Sí —dijo Felipe—. La verdad es que no sé cómo voy a poder recordar todos esos versículos.

El abuelo sonrió. —¿Sabes de memoria tu número telefónico? —le preguntó—. ¿Y también la clave de tu casillero, y la dirección de tu casa? ¿No te parece que son más difíciles de memorizar?

Felipe negó con la cabeza. —Son fáciles de recordar porque los uso con mucha frecuencia —dijo.

—Ya veo —dijo el abuelo—. En otras palabras, podemos recordar la información que usamos con frecuencia. Hizo un gesto de olfatear.

—Oye —continuó—, si mi olfato no me falla, ¡me parece oler pan fresco!

Raquel asintió. —¡Es correcto! Mamá envió este pan para ti.

"¡Qué gentil!" —exclamó el abuelo. Tomó el pan, lo puso sobre la mesa cerca de una lámpara.

—Se ve muy bien ahí ¿no les parece? —preguntó, sentándose en el sofá y mirando el pan con detenimiento.

Felipe lo miró con asombro. —No pensarás dejarlo ahí ¿no? —preguntó.

El abuelo le lanzó una mirada. —¿Entonces qué debería hacer con él?

—¡Comértelo, por supuesto! —exclamó Raquel—. Si lo dejas ahí no te servirá de nada.

El abuelo sonrió. —Estoy de acuerdo contigo —dijo—. El pan no nos alimentará si lo dejamos sobre la mesa, ¡y la Biblia tampoco nos hará bien si la dejamos sobre la repisa! Voy a comer y saborear este pan que me dará fuerzas, y si ustedes "comen" la Palabra de Dios, o sea si la leen, aprenden de ella y la usan, obtendrán de ella algún bien. Debemos dejarla penetrar en nuestro corazón a fin de que obre en nuestra vida. Tomó el pan. —Dile a tu madre que le agradezco mucho por este pan, ¡y sigan memorizando los versículos!

PARA MEMORIZAR:

"Ordena mis pasos con tu palabra"
(Salmo 119:133).

Y ¿QUÉ DE TI?

¿Dónde está tu "pan" espiritual? ¿Está abandonado sobre la repisa, o lo "comes"? Así como lees los versículos citados en este libro, lee también tu Biblia, el libro de Dios. Aprende de ella, y úsala. Que Dios te guíe y te anime por medio de la meditación de su Palabra y la obediencia a sus mandatos.

TESORO:

Lee la Biblia, la Palabra de Dios

5
DEMASIADOS DEVORADORES

de julio

PARA MEMORIZAR:

"Todo pámpano que en mí no lleva fruto, lo quitará; y todo aquel que lleva fruto, lo limpiará, para que lleve más fruto"
(Juan 15:2).

Y ¿QUÉ DE TI?

¿Hay "devoradores" en tu vida que te impiden dar buen fruto? ¿Sufres de pereza, mal genio o queja? Pídele a Dios que pode tu vida y las arranque, a fin de que crezca el fruto que Él ha planificado para tu vida.

TESORO:
Lleva buen fruto

LECTURA BÍBLICA: Juan 15:1-5

Mientras Julia ayudaba a su madre en el huerto, quedó perpleja al ver que su madre arrancaba varias ramas pequeñas de las plantas de tomate.

—¿Por qué les arrancas esas ramas, mamá? —preguntó Julia—. ¿Eso no daña las plantas?

—No, solo estoy podándolas, y arranco las devoradoras —contestó la mamá.

—¿Devoradoras? —preguntó Julia—. ¿A qué te refieres?

—Mira aquí —le indicó la mamá, acercándose al tallo de una planta—. ¿Ves esta rama grande en flor? Julia asintió. —¿Y ves este pequeño brote que crece justo debajo del lugar donde aquella rama en flor se une al tallo? Julia asintió de nuevo.

—Bueno, si dejamos que ese brote crezca, le robará a la rama grande una parte de los nutrientes. En cambio, si la arrancamos, la rama grande producirá frutos mejores y de mayor tamaño. La mamá arrancó otro brote mientras hablaba.

—¿Así que podar beneficia a las plantas? —preguntó Julia.

La mamá asintió. —Sí, y resulta interesante porque constituye una imagen de la obra de Dios en nuestra vida. Él nos ayuda a arrancar lo que nos impide crecer y dar un buen fruto.

Julia se rió. —¡Hablas como si fuéramos plantas de tomate, árboles de manzana o algo parecido!

—Dios desea que nuestra vida demuestre lo que la Biblia denomina "el fruto del Espíritu" —dijo la mamá con una sonrisa.

—Se trata de cualidades como el amor, el gozo, la paz... lo que aprendiste en la escuela dominical, ¿cierto?

Julia asintió. —Bueno, y ¿cómo nos ayuda Dios a arrancar los... eh.... —dijo con una mueca— los "devoradores" de nuestra vida? —terminó la frase.

—Emplea diversas estrategias —contestó la mamá.

—En ocasiones se sirve de los padres o de los maestros para ayudarles a los jóvenes a abandonar los hábitos indebidos. Por esta razón existen normas que debes seguir tanto en la casa como en la escuela, y es necesaria la disciplina. Asimismo, Dios usa tanto las dificultades como los momentos agradables de nuestra vida para enseñarnos y moldearnos como Él quiere.

¿QUIÉN ESTÁ PARALIZADO?

6 de julio

LECTURA BÍBLICA: Efesios 4:17-24

Hugo no sabía lo que era un ataque de apoplejía, pero su abuela había sufrido uno hacía meses. Desde entonces no podía caminar bien, y su brazo izquierdo pendía inmóvil. Su mamá le había explicado que el ataque había paralizado la mitad de su cuerpo casi en su totalidad. —Abuela, yo oro por ti todas las noches —le dijo Hugo una tarde—. He orado para que te mejores.

—Gracias, Hugo. Yo también he orado —dijo la abuela—. Sin embargo, este cuerpo ya viejo se agotará tarde o temprano. Ya sabes que a todos nos ocurre, incluso a los más fuertes. La abuela sonrió. Siempre sonreía, a pesar de estar tan impedida para seguir con sus actividades.

—El ataque paralizó algunos músculos. Eso es bastante molesto —continuó—, sin embargo, ¿sabías que muchas personas en el mundo padecen de algún tipo de parálisis, y que algunos ni siquiera lo saben?

Hugo se sorprendió al escuchar esto. —¿Cómo es posible que alguien esté paralizado y no lo note? —preguntó.

—Bueno, a veces el pecado produce los mismos efectos de un ataque como el que sufrí, porque paraliza a las personas —dijo la abuela.

Después de pensar en lo que decía la abuela, Hugo frunció el entrecejo. —No entiendo —dijo.

La abuela tomó un par de tijeras de una mesa cercana y con suavidad pinchó su brazo izquierdo con la punta.

—Mi brazo perdió su fuerza y también la capacidad de sentir —dijo—. Si me pincho, ya no siento dolor. Así ocurre con el pecado. A veces las personas hacen lo malo hasta el punto de que ya no "duele". Pierden la sensibilidad a la culpa, del mismo modo que yo perdí la sensibilidad en mi brazo.

Hugo asintió con seriedad. —Ese tipo de parálisis es peor que la que sucedió en tu cuerpo, ¿no es así?

—Claro que sí —convino la abuela—. Todos los días oro para que ante cualquier tentación que te incline a hacer lo malo, tú te apartes pronto y nunca permitas que el pecado de paralice.

PARA MEMORIZAR:

"Absteneos de toda especie de mal" (1 Tesalonicenses 5:22).

Y ¿QUÉ DE TI?

¿Has cometido un pecado tantas veces que te preocupa cada vez menos cometerlo? ¿Incluso has llegado a pensar que lo malo es bueno? No permitas que el pecado paralice tu conciencia. Cada vez que te sientas tentado de hacer lo malo, apártate de inmediato.

TESORO:
No dejes que el pecado te paralice

7

de julio

PARA MEMORIZAR:

"Mas buscad primeramente el reino de Dios y su justicia, y todas estas cosas os serán añadidas" (Mateo 6:33).

Y ¿QUÉ DE TI?

¿Qué ocupa el primer lugar en tu vida? ¿Piensas que Dios se opone a la diversión en tu vida? Eso no es cierto. Si antepones la diversión, tal vez no te quede tiempo para servir a Dios. En cambio, si lo pones a Él primero, podrás disfrutar de una diversión sana y abundante. Dios bendice a los que le dan el primer lugar.

TESORO:

Dale a Dios el primer lugar

PELOTAS DE GOLF Y ALPISTE

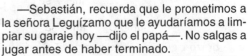

LECTURA BÍBLICA: Mateo 6:31-34

—Sebastián, recuerda que le prometimos a la señora Leguízamo que le ayudaríamos a limpiar su garaje hoy —dijo el papá—. No salgas a jugar antes de haber terminado.

—¿Tengo que ayudar? —refunfuñó Sebastián.

—Me pareció escuchar que te comprometiste a venir —dijo el papá con firmeza.

—Hemos orado por la señora Leguízamo desde que sufre de su espalda. Dios podría usarnos para ayudarla.

—A veces pienso que Dios no quiere que me divierta —dijo Sebastián en tono de queja.

—Claro que sí lo desea —dijo el papá. Luego se acercó a Sebastián.

—Probemos un experimento —le dijo mientras se dirigían hacia la mesa de trabajo en el garaje—. Tráeme un par de esas vasijas desocupadas. Sebastián las trajo, y el papá les quitó la tapa.

—Ahora imagínate que estas vasijas representan tu vida —dijo—, y que las pelotas de golf que están allá son las cosas más valiosas en tu vida. ¿Podrías nombrar algunas?

—¿Ir a la iglesia? —propuso Sebastián—. ¿Estudiar la Biblia? El papá asintió. —Orar... y obedecer lo que tú y mamá me dicen. Ser amable con otros chicos. Ayudar a las personas. Por cada idea, metía otra pelota en la vasija. No tardó en llenarla.

—Ahora vamos a llenar el otro tarro hasta la mitad con alpiste —dijo el papá—. Esta vez mencionarás las actividades que son divertidas para ti.

—Montar mi bicicleta y practicar juegos de vídeo —dijo Sebastián. El papá asintió, y llenó la vasija con alpiste hasta la mitad.

—Ahora, intenta poner las pelotas de golf en la vasija del alpiste que representa tus actividades preferidas —dijo el papá. Sebastián lo intentó, pero solo unas pocas pelotas cabían.

—Muy bien. Ahora vuelve a poner las pelotas en la vasija original y más bien desocupa allí la vasija de alpiste —le indicó su papá. Sebastián abrió sus ojos sorprendido al ver que el alpiste se acomodaba perfectamente dentro de la vasija llena de pelotas de golf.

—Como pues ver, Dios no se opone a la diversión —dijo el papá—. Sin embargo, lo que importa es determinar qué va primero, tanto en la vida como en las vasijas. Si te ocupas de los deberes más importantes que Dios te ha encomendado, te darás cuenta de que muchas veces Él se complace en que también hagas lo que te divierte.

TESTIGO DESAPERCIBIDO

8 de julio

LECTURA BÍBLICA: 1 Corintios 3:5-10

—¡Oigan todos! —exclamó el papá—. ¡Adivinen qué sucedió! Con una gran sonrisa caminó hacia la cocina donde Catia y su mamá estaban trabajando.

—¿Qué? —preguntó Catia ansiosa.

—Catia ¿recuerdas la noche en la que fuiste con tus amigos de la clase de la escuela dominical a comer pizza después de salir a patinar el mes pasado? —le preguntó el papá. Catia asintió, y el papá continuó.

—El pastor Rodríguez acaba de llamar, y me contó que un hombre llamado Pedro Valdés fue hoy a su oficina. Él estaba en la pizzería la noche en la que ustedes estuvieron allí.

—¿Y cómo supo quiénes éramos? —preguntó Catia.

—Vio el nombre de la iglesia inscrito en la camioneta en la que fueron aquella noche —explicó el papá. —Lo cierto es que se sintió incómodo cuando vio entrar a todos esos jovencitos, porque pensó que armarían un gran bochinche. Pero no fue así. El hombre dijo que al ver que todos inclinaron su cabeza y le dieron gracias a Dios por la comida, recordó los días en los que siendo niño asistía a la escuela dominical.

—¿De veras? —preguntó Catia—. Eso es genial ¿no es así?

El papá asintió. —El señor Valdés le contó al pastor Rodríguez que al regresar a su casa no podía dejar de pensar en Dios. Le dijo que se había alejado de Dios y que ahora deseaba volver a Él. ¿No te parece maravilloso?

—¡Es grandioso! —exclamó la mamá—. Catia, ¡tú y los chicos dieron testimonio sin siquiera darse cuenta!

—Sí, así fue —convino el papá—. La semilla de la Palabra de Dios fue sembrada en el corazón del señor Valdés hace mucho tiempo. Ustedes la "regaron", y Dios la hizo crecer. Él transformó su manera de pensar.

Catia se sentía dichosa.

—¿Quieres decir que regamos la semilla con el simple hecho de darle gracias a Dios por la pizza y de portarnos bien? —preguntó.

El papá asintió. —Así es, querida. Es difícil imaginar hasta qué grado Dios puede usar el más pequeño acto de fidelidad a Él para glorificarse.

PARA MEMORIZAR:

"Yo planté, Apolos regó; pero el crecimiento lo ha dado Dios" (1 Corintios 3:6).

Y ¿QUÉ DE TI?

¿Das testimonio de Cristo a través de tu vida y de tu comportamiento? Una palabra amistosa, un gesto amable, una oración de gratitud en un restaurante... Dios se sirve de esos detalles y muchos más para tocar la vida de otros. Dios te bendecirá si eres fiel incluso en las cosas más pequeñas.

TESORO:
Testifica con tus palabras, y también con tu comportamiento

9
de julio

PARA MEMORIZAR:

"...yo estoy con vosotros todos los días" (Mateo 28:20).

Y ¿QUÉ DE TI?

¿Tienes una colcha, un juguete o un peluche preferido? ¿Cuentas con el apoyo de un adulto? Incluso tus padres nunca pueden estar siempre contigo, pero Dios sí. ¡Él te acompaña las veinticuatro horas del día y los siete días de la semana! Puedes sentirte seguro en su amor infalible y en su presencia en tu vida.

TESORO:
El amor de Dios nunca falla

SEGURIDAD

LECTURA BÍBLICA: Salmo 27:1-5, 14

—Cristina, por favor acuesta a Danny para que tome una siesta —dijo la mamá—. Tengo que hacer una llamada importante.

—Está bien —dijo Cristina—. ¡Hora de dormir! —le avisó al inquieto niño. Riendo, gateó en otra dirección esperando que su hermana lo atrapara. Cristina pronto lo atrapó. Lo llevó a su cuna, lo acostó y levantó la baranda. El pequeño Danny revoloteó en la cuna entre sus juguetes y peluches. "Que duermas bien" —susurró Cristina al tiempo que salía de la habitación.

—¡Colchita! —protestó Danny—. ¡Colchita!

Cristina se volvió y notó que Danny estaba de pie sacudiendo la baranda. Entonces frunció el entrecejo y movió su cabeza de lado a lado. ¿Dónde dejaría su colchita? —se preguntó. Inspeccionó la sala de televisión. Luego revisó la caja de los juguetes. Buscó en el armario del pasillo. Y también debajo de la mesa del comedor y en las sillas. Por fin encontró la colcha en un mostrador de la cocina.

Tan pronto Danny vio su "colchita", dejó de llorar. Se acostó en la cuna y abrazó su colcha. Después de unos breves suspiros, le sonrió a Cristina complacido. "Que duermas bien" —le dijo de nuevo mientras salía.

—Tuve que darle su "colchita" a Danny para que se calmara —le contó luego Cristina a su madre—. Menos mal que la encontré o nunca se hubiera dormido.

La mamá asintió. —Esa colcha le da seguridad —dijo—. Supongo que todos necesitamos sentirnos seguros, ¡incluso los grandes! ¿Qué te da seguridad a ti, Cristina?

Cristina se encogió de hombros. —Supongo que tú —dijo—. Yo sé que puedo contar contigo para ayudarme. Hizo una mueca y agregó.

—Creo que tú eres mi "colchita". ¿Cuál es la tuya?

La mamá sonrió. —Bueno, todos buscamos seguridad en los amigos y en la familia, pero la verdadera seguridad de un cristiano está en Dios, en su amor y en su perdón —dijo—. Siempre podemos contar con Él. Acarició el cabello de Cristina. —Para ser franca, ¡no sé qué haría sin Él!

UN PUESTO IMPORTANTE

10

de julio

LECTURA BÍBLICA: 1 Corintios 12:12-14, 20-22

Cuando los padres de Mateo le preguntaron cómo le había ido en el partido de béisbol aquella tarde, supieron que algo andaba mal después de ver sus ojos llorosos y sus hombros caídos.

—Quiero jugar en primera base, pero el entrenador no me deja —se quejó Mateo de repente—. Dijo que le serviría mejor al equipo en el campo derecho.

—El campo derecho no tiene nada de malo —dijo la mamá.

Mateo se encogió de hombros. —Los chicos tienen un dicho acerca del campo derecho. Dicen "los del campo derecho quedan por fuera del juego", porque la pelota nunca llega a esa parte del campo abierto. En vez de estar ahí parado podría vender maní o palomitas de maíz.

—Oye ¡un momento! ¡eso no es cierto! —exclamó el papá. —Un jugador del campo derecho puede muchas veces realizar jugadas importantes, y eso podría sucederte a ti. Tú posees uno de los brazos más fuertes del equipo, y eso es clave para un jugador de campo abierto. Sin embargo, nada lograba convencer a Mateo de que el campo derecho constituía un buen puesto para él.

Al día siguiente, Mateo le ayudó a su padre a sembrar geranios en el patio delantero. —Oye, papá, ¿recuerdas los arbustos con flores blancas que vimos al escalar la montaña? Se verían muy lindos con los geranios. ¿Puedes comprar unos?

—Tal vez no —contestó el papá—. Esas plantas crecen en mayores alturas, y no creo que puedan surgir aquí abajo. Hizo una pausa, y luego añadió. —Dios nunca planificó que todas las plantas crecieran en el mismo lugar. Cada tipo de planta ocupa su propio lugar en el reino vegetal. Eso también es cierto con respecto a las personas. Nadie es capaz de hacerlo todo a la perfección, sino que el Señor nos confiere a cada uno talentos únicos.

Mateo frunció el entrecejo. Se preguntaba lo que su padre quería decir, y pronto lo descubrió. —Tu lugar en el equipo de béisbol podría ser el campo derecho —prosiguió el papá—. ¡Inténtalo! Sin esos jugadores el equipo no podría competir. Tal vez Dios quiere enseñarte una lección con esto. Quizá desea que aprendas que todas las posiciones en un equipo son importantes, ya sea en un equipo de béisbol o en el "equipo" de Cristo aquí en la tierra, que es su iglesia.

PARA MEMORIZAR:

"...los miembros del cuerpo que parecen más débiles, son los más necesarios" (1 Corintios 12:22).

Y ¿QUÉ DE TI?

¿Piensas que el lugar que te han delegado es insignificante? No te desanimes. A los ojos de Dios, cualquier obra que hacemos para Él es importante. Todos los miembros del equipo son necesarios.

TESORO:
Todos los miembros del equipo son necesarios

PETICIÓN DENEGADA

11

de julio

PARA MEMORIZAR:

"Pedís, y no recibís, porque pedís mal, para gastar en vuestros deleites" *(Santiago 4:3).*

Y ¿QUÉ DE TI?

¿Tus peticiones procuran la bendición para otros y la gloria de Dios? No puedes pretender que Dios conteste si oras con motivos egoístas. La Biblia te ayudará a discernir lo que le agrada.

TESORO:
Ora con las motivaciones correctas

LECTURA BÍBLICA: 1 Juan 5:13-15

—¡Mamá! —exclamó Ana. Estaba diseñando invitaciones para una fiesta en su computadora. —¡Algo no funciona! La mamá se acercó a mirar. —¿Ves? Ana señaló dos palabras en la parte superior de la pantalla.

—Dice "petición denegada". ¿Qué significa eso?

—Significa que oprimiste algún botón que le ordenó a la computadora una función para la cual no está programada —explicó la mamá—. A ver... voy a ayudarte. La mamá la ayudó y en poco tiempo imprimieron unas lindas invitaciones.

Ana estaba ansiosa porque llegara el día de su fiesta, y en su oración incluso le pidió a Dios que su fiesta fuera la mejor. Sin embargo, no lo fue. El día de su fiesta cayó una tormenta, la mejor amiga de Ana se enfermó y no pudo asistir, y Laura derramó jugo sobre la alfombra y se fue llorando.

—¡Qué desastre! —profirió Ana entre gemidos después que se fuera el último invitado—. Todo el verano he escuchado lo grandiosa que fue la fiesta de Graciela, y yo quería que la mía fuera mejor. Inclusive oré por eso.

La mamá hizo una pausa mientras recogía los platos y la miró perpleja.

—¿Oraste para que tu fiesta fuera mejor que la de Graciela? —preguntó.

—Bueno... —Ana se mostró un poco avergonzada—. Es que ya me cansé de escuchar a todas las chicas hablar de lo grandiosa que fue esa fiesta.

Su mamá la miró pensativa. —Ana —dijo después de un rato—, ¿recuerdas la "petición denegada" que ordenaste a la computadora mientras hacías tus invitaciones? Aunque diste la orden, no obtuviste el resultado esperado. Ahora bien, no pretendo ofender a Dios comparándolo con una computadora, pero me parece que tu oración también era una petición inválida.

Ana suspiró. —¿Quieres decir que no debí orar para pedir una buena fiesta?

—Estuvo bien orar para tener una fiesta exitosa —dijo la mamá—, pero temo que tu petición no tenía una buena motivación. La Palabra de Dios dice que si oramos con motivos incorrectos o egoístas, es probable que no obtengamos lo que pedimos.

IMITACIONES

12
de julio

—No veo qué tiene de malo ponerse abrigos de piel —dijo Emma mientras ella y su hermana bajaban las escaleras.

La bondadosa Carolina frunció el entrecejo. —Ponerse pieles es un lujo excesivo —dijo—. Además, es sumamente cruel.

Su hermano Ricardo la miró con desdén. —Qué tontería discutir acerca de pieles en semejante día tan caluroso —murmuró. Hizo un gesto de desagrado y partió para irse a nadar en casa de unos amigos.

Aquella tarde surgió el mismo tema de conversación. —Papá, existen imitaciones de abrigos de piel que parecen genuinos, ¿cierto? —preguntó Carolina—. De todos modos la mayoría de las personas no notaría la diferencia. —Yo sí la notaría —declaró Emma.

El papá sonrió. —En caso de que compremos abrigos de piel, nos contentaríamos con las imitaciones —dijo—. Lo que importa es el precio.

—Es la hora de nuestro culto familiar —dijo el papá—, así que leamos sobre otras imitaciones, ¿les parece? Los niños lo miraron con curiosidad mientras él abría la Biblia familiar y comenzaba a leer el capítulo veintitrés de Mateo (ver la lectura para hoy).

Tras finalizar la lectura, el papá echó una mirada alrededor de la mesa. —Todavía hay muchos hipócritas, es decir, personas que aparentan ser algo que en realidad no son —dijo—. Hay personas que se llaman cristianas, pero en realidad nunca han recibido a Jesús como Salvador. A veces es difícil distinguir entre las que son verdaderamente cristianas y las que aparentan serlo.

—Supongo que eso sucede porque actúan bien como personas cristianas —sugirió Ricardo—. Van a la iglesia, ofrendan, hacen buenas obras y tienen apariencia de bondad.

El papá asintió. —Es verdad —dijo—, y me alegra que no nos corresponda a nosotros juzgar quién es verdadero y quién no. Antes bien, debemos examinar nuestro propio corazón. Al orar, examinemos nuestro corazón y aseguré-monos de haber puesto en realidad nuestra fe en Jesús.

PARA MEMORIZAR:

"...vosotros... os mostráis justos a los hombres, pero por dentro estáis llenos de hipocresía e iniquidad" (Mateo 23:28).

Y ¿QUÉ DE TI?

¿Eres un cristiano verdadero y no una simple imitación? Todas tus buenas obras pueden engañar a las personas, pero nunca a Dios. Examina tu corazón. Si no has aceptado a Jesús como Salvador, hoy es un buen día para hacerlo.

TESORO:
Sé un cristiano genuino

13
de julio

PARA MEMORIZAR:

"Fíate de Jehová de todo tu corazón" (Proverbios 3:5).

Y ¿QUÉ DE TI?

¿Has experimentado algún suceso triste en tu vida? Hay muchos acontecimientos que no comprenderás, pero puedes confiar en el gran amor de Dios por sus hijos. Confía en que Él solo permitirá que en tu vida ocurra lo que más te conviene.

BORDADO

LECTURA BÍBLICA: Romanos 5:1-5

La mamá de Marta estaba sobre el sofá bordando, cuando Marta entró en la habitación y se sentó a su lado. Miró el diseño que su mamá bordaba sobre la tela.

—¡Qué lindo! —exclamó Marta—. Es una funda para una almohada sobre mi cama, ¿cierto? ¿Ya casi la terminas?

—Todavía falta un poco —dijo la mamá—, pero ya casi. Le dio la vuelta a la tela y cortó un hilo.

—¡Caramba! —exclamó Marta—. No se ve tan bien por el revés. Hizo una mueca. —¡No vayas a ponerla por ese lado! —dijo en broma.

La mamá sonrió. —No te preocupes —dijo.

Después de sentarse por un rato, Marta tenía algo una inquietud. —Mamá —dijo—, todavía echo de menos al abuelo. ¿Por qué permitió Dios que muriera? Oramos mucho por él y de todas formas murió.

La mamá movió su cabeza de un lado a otro. —En realidad no sé por qué el Señor se llevó al abuelo en este momento —dijo—, pero... Hizo una pausa. Sostuvo el bordado de tal forma que Marta pudiera observar el revés.

—Tú observaste que este lado del bordado no es muy bonito —dijo la mamá con una sonrisa. Luego lo volteó por el lado del dibujo. A Marta le fascinaron los gatos, perros y ositos del diseño.

—Todavía no lo he terminado —continuó la mamá—, sin embargo, este lado se ve mucho mejor ¿cierto? Marta asintió.

La mamá dejó el bordado sobre sus piernas y miró a Marta.

—Hay algunos sucesos en nuestra vida o en la vida de las personas que amamos, que a nuestros ojos son como el revés de este bordado —dijo con suavidad—, pero desde el punto de vista de Dios, son como el lado derecho. Dios no ha terminado todavía el bordado de nuestra vida, y debemos confiar en que hará todo bien.

TESORO:
Confía siempre en Dios

AVERÍAS

14

de julio

—¿Qué le sucede al auto, papá? —preguntó el pequeño Carlos de cinco años de edad, mientras la familia se dirigía a su casa en el campo después del culto en la iglesia del pueblo—. Se está sacudiendo.

—Con toda seguridad está averiado —dijo el papá—. Yo creo que son las bujías.

—¿Lograremos llegar a la casa? —preguntó Carlos mientras se asomaba por la ventanilla para ver las hileras de árboles en la pendiente junto al camino.

—Claro que sí —dijo con certeza Fernando, el hermano mayor de Carlos—. Siempre lo logramos.

El auto subió lentamente una colina. El papá pisó el acelerador hasta el fondo, pero el auto no quiso avanzar. El papá frunció el ceño. Sabía que les esperaba otra colina.

—Debo admitir que me molesta no haber cuidado bien este auto —dijo el papá—. Debí llevarlo a reparar tan pronto noté que fallaba.

—Creo que ahora está mucho peor —señaló Fernando. Ya no estaba tan seguro de que lograrían llegar a la casa.

La mamá suspiró. —Bueno, al menos ya estamos bastante cerca para llegar a pie si es necesario —dijo—, con todo, tendremos que caminar cuesta arriba.

—¡Oigan! El auto necesita que se le hagan revisiones periódicas, al igual que nosotros —señaló Fernando con un gesto—. El pastor Gómez habló al respecto esta mañana. Dijo que debíamos revisar nuestra vida a diario, y si vemos que algo anda mal, debemos arreglarlo antes de que empeore.

—¿Hay que revisar el auto a diario? —preguntó Carlos perplejo.

Fernando se rió. —No, tonto. Debemos revisar a diario nuestra vida para constatar que estemos haciendo lo que Jesús nos pide. Si no es así, debemos tomar medidas de inmediato.

El papá sonrió cuando por fin llegaron a casa. —Bueno, espero que recuerden esta lección objetiva acerca de la necesidad de hacer revisiones periódicas —dijo—, pues espero no volver a darles ocasión para una más. ¡Mañana mismo este auto se va a reparación!

PARA MEMORIZAR:

"Examíname, oh Dios, y conoce mi corazón; pruébame y conoce mis pensamientos; y ve si hay en mí camino de perversidad, y guíame en el camino eterno" (Salmo 139:23-24).

Y ¿QUÉ DE TI?

¿Tratan tus amigos de Si no quieres sufrir de "averías" es mejor atender a diario tus necesidades espirituales. Lee tu Biblia y mira si tu vida es agradable a Dios. Habla con Él a diario.

TESORO:
Examina tu vida a diario

EL MIMO

15
de julio

PARA MEMORIZAR:

"Aun el muchacho es conocido por sus hechos, si su conducta fuere limpia y recta" (Proverbios 20:11).

Y ¿QUÉ DE TI?

¿Sabías que tus acciones comunican tanto? Asegúrate de transmitir un mensaje bueno y agradable a Dios. Que tus acciones y tus palabras muestren amabilidad, consideración y el amor de Dios.

LECTURA BÍBLICA: Mateo 7:16-20

Después de salir del tranvía con su mamá, Roberto señaló a una multitud. —¿Podemos ir a ver qué sucede? —preguntó. La mamá asintió, y caminaron hacia un grupo de personas.

Roberto quedó fascinado al ver a un hombre con el rostro pintado de blanco representando varias escenas cómicas. La multitud se reía mientras el hombre simulaba aprender a montar bicicleta.

—Mamá, ¿por qué no habla ese señor? —preguntó Roberto.

—Porque es un mimo —contestó la mamá—. Los mimos no hablan, pero siempre se puede adivinar lo que actúan. Pon atención, y lo verás.

En seguida, el mimo simulaba estar lavando una ventana. En la actuación se golpeaba la cabeza con una escalera. Luego aparentaba que comía un cono, y que el helado se caía. La multitud aplaudía a medida que actuaba las diferentes situaciones. El mimo terminó su espectáculo con una cara triste y moviendo su mano para despedirse.

Roberto se volvió a su mamá. —¡Grandioso! No dijo una sola palabra, pero pude seguir paso a paso toda la historia.

—Eso demuestra lo mucho que hablan los gestos, e incluso las expresiones faciales —dijo la mamá—. Es conveniente recordar que nuestra conducta en realidad habla más que nuestras palabras.

—¿Mi conducta a veces te dice algo? —preguntó Roberto.

—Claro que sí —contestó la mamá—. Por ejemplo, ayer te ordené limpiar tu cuarto. Tú aceptaste la orden, pero luego giraste los ojos, y yo entendí tu mensaje.

—¡Ay, mamá! —protestó Roberto—. ¡Pero si yo limpié mi cuarto!

—Claro —convino la mamá—. Tus acciones me comunicaron dos mensajes. El primero, que en realidad no querías limpiar tu cuarto. Y el segundo, que eres un hijo obediente porque a pesar de eso lo limpiaste. Ella sonrió.

—Lo que en realidad quiero señalar es que los cristianos debemos ser muy cuidadosos con nuestras acciones.

TESORO:
Tus acciones cuentan

VIAJE A LA DERIVA

LECTURA BÍBLICA: Colosenses 3:1-3

—Comienzo a dudar de que haya algún pez en esta bahía —dijo el papá mientras preparaba otra carnada en su anzuelo. Él y Sara habían estado pescando durante casi dos horas.

—Más vale que pesquemos algo más —agregó el papá con una risa entrecortada—, o mamá nos obligará a invitarla a cenar.

Sara se rió a carcajadas al tiempo que miraba el balde con los peces que habían pescado esa mañana. —Lo cierto es que esos dos pescaditos no son suficientes para la cena —dijo.

Un poco más tarde, el papá notó que el bote casi había tocado la orilla. —Hmm —murmuró al tiempo que enrollaba su caña de pescar—. Será mejor que regresemos al centro de la bahía. El bote podría estropearse si nos acercamos demasiado a las rocas junto a la orilla.

Sara también enrolló su caña. Observó a su padre mientras remaba lejos de la orilla. —Me parece increíble lo rápido que nos alejamos del lugar donde comenzamos —dijo mientras remaba con fuerza. En un instante ya estaban en medio de la bahía, pescando otra vez.

—¿Sabes qué? —dijo el papá después de un rato—, he pensado en lo mucho que se parece la pesca a nuestra vida cristiana. Sara lo miró perpleja, y el papá continuó.

—Estábamos tan ocupados pescando que no nos dimos cuenta de que nos alejábamos. Asimismo, como cristianos nos ocupamos tanto de los asuntos de esta vida que no nos damos cuenta de que nos alejamos del Señor.

Sara meditó en silencio por un momento y luego asintió lentamente.

—Supongo que es verdad —convino—, pero no todos los asuntos de esta vida son malos ¿no es así? ¿Como jugar en el equipo de voleibol de la escuela? ¿O solo debería participar en las actividades de la iglesia?

El papá sonrió. —No —contestó—, muchas de las actividades que realizamos son correctas, pero en cada actividad debemos tener presente que nuestra vida le pertenece a Jesús. En cada aspecto de nuestra vida debemos testificar de Él con nuestras actitudes y comportamiento, y con nuestras palabras. Debemos velar para no enfrascarnos tanto en las actividades o en los amigos que nos alejemos del Señor.

16
de julio

PARA MEMORIZAR:

"Poned la mira en las cosas de arriba, no en las de la tierra" (Colosenses 3:2).

Y ¿QUÉ DE TI?

Cada vez que estás entretenido con la televisión, en la escuela, en la iglesia o jugando con tus amigos ¿tienes presente que el Señor debe ocupar siempre el primer lugar en tu vida? No permitas que las actividades te alejen de Dios. No te excedas en aquellas que te roban tiempo con Él.

TESORO:
No te alejes de Dios

17

AVALANCHA DE FRUTA

LECTURA BÍBLICA: Gálatas 5:22-25

PARA MEMORIZAR:

"llenos de frutos de justicia"
(Filipenses 1:11).

Y ¿QUÉ DE TI?

¿La "avalancha" del fruto del Espíritu hace parte de tu vida diaria? Si eres cristiano, debes mostrar ese fruto a diario. Pídele a Dios que te ayude a cultivar estas cualidades en tu actitud y en tu conducta.

TESORO:
Que tu vida refleje el "fruto" de Dios

El bolsillo del suéter rojo de Nancy se veía abultado. No quería que la señorita González lo notara, así que entró con sigilo en el salón de clases sin saludar como de costumbre, y se sentó. Entonces sacó una gran naranja de su bolsillo y la escondió junto a su caja de lápices de colores dentro del pupitre.

La mañana transcurrió. Por lo general, a Nancy le gustaba su clase de lectura, pero hoy no. No lograba concentrarse en el relato. Miguel había dado la orden de esperar hasta la clase de matemáticas. Cuando la señorita González girara hacia el tablero, daría la señal.

La emoción general aumentó después de la clase de lectura. Todos miraban a Miguel. Cuando él puso su mano dentro del pupitre, Nancy se tapó la boca, pues no quería que la maestra notara su risita nerviosa. Ella a su vez, sacó de su pupitre la naranja.

Por fin la señorita González le dio la espalda a toda la clase. Nancy dio un gran suspiro cuando Miguel gritó "¡avalancha de frutas!" En un instante, la naranja de Nancy rodó por el pasillo con muchas frutas más. Se escuchó un gran estruendo en el salón, y la señorita González quedó perpleja.

—Es para usted —dijo Miguel señalando las frutas.

—¡Para mí! —exclamó la maestra sorprendida—. ¡Qué amables! Gracias, chicos.

Esa tarde Nancy le contó a su madre lo divertida que resultó la hazaña. —La señorita González dijo que nunca había escuchado de una avalancha de frutas —dijo Nancy—. Le regalaron naranjas, uvas, duraznos, e incluso un limón. A ella le gustó mucho, y luego nos dejó jugar a la canasta de frutas hasta la hora del almuerzo.

—Me alegro —dijo la mamá—. Sabía que lo disfrutarías. Le sonrió a Nancy. —¿Sabías que todos los días deberías tener una avalancha de frutas? —preguntó.

—¡Todos los días! —exclamó Nancy.

La mamá asintió. —Me refiero al "fruto del Espíritu" —dijo—. Es una lista larga. Amor, gozo, paz, paciencia, benignidad, bondad, fe mansedumbre y templanza deberían brotar de tu vida como una "avalancha". No sé si nuestro Padre celestial se ría entre dientes como tú lo hiciste en la escuela con tu avalancha de frutas, pero estoy segura de que se alegra cuando ve en ti su fruto.

POR TU PROTECCIÓN

18

de julio

LECTURA BÍBLICA: 1 Juan 5:1-5

Juan se deslizó en el auto y cerró la puerta. Puso un gran regalo de cumpleaños sobre sus rodillas y sonrió emocionado.

La mamá ajustó su cinturón de seguridad y se volvió a Juan. —Te falta ajustar tu cinturón —dijo.

—La casa de Camilo está solo a dos cuadras de aquí —dijo Juan—. No necesito ponérmelo para un viaje tan corto.

—Claro que sí —discrepó su madre—. Los accidentes también pueden ocurrir cerca de la casa. Un cinturón de seguridad podría salvar tu vida.

—¡Pero no puedo ponérmelo mientras sostengo este regalo! —protestó Juan—. La caja es demasiado grande.

—A ver, déjame ayudarte. La mamá se estiró, haló el cinturón y lo aseguró. —Listo. Ya podemos irnos. Encendió el auto y se dispuso a salir. —Los cinturones de seguridad de los autos sirven para protegernos, y la ley dice que debemos usarlos —agregó.

—La ley —repitió Juan, haciendo memoria de una lección de la escuela dominical. —¿Los Diez Mandamientos son como cinturones de seguridad? La señorita Robles dice que Dios los ordenó para protegernos.

—Me agrada esa idea —dijo la mamá—. Obedecer todos los mandamientos de Dios, resumidos en los Diez Mandamientos, es como ponerle un cinturón de seguridad a tu vida. Mientras ella hablaba, una pelota de fútbol rodó por la calle justo frente a ellos. La mamá frenó con rapidez y el auto se sacudió hasta detenerse, a unos centímetros de distancia de un niño pequeño que corría detrás de la pelota. Juan se desplazó con fuerza hacia delante, pero su cinturón de seguridad se ajustó y lo detuvo. El niño atrapó su pelota y corrió de regreso a su patio.

—Si no me hubieras insistido en ponerme el cinturón, tal vez me hubiera estrellado contra el vidrio —confesó Juan, mientras recogía el regalo que se había caído.

—Exacto —convino la mamá—. Los cinturones de seguridad solo pueden protegerte si te los pones, y las leyes de Dios solo pueden ayudarte si las obedeces. No lo olvides.

PARA MEMORIZAR:

"Pues este es el amor a Dios, que guardemos sus mandamientos" **(1 Juan 5:3).**

Y ¿QUÉ DE TI?

¿Tienes la costumbre de ponerte el cinturón de seguridad? Hacerlo te protege de posibles daños. ¿Tienes la costumbre de obedecer las leyes de Dios? Obedecerlas también te protege. Obedece las leyes de tu país que incluyen ponerte el cinturón en el auto. Obedece las leyes de Dios y sigue sus mandamientos en cada aspecto de tu vida.

TESORO:
Las leyes existen para protegerte

ELECCIÓN DE POR VIDA

19

de julio

PARA MEMORIZAR:

"...he aquí ahora el día de salvación"
(2 Corintios 6:2).

Y ¿QUÉ DE TI?

¿Piensas que tienes todo el tiempo del mundo para decidirte por Jesús? La vida en esta tierra es muy corta comparada con la eternidad, y ni siquiera puedes estar seguro de llegar a viejo. No sabes cuánto tiempo vivirás. Este es el momento de poner tu fe en Jesús.

TESORO:
Decídete hoy por Jesús

LECTURA BÍBLICA: Salmo 90:4-6, 10-12

—Siempre haces lo mismo, mamá —protestó Sandra.

—¿A qué te refieres? —preguntó la mamá mientras esperaba a que pasaran otros autos.

—Manejas hasta la calle que necesitas tomar —contestó Sandra—, y luego dejas pasar a todos los autos, ¡aunque podrías pasar antes de que lleguen!

La mamá dio un giro hacia la calle. —Bueno, quizás pude pasar antes de esos carros —dijo—, pero no quería arriesgarme a sufrir un accidente.

—¡Pero siempre esperamos demasiado! —protestó Sandra.

La mamá se rió. —Querida, sé que tienes afán de llegar a la fiesta de Karina, pero solo esperamos un minuto, y fue importante.

Sandra frunció el entrecejo. —¿Qué quieres decir?

—Imagínate lo que habría sucedido si hubiera hecho una mala elección en ese minuto —dijo la mamá—. Podríamos haber sufrido un accidente y estar heridas, ¡o algo peor! Entonces nunca hubieras llegado a la fiesta de Karina. Sin embargo, aquí estamos, conduciendo por la calle de la casa de Karina, ¡y tú vas a disfrutar la fiesta!

Sandra se rió. —Creo que tienes razón —dijo.

Aquella noche Sandra y su hermano se reunieron con su mamá y su papá para el estudio bíblico familiar. Leyeron el Salmo 90 (vea la lectura para el día de hoy).

—Oye, mamá —dijo Sandra—, ¡recuerdo ese minuto definitivo que vivimos hoy mientras conducías!

Eduardo movió su cabeza de un lado a otro. —Sandra está un poco loca —bromeó. Miró a su hermana y preguntó. —¿De qué hablas?

Sandra se rió y les contó a su papá y a su hermano la conversación que tuvo con su mamá.

—Los versículos que acabamos de leer dicen que nuestra vida en la tierra es muy corta, como ese minuto de espera en el auto —explicó Sandra—. Fue definitivo que mi mamá tomara la decisión correcta en ese minuto, y también es importante hacer buenas elecciones en el poco tiempo que vivimos en la tierra. Debemos aceptar a Jesús mientras vivimos aquí. Esa decisión determina en qué invertiremos nuestra vida aquí en la tierra, y el lugar donde pasaremos la eternidad.

—Tienes razón, Sandra —dijo el papá—. ¡Qué sabia reflexión!

COMO TEJONES

20 de julio

LECTURA BÍBLICA: Romanos 12:9-18

—¡Oye, este animal es genial! —dijo Caleb mientras hojeaba una revista.

Catalina miró por encima de su hombro.

—¡Oh, un tejón! ¿no te parece tierno?

—¡A todo le dices "tierno"! —protestó Caleb—. Cuando yo digo que algo es genial, me refiero a que es interesante, ¡no tierno!

Catalina reaccionó con desdén. —Bueno, yo pienso que un tejón es tierno —insistió—, ¿pero por qué te parece interesante?

—Bueno, según este artículo, los tejones tienen casas subterráneas que están conectadas entre sí por una serie de madrigueras y pasadizos —dijo Caleb.

—Oye, eso es genial —convino Catalina—. Aquí dice que los tejones son animales nocturnos. Hizo una mueca.

—Eso significa que...

—Ya sé —dijo Catalina—. Quiere decir que permanecen despiertos en la noche y duermen durante el día.

—¡Exacto! —dijo Caleb—. Escucha esto: "Si un tejón está lejos de su casa al amanecer, puede quedarse con otra familia de tejones durante un tiempo mientras regresa a su casa".

Catalina se rió. —Tal vez los que viajan son tejones misioneros, y los que se quedan son como nuestra familia —dijo bromeando—. ¿Recuerdas a los misioneros que se quedaron en nuestra casa hace poco tiempo?

Caleb hizo un gesto. —Hay más —dijo—. ¡Aquí dice que a veces los tejones llegan a hospedar zorros! Creo que no hemos hospedado zorros últimamente.

—Bueno, yo no sé —dijo Catalina—. Es como... como si... no se me ocurre algo con qué compararlo.

—A mí sí —dijo Caleb—. Por ejemplo, invitar a alguien desconocido, como los niños nuevos que asisten al club bíblico, para venir a jugar.

—Será mejor que no se enteren de que los comparaste con zorros —dijo Catalina—, pero quizá tienes razón. Así podríamos practicar la hospitalidad que aprendimos en el versículo para memorizar en nuestro club bíblico.

PARA MEMORIZAR:

"...practicando la hospitalidad"
(Romanos 12:13).

Y ¿QUÉ DE TI?

La hospitalidad es una de las virtudes que nos enseña la Biblia. ¿La practicas tanto con tus amigos como con niños desconocidos? Háblale a una niña nueva de tu clase. Almuerza con el chico que siempre está solo. Juega con alguna persona solitaria durante el descanso de la escuela. Acoge a cada persona de tal modo que se sienta bienvenida y apreciada.

TESORO:
Practica la hospitalidad

21

de julio

COMO TEJONES
(Continuación)

LECTURA BÍBLICA: Romanos 12:4-8

PARA MEMORIZAR:

"No descuides el don que hay en ti"
(1 Timoteo 4:14).

Y ¿QUÉ DE TI?

¿Cuál es el talento especial, la habilidad o la destreza que Dios te dio? Piénsalo. Hay algo que tú puedes hacer muy bien. Úsalo para ayudar a alguien. ¿Puedes visitar, ofrendar, escuchar, orar o darle una mano a alguien? Descúbrelo y no tardes en ponerlo en práctica.

—Leí más acerca de los tejones —afirmó Catalina mientras la familia se sentaba a cenar—. Investigué en la enciclopedia.

—No puedo creer que te molestes en investigar —dijo Caleb tomándola del pelo.

—Ya sé que no soy tan brillante como tú en los asuntos intelectuales, pero soy mejor que tú en el deporte —dijo Catalina.

—Pero bueno, ¿saben qué es un ratel? Caleb, la mamá y el papá negaron con la cabeza.

—Es un animal pequeño, parecido al tejón, y a veces lo llaman "el tejón abejero" —les dijo Catalina.

—¿Así lo llaman porque le gusta la miel? —propuso Caleb.

—¡Exacto! —dijo Catalina—. El tejón abejero tiene un pájaro amigo que se llama "el indicador gorginegro". Cuando este descubre una colmena llena de miel, llama al tejón abejero y lo guía hasta ella. Luego el tejón usa sus garras para abrir el panal, y entonces saborea una deliciosa y pegajosa miel mientras el pájaro aguarda con paciencia.

—¿Y el pájaro no come un poco de miel también? —preguntó Caleb. Catalina negó con la cabeza. —Bueno ¡comerse toda la miel solo no suena muy amable! —declaró Caleb—. Los tejones abejeros no parecen muy amistosos.

—Al pájaro gorginegro no le interesa la miel —dijo Catalina—. Le gusta la cera de abejas y las larvas, y eso es precisamente lo que deja el tejón.

—Interesante —dijo la mamá—. Se ayudan mutuamente.

El papá asintió. —Es otro ejemplo de cómo el Señor bendice a cada uno con dones y talentos distintos —afirmó—. Parece que eso se cumple tanto en el reino animal como entre las personas. Algunas personas poseen un talento musical. Otras son hábiles en el deporte. Otras tienen el don de ayudar a otros. Dios quiere que usemos nuestros dones, no solo para nuestro propio bien, sino para servir a otros.

TESORO:
Usa el talento que Dios te dio

DESVIADO

22

de julio

LECTURA BÍBLICA: Lucas 16:10-13

Cuando el maestro de la escuela dominical de Javier buscaba voluntarios para ayudarles a los miembros de la iglesia que no podían salir de casa, Javier revisó la lista de nombres. "Yo podría ayudar a la señora Pérez —se ofreció—. Vive cerca de mi casa".

La dulce dama estaba complacida de contar con la ayuda de Javier. Le pidió que regara el jardín porque ya no le era posible hacerlo. —Claro. Puede contar conmigo. Puedo venir cada semana —le dijo Javier.

Durante algunas semanas Javier cumplió fielmente su promesa, pero luego comenzó a descuidarse. Otras actividades ocupaban su tiempo.

—Papá, ven a ver lo que mi tren eléctrico puede hacer —dijo Javier una tarde. Puso dos locomotoras sobre los carriles separadas por unos centímetros, y luego oprimió varios botones. Las locomotoras recorrieron toda la carrilera. Luego Javier tocó un interruptor. Una de las locomotoras se desvió a un carril lateral y se detuvo, mientras que la otra continuó rodando a lo largo de la carrilera principal.

—¿Viste papá? Desvié a una y dejé a la otra marchando —explicó Javier.

El papá asintió. —Ya veo —dijo. Miró pensativo la locomotora que había apartado. —Se me ocurre pensar que algunos cristianos comienzan sirviendo al Señor y luego se apartan como esa locomotora, y no siguen en movimiento. De hecho, me pregunto si en este preciso momento estás en esa situación, Javier.

Javier lo miró. —¿Yo? ¿Cómo así? —preguntó.

—Bueno, recuerdo que prometiste hacer una buena obra —contestó el papá—. Dijiste que ayudarías cada semana a la señora Pérez, ¡y eso es grandioso! Sin embargo, creo que últimamente lo has olvidado o tal vez te has ocupado en otros asuntos. En otras palabras, te apartaste de esa determinación. Hizo una pausa antes de agregar. —Esta mañana pasé por la casa de la señora Pérez, y las plantas de su jardín se ven bastante marchitas.

—¡Oh, sí, lo olvidé! —exclamó Javier. Miró a las dos locomotoras. —Si me doy prisa, todavía puedo regar esas plantas antes de que oscurezca —señaló mientras se dirigía a la puerta—. Entonces seré como la locomotora que siguió andando.

PARA MEMORIZAR:

"Ahora bien, se requiere de los administradores, que cada uno sea hallado fiel" (1 Corintios 4:2).

Y ¿QUÉ DE TI?

¿Comenzaste a servir al Señor diezmando, ayudando a los necesitados o en tu propia casa con gran disposición? ¿Perseveraste en ello? Comenzar los planes es grandioso, pero perseverar en cumplirlos es mucho mejor. ¡No te desvíes del propósito!

TESORO:
Sé fiel en tu servicio a Dios

23

de julio

PARA MEMORIZAR:

"Jehová está conmigo; no temeré" *(Salmo 118:6).*

Y ¿QUÉ DE TI?

¿Tienes dificultades para hablar en público o actuar en una obra? ¿Te parece difícil testificar del Señor a otros? Si quieres ganar confianza, comienza a practicar lo que te resulta difícil. Si "te equivocas", levántate, cobra fuerza, y hazlo de nuevo. Dios te acompañará en el proceso de aprender a hablar de Él con valentía.

LOS PRIMEROS PASOS DE JUANITA

LECTURA BÍBLICA: 2 Timoteo 1:6-10

Cuando el señor Álvarez le anunció a su clase de la escuela dominical que prepararían un drama para el banquete de la iglesia, Santiago se escurrió en su silla esperando que no le asignaran algún papel importante. No obstante, ¡el señor Álvarez le asignó una página entera de la obra!

Esa tarde, Santiago se quejó con sus padres. —Yo no puedo pararme frente a todas esas personas y hablar —dijo—. ¿Qué sucede si me equivoco? Me daría mucha pena.

—Estoy segura de que puedes hacerlo —dijo la mamá—. Será una buena ocasión para vencer tu timidez.

El papá asintió. —Todos debemos aprender a proclamar la verdad del Señor en cualquier lugar —le dijo el papá—, y la mejor forma de cultivar la confianza que necesitamos es practicando algún tipo de discurso en público.

Esa tarde Santiago leyó su parte. Le pareció interesante, y se dio cuenta de que podía memorizarlo con facilidad. Pero ¿cómo puedo decirlo, parado frente a todas esas personas? —se preguntaba. Mientras pensaba llegó la mamá. —Mira a Juanita —dijo—. Está caminando.

Santiago se volvió para mirar. Su papá sostenía a Juanita de la mano mientras daba cada paso. Luego la soltó con cuidado, y Juanita caminó sola varios pasos. De repente se tambaleó y cayó sentada. Con una sonrisa dejó que su padre la ayudara, y se puso de pie otra vez.

—¡Eres una niña lista! —exclamó Santiago.

La mamá y Santiago se miraron, y ella observó que tenía en su mano el libreto de la obra. —La única manera en la que Juanita puede aprender a caminar es caminando —dijo la mamá—. Lo mismo es cierto en tu caso, Javier. Nunca vencerás el miedo de hablar en público, a menos que comiences a hacerlo. Y si te equivocas, levántate e inténtalo de nuevo, así como Juanita. Santiago asintió pensativo mientras su mamá continuaba. —Tu papá le ayuda a Juanita a caminar, y Dios te ayudará a hablar. Confía en Él.

TESORO:
Habla del Señor con valentía

UN ACONTECIMIENTO ESPECIAL

24

de julio

LECTURA BÍBLICA: Salmo 132:1-7

Andrea estaba emocionada. —Haremos un paseo histórico —les dijo a su papá y a su mamá una noche—. Visitaremos el lugar donde vivió Simón Bolívar. Hemos estudiado acerca de él en nuestra clase. Y mi maestro solicitó que algunos hiciéramos un informe acerca de su vida. Yo me ofrecí para sacar unos libros de la biblioteca y preparar un informe.

—Bien —dijo la mamá—. Estoy segura de que tu trabajo previo te permitirá disfrutar mucho más el paseo histórico. Andrea se dispuso a trabajar, aprendió más acerca de Simón Bolívar y preparó su informe.

Al llegar a casa después del paseo, Andrea rebosaba de emoción. Les contó a sus padres con entusiasmo todo lo que había hecho.

—Fue emocionante visitar los lugares y ver cosas acerca de los cuales leí —dijo—. Incluso sabía algunos detalles que el guía no mencionó.

El domingo siguiente en el desayuno, el papá se puso de pie. —Es hora de recitar los versículos antes de partir a la iglesia —dijo—. ¿Quién va primero? Miró a Andrea. —¿Qué tal tú?

—Yo... no me los aprendí —confesó Andrea—. Estuve demasiado ocupada esta semana. En un minuto los estudiaré.

Cuando ya era hora de salir para la iglesia, Andrea todavía tenía el cabello mojado y no encontraba su Biblia. Al fin entró al auto sin ella. Suspiró mientras estacionaban el auto en la iglesia. —Últimamente me he aburrido mucho en la iglesia —refunfuñó—. No aprendo mucho.

—Eso no me sorprende —dijo la mamá—. Querida, antes de tu viaje histórico te preparaste muy bien para él. Como resultado, lo disfrutaste mucho. ¿Por qué no haces lo mismo con respecto a la iglesia? Prepárate con anticipación para venir.

—Pero ese viaje fue tan especial —comentó Andrea.

—Qué es más especial —preguntó el papá—, ¿un presidente y su casa o Dios y su casa?

Andrea se sonrojó. —Yo... creo que voy a esforzarme más —prometió.

PARA MEMORIZAR:

"Yo me alegré con los que me decían: A la casa de Jehová iremos" (Salmo 122:1).

Y ¿QUÉ DE TI?

¿Disfrutas el tiempo que pasas en la iglesia? Si no es así, intenta prepararte para ella con anticipación. Estudia tu lección y ora por tu maestro. Prepara tu ropa la noche anterior. Al llegar a la iglesia, piensa en Dios y presta atención a tu lección de la escuela dominical y al sermón. Quizá te asombre ver que la iglesia es para ti una actividad semanal muy especial.

TESORO:
Prepárate para ir a la iglesia

25

de julio

PARA MEMORIZAR:

"fortalecidos... conforme a la potencia de su gloria, para toda paciencia y longanimidad" *(Colosenses 1:11).*

Y ¿QUÉ DE TI?

¿Eres paciente? La paciencia es una virtud que Dios desea para tu vida. Sin ella tal vez seas quejumbroso, criticón e infeliz. Pídele al Señor que te ayude a ser paciente.

TESORO:
Sé paciente

EL NUEVO JUGUETE DE ESTEBAN

LECTURA BÍBLICA: Colosenses 1:9-12

—Pero mamá —razonaba Esteban al tiempo que él y su madre se sentaban a la mesa en la cocina—, no fue tan costoso. Había llegado a casa con un juego electrónico cuya publicidad había visto en el periódico, y temía que su madre le ordenara devolverlo.

—Tú gastas el dinero que tanto te cuesta ganar repartiendo periódicos en aparatos que usas durante pocos días y luego olvidas por completo —dijo la mamá—. ¿Por qué no esperaste un poco antes de comprarlo?

—Mamá, este es diferente —insistió Esteban—. En realidad quiero tenerlo.

La mamá suspiró. —Está bien —dijo—. Ya hemos hablado al respecto. Es tu dinero, tú lo ganaste y hemos acordado que puedes gastar una parte de él como quieras. Sin embargo, pienso que te lamentarás de haberlo gastado tan pronto.

Esteban estaba dichoso. —¡Sí! —exclamó—. ¡Muchas gracias, mamá!

La emoción de Esteban tras comprar el nuevo juego pronto se desvaneció. No era tan divertido como esperaba.

—No te he visto jugar con tu nuevo juguete últimamente —le dijo la mamá una tarde después de cenar.

Esteban jugaba nervioso con la servilleta. —¿Estás enojada conmigo por haberlo comprado? —preguntó a su madre mirándola.

La mamá sonrió. —Esteban, no estoy enojada contigo —dijo—, pero creo que Dios quiere enseñarnos a los dos una lección con lo sucedido.

Esteban quedó desconcertado. —¿A los dos?

La mamá asintió. —Sí, a los dos —dijo—. Deseabas tanto ese juego que no me pediste consejo, y tampoco me escuchaste cuando te lo di. En ocasiones también he deseado algo que era demasiado costoso o de poco provecho para mí, y tomé una decisión sin consultar antes con Dios. A veces también he desatendido su voluntad para mí. Esteban la miró sorprendido.

—Oremos para que Dios nos enseñe a saber esperar, ¿te parece? —sugirió la mamá. Esteban sonrió y estuvo de acuerdo.

APRENDER DE TOBI

26

de julio

LECTURA BÍBLICA: Hebreos 12:5-11

Natalia, una niña misionera que vivía junto al río Amazonas, tenía una exótica colección de mascotas. Sentía un afecto especial por Tobi, un monito del tamaño de un gato que era un pillo. Un día, se subió al estante de libros y se puso a jugar con ellos. Luego comenzó a rasgar tiras de papel y a despedazarlas.

—¡Tobi! ¿qué estás haciendo? —lo reprendió Natalia al entrar en la sala. Lo tomó en sus manos y despeinó su pelaje. Él sacudió su larga y tupida cola en actitud desafiante.

—Deja de romper los libros o tendrás que salir —dijo Natalia amenazándolo. Tobi se calmó, pues detestaba quedarse afuera. Natalia lo dejó en el piso y arregló el desorden. Tobi se apartó, tomó su cola y peinó su largo pelaje brillante y negro con los dedos mientras Natalia arreglaba. Pero tan pronto Natalia se fue a su habitación, Tobi regresó al estante y volvió a rasgar los libros.

El ruido que producía Tobi al rasgar los libros atravesó el pasillo y Natalia lo escuchó. Volvió a tomarlo y con suavidad pero firmeza le dio una palmada. "¡Mono desobediente! ¿Quieres quedarte afuera?" —volvió a preguntarle con severidad. Echó al mono lejos de los libros y regresó a su cuarto.

De inmediato Tobi corrió hacia el estante de libros. Se divertía de lo lindo cuando sintió que alguien tiró de él. Giró su cola con furia y protestó con todas sus fuerzas, pero no pudo soltarse de las manos de Natalia.

—En realidad no quiero sacarte de la casa, Tobi, ¡pero tienes que aprender a comportarte! —dijo Natalia al tiempo que abría la puerta. Entonces se le ocurrió algo. "¡Ahora entiendo cómo se sienten mis padres cuando desobedezco!" —murmuró. Sacó a Tobi al patio de cemento que estaba muy caliente.

Al entrar a casa, vino otro pensamiento a su mente. En realidad a Dios le duele castigarnos cada vez que pecamos, pero tiene que hacerlo. Creo que ahora lo entiendo un poco mejor.

PARA MEMORIZAR:

"Si soportáis la disciplina, Dios os trata como a hijos" (Hebreos 12:7).

Y ¿QUÉ DE TI?

¿Tratas de quedar impune cuando pecas? Tus padres te aman, pero en ocasiones deben castigarte. Dios también disciplina a sus hijos porque los ama y quiere protegerlos del mal. Acepta la disciplina y apártate del mal.

TESORO:
Dios disciplina a sus hijos

27

de julio

APRENDER DE TOBI
(Continuación)

LECTURA BÍBLICA: Efesios 4:1-7

PARA MEMORIZAR:

"Porque la paga del pecado es muerte, mas la dádiva de Dios es vida eterna en Cristo Jesús Señor nuestro" *(Romanos 6:23).*

Y ¿QUÉ DE TI?

¿Intentas llegar al cielo por tus propios medios o por las obras que realizas? ¿No será mejor confesar que eres un pecador y dejar que Él te salve? Él te ama y murió por ti. Él es el único camino al cielo.

Desde la ventana, Natalia observaba a Tobi. Se veía muy desdichado afuera. Se sentó junto al escalón de la entrada y trataba inútilmente de empujar el borde de la puerta. Luego se apartó y se sentó a la sombra. Allí esperaba cualquier oportunidad para entrar a la casa.

Después de un rato, Natalia tenía que hacer una diligencia para su mamá. Desde su escondite, Tobi la vio salir, y estaba alerta para su regreso.

Cuando Natalia abrió la puerta y entró a la casa, Tobi saltó y corrió tras ella. Ella no lo vio, y empujó la puerta para cerrarla. Esta machacó la suave cola de Tobi.

Tobi se retorcía y agarraba su cola como si fuera una cuerda. Rechinaba y lloraba desesperado. Haló con todas sus fuerzas, pero en vano. Su cola estaba atascada en la puerta.

"¡Pobre Tobi!" —gritó Natalia mientras corría hacia la puerta. Con una mano abrió la puerta, y con la otra tomó a Tobi en sus brazos. Él sacudía su adolorida cola y frotaba la parte donde se había machacado con la puerta.

—¡Ay, Tobi, tu colita! —exclamó Natalia—. ¿Cómo se te ocurrió tratar de entrar así, por tus propios medios?

Mientras Natalia mimaba a Tobi y procuraba aliviar su dolor, vio a algunos de sus amigos afuera. Entonces se le ocurrió algo.

—Te pareces a algunos de mis amigos que tratan de llegar al cielo por sus propios medios —le dijo a Tobi, quien se resguardaba en el regazo de Natalia—. Sin embargo —dijo con alivio—, yo te salvé y ahora estás seguro y eres amado. Tal vez si te pongo como ejemplo, mis amigos comprenderán que deben confiar en el Señor en vez de forjar su propio camino al cielo.

TESORO:
Jesús es el camino al cielo

EL LLAMADO DE DIOS

28

de julio

LECTURA BÍBLICA: Efesios 4:1-7

Mientras el doctor Martínez hablaba de su "llamado" a las misiones, Carlos quería saber cómo se recibía un llamado de parte de Dios. El doctor Martínez lo denominó "un fuerte impulso de servir a Dios", pero Carlos seguía preguntándose cómo podía saber si Dios tenía un llamado para él.

A Carlos le llamó la atención el relato del doctor Martínez acerca de la reparación de un camión que realizó con su hijo de trece años, Joel. "No teníamos las herramientas adecuadas, y a Joel se le ocurrían muchas ideas fantásticas —relataba—. Cuando menos esperábamos lograr un resultado, la máquina comenzó a funcionar, y le di gracias a Dios de que a Joel se le ocurriera una idea que funcionó".

Al regresar a casa de la iglesia, Carlos recordó la anécdota del camión.

—Es una lástima que no tengan mejores herramientas para trabajar, ¿no es así? —dijo. Le hizo una mueca a su padre mientras añadía. —Debiste estar allí con todas tus herramientas, papá. Su padre contaba con herramientas para reparar cualquier aparato por el tipo de negocio que realizaba.

En los días siguientes, Carlos pensaba con frecuencia en la escasez de herramientas en el campo misionero. Mientras más pensaba en el asunto, más deseos sentía de ayudar. Tengo un poco de dinero ahorrado —pensó—, pero si lo entrego no podría comprar la bicicleta que tanto quiero. Durante un tiempo vaciló. ¿Será posible que Dios me esté llamando a ofrendar? —se preguntaba. Una noche habló con su padre al respecto.

—Papá, ¿crees que el dinero que ahorré para comprar una bicicleta alcanzaría para comprarles herramientas a los misioneros? —preguntó Carlos.

El papá se quedó pensando. —Bueno, puedo comprar herramientas en promoción para comprar suficientes con ese dinero —dijo después de un rato—. Me gustaría donar otras si ese es tu deseo.

Carlos asintió. —Así es —dijo—. No sé por qué, pero me parece más importante ayudar a los misioneros que comprar una bicicleta nueva. Además, la vieja funciona bastante bien. Mientras hablaba, Carlos pensó que comenzaba a comprender la manera como se recibía un llamado de Dios. De algún modo era difícil, pero sin duda era una experiencia grandiosa.

PARA MEMORIZAR:

"Porque somos hechura suya, creados en Cristo Jesús para buenas obras, las cuales Dios preparó de antemano para que anduviésemos en ellas" (Efesios 2:10).

Y ¿QUÉ DE TI?

¿Te preguntas si Dios te llama a ser misionero o pastor? ¿Sientes que te impulsa a realizar alguna obra en este momento, como ayudar a alguien, dar dinero o mostrarte amigo? Debes estar listo para responder a su llamado, cualquiera que este sea.

TESORO:
Dios te llama a hacer el bien

29
de julio

PARA MEMORIZAR:

"El que encubre sus pecados no prosperará; mas el que los confiesa y se aparta alcanzará misericordia" **(Proverbios 28:13).**

Y ¿QUÉ DE TI?

¿Confiesas tu falta cada vez que haces algo indebido? Los intentos por ocultar el pecado a veces fallan. Habla siempre con la verdad. Sigue el consejo de Dios que te guía a confesar tu pecado y apartarte de él.

TESORO:
Confiesa tu pecado y apártate de él

¡PILLADO!

LECTURA BÍBLICA: Salmo 32:1-5

Milton buscaba un buen escondite. Allá, detrás del arbusto que está frente a la casa es el escondite perfecto —pensó—, pero papá nos dijo que no jugáramos cerca de la casa por la pintura fresca. Dudó. Papá está pintando por detrás, así que no se dará cuenta —decidió. Entonces se escondió detrás del arbusto.

Jaime, el amigo de Milton, lo buscaba en el jardín. Al acercarse al arbusto, Milton se agachó. Casi pierde el equilibrio pero alcanzó a apoyarse en la casa.

—¡Te encontré! —gritó Jaime. Ahora el turno de esconderse era para él, y Milton debía buscarlo.

Después que Jaime se fue a su casa, Milton entró a la cocina para tomar jugo. —¿Te divertiste con Jaime? —le preguntó su papá, al entrar a la casa después de pintar afuera.

Milton se recostó sobre el mostrador aparentando estar tranquilo para que su papá no descubriera que había hecho algo malo. —Claro —respondió. Mientras hablaba notó que había pintura en sus dedos. De inmediato escondió su mano en el bolsillo del pantalón.

—Ese jugo se ve delicioso —dijo el papá, mientras abría el refrigerador. Milton se dio cuenta de que la jarra tenía una mancha de pintura. Su papá también lo notó. —¿Cómo se manchó esta jarra? —preguntó.

El corazón de Milton latía con fuerza. Le dio la espalda a su padre y puso el vaso en el fregadero. —No lo sé. Yo no fui —dijo Milton—. Tal vez tú lo hiciste por accidente en el último receso.

—Tal vez —dijo el papá—, pero no lo creo. Sería más lógico pensar que fuiste tú, ya que toda la parte trasera de tu pantalón está manchada con pintura. Milton se dio la vuelta para ver. ¡Nada qué hacer! A pesar de sus intentos por ocultar su falta, lo descubrieron.

—Recuerda siempre que tarde o temprano el pecado será descubierto —le dijo su papá—. Tratar de ocultarlo solo empeora las cosas. ¡Milton sabía que era verdad! Ahora sabía que iban a castigarlo por mentirle a su papá, y también por desobedecer.

EN LAS MANOS DE DIOS

de julio

LECTURA BÍBLICA: Mateo 10:27-31

Isabela estaba acostada en su balsa de plástico. Anhelaba que su padre la acompañara a nadar, pero yacía enfermo en cama. Su hermano le hizo una mueca.

—Voy a pinchar tu flotador —amenazó—. Vas a hundirte.

—No —dijo Isabela—. Mi chaleco salvavidas me protegerá.

—¿Y qué sucedería si te lo quito? —dijo Darío bromeando.

—De todos modos no importa —insistió Isabela tranquila—. Esta es la parte menos profunda y el agua solo me llega hasta la cintura.

—Podría cargarte y sumergirte —dijo burlándose.

Isabela hizo una mueca y señaló a su mamá que se encontraba a un lado de la piscina. —Si mamá está ahí, estoy segura —dijo.

Después del almuerzo el papá empeoró, y la mamá les dijo a los chicos que la abuela vendría a cuidarlos mientras ella lo llevaba de emergencia al hospital. Cuando regresó a la casa, ya no venía con el papá. Lo habían dejado hospitalizado.

—¿Qué le ocurre a papá? —preguntó Isabela preocupada.

—No lo sabemos —respondió la mamá—. Esperamos que no se trate de algo serio, pero ya sabes que él se ha sentido mal desde hace mucho tiempo.

—No quiero que se enferme —dijo Isabela con tristeza.

—Yo tampoco —dijo la mamá al tiempo que la abrazaba.

Darío también estaba preocupado. —¿Y qué sucede si es algo grave? —preguntó—. ¿Tienes miedo, mamá?

—A veces siento miedo —confesó—, pero descanso al saber que papá y todos nosotros estaremos bien en las manos de Dios.

—Si en realidad es algo grave, ¿cómo puedes pensar que está bien? —preguntó Darío.

—En la mañana estabas bromeando con tu hermana en la piscina —le recordó su mamá—, pero ella sabía que no importaban tus amenazas, porque yo estaba allí para cuidarla. Los cristianos también podemos confiar sin reservas respecto a nuestro porvenir, porque Dios cuida de nosotros. Sin importar cuán difíciles sean las circunstancias o cuán doloroso resulte el final, podemos confiar en Él. Estamos seguros en sus manos.

PARA MEMORIZAR:

"Así que, no temáis; más valéis vosotros que muchos pajarillos" *(Mateo 10:31).*

Y ¿QUÉ DE TI?

¿Algún acontecimiento te ha causado tristeza o temor? ¿Tienes a un ser querido que está muy enfermo? ¿Alguno de tus padres perdió el empleo? ¿Tus padres se divorciaron? Jesús lo sabe todo. Confía en su cuidado y en su amor, sin importar cuán difíciles sean las circunstancias.

TESORO:
Confía en el cuidado de Dios

31

de julio

PARA MEMORIZAR:

"...habéis sido comprados por precio; glorificad, pues, a Dios en vuestro cuerpo" *(1 Corintios 6:20).*

Y ¿QUÉ DE TI?

¿Tu vida le pertenece a Jesús? Entonces debes guardar tu cuerpo en pureza y libre de contaminaciones como las drogas, el alcohol, y el cigarrillo. Rechaza todo eso a fin de que tu vida refleje en verdad la belleza de Jesús.

TEMPLOS EN CONSTRUCCIÓN

LECTURA BÍBLICA: 1 Corintios 6:12-13, 19-20

—¡Mamá! —exclamó un día Gonzalo al regresar a casa de la escuela—. ¿Sabías que están construyendo una nueva iglesia a dos cuadras? ¡Quedó hecha un desastre!

—¿Qué quieres decir? —le preguntó la mamá—. ¿Qué sucedió?

—Acabé de pasar por ahí de regreso de la escuela y hay vidrios de colores regados en el piso —dijo Gonzalo sosteniendo un pedazo de vidrio en la mano—. Un obrero me dijo que podía tomarlo. Me contó que anoche unos vándalos lanzaron piedras y rompieron los vitrales. Frunció el entrecejo.

—¿Quién pudo cometer semejante fechoría? ¡Me parece terrible!

—Hay muchas personas que no respetan a Dios ni lo que le pertenece a Él —afirmó la mamá. Movió su cabeza de lado a lado.

—Tú sabes —murmuró después de hacer una pausa—, muchos obran del mismo modo que esos vándalos con los vitrales, pero contra el propio cuerpo de cada uno de ellos.

Gonzalo la miró perplejo. —¿Qué quieres decir? —preguntó.

—La Biblia dice que los cristianos son el templo del Dios viviente, del mismo modo que una iglesia es un templo para los creyentes —explicó. En seguida señaló el pedazo de vidrio que tenía Gonzalo en la mano. Lo tomó y le dio vueltas contra la luz del sol.

—¿No te parece hermoso su color? —le preguntó.

Gonzalo asintió. —El vidrio refleja la luz del sol —dijo él.

—Sí —dijo la mamá—. Nosotros debemos reflejar la luz de Jesús. Somos incapaces de hacerlo como conviene si contaminamos nuestro cuerpo con drogas, cigarrillo o alcohol. Eso, y otras cosas más dañan nuestro cuerpo, al igual que esas piedras echaron a perder los vitrales.

TESORO:
Rechaza las drogas, el cigarrillo y el alcohol

TODA LA FAMILIA

LECTURA BÍBLICA: 1 Corintios 12:14-25

de agosto

—¡Muy bien! —exclamó Nicolás al llegar al sitio del campamento—. ¡Será grandioso acampar aquí toda la semana!

—Sí —afirmó Liliana—. ¡Armemos nuestro campamento! Luego se volvió a su madre.

—¿Sara y yo podemos ir a buscar leña?

—Claro —contestó la mamá—. Les ayudaré. Vamos a buscar agua.

—Papá, te ayudaré a armar la tienda, ¿está bien? —se ofreció Nicolás. El papá asintió, y todos empezaron a trabajar en sus labores.

—Las chicas no pueden hacer este trabajo pesado tan bien como yo —dijo Nicolás alardeando mientras le ayudaba a su padre a clavar los postes y las estacas—. Menos mal que hay tareas fáciles para ellas, como traer agua y leña.

—Que ellas no te oigan —le advirtió el papá—. Dudo que consideren esas labores más fáciles, e incluso si lo son, debes recordar que tú eres mayor. Además, la tarea que cumple cada miembro de la familia es importante. ¿Cómo piensas que quedaría la cena sin agua y sin leña?

Nicolás pensó al respecto. —Bueno —dijo—, sin fuego no se puede cocinar. Hizo una mueca. —Si vamos a comer perros calientes, tal vez no sea tan malo, pues fríos tienen buen sabor. Con todo, no me gustaría comer hamburguesas crudas.

—¿Y qué piensas si nadie trajera agua? —preguntó el papá.

—Chocolate calien… —empezó Nicolás. Se rió. —¡Ay! ¡Sin agua y sin leña no habría chocolate caliente! Tienes razón, papá. La tarea que cada uno realiza es importante.

PARA MEMORIZAR:

" . . . así nosotros, siendo muchos, somos un cuerpo en Cristo, y todos miembros los unos de los otros" *(Romanos 12:5)*

Y ¿QUÉ DE TI?

¿Piensas que solo algunas personas en la iglesia son importantes, como la junta directiva o los maestros de escuela dominical? ¡No es así! La Biblia dice que cada cristiano es miembro de la familia de Dios, y que todos son importantes.

TESORO:

Todos los miembros de la familia son importantes

2

de agosto

PARA MEMORIZAR:

"...vosotros que en otro tiempo estabais lejos, habéis sido hechos cercanos por la sangre de Cristo" *(Efesios 2:13).*

Y ¿QUÉ DE TI?

¿Ya te reconciliaste con Dios por medio de Jesús? Reconoce que eres un pecador y que no puedes llegar al cielo por ti mismo. Confía en Jesús, que vivió y murió por ti. Invítalo hoy a tu vida, y que sea el puente que te lleve a Dios.

EL PUENTE DE PALOS

LECTURA BÍBLICA: Romanos 3:10-12

Sara y su hermano caminaban a lo largo del arroyo, uno a cada lado. Lanzaban palos a la corriente y se imaginaban que eran barcos. Pronto escucharon que la mamá los llamaba desde el campamento para almorzar.

—Vamos, Sara —dijo Nicolás—. Tengo hambre.

Sara observó el ancho arroyo. Luego se asomó a ver tras de sí el puente que había usado para cruzarlo desde ese punto.

—¡No puedo ir hasta donde estás! —exclamó—. El arroyo es demasiado ancho, y tardaría mucho en regresar hasta el puente.

Nicolás miró con atención a su alrededor, y vio un tronco largo que estaba caído. Lo arrastró hasta el arroyo y lo puso de tal forma que cruzaba el torrente. —Puedes cruzar por ahí, Sara —dijo.

Sara no estaba segura. —Me da miedo caer —gimoteó.

—Mira, puedes tomar mi mano —le propuso Nicolás. Se paró sobre el tronco y avanzó hasta alcanzar la mano extendida de Sara. Con cuidado la condujo hasta la otra orilla.

Pronto estaban de regreso en el campamento comiendo perros calientes y fríjoles cocidos. Sara les contó a sus padres todas sus aventuras.

—Cuando mamá nos llamó, no podía cruzar el arroyo, pero Nicolás hizo un puente para mí —dijo.

El papá asintió. —Eso me recuerda la ilustración que mencionó el pastor Posada hace una semana ¿no les parece? —dijo.

—Él dijo que no podíamos llegar a Dios por nuestros propios medios. El pecado es como un gran abismo entre Él y nosotros. Dios entregó a Jesús para que fuera el puente a través del cual pudiéramos reconciliarnos con Él. Es probable que Sara hubiera podido regresar al campamento de otra forma, pero en lo que respecta a nuestra relación con Dios, el único camino para llegar a Él es por medio de Jesús.

TESORO:
Jesús es el puente para llegar a Dios

UNA CAMINATA NOCTURNA

3

LECTURA BÍBLICA: Proverbios 6:20-23

Era una noche hermosa, y papá y Sara decidieron caminar hasta el lago para ver el reflejo de la luna sobre el agua. Para llegar a la orilla del lago tenían que atravesar un estrecho sendero por el bosque. Había ramas y raíces capaces de hacer tropezar al viajero incauto, incluso a la luz del día.

—No olviden llevar las linternas —les recordó la mamá al tiempo que salían del campamento.

Mientras Sara seguía a su padre a lo largo del camino, escuchaba los ruidos nocturnos, como el crujir de las hojas secas, los insectos, y el suave sonido de un búho. Estaba alumbrando las copas de los árboles para ver al pájaro ¡cuando de repente tropezó con una raíz y gruñó al caer!

—Sara ¿estás bien? —le preguntó su papá preocupado mientras daba vueltas para ayudarla a pararse—. ¿Qué sucedió?

—Tropecé con una raíz —dijo Sara al ponerse de pie.

—¿No la viste? —le preguntó el papá.

—No. Estaba alumbrando a los árboles para ver al búho —explicó Sara—. Supongo que así no me servía de mucho la luz, ¿eh?

—Creo que no —dijo el papá con una sonrisa.

Prosiguieron su caminata y pronto llegaron a la orilla del lago. El agua estaba quieta y apacible, y un hermoso sendero plateado conducía hasta la luna, que casi tocaba el agua oscura. Tras contemplar en silencio la escena durante un rato, el papá habló.

—Bueno, será mejor que regresemos al campamento —dijo—. Pero esta vez alumbra el camino.

—¡Así lo haré! —exclamó Sara—. Ya aprendí la lección.

—He estado meditando en un versículo en Salmos, uno que se refiere a la Palabra de Dios como una luz —dijo el papá al tiempo que emprendían el regreso—. Si nos dejamos distraer por la diversidad de cosas interesantes alrededor nuestro y olvidamos hacer brillar la luz de la Palabra de Dios en nuestra vida, es posible que tropecemos y caigamos en nuestra vida cristiana.

—Eso sería peor que la caída que sufrí en el bosque ¿cierto? —dijo Sara, alumbrando con esmero el sendero—. Procuraré escuchar con atención lo que Dios dice.

PARA MEMORIZAR:

"Lámpara es a mis pies tu palabra, y lumbrera a mi camino" (Salmo 119:105).

Y ¿QUÉ DE TI?

¿Dedicas tiempo para leer tu Biblia? ¿Escuchas cada vez que tus padres la leen en voz alta? ¿Buscas respuestas para tus interrogantes? Mientras más estudies la Palabra de Dios, ¡más brillará su luz en el sendero de tu vida!

TESORO:
Alumbra con la Biblia, la luz de Dios

4

de agosto

PARA MEMORIZAR:

"Nosotros le amamos a él, porque él nos amó primero" (1 Juan 4:19).

Y ¿QUÉ DE TI?

¿Sabías que Jesús sufrió y murió por ti? ¿Le has dado gracias y le has pedido que te salve? No esperes más. Pon tu fe en Él hoy mismo.

TESORO:
Jesús murió por tus pecados

CICATRICES

LECTURA BÍBLICA: Juan 20:24-29

—Mamá —dijo un día Pedro titubeando—, ¿has pensado alguna vez en someterte a una cirugía plástica para borrar esas cicatrices de tu cara? Desde que Pedro tenía memoria, su madre había tenido unas horribles cicatrices rojas en su cara y en sus manos. Ya se había acostumbrado a ellas y casi ni las notaba, pero algunos chicos de su clase le habían hecho preguntas al respecto. También se habían mofado de la apariencia de su mamá. Hace poco, Pedro se había sentido avergonzado de que lo vieran con ella en público, y a veces no le mencionaba que había días de campo o reuniones en la escuela porque él no deseaba que fuera.

—Alguna vez escuché que esas cicatrices se produjeron por un incendio —agregó Pedro—, pero ¿cómo sucedió? ¿no pudiste escapar?

La mamá de Pedro no estaba segura de contarle. —Tú eras solo un bebé —dijo—. Dormías en una cuna en nuestra habitación, y todo ese lado de la casa estaba en llamas. Yo corrí, te tomé y te envolví en cobijas. Siempre estaré agradecida por haber podido protegerte y salir de la casa. Ambos salimos ilesos, pero como puedes ver, mi cara y mis manos todavía conservan esas horribles cicatrices. En seguida tocó su rostro.

—Me he sometido a algunas cirugías plásticas, y quizá los médicos puedan mejorar mi aspecto, pero sería demasiado costoso.

Las lágrimas corrieron por las mejillas de Pedro. —Ay, mamá —dijo llorando—, ¿tienes esas cicatrices por salvarme? ¡No lo sabía! La mamá puso sus brazos alrededor de Pedro y lo abrazó con fuerza. Pedro también la abrazó.

—Gracias, mamá. Gracias por salvarme. ¡Te amo tanto!

La mamá sonrió. —Fíjate, Pedro —dijo—, últimamente has hecho muchas preguntas acerca de lo que Jesús hizo por ti en la cruz. Quizá mis cicatrices te ayuden a comprenderlo. Como sabes, todos somos pecadores y no podemos salvarnos a nosotros mismos. Somos tan desvalidos como bebés. Jesús vino a rescatarnos. Él entregó su propia vida, llevando todo el sufrimiento y el dolor, y murió en una cruz a fin de que pudiéramos recibir la vida eterna. Su cuerpo fue herido cuando una lanza atravesó su costado y clavaron sus manos y sus pies. ¡Padeció todo eso por nosotros! ¿Lo entiendes Pedro?

Lentamente Pedro asintió. —El sufrimiento que Jesús padeció por mí fue todavía mayor que el tuyo, ¿cierto? —respondió—. Yo también lo amo.

MENTES ENVENENADAS

LECTURA BÍBLICA: Santiago 2:1-4, 8-10

Tomás, un niño de origen indio, era el niño nuevo de la escuela. —¡Odio este colegio! —expresó—. ¡Esos niños son unos tontos! Piensan que nos pintamos la cara, nos ponemos plumas y que decimos "¡Jao, yo gran jefe Tomás Toro".

de agosto

—Alguien te hizo una broma —dijo la mamá con una sonrisa.

—No me parece chistoso —respondió Tomás, casi llorando.

La mamá se mostró comprensiva. —Lo siento, querido. Entiendo cómo te sientes —dijo solidaria—. Yo también soy de origen indio. Me siento orgullosa de serlo, pero dondequiera que vivas habrá personas con prejuicios.

La mamá puso su brazo alrededor de Tomás.

—Prejuicios —dijo Tomás—. ¿Qué es eso?

—Son opiniones que tienen las personas antes de conocer los hechos. Las personas con prejuicios a veces rechazan a los que son diferentes de ellos —le dijo la mamá—. Ahora cuéntame acerca de los chicos de la escuela.

—Bueno, aparte de sus tontas ideas acerca de nosotros, son niños comunes —dijo Tomás—. Sin embargo, hay una niña que es diferente. Se llama Marta, y todos los días un chofer en un auto lujoso la trae a la escuela y la recoge. ¡Es una engreída! Camina por todas partes con su nariz hacia arriba y no habla con nadie.

—Ni siquiera la conoces —le increpó la mamá—, la juzgas así como otros te juzgan a ti.

—Pero mamá —comenzó Tomás.

—Hay muchos tipos de prejuicios además de los raciales —dijo la mamá—. Algunas personas tienen prejuicios contra otras religiones o contra las personas incapacitadas fisicamente. Otras, contra los ricos o los pobres. Todos los prejuicios son malos, envenenan la mente de la persona que los alimenta.

Tomás sabía que su mamá tenía razón. —Está bien. Trataré de hablar con Marta y de ser su amigo —dijo pausadamente.

—Bien —afirmó la mamá—, y trata de pasar por alto las bromas de otros. Al fin y al cabo, a todos nos sucede, ya sea por gordos, flacos, pelirrojos, pecosos, por ser demasiado tontos o inteligentes. Si puedes reírte cuando te molestan, será más fácil para ti y ellos se darán cuenta de que te pareces mucho a ellos.

PARA MEMORIZAR:

"pero si hacéis acepción de personas, cometéis pecado"
(Santiago 2:9).

Y ¿QUÉ DE TI?

¿Te ríes de alguien o lo rechazas porque es diferente a ti? Esa actitud no le agrada a Dios. Pídele que te perdone y toma la decisión de tratar a los que te parecen "diferentes" como te gustaría que otros hicieran contigo.

TESORO:
Desecha los prejuicios

6

de agosto

PARA MEMORIZAR:

"¿Con qué limpiará el joven su camino? Con guardar tu palabra" (Salmo 119:9).

Y ¿QUÉ DE TI?

¿Quieres ser un cristiano maduro? Para tener un buen desempeño en el deporte debes aprender las reglas del juego y entrenar. Para aprender a vivir como es propio de un cristiano, debes usar tu Biblia y poner en práctica sus enseñanzas.

TESORO:
Estudia la Palabra de Dios

ENTRENAMIENTO

LECTURA BÍBLICA: Salmo 119:9-16

Andrés pasaba por la puerta de la cocina cuando escuchó la voz de su hermano menor. "Por favor, papá, ¿me compras esos zapatos? Son iguales a los que tiene Juan Ramírez".

Andrés hizo una mueca al entrar a la cocina. —Tú crees que por el hecho de que Juan Ramírez sea una estrella del baloncesto, esos zapatos te convertirán en un gran jugador, ¿no es así Jaime? Jaime asintió con la cabeza.

—¡Pues no! —agregó.

Jaime se aturdió. —Bueno... tal vez eso me ayude —dijo.

Andrés se rió. —Oye, ¡si compras una camiseta de los mejores jugadores de fútbol, tal vez de inviten a jugar con ellos! —dijo bromeando.

El papá sonrió. —En vez de molestar a tu hermano, tal vez puedas ayudarlo a comprender que el esfuerzo, y no un lindo par de zapatos, harán de él un buen jugador de baloncesto —sugirió.

Andrés asintió. —Papá tiene razón —dijo—. Jaime, si practicas a diario jugarás cada vez mejor, sin importar qué tipo de zapatos uses.

Jaime se sentía un poco defraudado. —Entonces supongo que debo comenzar a practicar —dijo son un suspiro al tiempo que se dirigía hacia el patio, donde había un aro para jugar baloncesto.

Andrés le hizo un gesto a su padre. —Iba para mi estudio bíblico juvenil —dijo—, pero tal vez deba ayudar a Jaime a practicar baloncesto.

El papá señaló la Biblia de Andrés. —¿Esa es la Biblia que te regaló la abuela en la última Navidad? —preguntó.

Andrés asintió. —Sí. Es linda ¿cierto?

El papá asintió pensativo. —Tener lindos zapatos y una linda Biblia está bien, pero por sí solos no forman a un buen jugador ni te ayudan a crecer en tu vida espiritual, ¿no te parece?

Andrés tardó un momento en comprender el mensaje. —Jaime necesita practicar para convertirse en un jugador de baloncesto —dijo Andrés pausadamente—, y yo debo estudiar la Biblia y poner en práctica sus enseñanzas para convertirme en un cristiano fuerte ¿cierto? Tomó su Biblia y la miró. —Creo que mejor me voy al estudio bíblico —decidió—. ¡No quiero llegar tarde al entrenamiento!

COMO PLANTAS DEL DESIERTO

7

de agosto

LECTURA BÍBLICA: Salmo 37:30-31; Mateo 12:34-35

Diego se agachó sobre la mesa de la biblioteca con los libros esparcidos por todas partes. —¿Puedo sentarme aquí? —le preguntó su hermana Carol. Diego asintió y siguió leyendo. —¿No te parece que llueve terrible? —susurró Carol mirando por la ventana.

Diego saltó por el ruido de un trueno. —Ah, ah —murmuró—. Ahora déjame tranquilo.

—Esa lluvia echará a perder nuestra reunión familiar —dijo Carol en tono de queja—. Nos obligarán a quedarnos adentro soportando los aburridos chistes del tío Marco. Además...

—¿Vas a callarte? —la reprendió Diego en voz alta. La bibliotecaria le lanzó una mirada severa. —¿No te das cuenta de que estoy estudiando? —continuó Diego en voz más suave, pero con una mirada de enfado.

Aquella tarde, Carol siguió quejándose. Mencionó una larga lista de problemas que la lluvia le había causado. —¡Desearía que nunca lloviera! —declaró.

—Los lugares donde nunca llueve se llaman desiertos —le dijo Diego—. Ese es el tema de mi informe. Los desiertos son tan áridos que prácticamente ninguna planta puede crecer allí. Las plantas leñosas de los desiertos entierran sus raíces a varios metros de profundidad para encontrar agua. Cuando llueve, algunos cactus se llenan de agua y luego se encogen a medida que la gastan. Y el...

—En la biblioteca Diego me dijo que me callara —contó Carol interrumpiendo a su hermano. Diego le dio un golpe por debajo de la mesa.

—¡Diego! ¡Tú sabes portarte mejor! —lo reprendió la mamá.

—Bueno, ella siempre parece una plaga —refunfuñó Diego.

La mamá frunció el entrecejo. —Cuida lo que dices, Diego—. He notado que últimamente tienes problemas con tu lengua.

—Diego, tal vez necesitas aprender del ejemplo de esas plantas del desierto que acabas de mencionar. Quizá necesitas "beber" más a fondo la Palabra de Dios —sugirió el papá—. De hecho, todos deberíamos tener sed de su Palabra. Sería grandioso que tuviéramos la misma motivación para leerla, así como esas plantas la tienen para buscar agua. Si estuviéramos rebosantes de la Palabra de Dios, de nuestra boca saldrían buenas palabras y gozaríamos de buenas relaciones personales con los demás.

PARA MEMORIZAR:

"...de la abundancia del corazón habla la boca" (Mateo 12:34).

Y ¿QUÉ DE TI?

¿Cuáles son las palabras que salen de tu boca? Tus palabras reflejan lo que hay en tu corazón. Lee la Palabra de Dios, medita en ella, y pídele al Señor que te ayude a entenderla y a obedecerla. A medida que su Palabra llene tu corazón, de ti brotarán buenos pensamientos, palabras y acciones.

TESORO:

Bebe la Palabra de Dios en abundancia

8
de agosto

COMO PLANTAS DEL DESIERTO (Continuación)

PARA MEMORIZAR:

"nuestro Dios... es... el que prepara la lluvia para la tierra, el que hace a los montes producir hierba" *(Salmo 147:7-8).*

Y ¿QUÉ DE TI?

¿Tus dificultades parecen "lluvia"? ¿Te quejas y protestas? La lluvia te ayuda a recordar que Dios en realidad sabe lo que es mejor para ti. Dios usa la lluvia para producir cosas buenas.

LECTURA BÍBLICA: Isaías 55:8-11

Carol sentía una secreta satisfacción al ver que sus padres amonestaron a Diego acerca de la necesidad de controlar su lengua.

—Diego siempre me molesta —dijo en voz alta quejándose. Miró por la ventana. —¡Es casi tan fastidioso como la lluvia! —agregó—. ¡Odio la lluvia! Desearía que... En ese momento la voz de su padre la interrumpió.

—En cuanto a ti, Carol, tienes que dejar de quejarte tanto. ¿Recuerdas lo que dijo Diego? Los lugares donde hay poca lluvia o nunca llueve son desiertos. La mirada complacida y presuntuosa desapareció del rostro de Carol.

—Sin lluvia, no podrías saborear el delicioso puré de papas que comimos hoy para la cena —agregó el papá.

—Ni la tarta de manzanas que vamos a comer de postre —dijo la mamá.

—Pero la lluvia siempre echa a perder nuestros planes —gimoteó Carol.

—No sucede lo mismo con los planes de Dios —dijo el papá.

La mamá asintió. —No siempre es fácil aceptar la voluntad de Dios para nuestra vida —dijo—, pero creo que esas plantas del desierto también te enseñan algo. Papá nos recordó que todos necesitamos "beber" en abundancia la Palabra de Dios, ¿no es cierto? Si lo hacemos, estaremos dispuestos a recibir la "lluvia" que cae en nuestra vida, así como la que cae afuera.

—¿La lluvia que cae en nuestra vida? —preguntó Carol—. ¿A qué te refieres?

—Me refiero a las decepciones y dificultades que a veces debemos enfrentar —respondió la mamá—. Debemos aceptar lo que Dios permite que ocurra en nuestra vida, y reconocer que todo obra para nuestro bien.

—Alguien lo expresó de esta manera: "Cada nube esconde un tesoro". —Dios lo expresó en palabras más hermosas. En Romanos 8:28 nos dice: "Y sabemos que a los que aman a Dios, todas las cosas les ayudan a bien". Siempre que llueve, en nuestra vida o en sentido literal, debemos recordar que Dios controla cada circunstancia y sabe lo que más nos conviene. Al recordar que Dios usa la lluvia para producir cosas buenas, podemos dejar de quejarnos.

TESORO:
No te quejes.
Confía en Dios

LA DECISIÓN CORRECTA

9

de agosto

LECTURA BÍBLICA: Josué 24:14-15, 23-24

Rafael frunció el entrecejo mientras escuchaba a su maestro de la escuela dominical. "Cada persona toma la decisión del lugar a donde irá, sea el cielo o el infierno" —dijo el señor Salgado. Rafael ponía en duda esa afirmación. —¿Quién desearía ir al infierno? —preguntó.

—Si rechazas a Jesús, que es el camino al cielo, eliges tu propio camino, y ese conduce al infierno —explicó el señor Salgado. Rafael se encogió de hombros.

Pocos días después, Rafael y su amigo Felipe fueron al museo de historia natural. Mientras observaban los fósiles, la alarma de incendios se activó. De inmediato un guardia de seguridad gritó "¡fuego! ¡Vengan por aquí! ¡Síganme!", y se dirigió a una puerta cercana.

Las personas corrieron siguiendo al guardia, pero Rafael vio otra puerta más cercana. —¡Vamos por aquí! ¡Podemos salir más rápido! —dijo.

—¡No! —respondió Felipe—. El guardia conoce bien el camino para escapar del incendio. ¡Vamos!

Rafael dudó. Tal vez ni siquiera hay un incendio —pensó. En ese preciso momento, un empleado del museo se acercó para verificar que las personas se movieran en la dirección correcta para abandonar el edificio.

El domingo siguiente, Rafael y Felipe le contaron a su maestro aquella emocionante aventura. El señor Salgado asintió. —Ahora imagínense que no le hubieran creído al guardia o que hubieran intentado salir por otro camino —dijo—. ¿Qué hubiera sucedido?

—Nos hubiéramos metido en un problema, ¡en uno muy serio! —dijo Rafael—. De hecho, casi decido no seguir al guardia.

—Si no lo hubieras seguido para estar a salvo, habrías optado por permanecer en el edificio en llamas, ¿no es así? —preguntó el señor Salgado.

—Sí —convino Rafael—. Fue bueno haberlo seguido.

—Esa situación nos permite comprender que rechazar a Jesús y no seguirlo para llegar al cielo, equivale a tomar la decisión de seguir a Satanás para llegar al infierno —dijo el señor Salgado. Rafael estaba perplejo. Al meditar en el asunto tuvo que reconocer que el maestro tenía razón, y decidió hablar al respecto con él más adelante.

PARA MEMORIZAR:

"[Jesús dijo:] El que no es conmigo, contra mí es" (Mateo 12:30).

Y ¿QUÉ DE TI?

¿Hacia dónde te diriges, al cielo o al infierno? La decisión es tuya. Si no has depositado tu fe en Jesús como tu Salvador, has elegido seguir el camino que conduce al infierno. Si eso es cierto, ¿decidirás entonces entregarle tu vida a Jesús?

TESORO:
Elige el cielo siguiendo a Jesús

10

de agosto

PARA MEMORIZAR:

"De modo que si alguno está en Cristo, nueva criatura es; las cosas viejas pasaron; he aquí todas son hechas nuevas"
(2 Corintios 5:17).

Y ¿QUÉ DE TI?

¿Tu comportamiento y tus actitudes demuestran que eres cristiano? Pídele a Jesús a diario que te ayude a mostrarte alegre y amable con los demás. Que vean que en tu vida ya no hay lugar para las obras de Satanás.

TESORO:
Las acciones hablan más que las palabras

SONRISAS

LECTURA BÍBLICA: Romanos 6:11-14

Amanda hacía pucheros cuando llegaba con su mamá después de un día de compras. —¿Qué sucede, cara agria? —le preguntó su hermano Julián.

—Ah ¡cállate! —refunfuñó Amanda—. Mamá te compra todo lo que se te antoja, pero a mí no me compró nada. Lo único que yo quería era una camiseta con una "cara feliz".

Julián rompió en risas. —¿Una camiseta de cara feliz para ti? —preguntó—. ¡Eso se vería cómico! Además, ¿quién se pone eso? Pero bueno, al fin de cuentas nunca sabes lo que está de moda. —¡Ay! —gritó cuando su hermana lo golpeó. Y no tardó en devolverle el golpe.

El papá intervino. —Ya basta —dijo—. A mí me gustaría ver en la cara de cada uno de ustedes una sonrisa y una actitud diferente.

El domingo siguiente Julián y Amanda se prepararon para ir a la escuela dominical. Ellos asistían con regularidad y ambos habían aceptado a Jesús como Salvador, pero sus padres no eran cristianos.

—¿Por qué no nos acompañan hoy a la iglesia? —propuso Julián con entusiasmo.

—¡No cuenten conmigo! —exclamó el papá—. Ustedes dos se la pasan peleando. Si para eso les sirve su religión, no me interesa en absoluto. Julián y Amanda no sabían qué decir.

—Tenemos que dejar de pelear —le dijo Amanda a Julián más tarde—. Si no lo hacemos, mamá y papá jamás nos escucharán a la hora de hablarles de la salvación.

Julián asintió. —De verdad que tenemos que cambiar —dijo.

Los dos niños se esforzaron y le pidieron a Jesús que los ayudara. Poco tiempo después sus padres notaron el cambio. Un día rompieron un jarrón, y en vez de culparse mutuamente, tanto Amanda como Julián confesaron su culpa. ¡El papá estaba asombrado! "¡Pensé que nunca cambiarían!" —exclamó.

El domingo siguiente, el papá los sorprendió a todos. "Supongo que mamá y yo no somos demasiado viejos para ir a la iglesia o a la escuela dominical ¿o sí?" —preguntó.

—Quieres decir... ¿qué vendrás? —preguntó Julián.

—Si tu madre está de acuerdo —contestó el papá. La mamá aceptó. Julián y Amanda estaban dichosos. —¡Miren! —dijo el papá riéndose—. ¡Por fin sonríen!

TRABAJO EN EQUIPO

LECTURA BÍBLICA: 1 Corintios 12:12-14, 18-20

Camilo saltó del auto y corrió al cobertizo de espera, ansioso por jugar el partido semanal de béisbol. —Camilo, quiero que te ubiques en el campo derecho —dijo el entrenador. Mientras los chicos corrían al campo, el entrenador exclamó. —¡Recuerden, trabajo en equipo!

Cuando el equipo de Camilo aventajaba al otro por una carrera, se dirigió hacia el campo derecho en la última ronda. El primer bateador del equipo contrario golpeó la pelota en el segundo lanzamiento y corrió seguro a la primera base. El segundo golpeó ligeramente la pelota pero logró avanzar hasta la segunda base. El tercero se alistó con algunos movimientos dentro del área del bateador. Golpeó la pelota con fuerza y la lanzó fuera del campo.

Camilo corrió hacia la pelota que venía hacia él. "¡Bravo! ¡La atrapó!" Escuchó la ovación unánime de los asistentes. "¡Tercera base! ¡tercera base!" Rápidamente Camilo lanzó la pelota. El chico de la segunda base la atrapó. A su vez, este la lanzó a la tercera base, donde la atraparon justo antes de que el jugador del equipo contrario llegara. "¡Fuera!" —gritó el árbitro. Las personas en las graderías respondieron con silbidos, aplausos y gritos.

Trabajo en equipo —pensó Camilo para sí, y con una gran sonrisa volvió al cobertizo.

—¡Buen trabajo! —dijo su papá mientras regresaban a casa en el auto.

—Tuvimos que trabajar juntos para lograr la última jugada y ganar —dijo Camilo haciendo un gesto—. Como dijo el entrenador, se requirió trabajo en equipo.

Al llegar a la casa, Camilo se apresuró a entrar. —Tengo que cambiarme y salir a la iglesia para ayudar a limpiar el prado de la iglesia junto con mis compañeros de la escuela dominical —dijo—. Un equipo lo limpiará mientras otros chicos pintan el salón.

El papá asintió. —¡Trabajo en equipo! —dijo—. Los cristianos también debemos trabajar en equipo. Somos parte del cuerpo de Cristo, y cada uno ocupa un lugar único. Alguien podría pensar que limpiar es una tarea insignificante y mínima, pero la verdad es que la misión de cada uno es importante, ya sea testificar en las calles, enseñar en la escuela dominical, o limpiar el prado de la iglesia.

PARA MEMORIZAR:

"Vosotros, pues, sois el cuerpo de Cristo, y miembros cada uno en particular" (1 Corintios 12:27).

Y ¿QUÉ DE TI?

¿Eres un miembro fiel del equipo que conforma el cuerpo de Cristo? El trabajo en equipo consiste en cumplir la parte que te corresponde, ya sea ayudar a un amigo, testificar, orar por alguien, obedecer y ayudar en tu casa. Dios honra el trabajo en equipo.

TESORO:
Los cristianos nos necesitamos mutuamente

12

de agosto

PARA MEMORIZAR:

"Porque la palabra de Dios es viva y eficaz, y más cortante que toda espada de dos filos" (Hebreos 4:12).

Y ¿QUÉ DE TI?

¿Estás usando tu "arma", que es la Biblia? Léela. Memorízala. Y luego, pon en práctica en tu vida diaria las lecciones que ella te enseña.

TESORO:
La Palabra de Dios te ayudará a hacer lo correcto

UN ARMA PODEROSA

LECTURA BÍBLICA: Salmo 119:1-8

—Era Miguel —le dijo Ernesto a su hermana después de colgar el teléfono—. Quiere que lo ayude a vengarse del señor González por habernos expulsado de su propiedad, pero no pienso hacerlo. Tengo presente el versículo que el abuelo Pedro nos enseñó: "El amor no perjudica al prójimo".

Patricia asintió. —Vamos a contarle al abuelo —dijo, de modo que sacaron sus bicicletas y se dirigieron a la casa del abuelo.

Cuando por fin el abuelo abrió la puerta, lo saludaron con entusiasmo, pero él no los invitó a entrar. —No puedo conversar con ustedes hoy —dijo el abuelo pausadamente— pero espero que hayan aprendido el versículo en Salmo 22:11. Vayan a casa y estúdienlo un poco más. Es el Salmo 22:11. Pueden recitármelo otro día. Entonces cerró la puerta rápidamente frente a los dos niños que estaban atónitos.

—Me pregunto por qué el abuelo quiere que aprendamos el Salmo 22:11 —dijo Ernesto al tiempo que se montaban en sus bicicletas.

—Yo también —asintió Patricia—. Me pregunto qué dice. Miremos. Tengo una Biblia en la bolsa de mi bicicleta. Se detuvieron y pronto encontraron el versículo. Después de leerlo salieron corriendo para buscar ayuda.

Una hora después regresaron a la casa del abuelo en compañía de su madre. Había un agente de la policía allí, quien explicó que dos ladrones habían entrado. Cuando el abuelo había abierto la puerta a los niños, lo tenían amenazado con un arma. En seguida lo ataron y comenzaron a buscar todos los objetos de valor en la casa, cuando de repente fueron interrumpidos por la policía. —Niños, ¿cómo supieron que había problemas? —preguntó el agente de policía.

—El abuelo actuó de manera extraña, y nos despidió con una cita bíblica —explicó Patricia—. Cuando la revisamos, supimos que tenía un problema. Hizo una mueca. —El versículo dice: "No te alejes de mí, porque la angustia está cerca; porque no hay quien ayude".

Luego habló Ernesto. —Abuelo, un versículo que me enseñaste me ayudó hoy a tomar una buena decisión. Si los ladrones tuvieran la Palabra de Dios en el corazón, tal vez también hubieran deseado apartarse del mal. De ser así, no habrían entrado en tu casa.

—Así es —afirmó el abuelo—. La Biblia es más cortante que una espada de doble filo. Es nuestra arma contra el pecado, ¡y es muy poderosa!

UNA FIESTA EN EL CORAZÓN

13

de agosto

LECTURA BÍBLICA: Salmo 33:20-22

Tal vez mi estómago se mejore si cambio de posición al acostarme —pensó Sara al tiempo que se volteaba con cuidado.

—¿Te gustaría tomar un poco de sopa? —le preguntó su papá.

Sara negó con la cabeza. Cerró sus ojos y trató de acomodarse otra vez sobre el sofá.

—Siento mucho que te hayas perdido la fiesta de Norma —dijo el papá.

—Yo también —murmuró Sara—, pero le dije a Norma que puede venir el próximo fin de semana. Podríamos celebrar su cumpleaños un poco tarde, las dos solas. Sara se puso boca arriba.

—Papá, ¿podrías traerme otra manta, por favor? —preguntó—. Tengo frío.

—Claro que sí, querida —respondió el papá—. Aquí hay una.

Sara sonrió mientras su papá la abrigaba de pies a cabeza.

—Es muy lindo que me cuides mientras mamá está en su reunión. Cuando me sienta mejor ¿podemos jugar algo?

—Es una buena idea. El papá se sentó al otro lado del sofá y acarició los pies de Sara.

—¿Sabes una cosa, querida? Aprecio mucho la manera como has reaccionado al perderte la fiesta de Norma. Su mamá siempre le celebra una fiesta fabulosa, y tú siempre te diviertes mucho en ella.

—Sí —dijo Sara—, pero hoy no resulta un buen plan.

—Bueno, tú y yo tenemos nuestra propia fiesta aquí en casa —dijo el papá.

Sara abrió sus ojos sorprendida.

—Yo no —dijo— y lo único que comiste fue una sopa. Eso no es una fiesta.

—Sara, cuando tenemos un corazón gozoso, es como si tuviéramos una fiesta permanente —contestó el papá.

—¿Te inventaste esa idea solo para que me sienta mejor? —preguntó Sara.

El papá negó con la cabeza. —Eso dice la Palabra de Dios —dijo—. Lo dije porque asumiste una buena actitud frente a tu malestar y al hecho de perderte la fiesta.

—¿Y te parece que eso es una fiesta? —preguntó Sara.

—Una fiesta para nuestro espíritu —dijo el papá. Cubrió los pies de Sara y apagó la luz. —Ahora descansa. Antes de lo que imaginas tu estómago también disfrutará de un banquete.

Y ¿QUÉ DE TI?

¿Confías en Dios incluso en momentos de desilusión? ¿O te afliges y quejas con facilidad cuando las cosas no suceden como esperabas? Si en realidad confías en Dios, puedes tener una actitud gozosa y confiada.

TESORO:
Vive alegre

14

de agosto

PARA MEMORIZAR:

"Porque para mí el vivir es Cristo, y el morir es ganancia" (Filipenses 1:21).

Y ¿QUÉ DE TI?

¿Algún ser querido partió al cielo? Cuando te sientas triste, recuerda cuán feliz está esa persona. Dios sabe lo que más nos conviene. Confía en Él.

TESORO:
El cielo es el hogar del cristiano

LA BIENVENIDA

LECTURA BÍBLICA: 2 Corintios 5:1, 6-8

—Extraño mucho a la abuela —dijo un día Lorena después de la muerte de su abuela—. Desearía que hubiera conocido al bebé de Juliana, pero ya no será posible, ¡por lo menos en esta tierra! Juliana era la hermana mayor de Lorena. Vivía lejos, y acababa de tener una niña.

—Trata de recordar que Dios conoce todo a la perfección —dijo el papá animándola—, y que el tiempo ayuda a sanar las heridas. En vista de que eso era cierto, la alegría volvió a llenar la casa de Lorena.

Una noche, Lorena estaba en la casa de una amiga, cuando su papá la llamó para que regresara. —¿Puedo quedarme otro rato? —le imploró Lorena.

—Hoy no —dijo el papá—. Quiero que regreses ya mismo.

Lorena regresó a su casa a regañadientes. Al llegar y abrir la puerta, escuchó una voz conocida que exclamó "¡sorpresa!" Eran Juliana y su esposo, ¡con la pequeña Laura!

—¡Oh! —suspiró Lorena—. ¡Déjame cargar a la bebé! ¡Es tan tierna! ¿No crees que se parece a mí?

El hermano de Lorena se rió. —Tal vez te refieras a que ambas tienen la nariz roja. Es el único parecido que veo —dijo bromeando.

Pasaron un tiempo maravilloso hablando, admirando a la bebé ¡y compartiendo juntos!

—Me hubiera gustado que la abuela conociera a Laura —dijo Lorena con añoranza.

—Lo sé, pero la visita de Juliana y de su familia nos permite imaginar un poco la calurosa bienvenida que disfrutó tu abuela al llegar a su hogar celestial —dijo el papá—. Hace ocho años partió el abuelo. También tuvo un hijo que murió a los seis meses, y su hermano falleció en la guerra... y otros parientes y amigos también se fueron al cielo antes que ella. Con todo, lo mejor es que ahora está con Jesús.

Lorena estaba pensativa. —¿Quieres decir que Dios la llamó a su casa en el cielo del mismo modo que tú me llamaste hoy para que regresara a casa? —preguntó. El papá asintió. —Bueno, me alegro de que me hayas llamado a regresar a casa, especialmente porque la visita de Juliana será corta. Estoy segura de que la abuela también está muy feliz en el cielo —dijo Lorena en voz baja—. Más feliz que nosotros aquí juntos en familia.

HASTA QUE ÉL VENGA

LECTURA BÍBLICA: Hechos 1:9-11

—¡Siento como si mis papás se hubieran ido para siempre! —dijo un día David—. ¿Por qué no regresan pronto?

Beatriz le sonrió a su hermano menor. —La compañía de papá va a abrir una nueva sucursal al sur del país, y nosotros vamos a mudarnos allá. Ya lo sabes, David —dijo—. Papá debía irse antes para asistir a algunas reuniones de trabajo, y mamá se fue para preparar la casa y los asuntos de la escuela.

—No creo que tarden mucho porque ya encontraron una casa —dijo la abuela, que cuidaba a los niños en ausencia de sus padres.

—¿Sabes lo que me dijo hoy Luisa Ramírez? —señaló Beatriz—. Dijo que papá y mamá nos abandonaron y que nunca regresarán por nosotros.

—Supongo que no le creíste, ¿cierto querida? —le preguntó la abuela.

Beatriz negó con la cabeza. —En lo absoluto. Yo sé que ellos regresarán. Ellos lo dijeron. ¡Lo prometieron!

—Así es —dijo la abuela—, y cuando lleguen debemos estar listos. Ya que van a mudarse pronto, hay que preparar muchas cosas.

—Vamos a preparar todo a la perfección para cuando regresen —dijo Beatriz, y todos comenzaron a trabajar.

—¿Saben de alguien que también está preparando un lugar para sus hijos? —preguntó la abuela.

—¿Quién? —preguntó David.

—No se me ocurre quién, abuela —dijo Beatriz.

—Jesús —dijo la abuela—, y tampoco sabemos en qué momento regrese, pero sabemos que volverá porque así lo prometió. Luego sonrió.

—Nos esforzamos para tener todo listo antes de que sus padres regresen, y debemos hacer lo mismo para alistarnos para la venida del Señor. Debemos esforzarnos al máximo para vivir conforme a su voluntad, que es amarlo y servirlo, apartarnos del pecado, amar al prójimo y hablarles a otros de Jesús.

—Me pregunto quién llegará primero, mis papás o Jesús —dijo Beatriz. Miró con incertidumbre a su abuela. —Quisiera que mis papás llegaran primero —añadió—, y que estuviéramos juntos para recibir a Jesús. ¿Te parece que está mal?

La abuela movió la cabeza de lado a lado. —Es normal que lo desees de esa manera —dijo—, no obstante, si Jesús viene primero no lo lamentarás. ¡Estarás dichosa!

15

de agosto

PARA MEMORIZAR:

"...vendré otra vez, y os tomaré a mí mismo, para que donde yo estoy, vosotros también estéis" (Juan 14:3).

Y ¿QUÉ DE TI?

¿Sabes que Jesús viene? Él se fue a preparar un lugar para sus hijos, y en el momento propicio regresará por ellos. Prepárate para su regreso. Cumple con lo que le agrada. ¡Recuerda que podría volver hoy!

TESORO:
Jesús viene

16

AMIGO SILENCIOSO

de agosto

LECTURA BÍBLICA: Filipenses 2:1-4

PARA MEMORIZAR:

"Gozaos con los que se gozan; llorad con los que lloran"
(Romanos 12:15).

Y ¿QUÉ DE TI?

¿Te alegras con la alegría de otros niños y te dueles si están tristes? Dios quiere que seas sensible a los sentimientos de los demás. Muéstrate amigable, pero no te desanimes si alguien prefiere estar solo. No trates de obligar a nadie a participar en actividades contigo. Ora al respecto y ayuda en todo lo que puedas.

TESORO:
Comprende los sentimientos ajenos

Rubén entró a la casa y se desplomó en el sofá junto a su papá.

—¿Por qué tan triste? —le preguntó su papá al tiempo que bajaba el periódico que leía.

—Traté de ser amigo de Pablo, el niño nuevo de mi clase —dijo Rubén—, pero casi ni me habló. Le pregunté si le gustaría sentarse conmigo a la hora del almuerzo y me respondió que no.

—¿Por qué piensas que actuó de esa manera? —preguntó el papá.

—Manuel dice que Pablo tuvo que cambiar de escuela porque su padre estaba en prisión y su mamá tuvo que vender la casa y mudarse a un apartamento. Rubén suspiró. —Traté de ser amable, como dice la Biblia, pero no funcionó.

—Así que Pablo tiene varios problemas en qué pensar —dijo el papá.

—Lo sé, ¿pero acaso no necesita un amigo? —preguntó Rubén.

El papá dobló el periódico. —¿Recuerdas el día que te fracturaste la pierna? —le preguntó—. Tus amigos vinieron a visitarte con algunos libros y juegos para animarte, ¿cierto? Rubén asintió.

—Si no me equivoco —dijo el papá—, no parecías muy interesado en ellos ese día. La medicina que tomabas te producía sueño, pero era lo único que te aliviaba el dolor en la pierna. No tenías deseos de realizar ninguna actividad, así que mamá les pidió a tus amigos que vinieran cuando te sintieras mejor. ¿Lo recuerdas?

Rubén asintió. —Sí, fue un mal día —dijo.

—Solo deseabas estar solo un rato —dijo el papá—, y tal vez Pablo se siente igual. Con todas las dificultades que ha enfrentado últimamente debe sentirse herido. Tal vez no sienta deseos de entablar amistades en este momento.

—Tal vez no —convino Rubén. Al entrar en su cuarto y prepararse para estudiar, se le ocurrió una idea. Escribió una nota que decía: "Para Pablo. Siento mucho haberte importunado hoy. No lo haré más. ¿Qué te parece si soy tu amigo silencioso? Si quieres jugar conmigo, solo dímelo, ¿está bien? Rubén".

A la mañana siguiente, Rubén vio que Pablo se sentó solo en el patio de la escuela. Caminó hacia él y le entregó la nota. —¿Qué es eso? —preguntó Pablo.

Rubén había decidido ser un amigo silencioso, así que se limitó a sonreír. Mientras se alejaba echó un vistazo. Pablo estaba leyendo la nota, y a Rubén le pareció ver un leve gesto en su rostro.

DULLZURA OCULTA

17

LECTURA BÍBLICA: Colosenses 3:12-16

Julia se encogió al probar su limonada. Por último, alejó el vaso. —No está tan sabrosa como de costumbre —se quejó—. Está muy agria.

—¡Qué raro! —dijo la mamá—. Compré la misma marca de siempre. Tal vez no le agregaste suficiente azúcar.

Julia frunció el ceño y se cruzó de brazos. —Esta limonada es como Marcela —dijo—. Ambas son agrias.

—¿Marcela es agria? —preguntó la mamá—. ¿Te refieres a Marcela Ruiz, la niña que asiste a la iglesia? A mí me parece que es una niña cristiana muy dulce.

—Tal vez es cristiana, pero ya no es dulce —dijo Julia—. Desde que no participa en el equipo de porristas, es muy antipática.

—¿Te parece? Bueno, pienso que no deberías ser tan dura con ella, querida —dijo la mamá—. Es doloroso sentirse decepcionado, pero estoy segura de que ella cambiará de opinión.

Julia se encogió de hombros, volvió a tomar el vaso y probó un poco de limonada. Miró la jarra que estaba sobre la mesa. En seguida chasqueó los dedos.

—Acabo de descubrir por qué la limonada está tan agria —dijo—. Puse azúcar en la jarra, ¡pero no la revolví! ¡Mira! ¡Todo el azúcar está en el fondo! Julia tomó una cuchara y revolvió la limonada. Luego volvió a probarla. —¡Ahora sí está sabrosa! —exclamó.

La mamá sonrió. —Tenías razón al comparar a Marcela con tu limonada —dijo—. Todo el azúcar estaba en el fondo de la jarra y por eso estaba agria, como Marcela, hasta que revolviste el azúcar. Creo que Marcela es cristiana, y por eso la dulzura del amor de Dios debe estar en el fondo de su corazón ahora. Solo falta revolverlo un poco. Tal vez el Señor puede usarte para ayudarla a que esa dulzura vuelva a surgir.

—¿Cómo? —preguntó Julia.

—Ante todo, orando por ella —sugirió la mamá—. Muéstrate amable y comprensiva. Recuérdale que Dios la ama, y también demuéstrale que te interesas por ella.

PARA MEMORIZAR:

"Vestíos... de entrañable misericordia, de benignidad, de humildad, de mansedumbre, de paciencia" (Colosenses 3:12).

Y ¿QUÉ DE TI?

¿Sabías que a veces los cristianos se tornan "agrios" y se enfadan? En vez de reaccionar con indiferencia o ira, sé amable y paciente. Ora por ellos, y hazles saber que tú y Dios se interesan por ellos.

TESORO:
Sé amable y paciente

18

de agosto

PARA MEMORIZAR:

"No con ejército, ni con fuerza, sino con mi Espíritu, ha dicho Jehová de los ejércitos" (Zacarías 4:6).

Y ¿QUÉ DE TI?

¿Peleas batallas por Jesús con las armas correctas? El versículo de hoy no menciona los puños. Más bien habla de la verdad, la justicia, la paz, la fe, la salvación, la Palabra de Dios y la oración. Usa estas armas para ganar también a los que son enemigos de Jesús.

TESORO:
Demuestra el amor de Dios al testificar

NO CON EJÉRCITO NI CON FUERZA

LECTURA BÍBLICA: Efesios 6:13-18

José, que era un recién convertido, regresó a casa con el labio roto y un ojo negro.

—¡José! —exclamó el papá—. ¿Tuviste una pelea?

—Bueno... sí —confesó José.

El papá frunció el ceño. —¿Qué sucedió? —le preguntó—. ¿Quién comenzó la pelea?

—Martín comenzó —dijo rápidamente José—, y además, la Biblia nos dice que debemos pelear. Conozco algunos versículos que hablan de ponerse la armadura, y el otro día leí acerca de pelear la buena pelea de la fe. ¡Esta fue una gran pelea!

El papá suspiró. —Pensé que entendías que esos versículos se referían a asuntos como defender nuestra fe y testificar de Cristo con valentía —dijo.

—¡Eso fue lo que hice! —dijo José—. Verás, Martín se enteró de que soy cristiano. Él me dijo delante de todos los compañeros que los cristianos éramos unos cobardes. Le dije que era un mentiroso y lo desafié a golpearme si era capaz. ¡En seguida me golpeó! Pero yo gané. ¡Lo dejé con los ojos negros y la nariz sangrando! José hizo una mueca. —Me senté sobre su espalda, le torcí el brazo y lo obligué a disculparse por decir que los cristianos éramos unos cobardes. Luego le pregunté si también quería ser cristiano, y le retorcí el brazo hasta que accedió.

—¡Ay...! —exclamó el papá lamentándose—, ¡no lo puedo creer, José! ¡Estoy seguro de que sabes cómo portarte mejor!

—Bueno, peleé por Jesús —insistió José—. Y como te conté, incluso logré que quisiera ser cristiano.

—Tú sabes que es imposible forzar a alguien a ser cristiano —dijo el papá—. Una persona debe decidir por su propia voluntad si quiere ser salva. La Palabra de Dios dice: "No con ejército, ni con fuerza, sino con mi Espíritu". El Espíritu de Cristo se caracteriza por la mansedumbre, el amor y la bondad. Los cristianos estamos llamados a ser como Él.

—Quieres decir... que debo ser amable con Martín, ¿a pesar de que se burle de los cristianos? —preguntó José.

El papá asintió. —Las personas se burlaron de Jesús, y él murió sufriendo por ellos, y por nosotros —respondió—. ¿Será demasiado pedir que soportemos un poco de burla por causa de Él? Debes pedirle perdón a Martín y tratar de ser su amigo. Tal vez entonces puedas ganarlo para el Señor.

UN HIJO PARA SIEMPRE

19

de agosto

LECTURA BÍBLICA: Lucas 15:11-24

Jorge estaba tendido en su cama leyendo cuando su hermano mayor entró a la habitación.

—Adivina qué Jorge... Nicolás acaba de irse, y recibió al Señor como su Salvador —dijo Raúl—. ¿No te parece grandioso?

—Supongo que sí —respondió Jorge con poco entusiasmo. Frunció el entrecejo. —Pero ¿qué sucede si vuelve a pecar? ¿O qué sucederá contigo si vuelves a pecar? —preguntó—. Es decir, en este momento eres un buen cristiano, pero ¿qué sucedería si un día fumas o robas? ¿Dejarías de pertenecerle a Dios por eso?

—¿Piensas que yo no peco? —preguntó Raúl con una sonrisa—. ¡Qué ocurrencia! Luego se puso serio. —Yo soy hijo de Dios para siempre —dijo—. Si peco, pierdo mi comunión con Dios hasta que confieso y me arrepiento de mi pecado, pero eso no significa que pierda mi salvación.

Jorge no estaba tan seguro. —Voy a recibir al Señor hasta el momento en el que esté seguro de que puedo vivir sin pecado —dijo, y ningún argumento que Raúl le presentó lo hizo cambiar de parecer.

Un día, la familia de Jorge supo que un chico del barrio había huido de su casa. —El señor y la señora Villanueva están muy preocupados —le dijo la mamá a los chicos—. Oran y esperan recibir pronto noticias de Freddy. Les dije que también oraríamos por eso.

Raúl asintió. Luego se volvió a su hermano. —Oye, Jorge, ¿no te parece una lástima que Freddy ya no pertenezca a la familia Villanueva? —preguntó.

—¿A qué te refieres? —preguntó Jorge.

—¿No escuchaste lo que contó mamá? —preguntó Raúl—. Freddy se escapó, abandonó a sus padres.

—Claro, pero todavía es su hijo —afirmó Jorge—. Todavía lo aman, y desean que regrese a casa.

Raúl hizo una mueca. —Solo estoy bromeando —confesó—, pero lo hago para demostrarte algo. Quiero que comprendas que así como Freddy todavía es parte de su familia, un cristiano que peca sigue perteneciendo a la familia de Dios. No puede gozar de los privilegios como hijo de Dios hasta que restaure su relación con el Señor. Tal vez Dios lo discipline, pero sigue siendo un hijo suyo.

Lentamente Jorge asintió con la cabeza. Había comenzado a comprenderlo.

PARA MEMORIZAR:

"...yo les doy vida eterna; y no perecerán jamás" (Juan 10:28).

Y ¿QUÉ DE TI?

¿Pospones tu decisión de aceptar a Jesús porque piensas que no puedes vivir como un cristiano? Claro que necesitarás la ayuda de Dios, pero no olvides que después de nacer en la familia de Dios como su hijo, lo serás para siempre. Nada puede cambiar eso. Conviértete en hijo de Dios hoy mismo.

TESORO:
La salvación es para siempre

20
de agosto

PARA MEMORIZAR:

"...todos tus caminos sean rectos. No te desvíes a la derecha ni a la izquierda"
(Proverbios 4:26-27).

Y ¿QUÉ DE TI?

¿Cada vez que tienes una duda acerca de lo que es correcto consultas tu Biblia? Si confías y obedeces la Palabra de Dios, esta funcionará como una baranda en tu vida que te ayudará a permanecer en el camino correcto. El camino de Dios es el mejor y el más seguro en el que puedes transitar.

BARANDAS

LECTURA BÍBLICA: Salmo 25:4-5, 8-10

—Papá ¿qué son esas largas cuerdas a los lados? —preguntó Adrián, de siete años de edad, mientras iban por la autopista.

—Son barandas —contestó el papá.

—Algunas son anchas y de metal, y otras son pesadas cuerdas de alambre.

—¿Barandas? —preguntó Adrián—. ¿Para qué sirven?

—Sirven para obligar a las personas a mantenerse dentro de la carretera —respondió el papá.

—¿Por qué desearían salirse de ella? —preguntó Adrián.

—Bueno, no es que lo deseen —dijo—, sino que a veces suceden accidentes. Durante el invierno la carretera se vuelve resbalosa y los carros pueden estrellarse y salirse de la vía. Por otro lado, a veces las personas se distraen o duermen mientras conducen. Cuando eso ocurre, podrían desviarse del camino. Las barandas los protegen de sufrir mayores daños.

—¿Esas barandas han salvado a alguien en esta carretera? —preguntó Adrián.

—Seguro que sí —contestó el papá.

—¡Caramba! —exclamó Adrián—, ¡de veras que son importantes!

—Sí, lo son —asintió el papá. Después de un momento, agregó pensativo. —Esas barandas nos protegen en la autopista. De la misma manera, la Palabra de Dios nos protege en la autopista de la vida cuando la usamos.

—¿Dónde queda la autopista de la vida? —preguntó Adrián.

—Me refiero a nuestra manera de vivir. Si tenemos dudas acerca de lo que es correcto, la Biblia puede orientarnos y mostrarnos el camino correcto —explicó el papá—. Si obedecemos la Palabra de Dios, ella nos guarda de desviarnos de su camino. Nos protege de tropiezos y nos ayuda en los momentos de dificultad.

—Como las barandas —afirmó Adrián—. ¡Son muy útiles!

TESORO:
Permite que la Palabra de Dios te proteja

EL NIÑO REPARADOR

LECTURA BÍBLICA: Proverbios 16:21-24

de agosto

Samuel sacó su auto de control remoto. Luces rojas se encendían mientras lo hacía marchar sobre una rueda y lo dirigía hacia la sala, donde su hermano Mauricio estaba sobre el sofá. El auto pasó por encima de sus pies. "¡Ay!" —exclamó Samuel al ver que el auto se estrelló y que una parte del motor se cayó. Samuel trató de arreglarlo, pero no pudo. —Mauricio, ¿puedes arreglar mi auto? —preguntó.

—¿Otra vez? —exclamó Mauricio—. ¡Siempre dañas las cosas! Sin embargo, extendió su mano y dijo. —Está bien, dámelo. En un instante lo dejó como nuevo.

—Gracias —dijo Samuel—. Claro que me gustaría poder reparar las cosas. Muchas veces Samuel tenía en su cabeza la información para arreglar algo, pero de algún modo esta no lograba conectarse con sus manos. Por esa razón un maestro especial lo ayudaba en la escuela.

Samuel puso de nuevo el auto sobre el piso y lo condujo hasta su cuarto. Se recostó en su cama. No hay algo que pueda arreglar —pensó. La semana pasada cuando la cadena de mi bicicleta se soltó, Claudia tuvo que arreglarla. Cada vez que mi comedero de pájaros se rompe, mi papá lo arregla. Quisiera poder arreglar algo.

El dibujo para colorear de la escuela dominical de Samuel estaba sobre su mesa de noche. Tenía una imagen de Jesús sanando a un ciego. Jesús sanaba a las personas —pensó Samuel. Sanaba al ciego y al cojo... y lo mejor de todo es que arregló mi vida para que yo pueda ir al cielo. Samuel se sentó derecho. ¡Jesús puede enseñarme a arreglar cosas! De esa forma se dispuso a orar, y le pidió al Señor que lo ayudara a arreglar algo.

Samuel se fue a la cocina donde su mamá estaba preparando la cena. La mamá no estaba sonriente como de costumbre, sino que se veía triste. Él escuchó sus suspiros, y se preguntó qué le ocurría. —¿Qué te sucede, mami? —preguntó.

—Oh, Sam, nada de lo cual debas preocuparte. Es solo que tuve un día difícil.

Samuel le dio un fuerte abrazo. —No te pongas triste, mamá —dijo—. Te amo. ¡Tú eres la mejor mamá que cualquier niño podría tener!

La mamá se limpió las lágrimas y comenzó a sonreír. —Gracias, mi amor —dijo—. Soy la madre más dichosa del mundo gracias a ti.

Samuel también sonrió. Dios había respondido su oración y había podido arreglar algo, el corazón triste de su mamá.

PARA MEMORIZAR:

"Panal de miel son los dichos suaves; suavidad al alma y medicina para los huesos" (Proverbios 16:24).

Y ¿QUÉ DE TI?

¿Eres cristiano? Eso significa que eres una persona especial con un propósito especial en la vida. Dios te ha dado el poder de "arreglar" a las personas quebrantadas con palabras y acciones de bondad. Anima a alguien hoy, y hazlo por Jesús.

TESORO:

Anima a alguien hoy

22

de agosto

PARA MEMORIZAR:

"El corazón del hombre piensa su camino; mas Jehová endereza sus pasos" *(Proverbios 16:9).*

Y ¿QUÉ DE TI?

¿Te resulta difícil aceptar cambios en tus planes? Cuando las cosas no salen como esperabas, busca lo que Dios quiere enseñarte. Puedes confiar en que Él sabe lo que más te conviene y en que usará todo para tu bien.

TESORO:

Entrégale tus planes a Dios

CAMBIO DE PLANES

LECTURA BÍBLICA: Santiago 4:13-16

Tan pronto Rodrigo y su papá dieron una fuerte palmada y gritaron, dos golondrinas salieron rápidamente del garaje, y sus colas parecían dos tenedores en contraste con el cielo azul.

—¿Por qué no podemos dejarlas anidar en el garaje, papá? —preguntó Rodrigo al ver que los pájaros volaron sobre la casa de un vecino y desaparecieron.

—Una razón es que lo ensucian —contestó el papá—. Y la otra, es que nuestro garaje no sería un lugar seguro para sus crías. Solo observa lo que ocurre al cerrar la puerta. Mientras hablaba, oprimió un botón para cerrarla. De inmediato quedó completamente oscuro, y ya no se sentía la suave brisa.

Rodrigo asintió. —El garaje se calentaría demasiado para ellos ¿cierto? —preguntó.

—Sí, y no solo eso —respondió el papá—. Al cerrarse la puerta, los pájaros no podrían salir a buscar alimento para sus crías. El papá abrió de nuevo la puerta del garaje y dejó entrar la fresca brisa.

—Supongo que tendrán que cambiar de planes y buscar otra casa, igual que nosotros al mudarnos aquí —dijo Rodrigo—. Desearía que los planes no hubieran cambiado. Me agradaba la otra casa, y también mi otra escuela.

—Bueno, a tu mamá y a mí también nos gustaba vivir allá. Fue una sorpresa que la compañía nos hiciera mudar a este pueblo —dijo el papá—, pero estoy seguro de que aquí también estaremos felices. Se reclinó contra el muro y pensó por un momento. —Nosotros podemos organizar planes, Rodrigo, pero la Biblia dice que en realidad el Señor es quien decide nuestros pasos, y nosotros queremos seguirlo.

—¿Tú crees que el Señor deseaba que nos mudáramos? —preguntó Rodrigo.

—Sí, creo que Él nos guió hasta aquí a una nueva casa —contestó el papá—. Tal vez no sabemos la razón, al igual que esas golondrinas no sabían por qué las expulsamos del garaje. No obstante, sabemos que es mejor para ellas construir su casa en otra parte, y Dios sabe lo que es mejor para nosotros.

LA MANCHA INDELEBLE

23

de agosto

LECTURA BÍBLICA: Efesios 4:26-32

Liz caminaba en la sala con los brazos cruzados y apretando los dientes. —No me dirás que todavía estás enojada por lo que sucedió con Elsa —dijo.

—¡Pues sí! —respondió Liz—. Elsa no debió quitarme el puesto en el autobús. Ella sabe que siempre me siento al lado de Laura.

—Tal vez sea cierto, pero no tienes por qué pensar en eso tanto tiempo —dijo la mamá al tiempo que se arrodillaba para limpiar la alfombra.

Liz observó la mancha que su madre procuraba limpiar con tanto empeño. Notó que la mancha de jugo de uva se extendía cada vez más. —Esa mancha está empeorando —señaló Liz—. ¿Tú crees que desaparecerá?

—Eso espero —dijo la mamá—. Claro que habría sido mucho más fácil si la hubiera limpiado justo en el momento en el que se derramó el jugo. La mamá limpió el sudor de su frente y le lanzó una mirada a Liz.

—Por ejemplo, tú deberías desechar la ira tan rápidamente como yo debí tratar esta mancha —agregó.

Liz frunció el entrecejo. —¿Qué quieres decirme? —preguntó.

La mamá siguió frotando la mancha morada. —El tiempo hizo que la mancha penetrara las fibras de la alfombra —explicó—. La ira opera de una manera similar en tu corazón. Si le permites permanecer allí e impregnarlo, cada vez resulta más difícil expulsarla. Con el tiempo, se transforma en amargura y rabia.

Liz observó de nuevo la mancha en la alfombra y suspiró.

—Está bien —admitió—. No sé cómo dejar de enojarme contra Elsa, pero lo intentaré.

La mamá sonrió. —¡Buena decisión! Nunca permitas que la ira produzca una mancha indeleble en tu interior —dijo—. Puedes comenzar hablándole de ello al Señor. Ora también por Elsa. Es difícil enojarse con alguien por quien oras. Con la ayuda de Dios podrás liberarte de la ira.

PARA MEMORIZAR:

"Deja la ira, y desecha el enojo" *(Salmo 37:8).*

Y ¿QUÉ DE TI?

¿Estás enojado por algo que ocurrió hace un día, una semana, un mes o más? ¿Tu ira ha contaminado otros aspectos de tu vida? Dios no desea que la ira se convierta en una mancha indeleble en tu corazón. Pídele que te ayude a desecharla. No esperes. Háblale ahora mismo.

TESORO:
Desecha la ira de inmediato

EL GÉNERO HUMANO

24 de agosto

Y ¿QUÉ DE TI?

¿Tus maestros te enseñan que los seres humanos evolucionaron de los animales? La Biblia dice que Dios te creó. Sé fiel a Él. Cuéntales a tus maestros y compañeros que tú crees lo que Dios dice, pero hazlo con respeto para dar un buen testimonio.

TESORO:
Dios creó al hombre

LECTURA BÍBLICA: Génesis 2:7, 21-23

—Nuestro maestro de ciencias dice que toda la vida comenzó en el agua que cubría la tierra —le contó Hugo a sus padres una tarde—. Explicó que tras aparecer la tierra seca, a algunas criaturas les crecieron patas y pulmones para adaptarse a la vida terrestre. Siguieron cambiando y por fin se convirtieron en criaturas que eran mitad animal y mitad hombre. Luego, en un proceso lento, se desarrollaron hasta convertirse en seres inteligentes llamados humanos. Según él, ese fue el origen de la especie humana.

—El señor Suárez denominó a ese proceso, el "proceso de evolución" —agregó Amanda.

—¿Y ustedes creen todo eso? —les preguntó papá.

Hugo negó con la cabeza. —Yo no —declaró—. ¡Suena tonto! Le preguntamos al señor Suárez acerca del relato bíblico de la creación, y dijo que era un mito. Dice que debemos aprender lo que dice nuestro libro de ciencias, y que...

—Hugo le preguntó si en realidad creía toda esa historia de la evolución —interrumpió Amanda—, y sí la cree. Justo cuando sonó la campana Hugo dijo: "Bueno, supongo que está bien que usted tenga sus creencias, así como está bien que nosotros creamos la verdad". ¡Toda la clase dio alaridos!

Hugo hizo una mueca y añadió. —¡El señor Suárez estaba furioso! Hugo y Amanda se rieron a carcajadas, pero no sus padres. —No está bien mostrar irrespeto hacia un maestro —dijo el papá— aunque esté en un error.

—Pero ¿qué podemos hacer? —preguntó Amanda—. ¡No podemos aprender lo que no creemos!

—El señor Suárez dice que vamos a perder el curso si no respondemos correctamente en el examen —añadió Hugo.

—Aprendan bien lo que sea necesario, y al escribir las respuestas contrarias a sus convicciones, pueden anotar que así dice el libro de ciencia —sugirió el papá—. Luego, al final del año, ambos pueden hablar con el señor Suárez para decirle que ustedes creen en la Biblia y en que el género humano se originó cuando Dios creó a Adán.

—Está bien —dijo Hugo pensativo—. Tratemos de obtener las mejores calificaciones, y entonces le diremos al señor Suárez que de todos modos no creemos lo que dice el libro de ciencias.

—¡Muy bien! —dijo el papá—. Mamá y yo oraremos por ustedes, y por su maestro.

SU VIDA POR LA MÍA

LECTURA BÍBLICA: Juan 10:14-18

de agosto

"¿Por qué permitió Jesús que lo crucificaran si Él era Dios? —le preguntó Luis a su maestro de la escuela dominical—. ¡No lo comprendo!" El señor Gaviria hizo su mejor esfuerzo para explicarle, pero Luis seguía pensando que no tenía sentido.

Pocas semanas después, Luis salió de campamento con la clase durante un fin de semana. "¡Esto es grandioso!" —exclamó cuando visitaron al señor Marín, el guardabosques. Él los dejó mirar con sus binoculares. Y luego se fueron con el señor Gaviria a un campamento en la profundidad del bosque.

Pocos días después, descubrieron un incendio en el bosque. Varios hombres, con ayuda de camiones y del equipo necesario acudieron para luchar contra las llamas que avanzaban con rapidez. Los campistas fueron evacuados, pero el señor Gaviria y los chicos habían salido del campamento. ¡Nadie podía localizarlos!

—No me iré hasta encontrarlos —dijo el guardabosque cuando le indicaron que debía abandonar la zona antes de que fuera demasiado tarde—. Primero debemos encontrarlos. Prosiguió en su búsqueda y por fin halló señas de los chicos y del señor Gaviria. ¡Reportó la ubicación y los rescataron!

Mientras los chicos comentaban emocionados cómo se habían salvado, llegó un alguacil de policía. —¿Dónde está el señor Marín, el guardabosque? —preguntó un chico—. ¿Fue él quien descubrió el incendio?

El alguacil asintió con un gesto de tristeza. —Él seguía en la torre cuando un cable de electricidad cayó sobre ella y hubo una gran explosión —dijo—. Lo siento.

—Pero ¿por qué no salió antes? —preguntó Luis.

—Le insistí en que abandonara la torre, pero él se negó porque todavía no los había encontrado, chicos —respondió el alguacil—. El se quedó allí y salvó la vida de cada uno de ustedes, a cambio de la suya. Si no lo hubiera hecho, ustedes no estarían aquí.

Luis estaba atónito. El señor Gaviria le echó el brazo encima. —¿Esto te ayuda a comprender cómo Jesús entregó su vida por nosotros? —preguntó—. Jesús pudo haberse salvado a sí mismo. Si lo hubiera hecho, no podríamos salvarnos de nuestro pecado. Él estuvo dispuesto a morir en nuestro lugar. Lo hizo, y la mejor noticia es que resucitó de los muertos y ahora está en el cielo. Todos los que creen en Él para salvación un día vivirán con Él para siempre.

Luis asintió lentamente. —Ahora entiendo —dijo.

PARA MEMORIZAR:

"[Jesús dijo:] yo pongo mi vida... Nadie me la quita, sino que yo de mí mismo la pongo" (Juan 10:17-18).

Y ¿QUÉ DE TI?

¿Comprendes que es imposible salvarte a ti mismo? Jesús estuvo dispuesto a sacrificar su vida por ti. ¿Ya pusiste tu fe en Él como tu Salvador? Si no es así, ¿lo harás hoy?

TESORO:
Jesús estuvo dispuesto a morir por ti

26
de agosto

DETESTO TRABAJAR

LECTURA BÍBLICA: Proverbios 6:6-11

PARA MEMORIZAR:

"Todo lo que te viniere a la mano para hacer, hazlo según tus fuerzas" (Eclesiastés 9:10).

Y ¿QUÉ DE TI?

¿Detestas trabajar? ¿Te quejas por tener que hacerlo? ¿O más bien te alegras lavando la loza, tendiendo la cama y cortando el césped? Tu disposición para trabajar y para hacer tu mejor esfuerzo son actitudes que le agradan a Dios. Asimismo, los frutos de tu servicio a Dios y a los demás traen felicidad.

TESORO:
El trabajo produce felicidad

Tomás y Fernando querían ir al partido de béisbol de la escuela, pero primero debían rastrillar el patio y limpiar el garaje. Tomás sabía que no avanzaba mucho en su trabajo, pero lo cierto es que no tenía ganas de hacerlo. Después de terminar sus labores, ya había pasado la mitad del partido.

—Mamá, ya terminé. ¿Me llevas a la escuela? —preguntó.

—No, Tomás. Debiste estar listo cuando llevé a Fernando. Ahora estoy ocupada haciendo galletas.

Tomás suspiró. —¿Puedo comer una galleta? —preguntó.

—Sí, pero ten cuidado —le advirtió su mamá—. ¡Están calientes!

Después de morder un pedazo, se saboreó. —¡Están deliciosas! —exclamó—. Seguro que te encanta hornear.

La mamá lo miró. —En realidad no —dijo—. Por lo general me pongo a hornear porque a ti, a tu padre y a Fernando les gusta comer pasteles y galletas. Sus ojos brillaron. —Verlos felices me da felicidad —agregó.

Tomás la miró extrañado. —Por mi parte, nunca habría hecho ese trabajo si no me hubieran obligado —confesó.

—Tomás —dijo la mamá—, si hicieras lo que te place, nunca trabajarías. En cambio, ¿sabías que Dios planificó el trabajo como parte de nuestra felicidad?

—¿De verdad? —preguntó Tomás en tono de asombro.

La mamá asintió. —Deberías leer los versículos en Proverbios que hablan acerca del perezoso y del flojo —le dijo—. La vida de esas personas desagrada a Dios. El que sí agrada a Dios es el hombre fiel y diligente en su trabajo.

—Para Dios eso es felicidad, no para la persona que trabaja —arguyó Tomás.

La mamá sonrió. —No estés tan seguro. El Salmo 128:2 dice: "Cuando comieres el trabajo de tus manos, bienaventurado serás". Es satisfactorio ver el fruto o el resultado del trabajo que realizas.

—Supongo que tienes razón —admitió Tomás—. Trataré de pensar en eso cada vez que tengo que trabajar. Tal vez así lo disfrute más.

DETESTO TRABAJAR
(Continuación)

de agosto

LECTURA BÍBLICA: 2 Tesalonicenses 3:10-13

—¡Hola señor Gómez! —saludó Tomás a su maestro de la escuela dominical—. ¡Está de pie! Pensé que estaría en cama". El señor Gómez se había caído de un andamio y lastimado la espalda. Después de una cirugía había pasado varios días en el hospital. Ya estaba en casa, y Tomás fue con su papá a visitarlo.

El señor Gómez sonrió. —No puedes derribar a un buen hombre —dijo en broma—. Estoy agradecido porque ya no siento mucho dolor. Sin embargo, es probable que nunca más pueda trabajar en la construcción, ni cargar objetos pesados.

—Es una lástima —dijo el papá de Tomás mostrándose comprensivo—. Sé que amaba mucho su trabajo.

El señor Gómez asintió. —No sabía si podría encontrar un trabajo en qué ocuparme —dijo—. Y hace apenas dos días el Señor me dio un empleo.

—¡Maravilloso! —exclamó el papá de Tomás—. ¿En qué trabajará?

—Mi jefe va a buscar emplearme en la oficina —dijo el señor Gómez—, pero por ahora me dio dos informes que debo adelantar aquí en casa.

—¡Qué grandiosa respuesta a la oración! —exclamó asombrado el papá de Tomás.

El señor Gómez asintió. —Ya sabe —dijo—, la Biblia dice que si un hombre no trabaja, ¡tampoco puede comer! Así que mientras pueda trabajar, lo haré. Después de todo ¡me encanta comer! Todos rieron. —También experimenté la verdad de Eclesiastés 5:12: "Dulce es el sueño del trabajador" —agregó el señor Gómez—. Desde que volví a trabajar, estoy tan contento que duermo como un tronco. Hizo una mueca al tiempo que miraba a Tomás. —También espero pronto volver a enseñar. Estoy tan feliz de que el Señor me salvó de mis pecados que anhelo servirle con todas mis fuerzas.

De regreso a casa, Tomás estaba pensativo. Nunca había pensado en la incapacidad de realizar algún trabajo. Entonces concluyó que se alegraría de poder ayudar con las labores en la casa.

—El trabajo es bueno después de todo —le dijo a su papá. Cuando el papá lo miró asombrado, Tomás se rió y dijo. —¡A mí también me gusta comer!

PARA MEMORIZAR:

"Si alguno no quiere trabajar, tampoco coma" *(2 Tesalonicenses 3:10).*

Y ¿QUÉ DE TI?

¿Disfrutas tu trabajo? ¿Has pensado cómo te sentirías si no pudieras hacerlo? Anota una lista de lo que Dios ha hecho por ti. Dale gracias de corazón, y trabaja con más alegría. (A propósito, si todavía te sientes tentado de quejarte por el trabajo, ¡recuerda lo mucho que te agrada comer!)

TESORO:

Dale gracias a Dios por el trabajo

28 EL ARMARIO DE ORACIÓN

de agosto

PARA MEMORIZAR:

"...cuando ores, entra en tu aposento, y cerrada la puerta, ora a tu Padre que está en secreto" (Mateo 6:6).

Y ¿QUÉ DE TI?

¿Consagras a diario un tiempo de quietud a solas con Dios? Él desea que le hables dondequiera que estés, y también a solas y en tranquilidad. Cierra tu puerta, aléjate del mundo y medita en Dios mientras oras.

TESORO:

Consagra a diario un tiempo de calma para orar

LECTURA BÍBLICA: Mateo 6:5-8

El papá de Gabriel pasó por la habitación de su hijo para desearle buenas noches, ¡pero no lo encontró! ¿Dónde estará Gabriel? —se preguntó el papá. Antes de darse vuelta para salir, escuchó una voz, que parecía orando, proveniente del armario de ropa. La puerta estaba cerrada, y el papá estaba perplejo.

Un rato más tarde, Gabriel salió de su armario. —No quería interrumpirte, Gabriel —dijo el papá—, pero debo admitir que me dio curiosidad. ¿Por qué elegiste un armario repleto de ropa para orar?

—Bueno, acostumbraba orar junto a mi cama —explicó Gabriel—, pero aprendí un versículo en mi club bíblico que habla de ir al aposento, cerrar la puerta y orar. Así que esta noche oré en el armario.

El papá sonrió y asintió. —Creo que la palabra armario en realidad se refiere a otra cosa —dijo—. De hecho, la mayoría de los eruditos convienen en afirmar que la palabra traducida como "aposento" en algunas versiones de la Biblia también podría traducirse "habitación".

—¿De verdad? —preguntó Gabriel—. ¡Qué bueno! Entonces puedo volver a orar junto a mi cama, ¿sí?

El papá asintió. —Me parece que sí —contestó—. Creo que lo que Jesús quería enseñar en ese versículo es que no debemos orar para que otros nos vean. Por eso debemos apartarnos, por ejemplo en una habitación a solas, y cerrar la puerta. El papá hizo una pausa.

—También recuerda que podemos orar en cualquier lugar y en cualquier momento. Puedes orar en la intimidad de tu corazón y de tu mente. Si cierras la puerta...

—Pero papá —interrumpió Gabriel— ¿cómo puedo cerrar la puerta de mi corazón y de mi mente?

—Una forma de hacerlo es cerrar los ojos para orar —explicó el papá—, pero incluso si te encuentras en una circunstancia que no te permite cerrar tus ojos, puedes controlar tu mente y detener algunos pensamientos que te distraen.

Gabriel asintió. —Entonces sería como tener un armario de oración alrededor de mi mente —dijo—. No siempre puedo correr a casa para orar, ¡y esa es una grandiosa opción! Llevo conmigo mi aposento de oración todo el tiempo, y puedo orar en todas partes.

—¡Exacto! —dijo el papá—. Es bueno tener un lugar y una hora especiales para orar, pero también puedes orar en la casa, en la escuela, mientras juegas, y en cualquier parte.

LUGAR PARA CRECER

de agosto

LECTURA BÍBLICA: Hechos 2:42-47

Sofía estaba dándole comida a su pez cuando su mamá llegó a la casa. —¡Adivina qué! —dijo Sofía. —La señora Ardila va a mudarse, y no quiere llevarse el acuario. Me regaló estos peces.

—¿Esos peces no son de aquellos que crecen demasiado? —preguntó la mamá con cierta desconfianza al tiempo que entraba en la habitación.

—Si viven en un lago crecen mucho, pero si los dejan en un acuario se quedan pequeños —dijo Sofía—. Siempre crecen en proporción al medio en el que viven.

—Es interesante —dijo la mamá—. De hecho —añadió pensativa—, tus peces podrían servir como tema de reflexión para tu primera reunión con el grupo juvenil. De algún modo nos parecemos a esos peces.

—¿Tú crees? —preguntó Sofía—. ¿Nos parecemos? Bueno, los peces no asisten a los grupos juveniles, y yo tampoco pienso que debería ir. Los chicos de mi clase pasan al siguiente grupo de edad este año. ¡Yo quisiera quedarme en nuestro grupo pequeño! Sofía observaba a su pez. —Como estos peces —agregó.

La mamá sonrió. —Supongamos que los peces asistan a las reuniones juveniles —dijo—. ¿Qué habría sucedido si la señora Ardila hubiera enviado a sus peces a un gran grupo juvenil en el lago en vez de dejarlos en un pequeño acuario? ¿Qué les hubiera ocurrido?

A Sofía le produjo risa pensarlo. —Supongo que habrían crecido mucho.

—Exacto —dijo la mamá—. Ahora bien, ¿tú crees que Dios desea que seamos peces pequeños confinados en un diminuto acuario, e incapaces de crecer apropiadamente? ¿O más bien desea que crezcamos y nos convirtamos en "grandes" cristianos?

Sofía tenía idea de que el grupo juvenil se dedicaba a ayudar a las familias necesitadas. También recordó que tenían proyectos de apoyo a misioneros. Su primo le había contado que hacían estudios bíblicos interesantes. Sofía sabía que participar en esas actividades la ayudaría a crecer espiritualmente. —Creo que Dios quiere que crezcamos —admitió—. Está bien, llevaré los peces a mi primera reunión juvenil. ¿Tú crees que les gustará?

PARA MEMORIZAR:

"no dejando de congregarnos"
(Hebreos 10:25).

Y ¿QUÉ DE TI?

¿Hay un lugar al cual puedes asistir para crecer espiritualmente? ¿Tienes amigos cristianos que te apoyan? No te conformes con un "pequeño acuario". Dios quiere que crezcas. Aprovecha las oportunidades de entablar nuevas amistades con cristianos y de servir a Dios en otros lugares.

TESORO:
Quédate donde crezcas espiritualmente

30

OFRENDA SACRIFICIAL

de agosto

PARA MEMORIZAR:

"...Dios ama al dador alegre"
(2 Corintios 9:7).

Y ¿QUÉ DE TI?

¿Alguna vez has dado una ofrenda sacrificial a Dios? ¿Será posible que Él espere eso de ti? Pídele que te revele su plan para ti. Luego, con un corazón gozoso, hazlo. Después de todo lo que Jesús hizo por ti, ¡ningún sacrificio que hagamos por Él será demasiado grande!

TESORO:
Da como un sacrificio

LECTURA BÍBLICA: 2 Corintios 9:6-9

—Espero que la familia López pronto consiga el dinero que necesita para ir al campo misionero —dijo Rosita después del culto del domingo—. Es una lástima que el señor Vélez no estuviera en la iglesia. Siempre elude los cultos sobre las ofrendas. ¡Apuesto a que jamás ha dado una ofrenda sacrificial en su vida!

Rosita se refería a un hombre anciano y adinerado que vivía cerca de su casa y que asistía a la iglesia.

Juliana estaba de acuerdo con Rosita. —¿Recuerdas lo que dijeron los misioneros acerca de dar hasta que duele? —preguntó—. Apuesto a que la simple idea de dar perturba al señor Vélez. Ambas niñas se rieron a carcajadas.

—Esperen un minuto las dos —objetó la mamá—. ¿Alguna vez han dado una ofrenda sacrificial?

Juliana se mostró sorprendida. —¡Pero es diferente en nuestro caso! —exclamó—. Si tuviéramos algo para sacrificar, lo haríamos.

—¡Claro que sí! —convino Rosita.

—Tengan cuidado —les advirtió la mamá—. Si le prometen algo a Dios, Él espera que lo cumplan.

Esa tarde, Rosita y Juliana jugaban con una carreta, cuando se acercó el señor Vélez para saludar. —Linda carreta —dijo—. A mi nieto le fascinaría. Se las compraré —dijo. En seguida sacó un poco de dinero.

—¡De ninguna manera! —exclamó Rosita—. ¡Nosotras mismas la fabricamos!

—Sí —declaró Juliana con orgullo—. Nos tomó mucho tiempo, ¡pero valió la pena todo el empeño que invertimos para terminarla!

—Además, invertimos nuestro dinero en ella —agregó Rosita.

—Vaya ¿ustedes la hicieron? —preguntó el señor Vélez—. Bueno... Miró el dinero que tenía en la mano. —Tal vez esto no es suficiente. Está bien. Les daré un poco más. Metió la mano en el bolsillo y sacó más dinero.

—No sacrificaríamos nuestra carreta por ningún... —comenzó Juliana. Luego se detuvo sobresaltada. Mencionar un "sacrificio" trajo a su memoria la conversación previa. Rosita y Juliana se miraron. —Nosotras... eh... —habló Juliana con voz entrecortada. Sin embargo, ambas sabían lo que debían hacer.

Después de que el señor Vélez salió con la carreta, Rosita y Juliana se miraron. —Al principio me pareció horrible la idea de vender nuestra carreta nueva —dijo—, pero ahora tenemos dinero para darle al Señor y apoyar a los misioneros López. En realidad me siento muy bien de poder hacerlo, ¿tú no?

Rosita asintió. —Sí —afirmó—. Yo también.

¿GOLOSINA O TESORO?

31
de agosto

LECTURA BÍBLICA: Lucas 10:38-42

—¿Te permiten usar calculadora para hacer tu tarea? —preguntó la mamá de Sandra al verla usar el aparato.

—No es mi tarea —contestó Sandra—. Hago mis cuentas para ver si puedo ir al viaje misionero.

—Pensé que eso ya estaba arreglado —dijo la mamá—. Tú ganas la mitad del dinero y nosotros pagamos el resto.

—Sí, pero quiero ver si puedo comprar una chaqueta que me gustó, y que también me alcance para el viaje —dijo Sandra—. Creo que no funcionará, entonces ya sabré qué hacer.

—El viaje misionero era tan importante para ti —dijo la mamá—. Hace varias semanas que hablas de eso.

—Lo sé. Sandra asintió. —¡Los chicos que fueron el año pasado dijeron que valió la pena! Y también se divirtieron. ¿Recuerdas que contaron que habían atrapado a un mono?

La mamá negó con la cabeza. —No recuerdo esa anécdota.

Sandra hizo una mueca. —Había un mono fastidioso en el patio de la iglesia. Para atraparlo, amarraron una botella grande con pico estrecho a la rama de un árbol. Pusieron golosinas dentro, y el mono metió la mano y las agarró. Pero luego su puño era tan grande que no podía sacarlo. El mono tonto era demasiado obstinado para soltar las golosinas, entonces quedó atrapado allí con la mano entre la botella. Luego lo tomaron para llevarlo al refugio de animales.

La mamá sonrió. —Creo que los niños pudieron colaborar bastante en la escuela bíblica de vacaciones que organizaron los misioneros —dijo—. Estoy segura de que disfrutarías mucho el viaje.

—Sí —respondió Sandra—, pero también me gustaría comprar esa chaqueta. Suspiró. —¿Cómo puedo decidirme? ¿Debo gastar mi dinero para el viaje misionero o para comprar esa chaqueta que quiero?

—Bueno... —la mamá dudó—. Es tu dinero —dijo al final—, sin embargo, espero que no actúes como aquel mono. Él entregó su libertad por una golosina insignificante. Pienso que esa chaqueta es como una pequeña golosina, mientras que el viaje misionero se convertirá en un tesoro duradero si en realidad lo haces para el Señor. ¿Lo entregarás a cambio de una golosina por ser demasiado obstinada?

—Si lo pones en esos términos... Sandra dejó a un lado su calculadora. —Creo que al fin de cuentas la decisión no es tan complicada.

PARA MEMORIZAR:

"...haceos tesoros en el cielo"
(Mateo 6:20).

Y ¿QUÉ DE TI?

¿Te resulta difícil tomar decisiones? Un placer pasajero puede parecer más atractivo que algo cuya recompensa perdure. Si debes elegir, no te aferres a la "golosina" hasta el grado de perder lo que en realidad vale. Hazte la siguiente pregunta: ¿Qué haría Jesús en mi lugar?

TESORO:
Aprecia lo que en realidad vale

EL EMPAREDADO

1

de septiembre

PARA MEMORIZAR:

"...he aprendido a contentarme, cualquiera que sea mi situación" *(Filipenses 4:11).*

Y ¿QUÉ DE TI?

¿Cómo te sientes respecto al lugar que ocupas en tu familia? ¿Desearías ser mayor o menor? ¿Anhelas lo que es imposible de cambiar? Dios te puso en un lugar especial que solo tú puedes ocupar. Con su ayuda puedes descubrir sus ventajas, estar contento y gozarte en ello.

TESORO:
Vive satisfecho

LECTURA BÍBLICA: Filipenses 4:11-13

—¿Puedo montar en el triciclo nuevo de Camila mientras ella duerme su siesta? —le preguntó Jessica a su mamá.

La mamá negó con la cabeza. —Creo que ya eres muy grande para montarlo, querida —dijo mientras Jessica corría a contestar el teléfono.

Unos minutos después Jessica tapó el auricular. —Mamá, Catalina quiere saber si puedo acompañarla al centro comercial. Puedo ir ¿sí por favor? —preguntó ansiosa—. Su mamá nos lleva y nos recoge.

—Lo siento, querida —dijo la mamá—. Tendrás que esperar unos años más para ir al centro comercial con tus amigas.

Jessica frunció en entrecejo al tiempo que colgaba el teléfono. —Tú dejas que Paola vaya al centro comercial con sus amigas, pero yo no puedo ir con las mías. Estoy demasiado pequeña para ir allá, y demasiado grande para montar en un triciclo —refunfuñó—. No tengo opción. Nunca puedo divertirme.

—Claro que sí —dijo la mamá—. Es hora de almorzar, y sé que te gusta ayudarme a cocinar. ¿Qué te parece si preparamos un par de emparedados?

Jessica se dirigió a la alacena, sacó un pan y puso el frasco de mantequilla de maní sobre el mostrador. Se escuchó el estruendo de varios cuchillos y dos cucharas que cayeron al piso en el momento en el que tropezó con una gaveta abierta. —¡Detesto ser la niña del medio! —exclamó quejándose—. Siempre soy demasiado grande o demasiado pequeña.

Su mamá la observó por un momento. —Querida, ¿por qué le pones mantequilla de maní y mermelada al pan? —le preguntó su mamá—. ¿Por qué no preparamos emparedados sin relleno?

—¿Quieres decir que nos comamos el pan solo? —preguntó Jessica—. ¡No me conformo con pan y mantequilla!

La mamá sonrió. —El relleno es una parte importante del emparedado —comentó—. Pienso que en cierto sentido Dios me dio un hermoso emparedado. Me dio a Paola y a Camila como mis "dos rebanadas de pan", y tú eres mi "relleno".

Jessica se recostó en el mostrador y meditó en las palabras de su mamá. En seguida untó mantequilla y mermelada en una rebanada de pan. Luego puso otra rebanada y sirvió el emparedado en un plato. La mamá se inclinó y la abrazó. —Ten cuidado mamá —dijo Jessica haciendo una mueca—. No aprietes demasiado a tu "relleno".

CUESTIÓN DE TIEMPO

2

de septiembre

LECTURA BÍBLICA: 2 Corintios 5:18-21; 6:1-2

Por primera vez en su vida, Javier escuchó con atención un sermón del culto de la tarde. "Es hora de regresar al Señor —dijo el pastor García—. Otro día podría ser demasiado tarde". Sin embargo, Javier no quería aceptarlo. Los otros chicos se burlarían de mí —pensó, y además soy demasiado joven. Tengo mucho tiempo por delante. El culto finalizó, y Javier no aceptó al Señor.

Al día siguiente Javier jugaba fútbol en su clase de deporte. Era el mejor jugador, y confiaba en la victoria de su equipo. Sin embargo, no jugó bien. El otro equipo les aventajó dos goles a cero.

Solo restaba un minuto para terminar el partido cuando Pablo, un compañero de Javier, salió de la nada y con gran destreza le arrebató la pelota al equipo contrario. Corrió rápidamente de un lado a otro y anotó un gol. Ahora quedaban dos a uno.

El señor Cubillos, el entrenador deportivo, miraba su cronómetro y tenía el pito en su boca, listo para señalar el final del partido, cuando de repente Pablo recuperó de nuevo el balón con destreza. Esta vez, Pablo le pasó el balón a Javier, quien estaba justo frente al arco.

—¡Patea! —gritó Pablo.

—¡Dale Javier! ¡vamos por el empate! —gritó otro jugador de su equipo. Javier levantó su pierna y pateó el balón, pero se tardó un poco. La pelota se desvió hacia un lado del arco justo cuando el señor Cubillos pitó el final del partido.

—Se te acabó el tiempo, Javier —dijo el señor Cubillos después del partido.

—Sí —murmuró Javier—. Si hubiera tenido más tiempo habría empatado el partido. De repente un pensamiento vino a su mente. ¿Qué sucedería si se terminara mi tiempo como dijo el pastor García anoche, y esperara demasiado para aceptar a Jesús como mi Salvador? Los otros chicos ya se habían ido, pero Javier se quedó en el vestuario, inclinó su cabeza y en voz baja confesó su decisión de aceptar al Señor ahí mismo.

PARA MEMORIZAR:

"He aquí ahora el tiempo aceptable; he aquí ahora el día de salvación" (2 Corintios 6:2).

Y ¿QUÉ DE TI?

¿Ya pusiste tu fe en Jesús como tu Salvador? La Biblia nos advierte que algún día será demasiado tarde. No esperes que los años pasen. Ahora es el momento de aceptar a Jesús como Salvador.

TESORO:

Ahora es el tiempo de ser salvo

3

COMO DANIEL

de septiembre

LECTURA BÍBLICA: Daniel 6:10, 16-23

PARA MEMORIZAR:

"Quiero, pues, que los hombres oren en todo lugar"
(1 Timoteo 2:8).

Y ¿QUÉ DE TI?

¿Oras incluso cuando alguien te observa? ¿Qué te parece si al menos inclinas tu cabeza y le das gracias al Señor en silencio antes de comer? Tal vez algunos niños se burlen. Y otros se animen a darle gracias a Dios. Imita el ejemplo de Daniel, que no se avergonzó de orar en público ni de honrar a Dios.

—Mamá, ¿puedo ir a comer hamburguesa con Oscar y su hermana Marta? —preguntó Alex—. ¡Marta dice que nos invita a almorzar! La mamá sonrió y le dio permiso.

Después que tomaron su comida, Marta los condujo a una mesa junto a una ventana. Luego observó la bandeja de Alex. —¿No quieres tomar algo? —preguntó.

—Claro que sí —dijo Marta. Dejó su bandeja sobre la mesa. —Siéntense aquí —les indicó a Oscar y a Alex—. Voy a traer la leche.

Los dos muchachos se sentaron, y Oscar le dio un buen mordisco a su hamburguesa. Miró a Alex. —¿Por qué no comes? —le preguntó a Alex.

Alex se mostraba dudoso. Su familia oraba siempre y en todo lugar antes de comer, pero temía que Oscar se riera de él. Y que las personas en las otras mesas también. —Eh... voy a esperar a que traigan la leche —dijo.

Le pareció que había transcurrido mucho tiempo, y se sintió mejor cuando Marta regresó a la mesa. —Aquí está tu leche —dijo. Ella se sentó y dobló su servilleta. Alex esperó a que ella inclinara su cabeza. Pero no lo hizo. Probó su refresco de naranja y le puso salsa de tomate a su hamburguesa. Luego le dio un mordisco.

Alex ya no podía esperar más. Miró si Oscar y Marta lo estaban observando. Lo estaban mirando, pero con todo inclinó su cabeza. Por un momento miró sus zapatos. Luego cerró los ojos. —Gracias Jesús por la comida —oró en voz baja—. Amén.

Cuando Alex levantó la mirada, Oscar estaba perplejo. Luego se volvió a su hermana. —Oye, Marta, se nos olvidó orar —dijo.

Marta asintió con su cabeza. —La próxima vez lo recordaremos —prometió. Le hizo un gesto a Alex. —Hiciste que pensara en Daniel cuando oró con la ventana abierta —dijo—. A pesar de que sabía el castigo de ser lanzado a los leones por orar, no cerró la ventana para esconderse. Nosotros tampoco debemos temer que otros nos vean orando.

Alex probó una papita frita. —No vi leones, pero tenía un poco de miedo —confesó.

TESORO:
Ora en todas partes

UNA SIMPLE LOMBRIZ

4

LECTURA BÍBLICA: Lucas 16:10-12

Era un día caluroso, y el papá acababa de arar el huerto familiar. —¡Miren toda esa tierra!" —exclamó Emilia—. ¡Parecen ríos de chocolate! Le sonrió a su papá. —¿Arturo y yo podemos entrar? —preguntó.

—Claro —respondió el papá con una sonrisa.

En un instante Emilia y Arturo se quitaron los zapatos y las medias y disfrutaron la sensación de caminar sobre la tierra suave y tibia. —¡Mira! —exclamó Emilia—. ¡Una lombriz! La tomó y recitó un poema que había aprendido en la escuela. "Cocino de muchas formas sin cesar, y nunca la tierra dejo de probar". Sacudió la lombriz frente a la nariz de su hermano.

—¡Oye, ya no más! —protestó Arturo.

—Listo, chicos —dijo el papá sonriendo—. Ya es suficiente. ¿Saben una cosa? Dios tiene algo qué enseñarnos por medio de esa lombriz. Y tu poema tiene mucho que ver, Emilia.

—¿Ah, sí? —exclamaron los dos niños sorprendidos.

El papá asintió. —La lombriz trabaja con diligencia —dijo—. Al procesar la tierra a través de su cuerpo, nutre la tierra y mejora la calidad del suelo. Millones de hectáreas del suelo de nuestro planeta se ablandan y aran de ese modo. Si bien no vemos a las lombrices trabajar, todo el tiempo están ocupadas haciéndolo. Esa lombriz constituye un buen ejemplo de un trabajador diligente.

—Pero papá, una lombriz no decide ser diligente —dijo Arturo—. Simplemente hace lo que corresponde a cualquier lombriz.

—Sin embargo, nosotros sí podemos tomar la decisión de serlo —contestó el papá—, y en ocasiones Dios nos pide ser fieles en lo oculto, en oficios que nadie notará ni aplaudirá. En esos momentos nuestro amor por Dios nos motivará a cumplir con nuestro deber.

Emilia puso tierra suave sobre la lombriz. —Gracias, fiel amiga —dijo—. ¡Sigue trabajando para que podamos saborear un delicioso maíz!

de septiembre

PARA MEMORIZAR:

"El hombre de verdad tendrá muchas bendiciones"
(Proverbios 28:20).

Y ¿QUÉ DE TI?

¿Eres fiel en la tarea que Dios te ha encomendado? ¿Eres diligente en tu trabajo a pesar de que nadie lo note? ¿Obedeces el mandato de Dios de manifestar el amor a otros aunque nadie se dé cuenta? Dios ve incluso en lo oculto. Él te bendecirá y recompensará si eres fiel a Él.

TESORO:
Sé fiel

5
de septiembre

POR AMOR A LUCAS

LECTURA BÍBLICA: Romanos 12:1-2, 9-10

PARA MEMORIZAR:

"Amaos los unos a los otros con amor fraternal; en cuanto a honra, prefiriéndoos los unos a los otros" (Romanos 12:10).

Y ¿QUÉ DE TI?

¿Alguien se ha sacrificado por ti para que tengas una vida mejor y más feliz? El amor verdadero lo hace. ¿Estás dispuesto a sacrificarte por las personas a las que amas? ¿Amas a Dios lo suficiente para renunciar a tus propios deseos a fin de agradarle? Pídele que te ayude a hacerlo.

TESORO:
A veces el amor demanda sacrificio

—No es que no los quiera —le dijo Beatriz a sus padres—. Lo que sucede es que todos los niños adoptivos nos preguntamos por qué nuestra madre nos entregaron.

Su padre bajó el periódico que leía, y asintió.

—De hecho, no sabemos más que tú acerca de tu madre biológica —dijo—. Aparte de la información médica, supimos que tu madre solicitó que estuvieras en una familia cristiana y que tu primer o segundo nombre fuera Beatriz.

En ese preciso momento su hermana Carla entró a la sala.

—Beatriz, tienes que hacer algo por ese perro tan grande que tienes —declaró—. ¡Llenó de agujeros mis zapatos favoritos!

El papá suspiró. —Debimos suponer que Lucas crecería demasiado para tenerlo en casa y en el patio —dijo—. Ya hemos hablado de esto, y en el asilo para animales nos dijeron que pueden ubicar un lugar más apropiado para él, una casa más grande donde pueda correr. El papá abrazó a Beatriz. —Querida ¿no crees que ya es hora de buscarle un nuevo hogar? —preguntó.

En ese momento llegó Lucas dando brincos y con una media de Beatriz en el hocico. —Ay, Lucas —exclamó Beatriz—, te amo demasiado para dejarte.

—A veces el amor demanda sacrificio, Beatriz —dijo el papá—. ¿No piensas que Lucas sería más feliz en un lugar donde pueda correr y crecer? Con renuencia, Beatriz reconoció que la casa era demasiado pequeña para su mascota.

Pocos días después, el papá llevó a Beatriz y a Lucas a un asilo para animales. Al llegar, Beatriz soltó a Lucas y le dio un último abrazo antes de dejarlo ir. Sus ojos se llenaron de lágrimas mientras llenaba un formulario.

De regreso a casa, Beatriz dijo: —Tienes razón, papá. El amor demanda sacrificio. Mientras llenaba ese formulario, comprendí que mi madre biológica debió llenar uno parecido para entregarme.

—Así como tú deseaste una mejor vida para Lucas —dijo el papá con ternura—, ella también quiso una vida mejor para ti.

—Ella quiso que yo estuviera en un maravilloso hogar cristiano —dijo Beatriz—, ¡y así fue! Entonces abrazó a su papá.

EMBOSCADA

LECTURA BÍBLICA: 1 Corintios 10:11-13

Nidia señaló a su gato. —Mira cómo Figo se agacha debajo de los arbustos —dijo.

—Observa a las palomas mientras buscan semillas allí debajo —dijo el papá—. Quiere acecharlas.

—Eso significa atacarlas de sorpresa desde su escondite ¿cierto? —preguntó Nidia. En ese preciso momento Figo saltó sobre los pájaros. Las palomas volaron rápidamente, y el gato se quedó olfateando los restos del alpiste. —Me alegra que hayan escapado —dijo Nidia—. Son muy listas. Creo que ya saben que en este patio hay un gato, así que permanecen alerta mientras comen.

El papá asintió. —También nos enseñan algo —dijo. Al ver la expresión de sorpresa en el rostro de Nidia, explicó.

—El gato me hace pensar en Satanás, a quien le gusta esconderse y luego atacar en el momento menos esperado. Debemos estar alerta porque sabemos que siempre está buscando la manera de tentarnos para caer en pecado.

Al día siguiente, otra vez el gato atrajo la atención de Nidia. —Ven a ver lo que hace Figo —llamó a su papá.

El papá rió al ver que Figo, con su cola en alto, atravesaba lentamente el patio dirigiéndose a las palomas. —Es como si aparentara ser su amigo y no tener la intención de atacarlas —dijo—. Lo que hace Figo nos enseña otra lección. Satanás también aparenta ser nuestro amigo, pero en realidad procura engañarnos para seguirlo a él y desobedecer a Jesús.

Otra vez los pájaros huyeron cuando Figo se acercó demasiado. —¡Bien! —exclamó Nidia—. Figo no logró engañarlas.

El papá asintió. —Dios les dio instinto, que es la habilidad natural de percibir el peligro y huir de él.

—Desearía que tuviéramos instinto para escapar de Satanás —dijo Nidia.

—Si nuestra vida le pertenece a Jesús contamos con una ayuda mejor —señaló el papá—. El Espíritu Santo habita en nosotros para advertirnos acerca del peligro, guiarnos y ayudarnos a escapar. Por otro lado, contamos con la Palabra de Dios, la Biblia.

6 de septiembre

PARA MEMORIZAR:

"al cual [Satanás] resistid firmes en la fe"
(1 Pedro 5:9).

Y ¿QUÉ DE TI?

¿Eres consciente de que Satanás procura hacerte caer? Prepárate para enfrentar sus ataques leyendo la Biblia a diario y obedeciendo los mandatos divinos. Cuando el Espíritu Santo te convence acerca de algo, no desatiendas su advertencia. Pídele a Dios que te ayude a resistir a Satanás y a huir de la tentación.

TESORO:
No dejes que Satanás te engañe

7
LUZ PARA EL CAMINO DE LA VIDA

de septiembre

PARA MEMORIZAR:

"Lámpara es a mis pies tu palabra, y lumbrera a mi camino"
(Salmo 119:105).

Y ¿QUÉ DE TI?

¿Usas tu "linterna", que es la Biblia, para andar por la vida? Te brinda muchos principios para vivir como conviene. Obedece los mandatos divinos y confía en Dios. Él tiene un plan para tu vida y te lo mostrará de manera progresiva a medida que lo obedeces.

TESORO:
La Palabra de Dios alumbra el camino de la vida

LECTURA BÍBLICA: Salmo 119:33-40

—Vengan, niños. Vamos a una caminata —dijo el papá. Eduardo lo miró sorprendido.
—¿En este momento? —preguntó—. ¿Una caminata nocturna? ¡Genial!
Daniela no estaba tan segura de que fuera buena idea. —Está muy oscuro —dijo—. Espero que no nos perdamos.
—No nos perderemos —dijo el papá—, y llevaremos linternas para alumbrar el camino.
—Está bien —aceptó Daniela—. ¿Vienes con nosotros mamá?
—Claro que sí —dijo la mamá, y con ayuda de las linternas comenzaron a caminar en medio de la oscuridad. Se deleitaron escuchando los ruidos nocturnos y observando los pájaros y animales que salían en la noche.
—¿En qué dirección debemos seguir? —preguntó Eduardo al llegar a un cruce de caminos—. ¿Por dónde seguimos?
—No lo sé —dijo la mamá—. Esta caminata fue idea de tu padre.
—Tomaremos el camino de la izquierda —dijo el papá.
Cada vez que debían elegir un camino, el papá tomaba la decisión. —Dentro de poco estaremos de regreso en el campamento —dijo el papá.
—¿En serio? —preguntó Daniela alumbrando con la linterna los alrededores—. Menos mal que tú sabes hacia dónde vamos. ¡No tengo idea de dónde estoy! ¿Estás seguro de que no estamos perdidos, papá?
El papá se rió entre dientes. —Confía en mí —dijo. Tal como lo había anunciado, en poco tiempo regresaron al campamento.
—¡Eso fue asombroso! —declaró Eduardo—. Fue divertido usar las linternas. Vamos a caminar todas las noches.
—Esta caminata nocturna constituye una buena ilustración del significado de un versículo que ustedes memorizaron hace poco en el club bíblico —dijo la mamá.
—Te refieres al versículo que se refiere a la Palabra como una lámpara para nuestros pies, ¿cierto? —preguntó Eduardo.
La mamá asintió. —Las linternas alumbraban solo un pequeño tramo del camino, lo necesario para ver unos pasos adelante —explicó—, y la Palabra de Dios ilumina nuestro camino a lo largo de la vida, unos pasos a la vez. No nos muestra todo el camino de inmediato.
—Exacto —convino el papá—. Esta noche yo conocía el camino, pero ustedes no. Tenían que confiar en mí, y del mismo modo debemos confiar en que Dios ilumina nuestro camino por medio de su Palabra.

UNA NUEVA HISTORIA

LECTURA BÍBLICA: Marcos 5:18-20

8 de septiembre

Esteban se sentía feliz. Esa noche había decidido aceptar a Jesús como su Salvador. Fue bueno saber que formaba parte de la familia de Dios, al igual que sus padres y abuelos, y algunos amigos de la iglesia.

Claro, mis amigos de la escuela... Pensar en ellos borró de inmediato su sonrisa. Pedro y Miguel ni siquiera asisten a la iglesia. ¿Desearán ser mis amigos después de enterarse de que soy cristiano? —se preguntaba.

Los tres chicos eran amigos desde el primer grado escolar y siempre habían estado en la misma clase. Pedro era el bromista del grupo, y Miguel era el que inventaba historias. De hecho, a todos les gustaban las historias chistosas. Al rememorar todo eso, ¡Esteban se dio cuenta de que no eran precisamente el tipo de historias que le contarían a la mamá de cada uno de ellos!

Tal vez no deba contarles que acepté a Jesús —pensó Esteban mientras se preparaba para ir a la escuela la mañana siguiente.

—Ven a comer, Esteban —lo llamó su mamá—. El desayuno se enfría.

Esteban se sentó en su silla y le dio unos pocos mordiscos a su tostada. —No tengo hambre —dijo.

En la escuela, Esteban se deslizó hasta su silla tras el sonido de la campana. Pedro exhibió y luego puso una araña de plástico en el hombro de la niña que estaba frente a él. Eduardo fingió no verlo. El viejo Pedro. Haría lo que fuera por reírse —pensó Eduardo, pero no tenía deseos de reír.

De manera extraña, Eduardo estaba callado al mediodía mientras almorzaban. —Oye, Eduardo, ¿tienes nuevas historias? —preguntó Miguel. Se rió mientras decía. —¡Tengo una que los haría reír sin parar!

Eduardo se encogió y respiró profundamente. Se dio cuenta de que era el momento propicio para contarles lo que había sucedido en su vida.

—Sí, chicos, tengo una nueva historia para contar. Habló rápido antes de perder el ánimo. —No se imaginan lo que sucedió en la iglesia anoche...

PARA MEMORIZAR:

"...cuéntales cuán grandes cosas el Señor ha hecho contigo" (Marcos 5:19).

Y ¿QUÉ DE TI?

¿Te da miedo hablarles a tus amigos acerca de Jesús? Algunos chicos crecen en hogares donde nunca se lee la Biblia. Otros nunca asisten a la iglesia o a la escuela dominical. Necesitan que alguien les diga cómo ser cristiano. Tal vez Dios desea que tú lo hagas.

TESORO:
Cuéntales a tus amigos acerca de Jesús

LECHE DERRAMADA

9

de septiembre

PARA MEMORIZAR:

"...saca primero la viga de tu propio ojo, y entonces verás bien para sacar la paja del ojo de tu hermano" *(Mateo 7:5).*

Y ¿QUÉ DE TI?

¿Te cuesta trabajo reconocer tus pecados? Pídele a Dios que te haga sensible al cometerlos. Asimismo, que te perdone y te ayude a vencer el pecado, y deja en sus manos el juzgar a otros.

LECTURA BÍBLICA: Mateo 7:1-5

—No me creerás lo que hizo Carlos hoy en la escuela —informó Eric. En seguida tomó un pan y le dio un mordisco.

—¿Ahora qué hizo? —preguntó el papá. La familia de Eric ya estaba un poco cansada de escuchar historias acerca de Carlos todas las noches durante la cena.

—Primero lo llevaron a la oficina del director por haber copiado en su mano para el examen de ortografía —dijo Eric—. Y luego, al regresar, escribió un poema ofensivo sobre la maestra Gutiérrez y se la pasó al chico que tenía al frente. Lo descubrieron, ¡y de nuevo lo llevaron a la oficina del director! Eric giró los ojos. —Yo nunca haría semejantes cosas —agregó.

En ese momento Julián, el hermano menor de Eric, empujó el vaso y lo derramó. La leche cayó sobre la mesa y las piernas de Eric. —¡Oye, tonto! —gritó Eric—. ¡Tengo mis pantalones nuevos!

—No tienes que gritar Eric —dijo el papá con firmeza al tiempo que Eric se iba y que Julián comenzaba a llorar—. Fue un accidente. ¡Y no llames así a tu hermano!

—Bueno, eso es él —murmuró Eric mientras iba a cambiarse los pantalones.

—Sabes, Eric —dijo el papá cuando Eric regresó a la mesa—, has estado diciéndonos que nunca te portarías como Carlos, pero en mi opinión ambos tienen el mismo problema.

Eric estaba perplejo. —¿A qué te refieres? —preguntó—. Yo no me parezco en absoluto a Carlos.

El papá asintió. —Sí te pareces —dijo—. Después de todo, ¿qué es peor, hacer trampa en un examen o enojarse, escribir un poema ofensivo o insultar a alguien?

Eric se sonrojó. —Lo siento, Julián —murmuró.

El papá sonrió. —La Biblia nos advierte que no debemos juzgar a otros si en nuestra propia vida hay pecado. A nuestro pecado lo llama "la viga en nuestro ojo" y al que vemos en los demás lo denomina una "paja" —dijo—. Debemos examinar nuestra vida con cuidado y pedirle a Dios que nos ayude a desechar cualquier pecado, y dejar que sea Dios el que juzgue.

TESORO:
Reconoce tu propio pecado

SIN CONSUELO

10 de septiembre

LECTURA BÍBLICA: Romanos 3:10-12, 21-24

Un día Gabriel se dio cuenta de que dos de sus amigos, Raúl y Josué, se pasaban notas de un lado al otro en el salón de clases. Más vale que tengan cuidado —pensó Gabriel—. La señora Sandoval advirtió que si descubría a alguien pasándose notas, no saldría al recreo. Gabriel decidió pasarles una nota de advertencia.

En el preciso momento en el que Gabriel deslizó el papel para pasárselo a Raúl, la señora Sandoval lo vio.

—Gabriel, te quedarás en el salón durante el recreo —dijo con firmeza—. Raúl y Josué, ustedes también. Me di cuenta de que también estaban pasándose notas. ¡Y tuvieron que quedarse!

Esa noche, Gabriel se quejó del castigo. —¡Yo solo escribí una frase! —dijo—. Los otros chicos escribieron mucho más.

—No obstante, escribiste una nota y la pasaste, así que te merecías el castigo ¿no es así? —le preguntó la mamá. Gabriel tuvo que admitirlo.

—Cuando te quedaste en el salón durante el recreo, ¿sentiste algún consuelo al pensar que tú no eras tan malo como los otros? —le preguntó el papá.

Gabriel negó con la cabeza. —En realidad no —contestó.

—Yo tampoco me sentiría mejor —dijo el papá—. Eso me recuerda lo que predicó el pastor Robles el domingo pasado. Señaló que algunas personas piensan que no son tan malas como los demás. Sin embargo, Dios dice que nadie es bueno. Todos merecemos el castigo y no podemos entrar al cielo a menos que aceptemos a Jesús como Salvador.

La mamá asintió. —Cuando una persona es culpable delante de Dios, no sentirá consuelo alguno al pensar que otro podría serlo en mayor medida —dijo.

PARA MEMORIZAR:

"...todos pecaron, y están destituidos de la gloria de Dios" (Romanos 3:23).

Y ¿QUÉ DE TI?

¿Piensas que otros chicos son más culpables que tú? Según las normas humanas, tal vez no seas el peor pecador del mundo, pero por serlo te mereces el castigo. ¡Cree que Jesús murió para llevar tu castigo y acéptalo como tu Salvador!

TESORO:
Eres pecador y mereces el castigo

11

de septiembre

PARA MEMORIZAR:

"El vino es escarnecedor, la sidra alborotadora, y cualquiera que por ellos yerra no es sabio" (Proverbios 20:1).

Y ¿QUÉ DE TI?

¿Has sido engañado por la manera como la televisión idealiza el alcohol? ¿Has pensado a dónde podría conducirte ese tipo de vida? Dios te advierte acerca del peligro. Escúchalo.

TESORO:
No te desvíes por causa del alcohol

UN ENGAÑADOR ASTUTO

LECTURA BÍBLICA: Proverbios 23:29-35

Una noche durante la cena, Jairo estaba ansioso por contar lo que había aprendido acerca de las hormigas. —Un libro que saqué de la biblioteca dice que cada hormiga tiene un trabajo específico dentro del hormiguero. Jairo le contó a su familia.

—Dice que algunas hormigas son enfermeras y cuidan a los huevos y a las crías. Otras son constructoras. Otras, guardianas. Algunas trabajan como agricultoras recolectando semillas y sembrando hongos. Otras cazan pulgones verdes para extraerles el jugo. Y otras incluso construyen pequeños corrales de arcilla para los pulgones, a fin de protegerlos de otros insectos.

—¿También montan a caballo? —preguntó su hermana Emma.

—No creo —dijo Jairo—, ¿pero sabes qué? ¡El libro dice que algunas hormigas tienen problemas con el licor! Hay un tipo de escarabajo que visita el hormiguero y arroja un licor embriagante sobre los pelos de la espalda de las hormigas. Ellas lamen el licor y se emborrachan.

—¿De verdad? ¿y luego qué ocurre? —preguntó Emma.

—Los escarabajos les roban a las hormigas sus huevos y sus larvas —contó Jairo—, pero las hormigas quedan tan borrachas que no se dan cuenta. Dejan de trabajar, las crías mueren y el hormiguero se convierte en un pueblo fantasma.

—¡No me digas! —exclamó Emma—. No sabía que los animales, y en especial los insectos, ¡se emborracharan! Esos escarabajos deben ser astutos para atraer con ese licor.

Jairo estaba sorprendido. Las palabras de Emma le hicieron pensar en una propaganda de bebidas alcohólicas que había visto hace poco en televisión. Los comerciales mostraban a chicas hermosas y jóvenes apuestos bebiendo, riendo y divirtiéndose. Sus padres siempre decían que beber alcohol producía muchos problemas y dolores de cabeza, pero no era eso lo que mostraba la televisión. ¿Esa publicidad dice la verdad? —se preguntaba Jairo. Ya sabía la respuesta. Las hormigas son engañadas por los escarabajos, y muchas personas son engañadas por la publicidad y el alcohol. ¡Yo no voy a caer en la trampa! —pensó Jairo. ¡No lo permitiré!

DENTRO DE LOS LÍMITES

LECTURA BÍBLICA: Colosenses 3:20-25

de septiembre

—Papá ¿puedo pasar la noche en casa de Felipe mañana? —preguntó Jaime mientras él y su padre jugaban a lanzarse la pelota en el patio—. Es un niño nuevo en la escuela. El papá negó con la cabeza. —Ya conoces la regla, Jaime —dijo—. No puedes ir a la casa de alguien hasta que tu mamá y yo no lo hayamos conocido a él y al menos a su papá o a su mamá.

—Oye, vamos, solo esta vez ¿sí? —rogó Jaime.

—Te agradará. Es un chico simpático. El papá movió la cabeza de un lado a otro.

Jaime frunció los labios. —¿Por qué tenemos tantas reglas? —refunfuñó.

En ese momento pasaron dos chicos en bicicleta. El perro de Jaime, Sheba, les ladró y corrió a lo largo de la cerca y se detuvo en el límite del patio del vecino. Jaime hizo una mueca. —¡Bien hecho! —felicitó a su perro—. Entrenamos bien a Sheba, ¿no te parece papá?

—Sí —respondió el papá—. Conoce sus límites y no se mueve más allá de ellos. Respetarlos lo mantiene seguro, ¿no es así?

—Claro que sí —convino Jaime mientras acariciaba a su perro—. Salirse de ellos le acarrearía problemas con los vecinos. Incluso podría salir a la calle y ser arrollado.

—Algo parecido ocurre con las reglas en nuestra familia —dijo el papá—, y también con las reglas de Dios. Tal vez no siempre nos agraden, pero existen por nuestro bien. ¿Entiendes?

Jaime suspiró. —Está bien —aceptó.

PARA MEMORIZAR:

"Hijos, obedeced a vuestros padres en todo, porque esto agrada al Señor"
(Colosenses 3:20).

Y ¿QUÉ DE TI?

¿Te enojas por las reglas que existen en tu familia? Una de las reglas de Dios es que debes obedecer a tus padres. Medita en las reglas de tu casa y en la protección que te brindan. Dale gracias a Dios por los límites que Él ha puesto en tu vida por medio de tus padres.

TESORO:
Obedece las reglas de tu casa

13

de septiembre

PARA MEMORIZAR:

"Id... en el nombre del Padre, y del Hijo, y del Espíritu Santo" (Mateo 28:19).

Y ¿QUÉ DE TI?

¿Te parece difícil entender la doctrina de la Trinidad? No existe un ejemplo perfecto para explicarla. Sin embargo, la Palabra de Dios nos enseña esta importante verdad. No te preocupes si no la entiendes por completo. Créela, pues viene de Dios.

TESORO:
Dios es "tres en uno"

UNO, DOS, TRES

LECTURA BÍBLICA: Juan 10:30; 14:16-20, 26

—El pastor Pardo dice que va a predicar sobre la Trinidad, así que me pidió que ensayara esta canción para el domingo en la mañana —informó Sonia al tiempo que le mostraba a su mamá algunos himnos—. Yo ni siquiera sé lo que significa la "Trinidad" —agregó.

—Significa que Dios el Padre, Dios el Hijo o Jesús, y el Espíritu Santo son tres personas, pero un solo Dios —explicó la mamá—. La palabra Trinidad no se encuentra en la Biblia, pero la idea de Dios en tres personas está implícita en varios pasajes.

En ese momento sonó el timbre. La tía Liliana, hermana de su mamá, vino para pedirle ayuda con sus cuentas. Sonia ensayó su canción mientras su mamá y la tía Liliana trabajaban.

La tía acababa de irse cuando llegó el papá a la sala.
—Querida ¿podrías ayudarme? —le preguntó a la mamá de Sonia—. Acaba de caerse un botón de mi camisa. ¿Podrías arreglarlo? La mamá aceptó gustosa.

Sonia frunció el entrecejo mientras esperaba y meditaba en la explicación acerca de la Trinidad que le había dado su mamá. Cuando la mamá entró apresuradamente a la habitación, ya Sonia estaba sonriente.

La mamá trajo su Biblia. —Bien —dijo—, veamos si puedo encontrar algunos versículos y pensar en un ejemplo que me permita explicarte la Trinidad.

Sonia se rió. —Creo que ya entendí —dijo—. Tú misma eres un buen ejemplo.

—¿Yo? —exclamó la mamá un poco asombrada.

Sonia asintió. —Tú eres una sola persona —dijo—, sin embargo, eres la hermana de mi tía Liliana, la esposa de papá, ¡y también mi mamá! Como hermana, esposa y madre desempeñas diferentes labores para cada uno, ¡pero sigues siendo una sola! Uno, dos, tres, ¡más sencillo no se puede!

La mamá se rió. —Excelente —dijo—. Como todas las ilustraciones que conozco, esta no es perfecta. Dios es único. En realidad rebasa toda nuestra comprensión. Sin embargo, me alegra ver que meditas en ello.

LLENAR EL VACÍO

14

de septiembre

LECTURA BÍBLICA: Levítico 19:17-18; Mateo 5:43-48

Después de la escuela, Guillermo se dirigió hacia un edificio cercano donde su madre trabajaba como asistente de odontología. El último paciente del día salía cuando llegó Guillermo. Se sentó en la sala de espera y dejó su maletín en el piso junto a él. Estaba feliz de que ya se hubieran acabado las clases. ¡Fue un día difícil! Le dio una pequeña patada al maletín. La mamá se dio cuenta.

—¿Qué sucede Guillermo? —le preguntó su mamá de regreso a casa.

—Roberto me cae mal —dijo—. De hecho, después de lo que hizo hoy en la escuela ¡creo que lo odio!

—¡Espera un minuto! —exclamó la mamá—. No me gusta escuchar la palabra odio. ¿Qué sucedió?

—Roberto lanzó un gran fajo de papel y le pegó en la nuca a Clara. Como yo me siento al lado de ella, pensó que yo lo había hecho —explicó Guillermo—, y luego le contó a la señora Domínguez. Yo dije que no lo había hecho, pero la maestra me obligó a estar de pie en el pasillo toda la clase. Roberto debió confesar que él era el culpable, pero me dejó ahí parado. Después de clases trató de disculparse, como si eso sirviera de algo. ¡Ya era demasiado tarde!

La mamá lo miró pensativa. —Me parece que necesitas un empaste —dijo.

—¡Un empaste! —exclamó Guillermo—. ¿Quién está hablando de dientes? Además, ¡acaban de hacerme unos! ¡Mis dientes están bien!

La mamá asintió. —Cuando tenías caries, ¿qué hizo el odontólogo antes de empastarlas? —preguntó.

—Bueno, perforó la caries —respondió Guillermo—, y luego rellenó el hueco con un material especial. ¿Por qué estamos hablando de empastes? ¿Qué piensas de lo que hizo Roberto? Guillermo deseaba retomar el asunto.

—Estaba pensando en el problema con Roberto —dijo la mamá—. Él se portó mal, pero pienso que tú debes perforar la caries, que es el odio, y sacarlo de tu corazón. Luego, debes llenar ese vacío con perdón.

—¿Perforar el odio? —preguntó Guillermo—. ¿Cómo es posible?

—Bueno —le explicó su mamá—, debes usar una herramienta mucho más poderosa que la fresa de un odontólogo. Debes usar una herramienta llamada oración. Con la ayuda de Dios puedes desechar el odio y perdonar a Roberto.

PARA MEMORIZAR:

"...orad por los que os ultrajan y os persiguen" (Mateo 5:44).

Y ¿QUÉ DE TI?

¿Te resulta difícil perdonar? No es fácil, pero con la ayuda de Dios puedes hacerlo. Eso le agrada a Él, y también te dará mucha felicidad.

TESORO:
Expulsa el odio con oración

ANILLOS Y OTRAS COSAS

de septiembre

PARA MEMORIZAR:

"Toda buena dádiva y todo don perfecto desciende de lo alto" *(Santiago 1:17).*

Y ¿QUÉ DE TI?

¿Ya leíste el pasaje de hoy? Los talentos mencionados en él son diferentes a las habilidades que Dios te ha dado, pero el principio es el mismo. No dejes de usar tus talentos o habilidades, solo porque otros se ríen de ti mientras los perfeccionas. Usa los talentos que Dios te dio para agradarle y glorificarlo.

LECTURA BÍBLICA: Mateo 25:14-29

—No voy a cantar en el recital de la escuela —informó Sara al llegar a casa—. No canté bien algunas notas en el ensayo de hoy, y todos los chicos se rieron. ¡No pienso pararme allá como una tonta! ¡Nunca volveré a cantar!

—Es una lástima —dijo la mamá—. Dios te dio una hermosa voz. Por un momento se quedó pensativa, y luego sacó un lindo anillo de su dedo, uno que su esposo le había regalado la víspera de su aniversario de matrimonio.

—¿Qué pensarías si dejo este anillo entre una caja y nunca más lo uso? —preguntó.

—¿Por qué harías tal cosa? —preguntó Sara.

—La señora Posada y el pequeño Nicolás estuvieron aquí hoy —contestó la mamá—. Nicolás dijo que mi anillo era idéntico a uno de juguete que se ganó en una fiesta. No me gusta que hagan ese tipo de comentarios, así que prefiero esconderlo para que eso no vuelva a suceder.

—Pero mamá —objetó Sara—, Nicolás es solo un niño y no sabe nada de anillos. ¡Tu anillo es hermoso! Y piensa en lo triste que se sentirá papá si no lo llevas puesto cuando llegue a casa.

—Bueno, creo que mis sentimientos son más importantes que los suyos —declaró la mamá.

—¡Mamá! —exclamó Sara—. ¿Cómo puedes decir eso? ¡Sabes lo mucho que trabajó para regalártelo!

La mamá miró el anillo. —¿Entonces podríamos decir que tu padre me regaló el anillo y que no debería importarme lo que otros digan de él? —preguntó. Sara la miró perpleja. —Nuestro Padre celestial también nos da regalos —continuó la mamá.

Sara la miró fijamente. —Ah, ¡conque de eso se trata! —exclamó Sara—. Quieres decirme que Dios me dio un talento para cantar y que debo usarlo sin importar lo que otros digan.

—Exacto —dijo la mamá con una sonrisa. En seguida volvió a ponerse el anillo. —Así como tu padre se sentiría decepcionado si no uso mi regalo, Dios se entristecería si tú no usas el tuyo.

TESORO:
Usa los talentos que Dios te dio

SI SE SIENTE BIEN

LECTURA BÍBLICA: Eclesiastés 5:18-20

Gotas de lluvia cayeron sobre la hierba, y la hierba húmeda producía una agradable sensación en los pies descalzos de Jonatan. El suelo estaba fangoso, pero a él le agradaba la sensación. Mientras revisaba el huerto, tuvo la precaución de alejarse de los surcos recién plantados.

de septiembre

—Debemos irnos en cinco minutos —anunció la mamá.

—Ven y ponte las medias y los zapatos. Jonatan entró rápidamente al baño pasando por la cocina. —Jonatan, ¡estás dejando huellas en el piso limpio! —gritó la mamá—. Ya no hay tiempo para limpiarlo, pero lo harás cuando regresemos.

—Lo siento —respondió Jonatan. Se apresuró a secarse los pies. El lodo dejó manchas en la toalla. ¡Menos mal que mamá no lo ve! —pensó.

Después de salir, una camioneta azul pasó muy rápido frente a ellos y casi choca con un camión verde. —Mira, mamá —dijo Jonatán—. El parachoques de esa camioneta tenía una calcomanía que dice "si se siente bien, hazlo". Supongo que se siente bien tomar ciertos riesgos, pero apuesto que ya no será tan agradable la sensación de accidentarse o de pagar una multa.

—Creo que tienes razón —convino la mamá. Luego miró a Jonatan. —¿Se sentía bien jugar en el lodo, como lo hiciste esta mañana?

—Bueno, sí —contestó Jonatán—, pero la verdad es que no quería causarte molestias. De verdad.

—Lo sé —dijo la mamá—, pero eres tú quien debe limpiar el piso cuando regresemos a casa. Tal vez eso no te haga sentir tan bien.

Jonatan suspiró. —¿Todo lo que te complace es malo?

La mamá negó con la cabeza. —Claro que no —respondió.

—No pienses que Dios no quiere que te diviertas. Muchas actividades que producen sensaciones agradables son buenas, como cantar, correr, jugar, comer. Con todo, hay otras que siempre serán indebidas. El criterio para definir lo que está bien o mal no es cómo nos sentimos, sino cómo se siente Dios al respecto. Le hizo un gesto a Jonatan al tiempo que continuaba. —En realidad no estuvo mal jugar en el lodo, aunque pudiste haber sido más cuidadoso.

—Ya entendí —dijo Jonatan. Después de un momento preguntó. —Mamá ¿cómo puedo quitarle las manchas de lodo a una toalla?

PARA MEMORIZAR:

"pongan la esperanza... en el Dios vivo, que nos da todas las cosas en abundancia para que las disfrutemos" *(1 Timoteo 6:17).*

Y ¿QUÉ DE TI?

¿Has oído la frase "si se siente bien, hazlo"? Dios no piensa lo mismo. Obedece sus enseñanzas sin importar cómo se siente. El mal no te complacerá al final. En cambio, el bien sí.

TESORO:
Haz lo que Dios aprueba

17

EL LIMPIADOR SORPRENDENTE

de septiembre

LECTURA BÍBLICA: 1 Corintios 6:9-11

PARA MEMORIZAR:

"...la sangre de Jesucristo su Hijo nos limpia de todo pecado"
(1 Juan 1:7).

Y ¿QUÉ DE TI?

¿Tu vida ya fue limpia, o necesita limpieza? ¿Sientes como si hubieras hecho algo horrible? Todo pecado es horrible a los ojos de Dios. Confiésalo y pídele a Jesús que te limpie. Él promete que lo hará.

El papá abrió la puerta de la cocina empujándola con su codo para evitar tocarla con sus manos sucias y llenas de grasa.

—Por favor abre el grifo, Luis —dijo—. Estuve arreglando el auto y no quiero manchar las cosas.

Luis abrió de inmediato la llave. —No creo que logres limpiar tus manos —dijo, al tiempo que le pasaba un jabón.

—Claro que sí —dijo el papá—, pero no con un jabón normal. Hay un limpiador especial debajo del fregadero. Está hecho a base de grasa y aceite.

Luis buscó debajo del fregadero y sacó un recipiente de limpiador para manos. El papá sacó un poco con los dedos y se frotó las manos. Minuciosamente limpió cada dedo y las uñas con un cepillo suave. Después enjuagó las manos con agua tibia. —¿Qué te parece? —preguntó el papá. Le mostró sus manos a Luis.

—¡Sorprendente! —exclamó Luis—. ¡Sorprendente! ¡eran las manos más sucias que jamás haya visto! El papá hizo una mueca mientras secaba sus manos.

Esa noche, Luis y el papá escucharon la noticia de un prisionero que había dicho que su vida había cambiado por completo al volverse a Cristo. Luis se volvió a su papá.

—¿Escuchaste todas las atrocidades que cometió ese hombre? —preguntó—. No es posible que simplemente pida disculpas y le perdonen todo lo malo que hizo ¿o sí?

—Bueno —contestó el papá—, si en realidad está arrepentido y puso su fe en Jesús, Dios lo perdonó.

—Pero... ¿acaso no tiene que demostrar que ha cambiado? —preguntó Luis.

El papá sonrió. —No para ser perdonado —dijo—, pero si una persona está arrepentida y cree en Jesús, Dios la limpia y la cambia. Jesús derramó su sangre en la cruz por nuestros pecados, y esa sangre es lo suficientemente poderosa para limpiar al más pecador. El papá alzó sus manos. —Es mucho más eficaz que el limpiador de manos que usé. ¡La sangre de Jesús es un limpiador poderoso y sorprendente!

TESORO:
La sangre de Jesús limpia el pecado

NEBLINA

LECTURA BÍBLICA: Santiago 4:13-17

Sofía se estiró y bostezó. Luego saltó de la cama de arriba y se vistió rápidamente. Mientras amarraba sus zapatos leyó un aviso dentro de la cabaña que decía "¿qué es tu vida? Una neblina que aparece por un momento y luego se desvanece".

—¡Vamos, tropas! —ordenaba una alegre voz desde afuera—. Tenemos un largo recorrido por delante esta mañana.

—¿Cómo es posible que la señorita Jiménez esté tan feliz a las seis de la mañana? —preguntó Andrea, una de las compañeras de cabaña de Sofía.

—No lo sé —respondió Sofía—, pero me agrada. Su alegría me contagia. Vamos. Sofía y Andrea se unieron a las demás campistas que se reunieron frente al comedor escolar.

—Buenos días —dijo la señorita Jiménez con una sonrisa—. ¿Están listas para nuestras aventuras? Desayunaremos en el camino. Unos minutos después salieron. —Permanezcan ahí un momento —señaló la señorita Jiménez—. La hierba está húmeda por la neblina de anoche.

—Ya no está húmeda —señaló Andrea. —¿No les parece curioso cómo desaparece la niebla? —afirmó la señorita Jiménez.

—El versículo escrito en nuestra cabaña habla de eso —señaló Sofía—. Dice que la vida es como la niebla que aparece un instante y luego se desvanece.

—¡Bien! —exclamó la señorita Jiménez—. Es un versículo del libro de Santiago. Nos dice que al igual que la neblina, la vida es breve. Díganme, ¿qué efecto produjo la niebla mientras cubrió la hierba?

—La impregnó de agua —respondió alguien.

La señorita Jiménez asintió. —Exacto. Y de algún modo nosotras también "impregnamos" el ambiente que nos rodea —dijo—. Por ejemplo, ¿conocen a alguien que las "impregne" de gozo?

Sofía no tardó en responder. —Usted —dijo—. Usted siempre me transmite su alegría. Me inspira felicidad.

La señorita Jiménez estaba sorprendida. —¡Vaya, gracias! —dijo—. Procuremos todas "impregnar" a las personas el amor de Dios.

PARA MEMORIZAR:

"...¿qué es vuestra vida? Ciertamente es neblina que se aparece por un poco de tiempo, y luego se desvanece" (Santiago 4:14).

Y ¿QUÉ DE TI?

¿Actúas como "neblina" para Jesús? ¿"Impregnas" a tus amigos y a tu familia del amor de Dios? La vida es breve, así que pídele a Dios que te llene de su amor y te ayude a "impregnar" a otros de él.

TESORO:

"Impregna" a otros del amor de Dios

19
FAVOR DEVUELTO

de septiembre

LECTURA BÍBLICA: Mateo 6:1-4; Lucas 14:12-14

PARA MEMORIZAR:

"...y tu Padre que ve en lo secreto te recompensará en público"
(Mateo 6:4).

Y ¿QUÉ DE TI?

Cada vez que haces algo por alguien, ¿esperas obtener alguna ganancia por ello? Dios no piensa igual. Él promete recompensas eternas a sus hijos que hacen el bien a otros de manera desinteresada.

Cristina miró el sobre color de rosa que llegó en el correo. "Apuesto que es una invitación a la fiesta de cumpleaños de Salomé" —dijo. Abrió el sobre y sacó una tarjeta. Luego asintió. "Sí" —dijo con un suspiro—. "Eso es".

—No pareces muy contenta —señaló su mamá—. Pensé que habías invitado a Salomé el otro día para que ella a su vez te invitara a la fabulosa fiesta que está preparando. Hablamos de eso ¿lo recuerdas?

—Lo que quieres decirme es que me regañaste por eso —dijo Cristina con ironía—. Está bien, ya me devolvieron el favor, pero ahora me arrepiento de haberlo hecho. Magda me invitó esa misma noche a comer pizza. Preferiría ir con ella, si no fuera porque yo misma le pedí a Salomé que me invitara a su fiesta. Cristina miró a su mamá. —Entonces supongo que tengo que ir ¿cierto?

La mamá asintió. —Es el inconveniente de planificar tus propias recompensas —dijo—. A veces resulta contraproducente.

—¿A qué te refieres? —preguntó Cristina.

—Jesús dijo que si hacíamos algo por las personas no debe ser con la intención de que nos devuelvan el favor, pues el simple hecho de hacer el bien constituye una recompensa —explicó la mamá—. Si hacemos algo por alguien que no puede pagarnos el favor, el Señor mismo nos bendecirá con recompensas celestiales.

—¿De verdad? —preguntó Cristina pensativa—. Entonces tal vez deba invitar a Jenny. Su papá está desempleado hace un tiempo. No tiene tantas facilidades como los otros chicos, y estoy segura de que no podrá devolverme el favor. Cristina miró a su mamá. —¿Puedo invitarla mañana a nuestra casa después de la escuela?

TESORO:
Trabaja por las recompensas eternas

CHOCOLATES DE SOBRA

LECTURA BÍBLICA: Eclesiastés 11:9-10; 12:1

de septiembre

—¿Te gustaría acompañarme a la escuela dominical mañana? —le preguntó Pablo a su nuevo amigo Darío—. Creo que te gustará. Darío negó con la cabeza. —De ningún modo —dijo convencido—. No quiero meterme en asuntos religiosos.

Pablo estaba sorprendido. —Pero... ¿acaso no deseas conocer a Dios e ir al cielo algún día? —preguntó con cautela.

Darío se encogió de hombros. —Tengo todo el tiempo para pensar en eso —respondió—. Por ahora puedo dedicarme a todo lo que me place y divertirme.

Pablo prefirió no seguir la conversación en ese momento, y a cambio testificarle a Darío en cualquier ocasión favorable. Un día se le ocurrió una idea basada en una enseñanza del pastor.

A Darío le fascinan los dulces —pensó Pablo—, y voy a comprarle unos. Pablo sacó dinero de sus ahorros y compró una caja de chocolates.

—Te compré unos chocolates —le dijo a Darío.

—¿De veras? —exclamó Darío—. ¿Dónde están?

—En mi casa —dijo Pablo—. Un día de estos te los traeré. Después de eso, Pablo le respondió lo mismo cada vez que Darío le preguntaba por los chocolates. Cada día Pablo abría la caja y se comía un chocolate. Cuando solo quedaban unos pocos, le dio la caja a Darío.

—¡Oye! ¡muchas gracias! —exclamó Darío. Sin embargo, al abrir la caja frunció el entrecejo. —¿Dónde están todos los chocolates? —preguntó—. ¿Te los comiste? Cuando Pablo asintió, Darío hizo un gesto de asombro.

—Bueno —murmuró—, de todas formas te agradezco por los que sobraron.

Pablo hizo una mueca. —Solo quería mostrarte la manera como tratas a Dios —dijo—. Tú dices que algún día vas a pensar en Él, después que te hayas divertido. Quieres dejarle las sobras de tu vida, así como yo solo te dejé los chocolates que sobraron.

Darío se quedó mirando fijamente los chocolates. Cuando Pablo le extendió de nuevo la invitación para ir a la escuela dominical, Darío asintió con aire pensativo.

PARA MEMORIZAR:

"He aquí ahora el tiempo aceptable; he aquí ahora el día de salvación"
(2 Corintios 6:2).

Y ¿QUÉ DE TI?

¿Ya pusiste tu fe en Jesús como tu Salvador? Si no es así, ¿cuándo piensas hacerlo? Jesús dio lo mejor de sí al morir por ti en la cruz. Dale también lo mejor. Acéptalo hoy.

TESORO:
Acepta a Jesús siendo joven

LA CRUZ DE JULIANA

21

de septiembre

PARA MEMORIZAR:

"En el día que temo, yo en ti confío"
(Salmo 56:3).

Y ¿QUÉ DE TI?

¿Sientes que una cruz posee algún poder? Recuerda que no es más que un símbolo. Que sea un recordatorio de la muerte de Jesús por tus pecados, pero también ten presente que Jesús vive. Él te ama y está siempre contigo. Y su deseo es que tú acudas a Él con tus temores y le permitas consolarte y darte paz.

LECTURA BÍBLICA: Salmo 3:1-8

Juliana se despertó de súbito y temblaba en su cama. ¿Qué es ese ruido? —se preguntaba al tiempo que se cubría con las mantas. Luego tuvo una idea, y rápidamente tomó de su mesa de noche su pequeña cruz de cerámica. Al sostenerla con fuerza se sentía más segura. Ya estoy segura. Nada puede hacerme daño mientras tengo mi cruz —pensó. Juliana se calmó y volvió a dormirse feliz.

La mañana siguiente durante el desayuno, Juliana le contó a su madre lo sucedido. —¡Estoy tan feliz de que mi tía Marta me haya regalado esa cruz en mi cumpleaños! —concluyó.

—Querida, me alegra que te hayas tranquilizado al tomar esa cruz —dijo la mamá—, pero tú sabes que en realidad ella no puede protegerte, ¿no es así?

—¿No me protege? —preguntó Juliana.

La mamá negó con la cabeza. —¿Sabes lo que simboliza la cruz? —preguntó.

—Claro —asintió Julia—. Jesús murió en la cruz por mis pecados —dijo.

—Así es —dijo la mamá—. La cruz es un recordatorio de lo que Dios hizo por ti, pero solo es un símbolo. Siempre que la veas, recordarás que Jesús está a tu lado en todo momento. Si tienes miedo o enfrentas un problema, Él te consolará y ayudará. Me alegra que comprendas la importancia de la muerte de Jesús en una cruz, pero si pones tu confianza en la cruz, esta se convierte en un ídolo.

Julia asintió lentamente. —Está bien —dijo con una sonrisa—, pero puedo mirar la cruz para recordar que Jesús está conmigo, ¿cierto?

—Solo si estás segura de poner toda tu confianza en Jesús, no en el símbolo —dijo la mamá. —La cruz puede traer a tu memoria el hecho de que Jesús murió por ti, pero también recuerda que Él vive hoy. La cruz no te protege, pero Jesús sí.

TESORO:
Confía en Dios, no en las cosas

PRIMEROS PASOS

22 de septiembre

LECTURA BÍBLICA: Gálatas 6:1-6

Saúl azotó la puerta trasera y tiró sus libros sobre la mesa. —¿Algo anda mal? —le preguntó su mamá mientras arrullaba a la pequeña Mariana en su regazo.

—Es Julio —respondió Saúl—. Ya sabes, el chico que ha estado viniendo al club bíblico conmigo. Se hizo cristiano hace unas semanas y parecía que hubiera cambiado. Pues hoy lo descubrí espiando su pupitre dos veces durante el examen. ¡Hizo trampa!

La mamá dejó a Mariana sobre el suelo. —¿Hablaste con él al respecto? —le preguntó la mamá.

Saúl asintió. —Admitió que miró algunas palabras —contaba mientras observaba que Mariana tomaba algunos cubos que había en el piso. Golpeó dos bloques y luego gateó hacia una silla y se apoyó para ponerse de pie. Saúl se rió, olvidando por un instante su enojo contra Julio. —Me parece que estás alardeando —le dijo a Mariana.

Mariana se sostuvo en la silla y dio unos pasos alrededor. Miró a su mamá y sonrió. La mamá extendió sus manos y Mariana soltó la silla y dio dos pasos tambaleando antes de caer en los brazos de su mamá. Saúl aplaudió. —¡Muy bien, Mariana! —exclamó—. ¡Diste tu primer paso! ¿Puedes caminar hasta donde estoy? En seguida extendió sus brazos.

La mamá la sostuvo frente a él y la soltó. Mariana se estiró, dio un paso y cayó al piso. Por un momento se asustó, y luego frunció toda la cara.

—No llores, Mariana —dijo Saúl mientras la ayudaba a parar—. Son tus primeros pasos. La puso de pie. —Todo lo nuevo requiere un poco de práctica —agregó.

—Como ser cristiano —señaló la mamá—. No olvides que todos tropezamos y caemos a veces, y que al principio somos más propensos a caer. Recuerda que tu amigo Julio está dando sus primeros pasos en la vida cristiana. Hizo una pausa para darle tiempo a Saúl de meditar en sus palabras.

—Tal vez podrías darle una mano a Julio —sugirió la mamá al tiempo que Saúl ayudaba a Mariana a dar otro paso. —Cuéntale que oras por él, y que si necesita ayuda con esa materia, tal vez podrían estudiar juntos.

PARA MEMORIZAR:

"...si alguno fuere sorprendido en alguna falta, vosotros que sois espirituales, restauradle con espíritu de mansedumbre" (Gálatas 6:1).

Y ¿QUÉ DE TI?

¿Conoces a algún chico que dice ser cristiano pero cuyas acciones no lo demuestran? En vez de criticar, ora por él. Anímalo a pasar más tiempo con otros creyentes. Sé un buen ejemplo y pasa tiempo con él.

TESORO:
Ayuda a los nuevos creyentes

23

de septiembre

PARA MEMORIZAR:

"Mirad bien... que brotando alguna raíz de amargura, os estorbe" (Hebreos 12:15).

Y ¿QUÉ DE TI?

¿Hay malezas de pecado creciendo en tu corazón? Jesús quiere que tu vida sea como un hermoso jardín que produce el fruto del Espíritu. Pasa tiempo con Él, recibe agua y alimento de su Palabra. Pídele que te muestre las "malezas" y que te ayude a arrancarlas.

TESORO:
Pasa tiempo con Dios

¿MALEZA O FRUTO?

LECTURA BÍBLICA: Gálatas 5:22-26

—Abuela, ¡esta es la flor de jardín más hermosa del mundo! —exclamó Tania con gran entusiasmo.

La abuela miró la planta y sonrió. —Me alegra que te guste —dijo—. Yo también la admiro. En días soleados paso tiempo afuera casi a diario para arar, regar, sembrar y trasplantar.

—¿Todo eso te agrada? —preguntó Tania.

—Sí, me agrada —dijo la abuela—. Es mucho trabajo, pero vale la pena. Siempre me recuerda lo que es mi vida cristiana.

—¿En serio? —preguntó Tania—. ¿Por qué?

—Por una razón. En mi vida las malezas crecen tan rápido como entre mis flores —contestó la abuela—, pero como puedo desyerbar...

—¿Malezas en tu vida? —interrumpió Tania a su abuela—. ¿Te refieres a las dificultades?

—No precisamente —dijo la abuela—. Pensemos por un momento, ¿cuáles son los problemas que enfrentan las personas por lo general?

—A veces las personas nos ofenden —respondió Tania con prontitud—, o a veces nos enfermamos... o algo sucede. A veces una mascota, o una persona a la que amamos muere. Muchas cosas desagradables pueden suceder.

—Así es —dijo la abuela—, y si no cuidamos nuestro corazón podemos dar lugar a la ira, a la amargura o al rencor. Ese tipo de actitudes me recuerdan las malezas que tienen raíces muy largas. Las malezas invadirían mi jardín si yo lo permitiera, y lo mismo ocurriría con las malezas en mi vida.

—¿Cómo te deshaces de ellas? —preguntó Tania.

—Trato de imaginarme que mi tiempo a solas con Dios representa ese proceso de desyerbar y regar con agua mi vida —explicó la abuela.

—Entonces pasas tiempo a diario en tu jardín para que permanezca hermoso —dijo Tania pensativa—, y del mismo modo tenemos que pasar tiempo a diario leyendo la Biblia y orando y todo eso.

La abuela asintió. —Exacto —dijo—, y a veces nos parece que es mucho trabajo porque nos distraemos. Otras veces es pura dicha. Siempre vale la pena el esfuerzo, y produce en nuestra vida el "fruto" del Espíritu de Dios.

SOLO SEIS AÑOS

LECTURA BÍBLICA: Juan 14:1-6

de septiembre

—Abuelo —dijo Jennifer mientras se sentaba en las piernas de su abuelo para escuchar su historia de la noche—, ¿preferirías vivir muchos años o más bien pocos?

El abuelo se rió. —Bueno, creo que la mayoría de las personas preferiría tener una vida larga —dijo.

—Conozco a alguien que va a morir —susurró Jennifer.

—¿De verdad? —preguntó el abuelo—. ¿Es alguien joven o viejo?

—Alguien que tiene seis años —contestó Jennifer—. Hoy descubrimos que Diana tiene sida. La maestra dice que es una enfermedad en la sangre y que los médicos no pueden curarla.

—Ya veo —dijo el abuelo en tono solemne—. Por eso tu madre fue hoy a la escuela ¿cierto?

Jennifer asintió. —Todos los padres fueron.

—¿Diana se va a quedar en la escuela? —preguntó el abuelo con cariño.

—Solo mientras pueda —respondió Jennifer.

—¿Qué piensan los otros chicos? —preguntó el abuelo.

—Algunos piensan que podrían contagiarse, si se sientan a su lado o comen con ella —respondió Jennifer—, pero la enfermera de la escuela dice que no es posible contagiarse por el simple hecho de estar junto a ella.

—¿Y cómo te sientes al respecto? —preguntó el abuelo.

—Siempre voy a ser su amiga —dijo Jennifer al tiempo que comenzaba a llorar—. Me duele que otros la miren con asombro. No es su culpa. Desearía que Dios la sanara.

—Yo también —dijo el abuelo. Abrazó a Jennifer un momento. Luego preguntó. —¿Qué dice Diana?

—Me contó que su mamá le dijo que tarde o temprano todas las personas mueren, y que solo Dios sabe cuándo. Jennifer se limpió las lágrimas. —Diana ama a Jesús y sabe que le está preparando un lugar en el cielo. Dijo que sus abuelos la están esperando allí.

El abuelo asintió. —Pienso en la pregunta que me hiciste —dijo—. El tiempo que vivas no es tan importante como lo que ocurre después que mueres. En vez de vivir una larga vida sin saber a dónde vas al morir, preferiría tener una vida corta y saber que estaré para siempre en el cielo, en el lugar especial que Jesús ha preparado para mí.

PARA MEMORIZAR:

"...voy, pues, a preparar lugar para vosotros" (Juan 14:2).

Y ¿QUÉ DE TI?

¿Sabes a dónde irás después de morir? Puedes saberlo. Invita a Jesús a tu vida. Él vendrá a ti y te acompañará todos los días. Luego, cuando mueras o Él regrese otra vez, te llevará con Él al cielo, a vivir en la morada que preparó especialmente para ti.

TESORO:
Puedes vivir para siempre con Jesús

25
de septiembre

PEQUEÑOS REMOLCADORES

LECTURA BÍBLICA: 2 Reyes 5:1-4, 9-14

PARA MEMORIZAR:

"Aun el muchacho es conocido por sus hechos, si su conducta fuere limpia y recta" (Proverbios 20:11).

Y ¿QUÉ DE TI?

¿Te consideras demasiado joven para testificar con eficacia o guiar a una persona a Cristo? No subestimes lo que Dios puede hacer por medio de ti. Él puede usar a cualquier persona que está dispuesta.

La brisa refrescaba las mejillas de Vicente mientras él y su tío Claudio permanecían quietos en el muelle. Observaban los barcos que entraban y salían del gran puerto.

—¡Tío, mira esos pequeños remolcadores que arrastran a los grandes barcos! —exclamó Vicente—. Pareciera imposible que esos botes tan pequeños pudieran mover a semejantes barcos, ¿no te parece?

El tío Claudio movió la cabeza de un lado a otro. —Son interesantes ¿cierto? —dijo—. Esos pequeños remolcadores me recuerdan que el niño más pequeño puede ser usado por Dios.

Vicente apartó su mirada de los barcos para ver a su tío. —¿A qué te refieres tío Claudio? —preguntó.

—Bueno —respondió su tío—, el versículo que leí dice: "Aun el muchacho es conocido por sus hechos, si su conducta fuere limpia y recta". Miró a Vicente y sonrió mientras decía.

— La conducta de un niño puede impresionar a grandes y a chicos. Vicente volvió su mirada a los remolcadores en el puerto y meditó en las palabras de su tío. Luego pensó en la reunión familiar a la que asistirían la semana próxima. Sabía que muchas personas que no conocen a Jesús estarían allí. De repente sonrió al comprender que Dios podía usarlo para influir de manera positiva en la vida de sus parientes. Podía guiarlos a Cristo.

—Tanto niños como adultos pueden dar testimonio de una vida cristiana verdadera. Pueden demostrar que su conducta es diferente porque tienen a Cristo —continuó el tío Claudio—. El Espíritu Santo puede incluso servirse de los niños para guiar a otros a Cristo.

TESORO:
Dios puede usarte

UNO DEL REBAÑO

26

de septiembre

LECTURA BÍBLICA: Eclesiastés 4:9-12

—Me preguntó por qué los gansos vuelan formando una V —dijo Samuel mientras él y su padre caminaban con dificultad entre la hierba alta junto al estanque del abuelo. Sobre ellos volaba una bandada de gansos que graznaban y volaban hacia el sur en el cielo azul del otoño.

—Cuando era niño y vivía en la granja me hacía la misma pregunta —comentó el papá—. ¿Sabes a qué distancia vuelan el uno del otro? Leí que cada vez que un ganso aletea, el viento que produce levanta al que le sigue, y que con la formación en V toda la bandada aumenta cerca del setenta por ciento más su rendimiento de vuelo que si cada ganso volara solo.

—¡Eso es genial! —exclamó Samuel—. ¡Qué aves tan inteligentes!

La noche siguiente había una reunión especial en la iglesia para los jóvenes de la edad de Samuel. —¿Estás listo para ir a tu reunión? —preguntó la mamá.

—¡Oh, no! Lo olvidé —dijo Samuel—. Andrés y yo pensamos trabajar con su nuevo equipo de química esta noche.

—Creo —dijo la mamá—, que tendrás que llamar a Andrés y decirle que no puedes ir.

Samuel se quejó. —¿Tengo que hacerlo? —preguntó—. El grupo de la iglesia va a terminar los preparativos de la próxima presentación para el culto, y yo ya sé lo que me corresponde.

El papá bajó el periódico. —Samuel, ¿recuerdas a los gansos que vimos ayer y cómo se ayudaban mutuamente para volar en formación? Samuel asintió. —La mutua cooperación resultaba provechosa para todos —continuó el papá—. También necesitamos esa clase de cooperación en el ámbito cristiano. Tú eres parte de la "bandada" de tu grupo juvenil, y aunque tal vez tú no los necesites a ellos esta noche, ellos sí te necesitan a ti. Hizo una pausa y luego agregó—. Aunque en realidad se necesitan mutuamente.

—Bueno, creo que más bien iré —dijo Samuel con un suspiro. Un momento después, hizo una mueca y añadió. —Cada ganso tiene que hacer su parte.

PARA MEMORIZAR:

"Mejores son dos que uno; porque tienen mejor paga de su trabajo"
(Eclesiastés 4:9).

Y ¿QUÉ DE TI?

¿Reconoces que asistir con regularidad a las actividades de la iglesia es muy importante? Tu compromiso con la "bandada" podría inspirar a otros a aprender, a trabajar mejor y de esa manera lograr mucho más que si cada uno trabajara solo.

TESORO:
Coopera con otros cristianos

SUCIEDAD ES SUCIEDAD

27

de septiembre

PARA MEMORIZAR:

"No pondré delante de mis ojos cosa injusta. Aborrezco la obra de los que se desvían" (Salmo 101:3).

Y ¿QUÉ DE TI?

¿Piensas que algunas cosas malas son aceptables porque otras son aún peores? Ocúpate en lo que le agrada al Señor. Recuerda que "suciedad es suciedad", y evita cualquier pecado.

LECTURA BÍBLICA: Salmo 101:1-8

—Por favor, mamá —rogó Daniela—. ¿Puedo ver el programa de televisión que me recomendó Erica?

—No —respondió enfáticamente su mamá mientras batía un pastel—. Es un mal programa que resulta inadmisible para un cristiano.

—Solo lo miraré esta vez —dijo Daniela con voz lastimosa—. Erica dice que la emisión de esta semana es muy emocionante. Miró a su mamá.

—Erica dice que tú debería dejarme ver un poco ese tipo de programas. Piensa que tengo ideas muy anticuadas. Dijo además que ese programa le permite probar un poco la realidad. Antes de que su madre hablara, Daniela añadió. —Además ese programa no es tan malo. Erica dice que otros son mucho peores.

—¿Me harías el favor de tomar una cucharada de tierra del tiesto de flores de allá y añadirla a la mezcla del pastel? —pidió la mamá sosteniendo una pequeña cuchara.

—¡Oh, no! ¡espera un minuto! —dijo la mamá—. Tráeme más bien una cucharada de arena blanca y suave de la arenera de Felipe. Es nueva, así que no está muy sucia.

Daniela miraba a su madre perpleja. —¡Pero de todas formas suciedad es suciedad! —exclamó Daniela.

—¿No quieres un poco de mugre en el pastel? —preguntó la mamá—. ¿Ni siquiera tierra "limpia", solo para que tenga un poco de sabor a realidad?

Daniela vio el brillo en los ojos de su mamá. —Está bien, mamá —dijo—. Ya entendí.

—Buen —dijo la mamá—. Los ingredientes de la receta de este pastel no mencionan la tierra. Nuestra "receta para vivir", que comprende todo lo que debemos incluir en nuestra vida, tampoco incluye tipo alguno de "suciedad". Debemos esforzarnos al máximo para que todo lo que vemos y oímos agrade a Dios, porque todo eso nos afecta, lo creamos o no.

TESORO:
Agrada al Señor con lo que ves y oyes

¿OTRO TITANIC?

LECTURA BÍBLICA: Jeremías 9:23-24

—Mañana debo entregar mi informe para la clase de inglés, y será el mejor de mi clase —anunció Jonatan mientras él y su padre se alistaban para jugar ping-pong—. Tengo que ser el chico más listo de la clase. Obtuve las mejores notas en los exámenes de ortografía durante tres semanas seguidas. Las matemáticas son tan fáciles que parecen un juego de niños. ¡Y la mayoría de mis compañeros escriben los ensayos más tontos que hayas imaginado!

El papá frunció el entrecejo mientras Jonatan alardeaba de su desempeño escolar. —Comencemos —dijo Jonatan lanzando la pelota sobre la mesa—. ¡Ya te veré rogando piedad con mi tiro de bola!

El papá hizo una mueca. —Tal vez, Jonatan —dijo—, y otra vez quizás descubras que tus pretensiones te exceden. A propósito, se me ocurre un tema acerca del cual puedes escribir en tu próximo informe.

—¿Cuál? —preguntó Jonatan.

—El hundimiento del Titanic —respondió el papá.

—¿Ese gran barco? —preguntó Jonatán—. Leí al respecto. —¡Fue uno de los transatlánticos más grandes de todos los tiempos!

El papá asintió. —Era muy lujoso. Tenía candeleros de cristal, cortinas de terciopelo, vajillas chinas e incluso un baño con su propia orquesta. Podríamos decir que era el orgullo de nuestra era. Todos creían que era imposible que ese barco se hundiera. El único problema es que... La voz del papá se desvaneció.

—Se hundió —Jonatan terminó la frase.

—¿Por qué piensas que es un buen tema para mí?

—Tú me recuerdas al Titanic, hijo. En algún sentido temo que te pareces a él en algo sentido —dijo el papá—. Giró su raqueta. —Es bueno buscar la excelencia, pero debes tener cuidado. Un iceberg abrió un agujero en el Titanic, y el orgullo puede ser como un iceberg. Puede hundirte. Dios nos dio todos los talentos y habilidades. Cuando nos enorgullecemos y menospreciamos a los demás, nos acercamos al desastre.

—Creo... que ya entiendo lo que me dices —confesó Jonatan pausadamente. Luego hizo una mueca y agregó. —¡Pero no puedo evitar mi tiro especial de bola! Golpeó la bola, ¡y comenzó el juego!

PARA MEMORIZAR:

"Cuando viene la soberbia, viene también la deshonra; mas con los humildes está la sabiduría" *(Proverbios 11:2).*

Y ¿QUÉ DE TI?

¿Procuras ser el mejor sin importar que lastimes a otros? ¿Te enorgulleces cada vez que obtienes una buena nota, un triunfo o un premio? Dios es el que concede todos los dones. Dale la gloria a Él y pídele que te ayude a usar tus talentos para Él.

TESORO:
Sé humilde, no orgulloso

29

de septiembre

PARA MEMORIZAR:

"...a los que aman a Dios, todas las cosas les ayudan a bien" (Romanos 8:28).

Y ¿QUÉ DE TI?

¿Hay un "limón" en tu vida, algo difícil o desagradable? Confía en que Dios puede usar esa situación para tu bien. Pídele que te ayude a aceptarla y a ver lo que Él quiere revelarte.

TESORO:
Saca lo mejor de las circunstancias

¿ALGUIEN QUIERE LIMONADA?

LECTURA BÍBLICA: Romanos 8:18; 28:31

Durante la mudanza, Wilson trataba de no estorbar a los que trasladaban los muebles al apartamento. Detestaba trasladarse, y eso se veía en la expresión de su rostro.

—¿Por qué tienes esa cara tan larga? —preguntó un hombre que ayudaba en la mudanza.

—No me gusta este apartamento —dijo Wilson—. No tiene un patio donde pueda jugar. Se le olvidó mencionar que además no tenía amigos en el vecindario y que tendría que asistir a una escuela nueva.

El hombre asintió. —Bueno —dijo—, si la vida te trae un limón, hijo, prepara una limonada. En otras palabras, saca lo mejor de cualquier circunstancia. Tal vez te parezca un limón agrio, pero podría convertirse en algo dulce. Ya lo verás. Wilson suspiró. Habla como mi mamá. Siempre cita aquel versículo que dice que Dios hace todo para nuestro bien —pensó.

Mientras Wilson se sentó en las escaleras de atrás, observó que otro chico estaba sentado en las escaleras del otro apartamento. El niño tenía cabello rizado y piel oscura. —Hola —dijo Wilson, y el muchacho lo miró. Parecía que había estado llorando. —¿Qué sucede? —le preguntó Wilson.

—No gusta aquí —respondió el niño con una voz suave—. En mi país los soldados mataron a mi padre. Mi madre, mi hermana y yo vinimos a este país, pero no gusta. No hablar bien español. Niños aquí burlan lo que yo hablo.

Wilson no estaba seguro de cómo responderle, pero quedó muy pensativo. ¿Acaso Dios me envió hasta aquí para ayudar a este niño? ¿Será esa la limonada que Él desea que yo prepare con mis limones? —se preguntaba. Se sentó junto a su nuevo vecino. —Te ayudaré a aprender español —dijo Wilson.

—Iremos a la escuela juntos. Yo jugaré contigo.

El niño miró a Wilson. Después de un momento sonrió.

—Traigo pelota —dijo. Corrió a su apartamento.

Wilson sentía dicha en su interior mientras esperaba que su nuevo amigo regresara. ¡Creo que Dios convertirá esta mudanza algo bueno después de todo! —pensó.

FLECHAS Y PROMESAS

LECTURA BÍBLICA: Colosenses 2:1-7

de septiembre

Ricardo, que estaba pasando dos semanas con su abuelo, lo ayudaba a arar el huerto. Este suelo es muy duro —pensó Ricardo cuando su azadón golpeó contra una superficie dura. Algo brilló con la luz de la mañana, y Ricardo recogió un objeto. —Abuelo —lo llamó—, ven y mira. Nunca había visto una piedra con esta forma. Limpió la piedra puntiaguda y se la mostró a su abuelo.

—¡Oh, no! —exclamó el abuelo—. ¡Esto es interesante! Acabas de desenterrar una flecha.

—¡Genial! En mi clase de historia estamos hablando acerca de flechas —dijo Ricardo—. Los indios de nuestro país las usaban para juegos de caza.

—Sí —comentó el abuelo—, y eso sucedió hace muchos años. Imagínate que esta flecha permaneció enterrada durante años, tal vez un siglo o más.

—Se la mostraré a mi maestro de historia —dijo Ricardo al tiempo que su abuelo se la devolvía.

Ricardo siguió arando con más entusiasmo. Tal vez encuentre otra flecha —pensó mientras inspeccionaba el terreno con cuidado. Sin embargo, aquel día no encontró más flechas.

Después de la cena, el abuelo tomó su Biblia. —Esta noche vamos a leer un pasaje del capítulo diecisiete del libro de Hechos —dijo al tiempo que le pasaba una Biblia a Ricardo—. ¿Qué tal si leemos del versículo diez al quince en voz alta? Ricardo encontró los versículos y comenzó a leer. Al llegar al versículo once y leer que los nobles "escudriñaban cada día las Escrituras", el abuelo sonrió.

—Ese versículo me recuerda la manera como aramos el huerto hoy —dijo.

—¿El huerto? —preguntó Ricardo—. ¿Qué tiene que ver el huerto con la Biblia?

—Bueno, yo he arado muchas veces ese huerto, pero nunca había encontrado una flecha enterrada. ¿Quién sabe? Tal vez otro día encontremos más. De la misma forma, he "arado" muchas veces la Palabra de Dios. Ella contiene valiosos tesoros. Si buscamos con diligencia, allí encontraremos muchas instrucciones importantes, promesas y sabiduría —explicó el abuelo—. Perderemos un gran tesoro si no perseveramos escudriñándola.

PARA MEMORIZAR:

"en quien están escondidos todos los tesoros de la sabiduría y del conocimiento"
(Colosenses 2:3).

Y ¿QUÉ DE TI?

¿Crees que ya sabes todo acerca de las historias bíblicas que conoces? ¡Pues no es así! Sigue escudriñando. Lee la Biblia y escucha las enseñanzas de tu pastor, tu maestro de la escuela dominical o tus padres. Busca conocer a Dios mejor y encontrar los tesoros que tiene escondidos para ti.

TESORO:
Encuentra los tesoros de la Palabra de Dios

EL DÍA DE LOS ABUELOS

1

de octubre

PARA MEMORIZAR:

"a quien amáis sin haberle visto" (1 Pedro 1:8).

Y ¿QUÉ DE TI?

¿Amas a Dios aunque nunca lo has visto? Él te ama hasta el grado de enviar a su Hijo Jesús para llevar el castigo que merecías. Ámalo. Asimismo, espera verlo un día cara a cara.

LECTURA BÍBLICA: Juan 20:24-29

—¡Bienvenidos al día de los abuelos! —saludó la señora Carreño a todos los asistentes al salón de segundo grado—. Nos complace mucho tenerlos aquí —continuó—. Pónganse cómodos y disfruten el programa.

Todos los abuelos escucharon canciones y poemas interpretados por los niños, y observaron la exposición de sus dibujos. Al final del programa, cada niño por turnos presentó a sus abuelos a la clase. Asistieron abuelos y abuelas, abuelitos y abuelitas. Un niño de Polonia llamaba a sus abuelos "Oma" y "Opa".

Por último, le tocó el turno a Mateo. Pasó al frente del salón y presentó con orgullo a sus dos abuelas y a su abuelo. Luego levantó una fotografía para que todos la vieran. —Él también es mi abuelo —dijo—. Hoy no está aquí porque se fue al cielo antes de que yo naciera. No lo recuerdo, pero mi padre me cuenta tanto de él que siento como si lo conociera. Mateo sonrió feliz y luego regresó a su puesto.

Aquella noche, Mateo les contó a sus padres acerca del día de los abuelos. —Me alegra que me hayan contado acerca de mi otro abuelo, de cómo era amable siempre y ayudaba a las personas —dijo Mateo—. Siento que lo amo a pesar de que nunca lo he visto.

El papá se quedó en silencio por un momento, y luego agregó. —Sabes Mateo, yo también amo a alguien a quien jamás he visto. ¿Sabes quién es?

—Creo que te refieres a Jesús —dijo Mateo—. El papá sonrió y asintió. —Yo también amo a Jesús —añadió Mateo.

—Amas al abuelo porque yo te hablé de su bondad y amabilidad. ¿Por qué amas a Jesús? —preguntó el papá.

—La Biblia me cuenta lo bueno que Él es —contestó Mateo—. ¡Él también me ama!

El papá sonrió. —Así es, Mateo —dijo—. Lo amamos aunque nunca lo hayamos visto. Además algún día lo veremos ¿no es así?

—¡Sí! —asintió Mateo. Hizo una mueca y agregó. —¡Y también veré al abuelo!

TESORO:
Habla del amor de Dios

PIMIENTA Y PATRICIA

LECTURA BÍBLICA: 1 Juan 4:7-11

de octubre

—Ya sé que Dios ama a todo el mundo, pero yo creo que incluso a Él le cuesta trabajo amar a Patricia —le dijo Amanda a su hermana mayor mientras recogían hojas secas en el patio trasero.

—¿Te refieres a la niña de tu clase que se mete en la fila de la cafetería frente a todos los niños? —preguntó Carina mientras llenaba de hojas una bolsa de basura.

—Sí —contestó Amanda—. También hace trampa y escribe palabras obscenas en las paredes del baño.

—¡Uy! Ella... El perro de Carina, Pimienta, la interrumpió pues saltó en el montón de hojas y las esparció por todas partes. —¡Perro malo! —gritó Carina.

Justo cuando Amanda y Carina habían recogido de nuevo las hojas en un montón, Pimienta volvió con un ratón en la boca. "¡Qué asco!" —dijo Carina alejándose del animal—. ¡Llévatelo! Pimienta atravesó el montón de hojas y corrió hacia el callejón.

Las hermanas decidieron descansar un rato y se sentaron sobre las hojas secas. En seguida, Pimienta regresó a los pies de su ama. —Amanda, para ser franca —dijo Carina—, no entiendo cómo puedes amar a una criatura tan horrible. Pimienta no es muy bonito, tiene aliento de perro, recoge animales muertos, y le ladra a la abuela cada vez que nos visita.

—Pimienta también tiene muchas cualidades —insistió Amanda—. Y aunque no las tuviera, yo lo amaría porque es mío.

—Supongo que así debe ser. Carina estaba pensativa. —¿No crees que Dios se siente igual con respecto a Patricia? —preguntó—. El pastor Salazar dijo que Dios nos creó a su imagen, ¿recuerdas?

Amanda meditó en eso. —Supongo que tienes razón en que Dios ama a Patricia —dijo al fin—, pero yo no puedo amarla.

Carina se levantó y comenzó a recoger hojas otra vez. —El comportamiento de Patricia no tiene que gustarte —dijo—, pero debes amarla porque fue creada a imagen de Dios al igual que nosotras. Le guiñó el ojo a su hermana.

—Mira, Amanda. Te propongo que trataré de encontrarle algunas cualidades a tu perro, si tú intentas lo mismo con Patricia.

PARA MEMORIZAR:

"...Que os améis unos a otros, como yo os he amado" *(Juan 15:12).*

Y ¿QUÉ DE TI?

¿Conoces personas que hacen algo malo y desagradable? ¿Te preguntas cómo Dios puede amarlas? A Él no le agrada lo malo que hacen, y tú debes sentir lo mismo. Sin embargo, Él los ama. Aprende a amar a las personas, no a sus acciones.

TESORO:
Aprende a amar a los demás

3

PARA MEMORIZAR:

"...tened paz los unos con los otros" (Marcos 9:50).

Y ¿QUÉ DE TI?

¿Guardas rencor contra las personas que te han ofendido? No te conformes con dejar de vociferar. Dios quiere que deseches la amargura y la ira, y que busques la manera de demostrarle amor a la persona con la que peleaste. Eso trae verdadera paz entre las personas.

LA PELEA

LECTURA BÍBLICA: Colosenses 3:12-17

—¡Burro torpe! —exclamó Juanita—. ¿Por qué no te fijas en lo que haces?

—No seas tan quisquillosa —protestó Roberto—. No tenía la intención de pegarte en el ojo. Fue un accidente. ¡Pareces un bebé!

Juanita estiró la mano y haló el cabello de Roberto. —¡Eso es por llamarme bebé! Y la próxima vez ¡mira por dónde lanzas tus tontos aviones de papel! Roberto y Juanita no tardaron en iniciar una desagradable pelea en la sala.

El papá llegó de repente. —Es suficiente —dijo con firmeza—. Párense. Quiero paz en esta casa ¡ahora mismo! Juanita y Roberto se miraron. —Parece que ambos tienen energía de sobra esta tarde —dijo el papá—, y el garaje necesita una limpieza. Ustedes pueden limpiarlo.

Roberto y Juanita se miraron de malhumor al tiempo que se dirigían a limpiar el garaje. Trabajaron en completo silencio. Roberto permaneció indiferente mientras Juanita trataba de levantar una pesada caja llena de basura. Juanita se burló de Roberto cuando regó una bolsa entera de tierra sobre el piso del garaje recién barrido. Tampoco se ofreció para ayudarlo.

Después de terminar su tarea, el papá la revisó. —Oigan ¡esto se ve muy bien! —dijo, pero hizo un gesto de tristeza—. Es una lástima que no hayan atendido al consejo de Dios de estar en paz —agregó con un suspiro.

—¿A qué te refieres papá? —preguntó Juanita—. No peleamos mientras limpiábamos.

—Lo sé —respondió el papá—, pero me di cuenta de que tampoco se ayudaron mutuamente. Aparentaban estar en paz con el otro evitando pelear en voz alta, pero me temo que todavía están muy enojados contra el otro. Ambos disfrutaron viendo al otro en aprietos. Roberto y Juanita no podían negarlo.

—Si en verdad desearan tener paz, podrían ser amigos —agregó el papá—, ¿quién va a tomar entonces la iniciativa de ser un pacificador y demostrar un poco de amor y de perdón?

TESORO:
Vive en paz

DAÑOS POR LA TORMENTA

LECTURA BÍBLICA: Eclesiastés 8:6-8; 9:1

de octubre

Desde que era pequeño, a Marcos le gustaba el gran árbol plantado en el patio de atrás. Tenía algunos escondites en las ramas de arriba, e incluso había colgado un lazo largo para jugar a Tarzán. Una noche cayó una fuerte tormenta, y en la mañana Marcos notó que se había partido una rama grande del viejo árbol.

"Esta vez perdió una rama grande". El papá de Marcos pasó por encima de un montón de hojas húmedas para quedar al lado de su hijo.

—Me parece triste —dijo Marcos. Luego cambió repentinamente de tema. —Papá, ayer en la escuela el señor Ramírez nos habló acerca de unos médicos que les ayudan a morir a las personas cuando ellas lo desean. ¿Eso está mal? —preguntó.

—¿El señor Ramírez está de acuerdo con esa práctica? —preguntó el papá.

Marcos negó con la cabeza. —Él piensa que a esos médicos deberían detenerlos —contestó.

El papá asintió. —Solo Dios puede controlar la vida y la muerte —dijo—. Incluso antes de nacer, Dios tiene un plan para cada día de nuestra vida, y no está bien tratar de alterar ese plan. El papá movió su cabeza contemplando el árbol que había sufrido daños, y preguntó. —¿Piensas que ya deberíamos derribar este viejo árbol? En cada tormenta se le caen ramas.

Marcos habló pensativo. —Todavía nos da sombra en el verano, y me gusta el sonido del viento al sacudir las hojas. Además, extrañaría sus colores en otoño.

—Incluso las ramas oscuras y peladas se ven hermosas en contraste con el cielo invernal ¿no te parece? —dijo el papá. Luego, al tiempo que ponía su brazo sobre el hombro de Marcos, agregó.

—Este viejo árbol vale aunque haya sufrido daños por las tormentas. Sin embargo, algún día tendremos que cortarlo. La vida humana vale mucho más que cualquier árbol, a pesar de que a veces esté avanzada en años o haya sufrido daños. Fuimos hechos a imagen de Dios, y nuestra vida tiene valor y propósito. Sin importar lo que suceda, debemos dejar nuestra vida, de principio a fin, en sus manos.

PARA MEMORIZAR:

"Ciertamente sus días están determinados, y el número de sus meses está cerca de ti" *(Job 14:5).*

Y ¿QUÉ DE TI?

¿Dudas del valor de la vida por el sufrimiento o la debilidad que experimenta un anciano? Fue Dios el que nos dio la vida, y solo Él sabe cuándo debe terminar. Permite que sea Él el que decida.

TESORO:

Solo Dios puede controlar la vida y la muerte

5
de octubre

PARA MEMORIZAR:

"...cada uno es tentado, cuando de su propia concupiscencia es atraído y seducido" (Santiago 1:14).

Y ¿QUÉ DE TI?

¿Qué emplea Satanás para tentarte? Tal vez la televisión, la lectura o algunos juegos. No permitas que las actividades buenas o malas te estorben para cumplir con tus obligaciones. Pídele a Dios que te ayude a evitar cualquier "carnada" que Satanás ponga frente a ti.

TESORO:
Cuídate de las "carnadas" de Satanás

CARNADAS

LECTURA BÍBLICA: Santiago 1:12-15

Josué movió la cabeza con un gesto de tristeza. —No puedo creerlo —le dijo a su papá—. Andrés dice que es cristiano, pero el sábado pasado lo encontraron bebiendo. —Hay que ser demasiado débil para caer en eso.

—¿El alcohol no te atrae en lo absoluto? —preguntó el papá.

—¡Para nada! —respondió Josué—. ¡No me cuesta trabajo mantenerme alejado de esos vicios!

—Me alegra —dijo el papá mientras ponía las cañas de pescar en el baúl del auto—. Creo que estoy listo para nuestro viaje de pesca —agregó—. ¿Y tú?

—¡Por supuesto! —exclamó Josué. Hizo una mueca. —¡Casi puedo sentir un gran pez que tira de mi caña de pescar!

—¿Ya empacaste las moscas para pescar? —preguntó el papá.

—¿Las moscas? —repitió Josué—. ¿Para qué? Pensé que íbamos a pescar peces grandes. ¡No podemos pescarlos con una mosca!

El papá guiñó el ojo. —Ya veo que sabes mucho acerca de carnadas para pescar —dijo—, pero ¿qué tanto sabes de las carnadas de Satanás?

—¿Las carnadas de Satanás? —preguntó Josué.

El papá asintió. —Satanás es como un pescador —explicó—. Él sabe que cada persona es susceptible a diferentes tentaciones, así como cada tipo de pez se pesca con una carnada diferente. Él pone delante de nosotros el tipo de carnada que corresponde.

—¿Cómo cuál? —preguntó Josué.

—Bueno, Satanás sabe que puede tentar a Andrés con el alcohol, así que lo usa como carnada para atraparlo y alejarlo del Señor —explicó el papá—. ¿Qué emplea Satanás para atraparte, Josué? Josué pensó por un momento y luego se encogió de hombros.

—¿Por qué obtuviste malas calificaciones el semestre pasado? —preguntó el papá.

—¡Ah, eso! Bueno... pasé demasiado tiempo jugando pelota con mis amigos en vez de estudiar —confesó Josué tímidamente—. Pero jugar pelota no es algo malo ¿o sí?

—No, a menos que te aleje de tus responsabilidades —dijo el papá—. Si eso ocurre, Satanás puede incluso servirse de las cosas más inofensivas.

LA LENGUA PROBLEMÁTICA

6

de octubre

LECTURA BÍBLICA: Santiago 3:5-10

"¡Ay!" —Natalia golpeó con fuerza el pie contra el suelo—. ¡Necesito zapatos nuevos! ¡Estos me lastiman los pies!"

—Tal vez te los pusiste al revés —le dijo su hermano William.

—¡Claro que no! —dijo Natalia. Lo miró malhumorada.

—¡Este zapato me lastima! —repitió.

—Lo que sucede es que no sabes cómo ponerte bien los zapatos —señaló William—. ¡Eres un bebé!

Natalia frunció el entrecejo. —Tengo seis años —le dijo—. Ya sé en cual pie ponerme cada zapato.

—Déjame ver —dijo el papá, y Natalia acercó el pie para que él se lo revisara. —El problema es la lengua del zapato, Natalia —le dijo después de desamarrarlo—. Está doblada y recogida. La arreglaremos. El papá haló con fuerza la lengua del zapato y volvió a amarrarlo. —¿Cómo lo sientes ahora?

Natalia corrió por la sala y saltó. —¡Oye, está mucho mejor! ¡Ya se arregló!

—¿Se había puesto el zapato en el pie equivocado? —preguntó William.

—¡Cállate! —vociferó Natalia—. ¡Tú no sabes nada!

—¡Al menos sé ponerme el zapato para que no me duela! —dijo William. Tomó la pelota de fútbol y comenzó a darle rebotes con la rodilla.

—¡Cuidado! —gritó Natalia.

El papá atrapó la pelota y la sostuvo en alto. —El problema era la lengua del zapato de Natalia —dijo—. Piensa en algo más que podría causar problemas si se usa de manera inapropiada.

—Tal vez ¿esa pelota? —sugirió William—. Si se usa mal, como lanzarla por toda la casa, podría romper una lámpara o algo más.

—Estaba pensando en algo más pequeño —dijo el papá. Hizo una cara chistosa y señaló su lengua.

—¿La lengua? —preguntó William—. Supongo que quieres decirnos que debemos ser más amables al hablar.

—Como por ejemplo, ¡no debiste decir que soy un bebé! —dijo Natalia.

—Sí, y tú no debiste gritarme —respondió William.

El papá asintió. —La Palabra de Dios dice que la lengua es pequeña, pero que puede causar daños terribles —dijo—. Nuestras palabras pueden herir a las personas mucho más que un zapato mal puesto.

PARA MEMORIZAR:

"Yo dije: Atenderé a mis caminos, para no pecar con mi lengua" (Salmo 39:1).

Y ¿QUÉ DE TI?

¿Has prestado atención a tus palabras? ¿Las usas para animar a otros o para hacerlos sentir mal? Pídele al Señor que te ayude a usar tu lengua para ayudar a los demás, ¡no para herirlos!

TESORO:

Usa tu lengua con sabiduría

7

UNA SEMANA DIFÍCIL

PARA MEMORIZAR:

"...orad por los que os ultrajan y os persiguen" (Mateo 5:44).

Y ¿QUÉ DE TI?

¿Te enojas cuando otros te molestan o se burlan de tu por hacer lo correcto? Continúa obedeciendo a Dios y ora por lo que te persiguen. Dios te bendecirá, y tal vez use tu vida para indicarles el camino a Cristo.

TESORO:
Ante la persecución regocíjate y ora

LECTURA BÍBLICA: Mateo 5:11-12; 1 Pedro 4:14-16

Julio y Miguel estaban en la casa de Benjamín. Iban a estudiar juntos para el examen de matemáticas, pero antes de comenzar comieron un refrigerio. —Hoy fue un día terrible —le dijo Benjamín a sus amigos—. En la clase de gimnasia los chicos se burlaron de mí porque no quise ver una revista obscena que llevaron. El papá de uno de ellos la compró en una tienda para adultos.

—Tampoco tuve un buen día —informó Julio—. Mi maestro de ciencias se burló de mí porque yo mencioné la creación en una de mis respuestas del examen de ayer. Me llamó cristiano fanático frente a toda la clase.

Miguel tomó una galleta del plato.

—Hoy fue un día bastante bueno para mí —dijo—, pero ayer se burlaron de mí. Compré tarjetas de baloncesto en la tienda de pasatiempos y el vendedor me devolvió más dinero del que me debía. Mi primo me acompañó, y dijo que yo era un tonto por haber devuelto el dinero adicional. Miguel suspiró.

—¡No sé por qué todo el mundo nos molesta por hacer lo correcto!

El papá de Benjamín alcanzó a escuchar la conversación de los chicos y entró en la cocina. Se comió la galleta restante. —En realidad no me sorprende que los hayan molestado por sus buenas acciones —dijo con seriedad—. De hecho, eso constituye una buena señal.

Los tres chicos lo miraron perplejos. —¿De verdad? —preguntó Benjamín.

El papá asintió. —La Biblia dice que eso sucederá. Nuestra obediencia a Dios a veces irrita a las demás personas que nos ven, y por eso también tratan de molestarnos. Dios nos enseña a orar por esas personas y alegrarnos, así que ¡anímense! El papá les guiñó el ojo.

Julio frunció el ceño. —Creo que no entendí —dijo—. ¿Se supone que debemos alegrarnos cuando se burlan de nosotros?

—Exacto —dijo el papá de Benjamín—. Admito que resulta difícil en el momento de vivirlo, pero la Biblia promete bendiciones a los que sufren por causa del bien. No cedan a la tentación de vengarse de los que se burlan de ustedes o los molestan.

—¡Precisamente estaba pensando en cómo vengarme! —exclamó Benjamín. Se rió al tiempo que su papá hacía cara de disgusto y agregó. "¡Es solo una broma!" Con una risa los chicos comenzaron a estudiar.

TALLA ÚNICA

LECTURA BÍBLICA: Romanos 10:9-13; Gálatas 3:28

—¡Mira mamá! —exclamó Graciela mientras tomaba un par de guantes del almacén—. ¡Combinan perfecto con mi nueva chaqueta! Pero dudo que tengan mi talla, y hasta ahora no he encontrado ropa que me sirva. Graciela y su mamá salieron de compras, pero no parecían tener mucho éxito.

—Bueno, miremos —dijo la mamá—. Tal vez nos vaya mejor ahora.

Graciela miró la etiqueta que decía "talla única". Dejó caer los guantes. "Sí, claro" —refunfuñó—. Esa ropa "talla única" nunca me queda.

—Pruébatelos —le pidió su mamá—. Tal vez te lleves una sorpresa.

Frunciendo el ceño Graciela tomó un guante y se lo puso. "¡Me queda bien!" —exclamó dichosa.

—¿Qué te parece? —dijo la mamá—. Y el precio también es conveniente. Así que vas a estrenar guantes.

De regreso a casa, Graciela le contó al papá acerca de sus compras. —Nunca pensé que esas etiquetas de "talla única" dijeran la verdad, pero esta vez funcionó —dijo—. Mamá dice que mis guantes son de un material elástico y que podrían servirle casi a cualquier persona. El papá sonrió y asintió.

Después de que el papá leyera un pasaje de las Escrituras durante el tiempo devocional familiar esa noche, la mamá de Graciela le lanzó una mirada. —La Biblia dice que todo aquel que cree en Jesús es salvo —dijo—. ¿Sabes en qué me hace pensar eso, Graciela? En tus guantes "talla única", pues le sirven a todo el mundo. Los versículos que leyó papá afirman que la salvación es "para todos".

El papá asintió. —Así es —convino—. Algunas personas no lo creen. Unas piensan que son tan buenas que no necesitan la salvación por medio de Jesús, y otras, que son demasiado malas para recibir la salvación. En cambio ¿qué dice Dios? Dice que todos necesitamos confiar en Jesús como Salvador, y nos invita a todos a hacerlo. Dios ofrece la salvación a judíos, a gentiles, a hombres, a mujeres, a niños, a maestros, a siervos... ¡a todo el mundo! Y solo aceptando a Jesús podemos recibir la salvación e ir al cielo.

de octubre

PARA MEMORIZAR:

"...el mismo que es Señor de todos, es rico para con todos los que le invocan"
(Romanos 10:12).

Y ¿QUÉ DE TI?

¿Aceptaste a Jesús como Salvador? A Dios no le importan tus antecedentes familiares, ni tu profesión, ni tu nacionalidad, ni tus buenas obras. Todos necesitamos salvación, y Dios te la ofrece como un regalo.

TESORO:
La salvación es para todos

9

PARA MEMORIZAR:

"...porque mayor es el que está en vosotros [Jesús], que el que está en el mundo. [Satanás]"
(1 Juan 4:4).

Y ¿QUÉ DE TI?

¿Es difícil para ti controlar el enojo? ¿Al perder el control lastimas a otros o a ti mismo? El Espíritu Santo puede darte el poder para vencerlo. Cada vez que te enojas, detente y ora. Pídele que te ayude a vencer.

TESORO:
Vence tu enojo con la ayuda de Dios

VOLAR ALTO

LECTURA BÍBLICA: Romanos 8:1-9

Mauricio se sentó en su escritorio, que estaba lleno de piezas y de calcomanías para armar un avión a escala. "Solo tengo que ponerlo a volar" —se dijo a sí mismo. Con los dedos empuñó la trompa del aeroplano para ajustar la hélice. De repente, escuchó un crujido y vio una fisura en el cuerpo del avión. Luego, como tantas veces en el pasado, se llenó de ira. "Esta tontería" —murmuró Mauricio—. ¡Esto es una completa tontería!" Lanzó el aparato contra la pared. Sintió que le salían lágrimas de vergüenza. Se encorvó sobre el escritorio, puso su cabeza entre las manos, y lloró.

Esa noche Mauricio le mostró a su papá el aeroplano roto. —Nunca más me enojaré de esa manera —dijo Mauricio apenado.

El papá tomó en las manos el aparato destrozado. —¿Conoces la ley de la gravedad? —preguntó el papá. Mauricio asintió. —Entonces sabrás que la gravedad sujeta todo, incluso a los aviones, contra la tierra. Un avión jamás despegaría a menos que una ley mayor venciera la ley de la gravedad, ¿cierto? Mauricio asintió, y su padre continuó.

—Eso es justo lo que sucede. La segunda ley se llama aerodinámica. Movió el avión sobre la mesa. —A medida que el avión avanza, el aire fluye sobre el ala curva, y la presión que produce bajo el ala lo impulsa hacia arriba, levantándolo. Mientras más rápido se mueva un avión, más alto podrá elevarse. Cuando la elevación supera la fuerza de la gravedad, entonces...

—Despega —continuó Mauricio.

El papá le sonrió a Mauricio con ternura. —Mauricio, cuando estás enojado eres como un avión sujeto a la tierra —dijo—. La ley de la gravedad podría compararse a lo que la Biblia denomina "la ley del pecado y de la muerte". Cuando eres controlado por la ley del pecado, no puedes vencer el enojo.

—Creo que no —dijo Mauricio en voz baja.

—Entonces se necesita una ley superior, una fuerza mayor a la ley del pecado que te mantiene abajo —dijo el papá—. Tú has confiado en Jesús como tu Salvador, ¡así que posees aquella fuerza superior! Tienes al Espíritu Santo. Cuando sientes que el enojo quiere controlarte, pídele su fuerza que te ayude a "volar por encima" de tu ira, en vez de ceder ante ella.

SORPRESA DE SOJA

LECTURA BÍBLICA: 2 Timoteo 1:6-12

—¿Vamos a comer chop suey en la cena? —preguntó Sonia al entrar en la cocina—. ¡Tengo hambre! Hoy en el restaurante comimos algo que se llamaba "sorpresa de carne", pero la verdad es que no sabía a carne. Patricia dijo que lo prepararon con soya, y los chicos lo llamaron "sorpresa de soya". ¡Qué asco!

Con un suspiro, Sonia prosiguió para contarle a su mamá lo sucedido en su día escolar. —Yo creo que todos piensan que soy rara —dijo—. Cuando abrí mis ojos después de orar a la hora del almuerzo, Patricia me miraba atónita.

—Tal vez pensó que no te sentías bien —dijo la mamá—. ¿Le explicaste que estabas orando?

—No exactamente —admitió Sonia—, pero de todos modos no entendería. Ayer comenzó a decir malas palabras, y cuando me aparté me ofendió. Hoy se disculpó y me preguntó si quería ver un vídeo en su casa esta noche. Como sabía que no era una buena película, le dije que tenía muchos deberes. Echó un vistazo a la comida que servía la mamá sobre la mesa. —¡Eso se ve delicioso! —exclamó Sonia.

La mamá sonrió. —¿Sabías que los brotes de soya con los que se prepara el "chop suey" se parecen mucho a la soya que te sirvieron hoy en la "sorpresa de carne" que tanto te desagradó? —preguntó.

—¿De veras? —preguntó Sonia—. Tal vez al saber de antemano que son legumbres me imagino el sabor que tendrá la comida. No me agrada que intenten obligarme a pensar que la soya sabe igual a la carne. ¡Pienso que no es correcto!

La mamá se quedó pensativa. —¿Sabes? Pienso que a veces los cristianos somos como la "sorpresa de soya" en vez de parecernos a los brotes de soya —dijo—. Creemos que las personas nos aceptarán más si nos parecemos a ellas, entonces no revelamos nuestra identidad como cristianos. Cuando lo hacemos tal vez se rían de nosotros, pero casi siempre nos respetan y no se asombran de ver nuestro estilo de vida diferente.

Sonia meditó en sus acciones aquel día, y descubrió que en vez de hablar de Jesús había estado ocultando todo el tiempo que le conocía. —Voy a cambiar —decidió—. La próxima vez voy a decir de inmediato que soy cristiana ¡aunque se burlen de mí!

10

de octubre

PARA MEMORIZAR:

"...no te avergüences de dar testimonio de nuestro Señor" *(2 Timoteo 1:8).*

Y ¿QUÉ DE TI?

¿Jesús ya es tu Salvador? Si es así, ¿ya le contaste a tu familia y a tus amigos acerca de tu fe en Él? Si no, hazlo ahora mismo. Por lo general te respetarán más si eres sincero acerca de tu fe.

TESORO:
Dile a otros que eres cristiano

11

de octubre

LAS INSTRUCCIONES CORRECTAS

LECTURA BÍBLICA: 2 Timoteo 3:14-17

PARA MEMORIZAR:

"Toda la Escritura es... útil para enseñar, para redargüir, para corregir, para instruir en justicia" (2 Timoteo 3:16).

Y ¿QUÉ DE TI?

¿Te parece que la Biblia es difícil de leer? ¡De todas formas lee! Pídele a Dios que te ayude a entenderla y a obedecerla. También tus padres, maestros y pastores pueden explicarte el sentido de algunos versículos.

"¡No funciona!" —exclamó Hugo—. Andrés es el chico más listo de la clase y hoy me enseñó cómo calcular estos fraccionarios, pero todavía no logro resolver este problema matemático.

La mamá se dirigió a la mesa donde Hugo estaba estudiando.

—Tal vez pueda ayudarte —dijo mientras hojeaba la tarea—. Miremos tu libro de texto para verificar que Andrés te haya dado bien las instrucciones.

—Está bien —dijo Hugo con renuencia. Abrió el libro y encontró el capítulo que estaba estudiando.

—Bueno —dijo la mamá—, inténtalo de nuevo. Sigue estas instrucciones paso a paso.

Hugo comenzó de nuevo. Y no tardó en encontrar la respuesta correcta. —¡Andrés olvidó uno de los pasos en su explicación! —exclamó—. Gracias mamá.

Más tarde, el papá le pidió a Hugo que leyera un pasaje de la Biblia durante el tiempo devocional. Hugo suspiró. —Papá, ¿por qué no me dejas leer solo la historia del libro devocional? —preguntó—. No puedo leer ni entender bien algunas palabras de la Biblia.

—Las historias devocionales nos ayudan a entender el pasaje bíblico —dijo el papá—, pero no son la Palabra de Dios. Debemos leer su Palabra como una guía para nuestra vida. Si se lo pedimos, el Señor puede ayudarnos a entenderla. Tu mamá y yo te ayudaremos con las palabras difíciles.

La mamá asintió. —Hugo, ¿recuerdas lo que sucedió hoy con tu tarea? —preguntó—. No podías encontrar la respuesta correcta con las instrucciones que te dio Andrés, ¿cierto?

—Así es —respondió Hugo—, pero cuando seguí las instrucciones del libro lo logré.

—Exacto —dijo la mamá—. Eso ejemplifica la importancia de leer la Palabra de Dios y de seguir sus instrucciones. Las personas se equivocan y a veces nos desvían, pero la Palabra de Dios no tiene errores. Podríamos decir que es el libro de texto para vivir.

TESORO:
La Biblia es el libro de texto para vivir

EJERCICIO

12

de octubre

LECTURA BÍBLICA: 1 Timoteo 4:6-8, 15-16

Mientras Julio caminaba hacia su casa, escuchó una voz conocida que lo llamaba. Al darse vuelta, vio a su maestro de la escuela dominical. —¡Hola señor Robles! —exclamó Julio, al tiempo que corría hacia él—. ¿Qué hace usted por aquí?

—Vengo de la casa de Renato Murcia —respondió el señor Robles—. Asistió por primera vez a nuestra clase el domingo pasado. Cuando alguien nos visita, siempre trato de conocer a sus padres tan pronto como sea posible.

—Acaban de mudarse aquí —dijo Julio—. Renato se ve muy amable, pero me sentí un poco mal por él hoy en la escuela. Tuvimos nuestro día de carreras a campo abierto, y en todo llegó último.

—Parece que a ti te fue muy bien en todo —dijo el señor Robles con una sonrisa. Señaló la cinta roja y tres cintas azules que pendían de la camiseta de Julio.

—Sí —respondió Julio—. Me fue muy bien en varias pruebas.

—Ser atleta requiere mucha dedicación ¿cierto? —dijo el señor Robles—. Siempre ha sido así. El apóstol Pablo menciona el entrenamiento físico en una de sus cartas a Timoteo.

—¿De veras? —preguntó Julio—. ¿Qué dijo?

—Bueno, aludió al valor que tiene el ejercicio físico —respondió el señor Robles— pero también, que es más importante ejercitarse en la vida piadosa, porque la piedad sirve para todo en la vida.

Julio se quedó pensativo. —Entonces ¿usted piensa que él no me aplaudiría por las cintas que gané en las competencias? —preguntó.

El señor Robles sonrió. —Pablo no desestima el ejercicio físico. Solo quería que Timoteo se preocupara más por ser como Jesús —explicó—. Claro que deben felicitarte por tus logros, Julio, pero si no hubieras ganado tampoco sería grave. Es mucho más importante ser como Jesús que ser bueno en los deportes. Debes recordar siempre que el carácter piadoso es lo que en verdad importa.

PARA MEMORIZAR:

"...Ejercítate para la piedad"
(1 Timoteo 4:7).

Y ¿QUÉ DE TI?

¿Valoras mucho el ejercicio y la habilidad física? ¿O eres de aquellos que no son muy hábiles en los deportes? Es bueno ser deportista, pero su importancia no se compara en lo absoluto a ser como Jesús.

TESORO:
La piedad es de sumo valor

13

de octubre

PARA MEMORIZAR:

"(porque por fe andamos, no por vista)"
(2 Corintios 5:7).

Y ¿QUÉ DE TI?

Cada vez que hay dificultades ¿confías en el Señor? Por ejemplo, si recibes un trato injusto, un ser querido está enfermo o tienes problemas en la escuela, ¿ves más allá de la dificultad y recuerdas que Dios te cuida y controla cada circunstancia? Los cristianos debemos caminar por la fe en Jesús, no por lo que vemos.

EL MURCIÉLAGO

LECTURA BÍBLICA: Hebreos 11:1-3; 1 Juan 5:4-5

—¡Cuidado! —gritó Milton al ver que su hermana tropezó con una silla—. ¡Eres tan ciega como un murciélago, Susana!

Susana sacudió la cabeza. —Los murciélagos no son ciegos —dijo.

—Susana tiene razón —dijo el papá—. Las personas suelen usar esa frase, pero lo cierto es que los murciélagos no son ciegos.

—¿Entonces no ven muy bien? —preguntó Milton—. En la clase de ciencias aprendimos que se orientan escuchando las ondas sonoras en vez de utilizar sus ojos para ver.

—Es cierto —afirmó Susana—. Estudiamos acerca de los murciélagos el año pasado , y recuerdo que mi maestro dijo que vuelan en la noche y emiten sonidos y chillidos agudos, para luego escuchar el eco. Cuando las ondas sonoras golpean un objeto y rápidamente devuelven el eco, el murciélago sabe que hay algo cerca. Si el eco se demora, sabe que el objeto está lejos.

—¡Muy bien! —felicitó el papá a Susana. Después de un momento preguntó. —¿Sabías que al igual que los murciélagos, nosotros deberíamos acudir a otro recurso para orientarnos además de lo que vemos y entendemos?

—¿En serio? —preguntó Susana—. Como... ¿Cómo qué?

—Ya sé —dijo Milton—. Los murciélagos usan sus oídos, y nosotros también debemos usarlos. El silbido de un tren nos advierte que está cerca y debemos detenernos. El ruido del tráfico de autos nos impulsa a ser cuidadosos para cruzar la calle, ¿cierto?

—Así es —contestó el papá—, pero hay algo todavía más importante que los ojos o los oídos. Lo que necesitamos es la fe en Jesús y en lo que dice la Biblia. El magnífico sentido del oído del murciélago lo ayuda a desplazarse con seguridad durante la noche. Una fe firme te ayuda a caminar seguro en la vida. Asimismo, te protege de caer en pecado en momentos de dificultad y de tentación.

TESORO:
Vive "por fe"

EL MURCIÉLAGO
(Continuación)

14

LECTURA BÍBLICA: 1 Pedro 5:8-11

—Hoy en la escuela aprendimos más acerca de los murciélagos —señaló Milton—. Aprendimos que hay diversas especies y que una es frugívora. Los murciélagos frugívoros son...

—¡Ah, eso es fácil! —lo interrumpió Susana—. Son murciélagos que comen fruta, y por eso se llaman así. ¡También sabía eso, señor cerebro! Le guiñó el ojo a su hermano.

Milton también la miró de reojo. —Exacto —respondió—, y por eso los agricultores que cultivan frutas deben aprender a protegerse de ellos.

—¿Qué te parece si ponen un aviso de advertencia que diga "los murciélagos que coman de estos frutos serán perseguidos"? —sugirió Susana bromeando.

—¡Eres un genio! —dijo Milton—. ¿Alguien propone otra idea?

—¿Qué hacen los agricultores? —preguntó Susana.

—Recogen sus cosechas rápido, antes de que los murciélagos ataquen —contestó Milton—, o usan redes para protegerlas.

El papá, que escuchaba la conversación, sonrió. —Ayer aprendimos una lección de los murciélagos —dijo—, y hoy podemos aprender algo de los agricultores frutícolas. Por ejemplo, que debemos proteger nuestro fruto.

Milton y Susana lo miraron con asombro. —¿De qué fruto hablas? —preguntó Susana—. Nosotros no plantamos frutas.

—Me refiero a otro tipo de fruto —respondió el papá—. La Biblia dice que el fruto del Espíritu es...

—Amor, gozo, paz, paciencia, benignidad... —recitó Susana.

—Fe, mansedumbre y templanza —terminó Milton.

—Me alegra que conozcan bien su fruto —dijo el papá—, pero no olviden que, al igual que el murciélago frugívoro espera devorar el fruto maduro y fresco, Satanás siempre está buscando la manera de atacar nuestro fruto. Es un enemigo poderoso, pero Dios lo es mucho más. Usen la red de la oración y obedezcan a Dios para proteger su fruto antes de que Satanás ataque. Pídanle a Dios que los ayude a protegerse para que el enemigo no logre destruir el fruto de Dios en la vida de cada uno de ustedes.

PARA MEMORIZAR:

"...mayor es el que está en vosotros, que el que está en el mundo"
(1 Juan 4:4).

Y ¿QUÉ DE TI?

¿Satanás trata de destruir el fruto del Espíritu en tu vida? Él siempre está al acecho, pero no es tan poderoso como el Espíritu Santo que mora en cada cristiano. Pídele a Dios que te ayude a protegerte contra los ataques de Satanás cuyo propósito es impulsarte a pecar y alejarte de Él. Ora cada día por la protección de Dios.

TESORO:
Protege tu vida del pecado

15

de octubre

PAGO POR ADELANTADO

LECTURA BÍBLICA: 1 Pedro 1:17-21

PARA MEMORIZAR:

"Pues mucho más, estando ya justificados en su sangre, por él seremos salvos de la ira"
(Romanos 5:9).

Y ¿QUÉ DE TI?

¿Ya aceptaste a Jesús como tu Salvador? Él dio su vida para pagar tu salvación. Acéptalo hoy y sabrás que un día "llegarás" al cielo.

—¡Oh, no! ¡se acabaron las estampillas! —se quejó Miranda—. Ahora solo podré enviar esta tarjeta de cumpleaños hasta el lunes.

—¿Por qué no? —preguntó su hermanita—. El cartero no ha llegado. Te ayudaré a ponerla en el buzón.

Miranda negó con la cabeza. —Le falta una estampilla para que la envíen, Juanita.

Juanita se quedó pensativa un momento y luego se fue a su cuarto. En un momento regresó con sus manos en la espalda y una mueca.

—¿Qué escondes? —preguntó Miranda.

El rostro de Juanita resplandecía de orgullo mientras extendía un rollo de calcomanías de dinosaurios. —Puedes usar mis calcomanías para enviar tu carta —se ofreció.

Miranda le sonrió. —Gracias, linda, pero no puedo usar tus calcomanías —dijo—. No son estampillas del correo oficial. Las cartas solo pueden enviarse con estampillas de verdad.

Juanita se sentía un poco ofendida, así que Miranda tuvo que explicarle. —Las estampillas son un tipo especial de calcomanía, Juanita. Se compran en la oficina de correos. Al pegarlas en un sobre, el cartero sabe que ya pagaste por adelantado el valor del envío de la carta. Entonces la lleva a la oficina de correos y la pone en camino.

Juanita frunció el entrecejo y miró sus calcomanías. —Lo siento, hermanita —agregó Miranda, dándole un abrazo.

Juanita hizo una mueca y despegó una de sus calcomanías de dinosaurio. La pegó en la mano de Miranda. —De todas formas te regalo una —dijo—, aunque no llegue a ninguna parte.

La mamá, que estaba por ahí cerca, sonrió después que Juanita se fue. —¿Sabes, Miranda? —dijo—, tu explicación acerca del envío de una carta me hizo pensar en la salvación. Jesús murió en la cruz para pagar nuestra salvación. Pagó por adelantado nuestra entrada al cielo. A veces las personas tratan de pagarla con sus buenas obras, pero eso es como usar una de las calcomanías de dinosaurio. Para entrar al cielo se requiere una solución verdadera, que es la sangre de Jesús.

TESORO:
Acepta el pago de Cristo por tu pecado

GACELAS Y PENSAMIENTOS

16

de octubre

LECTURA BÍBLICA: Salmo 18:28-36

Juan y su madre comían palomitas de maíz mientras veían una exhibición de gacelas en el zoológico. Los fuertes y elegantes animales permanecían en calma sobre la hierba detrás de una cerca. Juan calculó que la cerca era apenas más alta que su padre.

—Mamá ¿esas gacelas no pueden saltar por encima de la cerca y salir? —preguntó.

La mamá sonrió. —Tal vez puedan —respondió—. ¿Sabes por qué no lo intentan?

—No —dijo Juan negando con la cabeza.

—¿Ves cómo la cerca está inclinada hacia el lado de las gacelas? —preguntó la mamá, y Juan asintió—. Bueno, un artículo que leí dice que las gacelas tienen una vista muy pobre y que cuando una cerca está inclinada hacia ellas, se crea una ilusión óptica o una idea falsa de que la cerca es mucho más alta que en la realidad. Según el artículo, esa es la razón por la cual las gacelas no intentan escapar.

—¿De verdad? Entonces necesitan espejuelos —bromeó Juan. Se reía al tiempo que imaginaba a las gacelas con espejuelos.

La mamá sonrió mientras avanzaba a la exhibición de monos. —La manera como la cerca les impide a las gacelas correr libres, se parece a la forma como nuestros pensamientos a veces nos impiden gozar de libertad —dijo.

Juan sentía curiosidad por ese comentario. —¿A qué te refieres? —preguntó.

—La manera como la cerca está construida les da a las gacelas una idea falsa, y nuestros pensamientos también pueden conducirnos a ideas falsas —explicó la mamá—. Cuando escuchamos comentarios que nos impulsan a pensar que somos incapaces de estudiar con éxito, que somos torpes para practicar algún deporte, o que Dios no nos ama, adquirimos falsas ideas que nos impiden alcanzar el máximo nivel en la vida.

—Entonces, si las gacelas supieran la verdad, saltarían la cerca —afirmó Juan pensativo—, y si nosotros conociéramos la verdad... Hizo una pausa. —¿Qué verdad deberíamos conocer? —preguntó.

—La verdad de Dios. Él dice que somos especiales y que nos ayudará a hacer todo lo que Él nos manda —respondió la mamá—. Cuando creemos lo que Él dice podemos liberarnos de las ideas falsas. Con su ayuda podemos llegar a ser y hacer todo lo que Él nos pide.

PARA MEMORIZAR:

"Todo lo puedo en Cristo que me fortalece"
(Filipenses 4:13).

Y ¿QUÉ DE TI?

¿Tienes pensamientos de fracaso o de que no vales para Dios, los cuales crean falsas ideas que te impiden ser la persona que Dios espera? No te dejes atrapar por ilusiones. Cree lo que el Señor dice y sé la persona que Él anhela que tú seas.

TESORO:
Créele a Dios

17

de octubre

UN OJO VIGILANTE

LECTURA BÍBLICA: Proverbios 3:1-8

PARA MEMORIZAR:

"Oye, hijo mío, la instrucción de tu padre, y... de tu madre"
(Proverbios 1:8).

Y ¿QUÉ DE TI?

¿Atiendes las advertencias de tus padres y maestros? ¡No desobedezcas creyendo que todo estará bien! Una forma en la que Dios te cuida es por medio de personas responsables que te advierten y aconsejan. Escúchalas, y dale gracias a Dios por cuidarte.

Un pequeño auto negro bajaba despacio por la calle de tres carriles mientras Julia y Cristina se paseaban de regreso a casa del club bíblico de niños. Estaban planificando un fin de semana lleno de ocupaciones y no vieron el auto hasta que se detuvo junto a ellas. El conductor bajó el vidrio de la ventanilla y gritó.

—¡Oigan niñas! ¡Tengo un dulce para la que me diga dónde queda la calle Magnolia!

Julia y Cristina se detuvieron y miraron a su alrededor.

—¿Nos está hablando? —susurró Julia mientras Cristina sonreía hacia donde se había detenido el hombre—. Vamos, sigue caminando —dijo Julia—. Nos prohíben hablar con extraños.

Pasando por alto la advertencia de su amiga, Cristina se dirigió hacia el auto. —Dar indicaciones no tiene nada de malo —dijo—. Además, todo se ve inofensivo.

Julia permaneció en la acera y observó. Al acercarse Cristina al auto, el hombre saltó de repente. Agarró el brazo de Cristina y trató de obligarla a entrar al asiento trasero. Cristina gritó y empujaba hacia atrás, dejando caer sobre la calle los libros que llevaba en la mano.

Sin pensarlo, Julia corrió a rescatar a su amiga. Señor, por favor ayúdanos —oró en silencio mientras giraba su maletín con todas sus fuerzas, golpeando al hombre en la cara. Vociferando de ira, el hombre puso su mano sobre los ojos, y Cristina logró soltarse. De una casa vecina, las niñas oyeron el grito ensordecedor de una señora que salía. Las niñas tropezaron con la acera, el hombre entró de inmediato a su auto y salió con estruendo por la calle.

—Menos mal que las vi —dijo la señora a las niñas asustadas, después de llamar a la policía. Les dio un severo regaño acerca de hablar con extraños. —¿Sus padres no les han enseñado eso? —preguntó.

—Sssí, pero nuestra maestra de la escuela dominical dice que Dios nos cuidaría —dijo Cristina con voz entrecortada.

—Y Él lo hizo —dijo con toda seguridad la señora—, o de lo contrario no estarían aquí ahora. Sin embargo, el hecho de que Él nos cuida, no significa que podamos pasar por alto las advertencias de los padres. De hecho, Dios usa esas advertencias para protegerlas. ¡Nunca lo olviden!

TESORO:
Escucha a tus padres

¿QUIÉN DICE?

LECTURA BÍBLICA: Isaías 55:8-11

de octubre

—¡Adivina qué mamá! —exclamó Luisa mientras ayudaba a su mamá en la cocina una tarde—. Pude hablarle a Claudia del Señor hoy.

—¡Grandioso! —exclamó la mamá—. ¿Qué le dijiste?

—Pues, ya sabes, le dije que tenía que ser salva o de lo contrario no iría al cielo —respondió Luisa.

—¿Qué versículos bíblicos usaste? —preguntó la mamá.

Luisa se encogió de hombros. —Ninguno, pues en realidad no es indispensable, ¿cierto?

—No es indispensable, pero es conveniente usar las Escrituras siempre que se pueda —dijo la mamá. Sacó la cena del horno. —La cena está casi lista —dijo—. Por favor llama a José.

—Luisa abrió la puerta trasera. —¡José! —gritó—. ¡Entra!

Unos minutos después la mamá preguntó. —¿Dónde está José?

—Supongo que no entró —respondió Luisa—. Lo llamaré de nuevo. Esta vez salió hasta encontrarlo sobre el trampolín. —José, ¡te dije que entraras! —lo regañó.

—Está bien, ¡ya voy! —respondió José con impaciencia.

Cinco minutos después, José todavía no entraba. —Qué extraño —dijo la mamá—. Por lo general obedece. Se asomó por la puerta trasera y lo llamó a gran voz. —¡José, entra de inmediato!

—Está bien, mamá —respondió José.

Al entrar José en la cocina un rato más tarde, la mamá le preguntó con firmeza. —¿Por qué tuvimos que llamarte tres veces? Quiero que le ayudes a Luisa a poner la mesa.

José parecía sorprendido. —Luisa no dijo que tú me llamabas —explicó—. Yo pensé que ella solo quería que jugara con ella o algo así.

Después que José se fue a lavarse las manos, su mamá miró a Luisa. —Mira la importancia de citar la fuente de tu mensaje —dijo.

Luisa estaba desconcertada. —¿Qué quieres decir?

—Me dijiste que no habías citado algún versículo hoy al hablarle a Claudia acerca de la salvación —explicó la mamá—. Me alegra que lo hayas hecho, pero recuerda que el mensaje de salvación es de Dios, no tuyo. Da testimonio, y también busca oportunidades para contarles a las personas lo que la Biblia dice.

PARA MEMORIZAR:

"...la palabra de Dios es viva y eficaz" (Hebreos 4:12).

Y ¿QUÉ DE TI?

¿Citas la Palabra de Dios para testificarles a tus amigos que no creen en Él? Prepara versículos para respaldar lo que dices, o invita a tus amigos a leer por sí mismos lo que Dios dice acerca de la salvación. Que sepan que el mensaje procede de Dios mismo.

TESORO:

Usa la Palabra de Dios para testificar

19

de octubre

PARA MEMORIZAR:

"...la creación misma será libertada de la esclavitud de corrupción" (Romanos 8:21).

Y ¿QUÉ DE TI?

¿Te entristece ver que las consecuencias del pecado afectaron la creación entera? Cada vez que observes plantas que brotan, dale gracias a Dios porque un día Él anulará todos los efectos del pecado. Los animales vivirán en paz, ¡y las personas también! Los cristianos viviremos con Dios para siempre.

TESORO:
Dios hará un mundo nuevo

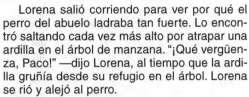

UN MUNDO NUEVO

LECTURA BÍBLICA: Isaías 11:6-9; Romanos 8:18-25

Lorena salió corriendo para ver por qué el perro del abuelo ladraba tan fuerte. Lo encontró saltando cada vez más alto por atrapar una ardilla en el árbol de manzana. "¡Qué vergüenza, Paco!" —dijo Lorena, al tiempo que la ardilla gruñía desde su refugio en el árbol. Lorena se rió y alejó al perro.

Lorena salió a buscar a su abuelo. Mientras se dirigía al cobertizo de las herramientas, vio a su gato Mimí escondido entre el prado para acechar a los pájaros que comían semillas del suelo. —Aléjate de esos pájaros, Mimí —le advirtió Lorena.

Al escuchar la voz de Lorena, el abuelo salió del cobertizo con dos rastrillos. —¿Qué te parece si me ayudas a limpiar el huerto? —propuso el abuelo. Lorena tomó un rastrillo y siguió los pasos largos del abuelo. El abuelo se detuvo frente a un árbol. —Mira —dijo, creo que hace poco un búho estuvo en este árbol. Aquí está el pelaje y los huesos de algún animal pequeño que se comió anoche.

Lorena frunció el ceño. —Abuelo, ¿por qué los animales se comen unos a otros? —preguntó—. Me parece tan cruel.

El abuelo asintió. —Bueno, la Palabra de Dios dice que la naturaleza "gime" a causa del pecado en el mundo —dijo—. Desde que el pecado entró en el mundo en el Huerto del Edén, las personas y los animales han sufrido. Toda la creación sufre. La enfermedad, el hambre, la muerte, los cardos y los espinos, las malezas y todo tipo de problemas son la consecuencia del pecado. La buena noticia es que a pesar del pecado Dios gobierna sobre la naturaleza.

Mientras el abuelo y Lorena recogían ramas y hojas secas de entre las flores, vieron pequeños brotes verdes que salían del suelo. El abuelo señaló. —Nueva vida —dijo—. Eso me recuerda que un día Dios va a crear un mundo nuevo. Será más hermoso de lo que podamos imaginar. No habrá espinos ni malezas. Los animales no tendrán temor de los otros ni se harán daño entre sí. Nunca más habrá sufrimiento. Le hizo un gesto a Lorena y agregó.

—Lo mejor de todo es que los cristianos estaremos con Jesús en un lugar perfecto.

EN EL CAMINO

LECTURA BÍBLICA: Romanos 12:9-13

de octubre

"¡Gato, me desesperas!" —refunfuñó Ana al pasar por encima de Poli, el gato.

—¿Qué hace Poli? —preguntó la mamá.

—Nada. Solo que le he pisado la cola tantas veces —explicó Ana—. No lo hago a propósito, pero siempre se mete debajo de los pies. ¿Por qué tiene que sentarse justo en la mitad del piso donde todos le pasamos por encima?

—Supongo que confía en nosotros y en que no lo pisaremos —dijo la mamá.

—Bueno, pues debería tener más cuidado ya que somos mucho más grandes que él —señaló Ana.

—Me alegra saber cuánto confía Poli en nosotros —dijo la mamá—. Si nosotros fuéramos pequeños y él grande, ¿crees que podríamos confiar en que él no nos haría daño?

—¡Yo no! —exclamó Ana, alejándose de Poli—. Sus garras son afiladas. Si fuera más grande ¡sería peligroso!

—Se me ocurre pensar en alguien mucho más grande que nosotros y en el que podemos confiar siempre —dijo la mamá.

—¿Más grande que nosotros? ¿Te refieres a papá? —preguntó Ana.

—Alguien más grande que papá —respondió la mamá.

—¿Quién? —preguntó Ana. Luego ella misma respondió. —Ya sé, ¡Dios! Él es tan grande que puede cuidar al mundo entero, y nunca nos pisa. ¿Tú piensas que a veces nos atravesamos en el camino de Dios, así como Poli se atraviesa en el nuestro?

—Bueno, déjame pensarlo —dijo la mamá pensativa. Después de un momento dijo. —Cuando el señor Fernández se fracturó la pierna, tardé en darme cuenta de que Dios quería que yo lo ayudara llevándole la cena todos los días. No comprendo por qué tardé tanto en descubrirlo, pues era tan fácil para mí ya que vive al otro lado de la calle. Quizá podría afirmar que cada día en el que falté a esta responsabilidad me atravesé en el camino de Dios y Él tuvo que "pasar por encima" de mí y buscar a alguien más que lo hiciera. La mamá le hizo una mueca a Ana y agregó. —Siempre que pases por encima de Poli, recuerda que es mejor evitar que Dios tenga que "pasar por encima" de nosotros y buscar a alguien más para hacer su obra.

PARA MEMORIZAR:

"...Heme aquí, envíame a mí" *(Isaías 6:8).*

Y ¿QUÉ DE TI?

¿Eres sensible a lo que Dios quiere que hagas para servirle? ¿Estás dispuesto a ayudar a un compañero nuevo en la escuela, a tus padres o a un vecino? ¿Estás dispuesto a dejar de lado tus asuntos para ayudar a alguien? No estorbes la obra del Señor. Si Dios te muestra algo en qué servirle, dile "heme aquí, envíame a mí".

TESORO:
Obedece a Dios

21
de octubre

PARA MEMORIZAR:

"No seguirás a los muchos para hacer mal" (Éxodo 23:2).

Y ¿QUÉ DE TI?

¿Si estás con alguien que piensa hacer fechorías, te quedas allí o te alejas tan pronto como es posible? Es difícil ser el único que se aleja, pero también constituye la única manera de evitar caer en conductas que Dios prohíbe.

TESORO:
Aléjate del mal

PELIGRO

LECTURA BÍBLICA: Proverbios 1:10-19

—Constanza —llamó su mamá—, ven y saca a Marcial del pasillo de la entrada. Voy a trapear el piso, y mezclé una fuerte solución limpiadora en este balde. Con toda seguridad Marcial va a meter sus patas y si ella se lame podría resultar peligroso para ella. A diferencia de la mayoría de los gatos, a Marcial le gustaba meter las patas en agua y verla salpicar.

Constanza tomó rápido a su mascota, la sacó del pasillo y cerró la puerta. Marcial aulló, pero Constanza se mostró firme. —Lo siento —dijo—, pero es la única manera de protegerte.

Esa tarde, Constanza fue al centro comercial con dos amigas, Catalina y Raquel. Se estaba divirtiendo, hasta que las niñas se detuvieron a mirar unos aretes. "¡Vaya! ¡son costosos!" —exclamó Catalina. Movió la cabeza. "No hay problema, los tendré gratis" —dijo—. No se queden mirándome, solo actúen con naturalidad mientras yo los meto en mi chaqueta y salgo por el lado del cajero.

—Pero eso es robar —dijo Constanza.

—¡Solo soy lista! —respondió Catalina.

—No seas tan santurrona —Raquel hizo una mueca y asintió.

Constanza dudaba. Tengo que irme —pensó—, pero si me voy, tal vez Catalina y Raquel nunca me vuelvan a invitar a salir con ellas. Quedaré fuera del grupo. Al ver que Catalina tomó los aretes, se decidió. —Me voy a casa —dijo. Se preparó para irse, y vio que Catalina dejó caer los aretes de repente.

—¡Eres una cobarde! —declaró Catalina al tiempo que seguía a Constanza. Las niñas siguieron mofándose de Constanza y la insultaron, pero ella siguió caminando. Lágrimas corrieron de sus ojos, pero su corazón estaba en paz.

Al llegar a casa le contó a su mamá lo sucedido. —¡Estoy orgullosa de ti! —le dijo su mamá—. Fuiste muy sabia al irte. La mamá le dio un abrazo. —¿Recuerdas a Marcial y la solución limpiadora? —le preguntó la mamá—. La mejor forma de mantenerlo seguro fue alejarlo de la tentación, y la mejor forma de evitar caer en ese robo hoy fue alejarte de Catalina y de Raquel. Creo que también será mejor que te alejes de ellas de ahora en adelante.

POR CUALQUIER OTRO NOMBRE

LECTURA BÍBLICA: Romanos 3:10-12, 20-23

de octubre

—Vamos, Martín. Cómete los fríjoles. Rosita trataba de que el bebé terminara su cena, pero Martín volteaba la cabeza y cerraba su boca con firmeza.

—Él piensa que no le gustan los fríjoles, entonces llámalos de otra forma —sugirió Mateo. Puso un fríjol en la cuchara y la acercó a la boca de Martín. —Toma, come helado —lo persuadió. Pero su hermanito miró el fríjol en la cuchara y volteó la cabeza.

Rosita se rió. —Qué idea tan tonta —se mofó. Luego recitó una frase que su hermana mayor usaba. "Si le pones a la rosa otro nombre, seguirá oliendo a rosa". Se rió de nuevo. "Y un fríjol con otro nombre tendrá siempre sabor a fríjol". Incluso Martín lo sabe.

El papá sonrió al escuchar la conversación de los niños. Luego agregó una frase propia. "Y aunque le pongas otro nombre al pecador seguirá perdido en sus pecados" —dijo. Rosita y Mateo lo miraron sorprendidos.

—Pensaba en una conversación que tuve hoy con un par de compañeros de trabajo —explicó el papá—. Ambos son amables y decentes. De hecho, son tan "buenos" que es difícil mostrarles su necesidad de Cristo.

—¿A qué te refieres con que son "buenos"? —preguntó Mateo—. Mi versículo bíblico de la semana pasada dice que nadie es bueno.

El papá asintió. —Me refiero a que son buenos en su propia opinión —dijo—. Pedro es un trabajador esforzado, y un miembro activo y fiel de su iglesia. Julio no asiste a una iglesia, pero participa en causas justas y éticas. Dirige un pequeño equipo deportivo, un comité para recolectar fondos para el centro de ayuda juvenil de la ciudad, y otros proyectos similares. Cada uno piensa que irá al cielo por sus buenas obras.

—¿Y tú qué les dices? —preguntó Rosita.

—Bueno, en principio lo que dije antes —respondió el papá—. Que un pecador puede llamarse de otro modo, como por ejemplo "una buena persona", pero sigue siendo un pecador. Aunque la obra de ambos es meritoria, necesitan el perdón de Dios para sus pecados. Necesitan a Cristo.

PARA MEMORIZAR:

"...No hay quien haga lo bueno, no hay ni siquiera uno" **(Romanos 3:12).**

Y ¿QUÉ DE TI?

¿Eres "bueno", un chico del cual sus padres y maestros se enorgullecen? Eso no basta para ir al cielo. Dios dice que todos hemos pecado, incluso tú. Solo Jesús puede limpiarnos. Solo puedes ir al cielo si confías en Él.

TESORO:
Nadie es tan "bueno" para ir al cielo

23
de octubre

LA JUGADA CORRECTA

LECTURA BÍBLICA: Jeremías 29:11-13

PARA MEMORIZAR:

"Porque yo sé los pensamientos que tengo acerca de vosotros, dice Jehová, pensamientos de paz, y no de mal, para daros el fin que esperáis" (Jeremías 29:11).

Y ¿QUÉ DE TI?

¿Tus planes han sufrido cambios que te desalientan? A veces es difícil aceptarlos, pero Dios solo desea lo mejor para ti. Confía en Él a pesar de que las circunstancias sean contrarias a tus expectativas.

TESORO:
Dios sabe lo que es mejor para ti

—Qué deseas escuchar primero, ¿la buena noticia o la mala? —le preguntó la mamá a Paula después de llegar de la escuela.

—Creo que la mala. Paula estaba comiéndose una manzana. Sabía que cuando la mamá le jugaba a "las noticias buenas y malas", en realidad las malas no lo eran tanto.

—Tu papá fue trasladado a otra ciudad diferente a la que nos habían dicho antes —dijo la mamá.

—¿Otra ciudad? —refunfuñó Paula—. Ya habíamos encontrado una casa linda en la otra ciudad. Suspiró.

—¿Y cuál es la buena noticia? —preguntó.

—La buena noticia es que es una ciudad más cercana, así que tú y tus amigos pueden verse con más frecuencia —dijo la mamá.

—Eso es cierto —afirmó Paula—, pero la verdad es que no quisiera tener que mudarme. Se arregló para salir. —Voy a ver cómo está Boni y sus gatitos —dijo al tiempo que abandonaba la habitación. Al poco tiempo regresó. —Mamá, Boni volvió a cambiar de lugar —dijo—. Puso otra vez sus gatitos en mi cuarto, debajo de mi cama. Me gustaría que se quedara allí.

—Lo sé, pero ese no es un lugar adecuado para ellos —le dijo la mamá—. Hay demasiado ruido porque tú y tus amigos entran y salen todo el tiempo. Es mejor que los gatitos estén en el cuarto donde se guarda la ropa.

—Supongo que sí —asintió Paula—. Volveré a ponerlos allí.

Después de mover a los gatitos, Paula regresó a la cocina. —Voy a cerrar la puerta de mi habitación —dijo—, para que Boni no los cambie de lugar otra vez.

—Buena idea —dijo la mamá.

—Es una lástima que no podamos explicarle a Boni que hay una razón lógica por la cual debo impedirle entrar en mi cuarto, y que va a estar más segura con sus gatitos en otra parte —dijo Paula.

La mamá asintió. —Como nosotros —dijo—. Pensábamos que el mejor lugar para vivir era esta casa. Esperábamos quedarnos aquí mucho tiempo, pero parece que el Señor cambió de planes.

—También debe tener una buena razón para ello, ¿cierto? —preguntó Paula.

—Exacto —convino la mamá—. Estoy segura de que así es.

VISIÓN CLARA

24

de octubre

LECTURA BÍBLICA: 1 Corintios 13:8-13

A medida que Nicolás y su papá se acercaban a la gran ciudad que iban a visitar, Nicolás trataba de ver a pesar de la niebla que los rodeaba.

—¡Oye papá! —exclamó—. ¡Mira! Señaló hacia el horizonte distante de la ciudad que estaba nublado casi por completo. —Casi no pueden verse esos edificios hoy.

El papá sonrió. —Sigue observándolos —dijo el papá—. A medida que nos acerquemos, la niebla desaparecerá y verás los edificios con mayor claridad.

Nicolás asintió. —Lo sé —dijo, y por unos minutos permanecieron en silencio mientras Nicolás observaba con atención el horizonte brumoso de la ciudad. Tal como lo esperaba, entre más se acercaban, más claro se veía todo. Nicolás le hizo una mueca a su papá.

—En Primera Corintios —dijo el papá—, hay un versículo que dice: "Ahora vemos por espejo, oscuramente; mas entonces veremos cara a cara. Ahora conozco en parte; pero entonces conoceré como fui conocido".

—Lo recuerdo —dijo Nicolás—. Una vez lo memoricé.

El papá movió su cabeza afirmativamente en dirección a la ciudad. —Desde una distancia nos resulta difícil ver los edificios debido a la niebla, y eso me recuerda que a veces nos cuesta entender el amor, la grandeza y la sabiduría de Dios —dijo—. A medida que nos acercamos a los edificios podemos verlos con claridad. A medida que nos acercamos a Dios por medio de la oración, la lectura de su Palabra, aprendiendo más de Él y viendo su manera de obrar, comenzamos a entenderlo mejor.

Nicolás miró de nuevo el horizonte y luego a su padre.

—Es muy interesante, papá —señaló.

—Lo mejor de todo —agregó el papá—, es que llegará el día en el que Dios nos llevará al cielo, ¡y entonces le conoceremos a la perfección!

PARA MEMORIZAR:

"Ahora vemos por espejo, oscuramente; mas entonces veremos cara a cara"
(1 Corintios 13:12).

Y ¿QUÉ DE TI?

¿Conoces a Jesús como tu Salvador? A medida que aprendas la Palabra de Dios y hables con Él, lo conocerás mejor. A los cristianos nos espera un futuro maravilloso en el que aguardamos ver a Jesús cara a cara y conocerlo plenamente por toda la eternidad.

TESORO:
Un día los cristianos conoceremos a Dios a plenitud

25
de octubre

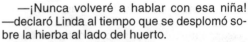

SEMILLAS DE AMISTAD

LECTURA BÍBLICA: Gálatas 6:7-10

PARA MEMORIZAR:

"No nos cansemos, pues, de hacer bien... segaremos, si no desmayamos" (Gálatas 6:9).

Y ¿QUÉ DE TI?

¿Te desanimas cuando alguien no aprecia tus intenciones amistoso o persistes en ser amigable? Las personas no siempre responden de inmediato. El amor y la amistad se parecen a las semillas. Confía en que Dios las hará crecer.

TESORO:
Planta semillas de amistad

—¡Nunca volveré a hablar con esa niña! —declaró Linda al tiempo que se desplomó sobre la hierba al lado del huerto.

—¿De quién hablas? ¿por qué lo dices? —le preguntó el papá sin mirarla. Estaba plantando una hilera de zanahorias.

—Es Marcia, la niña nueva de la escuela —respondió Linda—. Estoy cansada de tratar de ser su amiga.

—¿Ya ha hecho algunas amistades en la escuela? —le preguntó el papá.

Linda negó con la cabeza. —Es demasiado descortés. Trata mal a todo el mundo —dijo. Linda saltó y comenzó a desenrollar la manguera del huerto.

—¿Qué vas a hacer con eso? —preguntó el papá.

—Voy a regar mis flores —respondió Linda. Había sembrado algunas caléndulas junto a la ventana de su cuarto.

—¿Por qué molestarte? —dijo el papá—. De todos modos parece que esas semillas no están creciendo. Se abanicó la cara con el sombrero.

—Hace diez días las sembraste —agregó—, y me parece que nada ha sucedido. Debe ser que no sirven.

—Debes estar bromeando, papá —dijo Linda—. Tú sabes que se requiere tiempo para que las semillas crezcan. Solo observa. Un día de estos las semillas asomarán sus pequeñas hojas verdes. Linda hizo una mueca. —Solo te falta un poco de fe. Hemos estudiado ese tema en la escuela dominical.

—Entonces, ¿por qué no crees en las "semillas de amistad" que has sembrado en la vida de Marcia? —preguntó el papá.

—¿Semillas de amistad? —preguntó Linda sorprendida, pero sabía a lo que su papá se refería, y que tenía razón. Cada vez que se mostraba amigable con Marcia, era como si plantara semillas de amistad. Y Linda sabía que las semillas no crecen de inmediato, ni siquiera la amistad.

Linda dejó a un lado la manguera. —Después me ocuparé de esto —dijo mientras atravesaba el amplio patio dirigiéndose a la casa de Marcia—. Primero voy a regar un poco mis "semillas de amistad". Voy a invitar a Marcia a nuestro día de campo de la escuela dominical.

LIMPIAR LA BASURA

26

de octubre

LECTURA BÍBLICA: Lucas 17:3-4

Jerónimo y su madre se sentaron en el piso con una de las gavetas de su cómoda. —¡Quiero guardar eso! —exclamó Jerónimo al tiempo que su madre arrojaba un juguete gastado en la canasta de la basura.

La mamá estaba ayudando a Jerónimo a limpiar sus gavetas, y persistía en tirar cosas. —¿Por qué guardar toda esta basura? —preguntó—. No deja espacio para todas las cosas interesantes que tienes.

—¿Basura? —exclamó Jerónimo—. Son objetos útiles.

—¿Útiles? —repitió la mamá, sosteniendo un anzuelo de pescar doblado, unas bolas de cristal astilladas y una motocicleta con una sola rueda. —No son más que un montón de basura.

Jerónimo tomó la motocicleta. —Pero esta era mi motocicleta preferida —dijo—. ¡Todavía serviría si Javier no la hubiera roto! Él siempre quería jugar con ella, y la tomaba sin mi permiso. Una vez me la devolvió sin una rueda, ¡y solo dijo que se le perdió! Jerónimo miró con mal humor. —Me enojo al recordarlo —agregó.

—Eso ocurrió hace mucho tiempo —observó la mamá. Movió la cabeza. —Pienso que además de estas cosas, debes tirar algo más a la basura.

—¿A qué te refieres? —preguntó Jerónimo.

—Me parece que te aferras a algunos recuerdos desagradables y al resentimiento —explicó la mamá—. Recuerdo que hace poco Javier te pidió algo prestado y tú le recordaste la motocicleta rota, aunque se había disculpado muchas veces por haberla dañado. La Biblia dice que debemos "desechar" toda ira y toda amargura. Es como tirarla a la basura, y creo que todavía no lo has hecho.

Jerónimo permaneció en silencio un minuto, mientras pensaba en las palabras de su mamá. Luego puso lentamente la motocicleta en la basura. —¿Sabes qué? —le preguntó con una mueca—. Javier me pidió que le prestara mañana mi guante de béisbol, y voy a prestárselo.

PARA MEMORIZAR:

"Quítense de vosotros toda amargura, enojo, ira, gritería y maledicencia, y toda malicia" *(Efesios 4:31).*

Y ¿QUÉ DE TI?

¿Estás enojado por algo que sucedió hace mucho tiempo? ¿Alguien dañó tu bicicleta? ¿Un amigo prefirió a otra persona aparte de ti para su equipo? Pídele a Jesús que te ayude a perdonar. Arroja toda tu "basura".

TESORO:
Desecha todo rencor

27

de octubre

PARA MEMORIZAR:

"Así alumbre vuestra luz delante de los hombres, para que... glorifiquen a vuestro Padre que está en los cielos" (Mateo 5:16).

Y ¿QUÉ DE TI?

¿Conoces la canción que dice "esta pequeña luz yo la haré brillar"? ¿Tu luz, es decir tu testimonio, brilla todo el tiempo o es intermitente como la luz de las luciérnagas? Que tu luz brille siempre para que otros la vean y también deseen conocer a Jesús.

TESORO:
Sé firme en tu testimonio

LA LUCIÉRNAGA

LECTURA BÍBLICA: Mateo 5:14-16

La noche estaba fresca. El olor a tierra del bosque saturaba el aire, y las estrellas brillaban con esplendor a través del follaje de los árboles. Un grupo de niños y su maestro descansaban alrededor de la fogata ya casi extinguida, durante el retiro de la clase de la escuela dominical.

—Miren esas estrellas —dijo Leonardo—. Esta noche brillan más.

Alex miró al cielo. —Se ven más brillantes porque no hay más luces alrededor —dijo—. La oscuridad realza su brillo.

—Veo una luciérnaga —dijo Leonardo—. ¡Miren! Allá. Señaló al suelo a poca distancia del fuego. La luz de la luciérnaga titilaba rítmicamente.

—Tal vez esté enviando un mensaje en clave Morse —bromeó Alex—. Leonardo ¿por qué no intentas descifrarlo? Los chicos se rieron mientras observaban que la luciérnaga brillaba en forma intermitente en un ritual ancestral.

Su maestro, el señor Carrillo, habló desde el otro lado de la fogata donde estaba oscuro. —Las luciérnagas son insectos interesantes ¿no les parece? —dijo—. Y nos enseñan algo importante a los cristianos. ¿Pueden decirme qué es?

Los niños permanecieron en silencio por un momento. —Tal vez que debemos dejar brillar nuestra luz para Dios —sugirió Alex.

—Sí —convino Leonardo—, solo que no debemos brillar de manera intermitente como las luciérnagas.

—Es una buena reflexión —asintió el señor Carrillo—. Creo que con demasiada frecuencia nos parecemos a las luciérnagas. Nuestra luz se apaga cada vez que somos egoístas, poco amables, o cada vez que pecamos. ¿Les parece grave que de vez en cuando nuestra luz se apague?

—Bueno... —Alex dudó un momento—. Si mi luz brilla podría guiar a alguien a Jesús —sugirió—, pero si mi luz se apaga alguien que observa no podría verme. De ese modo no serviría como testimonio para Dios.

—Tienes razón —dijo el señor Carrillo—. Asegurémonos que nuestra luz brille todo el tiempo. Nunca sabemos en qué momento alguien nos observa.

MÁS VALIOSO

LECTURA BÍBLICA: Proverbios 1:7-10; Efesios 6:1-3

28 de octubre

Una amiga de Juliana llamada Andrea había venido para jugar. Juliana estaba ansiosa por contarle que su abuela Ferreira le había dejado un anillo como herencia.

—Ya te mostraré mi anillo nuevo —dijo Juliana después de contarle a su amiga—. Mi mamá lo está guardando para mí, y no debo sacarlo sin permiso. Ella está afuera en el huerto, pero creo que me dejará mostrártelo cuando entre.

—No seas tonta —dijo Andrea—. ¡Hay tantas reglas absurdas en tu casa! ¿De qué te sirve un anillo si no puedes usarlo? Entonces Juliana hizo algo prohibido. Tomó el anillo del cofre de joyas de su mamá. Andrea lo probó en un dedo. —Me lo pondré un rato —dijo. Juliana frunció el entrecejo pero no se lo prohibió.

La mamá de Juliana les había dado permiso de jugar en el parque al otro lado de la calle, entonces se fueron hacia allá. Más tarde cruzaron la calle para regresar a casa, y Juliana le pidió a Andrea que le devolviera el anillo.

—Debo guardarlo antes de que mamá se de cuenta —dijo. Cuando Andrea se dio vuelta para entregarle el anillo en la mano, se tropezó. El anillo cayó al suelo, rebotó una vez y desapareció en el desagüe.

—¡Mi anillo! —gritó Juliana con angustia. Corrió a la casa y de inmediato explicó lo sucedido.

La mamá llamó al servicio de atención a la ciudadanía, pero fue imposible recuperar el anillo.

—Ay, mamá —sollozó Juliana después que Andrea se había ido—. Andrea dijo que teníamos normas absurdas, y que yo actuaba como una tonta. Temí que ya no fuera mi amiga y por eso le dejé ponerse el anillo. ¡Ahora se perdió para siempre!

La mamá frunció el entrecejo. —Dentro de poco ya serás una adolescente y cada vez más "amigos" te dirán que nuestras normas, y las de Dios, son una tontería —dijo—. Si les prestas atención, tal vez pierdas algo más valioso que ese anillo.

—¿Como qué? —preguntó Juliana.

—Bueno —dijo la mamá—, si accedes a lo que ellos te proponen, como usar drogas o alcohol, por ejemplo, si robas o mientes, tu conducta podría tener consecuencias graves y duraderas. Nunca sigas el consejo de los amigos si es contrario a la voluntad de Dios.

PARA MEMORIZAR:

"Hijo mío, si los pecadores te quisieren engañar, no consientas" **(Proverbios 1:10).**

Y ¿QUÉ DE TI?

¿Permites que tus amigos te empujen a desobedecer a Dios? Eso es una insensatez, y puede acarrear consecuencias desagradables y permanentes. Obedece a Dios. Sus normas nunca son absurdas. Recuerda que uno de sus mandatos es honrar y obedecer a tus padres.

TESORO:
Escucha a tus padres y a Dios

29

de octubre

PARA MEMORIZAR:

"No entres por la vereda de los impíos... apártate de ella, pasa" (Proverbios 4:14-15).

Y ¿QUÉ DE TI?

¿Te acercas demasiado a lo que está prohibido, solo por divertirte y sin el ánimo de cometer un pecado grave? ¡Ten cuidado! Acercarse al pecado resulta peligroso. Sé inteligente y apártate de ello.

TESORO:
Apártate del pecado

RANAS TONTAS

LECTURA BÍBLICA: Proverbios 4:14-23

Mientras Francisco sostenía su caña de pescar dentro del estanque, observó dos ranas que parecían pelear por sentarse en un tronco cercano. Francisco se rió, pues ambas cayeron al agua y comenzaron a nadar y a salpicarse agua en son de juego.

Más tarde, una larga serpiente se deslizó al interior del tronco. Estaba tranquila, y Francisco pensó que se dormiría bajo el sol. Las ranas que nadaban cerca vieron a la serpiente y se alejaron rápidamente. Poco a poco, comenzaron a acercarse. Tal vez se acercan para verificar que la serpiente esté dormida —pensó Francisco. La serpiente parecía no prestarles atención, y las ranas se acercaron hasta quedar a su alcance. Francisco se aterrorizó al ver que de súbito la serpiente se movió y atrapó a la rana más cercana. La rana insensata fue devorada en un instante, y la otra se alejó con rapidez.

Al día siguiente, Francisco regresó a casa después de la escuela con buenas noticias. —¿Recuerdas a Bernardo? ¿el niño con el que jugaba a veces? —preguntó—. Últimamente anda metido en líos. Hoy lo descubrieron sacando dinero del escritorio de un maestro, ¡y lo suspendieron! Francisco movió la cabeza de lado a lado. —No entiendo cómo se degeneró tanto.

El papá de Francisco puso su brazo alrededor de él. —¿Recuerdas la escena de las ranas y la serpiente? —preguntó—. ¿Cómo atraparon a la rana?

—Las tontas ranas se acercaron cada vez más a la serpiente, hasta que ya estaban demasiado cerca —respondió Francisco.

El papá asintió. —Al enemigo le encanta "atraparnos" del mismo modo —dijo—. Al principio puede impulsarnos a algo que nos parece inofensivo, como decir una mentirita o tomar un objeto ajeno que parece insignificante. Luego nos arrastra a cometer actos más graves. Y así sucesivamente. Tal vez eso fue lo que le sucedió a Bernardo.

Francisco lo miró pensativo. —¿Así es como los muchachos se inician en las drogas, el alcohol y el cigarrillo? —preguntó.

El papá asintió. —Sí, y a otras prácticas también. Al igual que las ranas, se acercan demasiado a lo que puede lastimarlas, y antes de que puedan darse cuenta ya fueron atrapados.

UN GRAN PRIVILEGIO

Germán se sentó en la sala con su mamá, su papá, y dos hermanos mayores. Pertenecía a la familia hace nueve años exactos. Se tomaron de las manos y el papá oró. "Padre celestial, hoy celebramos el día en el que trajiste a Germán a nuestra familia. Gracias por permitirnos adoptarlo. Él nos ha traído mucho gozo. Bendice a nuestro hijo en todo. En el nombre de Jesús. Amén".

de octubre

Cuando Germán abrió sus ojos y vio la sonrisa de su mamá, se sintió reconfortado y amado. Sin embargo, sus compañeros de quinto grado lo cuestionaban mucho. El hecho de ser adoptado generaba dudas e interrogantes. Germán escuchó con atención las palabras de su padre cuando habló acerca de la adopción en la hora devocional familiar. "Los historiadores cuentan que muchos hijos eran adoptados en los tiempos bíblicos —dijo el papá—. Algunos piensan que es bastante probable que José, el esposo de María, adoptara a Jesús como su propio hijo, aunque en realidad Dios mismo era su Padre".

La mamá sonrió. —Entonces tienes buena compañía, Germán —dijo al tiempo que lo abrazaba.

"En los tiempos bíblicos un hombre sin hijos adoptaba a un hijo a fin de heredarle todas sus posesiones —agregó el papá—. Ese hijo llevaba su nombre y lo llamaba 'padre'".

Carlos, el hijo mayor, golpeó con su codo a Germán, bromeando. —¡Oye, no es justo! —bromeó—. ¡Nos gustaría compartir la herencia contigo, pero no te quedes con todo!

—Papá mencionó a un hombre sin hijos —respondió Germán—. Papá tiene hijos, así que si no se portan bien podría desconocerlos.

El papá sonrió. —Lo maravilloso es que Dios no solo nos creó, sino que también desea que todos seamos adoptados como hijos suyos —dijo—. Todos podemos llamar a Dios "Padre" si recibimos a Cristo como Salvador. ¡Qué privilegio!

Carlos le guiñó el ojo a Germán. —¿Y qué sucede con la herencia? —preguntó Carlos.

El papá se rió. —Es mucho más de lo que podamos imaginar —dijo—. La Biblia dice que somos "coherederos con Cristo". ¡No existe una herencia mejor!

PARA MEMORIZAR:

"*...habiéndonos predestinado para ser adoptados hijos suyos por medio de Jesucristo*" *(Efesios 1:5).*

Y ¿QUÉ DE TI?

¿Sabías que Dios quiere ser tu Padre celestial? Él pagó un alto precio, que fue su propio Hijo, para heredarte a ti todo cuanto posee. Acepta su ofrecimiento de ser adoptado como hijo suyo.

TESORO:
Los cristianos podemos llamar a Dios "Padre"

31

de octubre

PARA MEMORIZAR:

"...sed hacedores de la palabra, y no tan solamente oidores" (Santiago 1:22).

Y ¿QUÉ DE TI?

¿Lees la Biblia, asistes a la iglesia y tienes compañerismo con amigos cristianos? Eso está bien. Por otro lado ¿estás ejercitando tu fe dando testimonio del Señor y sirviéndole? Sé un cristiano equilibrado. Pídele a Dios que te muestre el aspecto en el que debes mejorar.

TESORO:
Escucha la Palabra de Dios y pónla en práctica

EQUILIBRIO

LECTURA BÍBLICA: Santiago 1:21-25

René, Juanita y la mamá bajaron por un camino polvoriento a caballo. René y Juanita en un caballo llamado Medianoche, y la mamá en una yegua llamada Princesa. René le echó un vistazo al establo.

—Miren —dijo—. Papá le está dando la comida a Rayo. Rayo era un caballo anciano, y cuando comía con los demás, a veces Princesa, que era la jefe de la granja, lo empujaba.

—Muy bien —dijo Juanita—. Por fin puede disfrutar de una tarde en paz. Le dio palmaditas a Medianoche. —Tú no necesitas eso, ¿cierto? —preguntó. Estás demasiado gordo.

La mamá sonrió. —También lo he notado —dijo—. Tu padre dice que Medianoche come todo el tiempo. También dice que debe correr y ejercitarse a diario.

—¿Podemos galopar? —preguntó René—. Eso le haría mucho bien. La mamá asintió, así que comenzaron a galopar.

Después de desensillar los caballos más tarde, los niños le contaron a su papá acerca de su cabalgata. —Uno de nosotros va a sacar a Medianoche cada día para que haga ejercicio —dijo René, y Juanita asintió.

—Bien —afirmó el papá—. Le hace falta. Se parece a muchos cristianos que conozco.

René miró a su padre. —No te entiendo, papá —dijo.

El papá hizo una mueca. —Algunos cristianos se parecen a Medianoche, pues comen mucho pero no se ejercitan —explicó—. "Comen" asistiendo a la iglesia, leyendo la Biblia y escuchando mensajes de edificación en la radio, pero dejan de "ejercitar" su fe de manera práctica. No se disponen a dar testimonio de su fe o servir al Señor de algún modo. Simplemente engordan espiritualmente.

La mamá asintió. —Buen punto —dijo mientras le daba golpecitos a Rayo, el viejo pony—, y también hay cristianos como Rayo. Él se ejercita bastante, pero no siempre come adecuadamente. Los cristianos como él sirven al Señor de muchas formas, pero no dedican tiempo para alimentarse espiritualmente. No leen la Biblia ni asisten a la iglesia con regularidad. Espiritualmente son débiles.

—Debemos lograr un equilibrio adecuado entre la comida y el ejercicio —dijo el papá—, no solo en lo físico, sino también en lo espiritual.

REMEDIO EN EL BOSQUE

1

LECTURA BÍBLICA: Mateo 6:25-34

de noviembre

—Este parque estatal es muy hermoso, ¿no te parece Javier? —preguntó el papá mientras caminaban a lo largo del sendero hecho con troncos.

—¿Ah? Si ,claro —habló Javier entre dientes. Sin embargo, no había estado atento por estar preocupado. El lugar donde su padre trabajaba iba a ser liquidado, y ahora tenía que buscar otro empleo. ¿Qué sucedería si nos quedamos sin dinero para comprar comida y ropa? —se preguntaba Javier. Estaba tan distraído que no prestaba atención al sendero por donde caminaba.

—Javier, ten cuidado con esa hiedra venenosa —le advirtió el papá, pero Javier ya se había apartado del camino.

Javier se detuvo e inclinó la mirada. Estaba en medio de arbustos de poca altura. "¡Hiedra venenosa!" —exclamó Javier asustado, al tiempo que corría hacia el camino. "¡Ahora voy a tener comezón todo el fin de semana!"

El papá sonrió. —Tal vez no —dijo—. Me parece ver algo que podría servirte. Sonrió y señaló una planta alta con flores amarillas manchadas en forma de campana. "¡Sí!" —exclamó.

—Es la planta que algunos llaman "no me toques", ¿cierto? —preguntó Javier—. ¿Como las que sembró mamá en la casa?

—Así es —respondió el papá—. También se llama "planta de Santa Catalina". Tomó algunas hojas, las desmenuzó en sus manos y se las dio a Javier. —Frótalas contra tus piernas. Esto detiene la reacción causada por la resina venenosa.

—¿De veras? —preguntó Javier. Frotó las hojas sobre sus piernas con la esperanza de que su papá tuviera razón.

Cuando Javier se preparaba para acostarse esa noche, el papá le hizo un gesto. —¿Cómo van tus piernas? —preguntó el papá.

—¿Mis piernas? —repitió Javier. Luego recordó. —¡Ah sí, la hiedra venenosa! Miró sus piernas. —¡Increíble! La resina venenosa no me hizo daño. ¡Esa planta de veras funciona! ¿Qué tal? ¡Un remedio para el veneno en la mitad del bosque!

El papá asintió. —Dios suple nuestras necesidades de maneras asombrosas —dijo—. Siempre debemos recordarlo. Sé que todos hemos estado preocupados por mi empleo, pero si Dios puede darnos un remedio en el bosque para sanar la comezón que produce la hiedra venenosa, sin duda también puede suplir nuestras necesidades como familia. No tenemos de qué preocuparnos.

PARA MEMORIZAR:

"Mi Dios, pues, suplirá todo lo que os falta conforme a sus riquezas en gloria en Cristo Jesús"
(Filipenses 4:19).

Y ¿QUÉ DE TI?

¿Has escuchado noticias de personas que pierden su empleo? ¿Te preocupa no tener dinero suficiente? Tal vez Dios no te dé todo lo que sueñes y desees, pero sí promete que suplirá tus necesidades. Confía en Él.

TESORO:
No te preocupes

2

ABEJA SIN AGUIJÓN

LECTURA BÍBLICA: 1 Corintios 15:20-26, 54-57

PARA MEMORIZAR:

"¿Dónde está, oh muerte, tu aguijón? ¿Dónde, oh sepulcro, tu victoria?"
(1 Corintios 15:55).

Y ¿QUÉ DE TI?

¿Algún ser querido falleció? ¿Eso te pone triste? Es normal, pero recuerda siempre que Dios te da la victoria sobre la muerte. Para los cristianos, Él le ha quitado el aguijón a la muerte.

"¡Ay!" —gritó Jonatán inclinándose rápidamente. Una abeja zumbaba cerca y casi le toca la cabeza. Observó atento a que la abeja se posara en una flor antes de moverse.

—Esa abeja pasó tan cerca de tu cabeza que casi te peina con el zumbido —bromeó el papá al tiempo que se acercaba a Jonatan por detrás.

Jonatán no se rió. Estaba ocupado pensando en otro asunto. —Papá —dijo—, ¿puedo preguntarte algo? Se mostró dudoso. —La abuela murió hace ya varias semanas, pero todavía me siento triste —dijo al fin—. ¿Está mal? Es decir... se supone que los cristianos debemos estar felices todo el tiempo ¿cierto?

—Es normal sentirse triste —dijo el papá—. Amábamos mucho a la abuela. Extrañamos su presencia y eso nos entristece. El papá puso un brazo sobre el hombro de Jonatán. —La muerte es una horrible realidad que comenzó con la entrada del pecado en el mundo, pero a los cristianos la muerte no nos vence. Aunque estemos tristes, podemos consolarnos en que la muerte en realidad no puede dañarnos.

Jonatán levantó la mirada. —¿Cómo es que no puede dañarnos? —preguntó.

—A ver, ¿cómo puedo explicártelo? —dijo el papá. Pensó por un momento y luego preguntó. —¿Por qué le temías a esa abeja que volaba por ahí hace un rato?

—¡Porque tiene un aguijón y me puede picar! —dijo Jonatán.

El papá asintió. —Pero si no tuviera un aguijón, ¿le temerías?

—No —dijo Jonatan, pero retrocedió al ver que la abeja zumbaba otra vez de cerca. —Por lo menos no tanto —agregó.

El papá sonrió. —Lo mismo sucede con los cristianos —dijo—. La muerte es como una abeja sin aguijón. Todavía infunde temor, pero en realidad no puede dañarnos. Puesto que la abuela amaba a Dios y aceptó a Jesús como Salvador, ahora está libre de la muerte y vivirá para siempre en el cielo.

—Entonces está bien sentirme triste porque extraño a la abuela —dijo Jonatán—, pero al mismo tiempo puedo sentirme feliz porque sé que no está muerta. Solo se fue a vivir con Dios.

TESORO:
Jesús despojó a la muerte de su aguijón

PANES Y PESCADOS

3

LECTURA BÍBLICA: Juan 6:5-14

de noviembre

—Hoy leímos mi historia bíblica preferida —dijo Daniel mientras ayudaba a su madre a poner la mesa para la cena del domingo—. Es la del niño con los panes y los pescados. Quisiera ser como ese niño y compartir mi almuerzo con Jesús.

—Siempre me he preguntado cómo pudo un niño llevar cinco panes —dijo Luis, el hermano de Daniel.

—Bueno —dijo la mamá mientras ponía una vasija con la ensalada sobre la mesa—, en los tiempos bíblicos una hogaza de pan era mucho más pequeña y delgada que hoy día. Tal vez el niño llevaba unas del tamaño de un pan para perro caliente, o inclusive más pequeño.

—¿Y qué de los peces? —preguntó Luis—. ¿Acaso no olerían mal después de estar bajo el sol durante horas?

—Tal vez —respondió la mamá—, pero la Biblia no señala que se tratara de pescado fresco. Yo pienso que pudo ser ahumado o seco.

—Daniel, si quieres ser como ese niño, podrías comenzar por llevar cinco panes de perro caliente y dos latas de sardinas —bromeó Luis.

—Daniel no necesita panes ni pescado para seguir el ejemplo de ese niño —dijo la mamá—. Él puede compartir otras cosas. Le sonrió a Daniel. —Busca oportunidades para compartir —le aconsejó—. Estoy segura de que las encontrarás.

Al mediodía del miércoles, Daniel y sus amigos iban a la cafetería cuando vieron que uno de sus compañeros estaba muy triste. —¿Qué te pasa Guillermo? —preguntó Daniel.

—Olvidé mi almuerzo —dijo Guillermo en voz baja—, y no tengo dinero para comprar en la cafetería. Mamá no está en casa hoy y tengo hambre.

—Puedo compartir mi almuerzo contigo —sugirió Daniel—. El menú de hoy es pizza, así que podemos partirla, y también lo demás, ¿qué te parece? Guillermo asintió feliz.

Aquella noche, la mamá se enteró de que Daniel había compartido su almuerzo. —Bien hecho —dijo al tiempo que le daba un abrazo—. Me recuerdas a otro niño, ¡uno que compartió su almuerzo con Jesús!

PARA MEMORIZAR:

"...no amemos de palabra ni de lengua, sino de hecho y en verdad"
(1 Juan 3:18).

Y ¿QUÉ DE TI?

¿Compartes tu almuerzo, lápices y papel con tus compañeros? ¿En casa compartes con tus hermanos y hermanas? Compartir es una manera de demostrar tu amor por Dios y por las personas.

TESORO:
Comparte con los demás

4

de noviembre

LA ADVERTENCIA DEL GORRIÓN

LECTURA BÍBLICA: Mateo 2:13-15; Efesios 6:1-4

PARA MEMORIZAR:

"Honra a tu padre y a tu madre" *(Efesios 6:2).*

Y ¿QUÉ DE TI?

¿Te entristeces o incluso te enojas con tus padres porque a veces te prohíben algo? ¿O te alegras porque te aman lo suficiente para cuidarte del peligro? Ellos cumplen la tarea que Dios les encomendó. Y a ti te corresponde honrarlos y obedecerlos.

TESORO:
Honra y obedece a tus padres

Eva entró corriendo a la casa mientras su madre sacaba la última tanda de galletas del horno. —Mamá, ven rápido —dijo Eva jadeante—. Creo que algo malo le ocurre al gorrión que hizo su nido en nuestro arbusto. Emite un sonido extraño. Debe estar herido.

Eva y su mamá se apresuraron a llegar al patio, pero al detenerse a escuchar al gorrión, estaba cantando como de costumbre. —¿Estás segura de que fue el gorrión lo que escuchaste? —preguntó la mamá—. Hay muchos otros pájaros por aquí.

—Fue el gorrión —insistió Eva—. Estaba parado en una rama y hacía un sonido extraño. Señaló a una rama del arbusto.

La mamá comenzó a atravesar patio con cautela. El gorrión seguía cantando feliz. Pero al acercarse al arbusto, el gorrión emitió un ruido extraño. El pájaro la observó de cerca, y suavizaba la voz a medida que ella se acercaba. La mamá se detuvo y con cuidado señaló el nido con los polluelos entre el follaje.

—Creo que el gorrión le habla a sus polluelos —dijo—. Leí una vez que los pájaros tienen un sistema de comunicación con sus polluelos para indicarles que deben permanecer callados cuando hay peligro.

—¿Quieres decir que los pájaros les hablan así a sus crías? Eva nunca antes había escuchado algo parecido.

La mamá asintió. —Eso fue lo que leí. Dios les enseña a los pájaros y a los animales cómo proteger a sus crías —dijo—, y también nos enseña a los padres a proteger a nuestros hijos del daño. Por eso respondemos negativamente a algunas actividades que ustedes proponen o lugares adonde les gustaría ir. Le sonrió a Eva.

—Muchas historias en la Biblia muestran cómo algunos padres protegieron a sus hijos —agregó—. Una historia muy especial es la de José y María, a quienes Dios usó para proteger al bebé Jesús del peligro.

—Recuerdo esa historia —dijo Eva. Se acercó a su mamá. —Me alegra que Dios me haya dado unos padres que me cuidan a pesar de que a veces me prohíban algunas cosas —agregó con una mueca.

EL SITIO PERFECTO

LECTURA BÍBLICA: Gálatas 5:14-16

de noviembre

—Me molestó tanto que Sara obtuviera una mejor calificación que yo en el examen de ortografía —le dijo Patricia a su mamá mientras conducían montaña abajo hacia la ciudad—. No puedo creer que supiera escribir bien esas palabras, pero admito que tampoco debí decirle tramposa.

—¿Por qué no la llamas para disculparte? —sugirió la mamá.

—Ay, mamá —se quejó Patricia—, eso es tan difícil. Creo que esperaré unos días. Tal vez se presente una buena oportunidad para que seamos amigas otra vez.

La mamá frunció el entrecejo y detuvo el auto a un lado del camino. —Este es un atajo para ir a la ciudad —dijo—. No sé qué tan bueno sea después de tanta lluvia, pero vamos a intentarlo. Por un momento la ruta funcionó bien, pero luego el pavimento se acabó y el camino se tornó fangoso.

—Creo que deberíamos devolvernos —dijo Patricia.

—Creo que tienes razón —aceptó la mamá—. Debemos encontrar un lugar para dar la vuelta. Siguió adelante.

—Si tienes cuidado tal vez puedas girar allá —dijo Patricia, señalando a un estrecho sendero que conducía a un terreno.

La mamá redujo la velocidad, pero negó con la cabeza. —No —dijo—, esas zanjas junto al camino son muy profundas. Creo que encontraré un sitio mejor para devolvernos.

La mamá siguió conduciendo, y Patricia le señaló otro lugar más amplio en el camino. —¿Y qué te parece allá? —preguntó.

La mamá pasó de largo otra vez. —Ese no es precisamente el que estoy buscando —dijo.

—¡Mamá! —protestó Patricia—. Si me preguntas, creo que el primero que vimos era perfecto.

—Estoy comenzando a pensar que tienes razón —convino la mamá al tiempo que se detenía para dar la vuelta en un sendero estrecho. —Creo que daremos la vuelta aquí.

Cuando estaban de regreso, la mamá se volvió a Patricia. —Esperar para encontrar el sitio perfecto fue una tontería ¿no te parece? —preguntó la mamá—. Nos equivocamos al tomar este camino, y la primera oportunidad que tuvimos para devolvernos era la mejor. Eso también es cierto cuando debemos disculparnos por algo. Es una tontería esperar que se presente un mejor momento.

PARA MEMORIZAR:

"Honra es del hombre dejar la contienda; mas todo insensato se envolverá en ella" (Proverbios 20:3).

Y ¿QUÉ DE TI?

¿Te resulta difícil pedir perdón? ¿Lo pospones en vez de hacerlo de inmediato? No esperes. ¡Discúlpate! Te sentirás mucho mejor al saber que obraste de manera correcta, sabia y honorable.

TESORO:
Si te equivocas, discúlpate de inmediato

6

EL MENSAJE DE UN HONGO

de noviembre

PARA MEMORIZAR:

"Por tanto... habéis recibido al Señor Jesucristo, andad en él; arraigados y sobreedificados en él" *(Colosenses 2:6-7).*

Y ¿QUÉ DE TI?

¿Estudias la Biblia por ti mismo? Los pastores y maestros de la iglesia pueden ayudarte, pero también es importante que estudies por tu cuenta. Aprende lo que Dios dice. Él siempre dice la verdad.

LECTURA BÍBLICA: Colosenses 2:6-10

—¡Mira abuelo! —exclamó Luisa señalando al suelo—. ¡Otro hongo! Estaba de visita donde sus abuelos durante el fin de semana y ella y su abuelo se paseaban en el bosque en busca de hongos.

El abuelo sonrió mientras ponía el hongo en su bolsa. —Los vamos a saborear esta noche en el estofado de la abuela —dijo.

—Tengo una idea, abuelo —dijo Luisa al tiempo que aplastaba a un mosquito—. Saquemos algunos de raíz para plantarlos en tu huerto. Así no tendrás que salir a buscarlos.

El abuelo se rió. —Temo que no crecerían muy bien en mi huerto —dijo—. La mayoría de las legumbres crecen bien expuestas a la luz del sol y plantadas en tierra suave y buena para profundizar sus raíces. En cambio, los hongos prefieren la oscuridad y la humedad. No tienen raíces ni hojas.

Luisa asintió. —Tengo que dictar una clase para adultos de la clase de la escuela dominical—dijo el abuelo—. Tal vez tome uno o dos hongos para dar una ilustración. ¿Qué piensas?

—¿Un hongo como ilustración? —preguntó Luisa—. ¿Qué lecciones podrías enseñar?

—Pues, podría demostrar que, a diferencia del hongo, los cristianos sí tenemos raíces en Jesús —dijo el abuelo—. También podría explicar que a veces nos parecemos demasiado a los hongos que no procesan su propia comida, sino que dependen de otras plantas. Nos volvemos perezosos y dependemos de otros para conocer la Biblia en vez de aprender por nuestra cuenta.

—¿No debemos escuchar al pastor y a los maestros de la escuela dominical? —preguntó Luisa.

—Claro que sí, solo que también debemos estudiar la Palabra de Dios por nosotros mismos, pidiéndole a Dios que nos ayude a comprender los pasajes difíciles —dijo el abuelo—. Por no tener raíces, es fácil arrancar a los hongos, y si los cristianos no tenemos raíces profundas en la Palabra de Dios, podemos desviarnos fácilmente a seguir falsas enseñanzas. Tomó un hongo en la mano. —Entonces ¿qué piensas? —preguntó.

Luisa hizo una mueca. —Adelante abuelo —dijo.

TESORO:
Estudia la Palabra de Dios

ZAPATOS Y SALVACIÓN

7

de noviembre

LECTURA BÍBLICA: Hechos 4:8-12; Juan 14:6

—Mamá, tengo una pregunta —dijo Miguel mientras subía al asiento trasero del auto de su mamá—. Algunos chicos de mi clase dicen que no importa en quién creas para ir al cielo, como Mahoma, Buda o cualquier otro. Incluso mi maestro afirma que todas las religiones conducen al cielo. Miguel suspiró. —¿Cómo es posible convencerlos de que están en un error? —preguntó.

—Solo el Espíritu Santo puede convencerlos —dijo la mamá—. La Biblia es muy clara al señalar que Jesús es el único camino al cielo. Es nuestro deber decírselo a las personas y orar por ellas, pero solo Dios puede tocar el corazón de cada una de esas personas y convencerlas de la verdad de su Palabra.

Miguel asintió, y luego cambió de tema. —Vamos a detenernos y buscar mis zapatos nuevos, ¿cierto?

—Sí —le prometió su mamá.

Al llegar a la tienda de zapatos, Miguel se dirigió al mostrador de la marca más costosa, mientras su madre se acercó al de las marcas menos conocidas en promoción.

—¿Qué te parecen estos, mamá? Miguel le mostró un par de zapatos. —Necesito esta marca.

—Son demasiado costosos —contestó la mamá. Ella le mostró otro par más barato. —Estos son muy parecidos, a excepción de la marca y el precio. Miguel frunció el entrecejo, pero al salir de la tienda llevaba el par de zapatos más barato.

De camino a casa suspiró. —Quisiera comprar los otros zapatos —dijo—. Mis amigos me habrían admirado por tener la otra marca.

—Lo que importa son tus pies —dijo la mamá con una mueca—, no tus amigos. Después de un momento agregó. —Ya sé lo que puedes decirles a tus amigos mañana cuando te pongas los zapatos. Diles que en lo que respecta a los zapatos, ellos solo admiran a los chicos que compran ciertas marcas, de modo que comprenderán que al tratarse del cielo, a Dios solo le interesa un nombre.

—¡Oye, es cierto! —exclamó Miguel—. El nombre que le interesa a Dios es Jesús.

Mamá asintió. —La Biblia dice que no hay otro nombre "en que podamos ser salvos".

PARA MEMORIZAR:

"...porque no hay otro nombre bajo el cielo, dado a los hombres, en que podamos ser salvos" (Hechos 4:12).

Y ¿QUÉ DE TI?

¿Has puesto tu confianza en el único nombre que puede llevarte al cielo, el nombre de Jesús? No hay otro camino al cielo. La Biblia es muy clara al respecto. Confía en Jesús como tu Salvador hoy.

TESORO:
Jesús es el único camino al cielo

DINERO PERDIDO

de noviembre

PARA MEMORIZAR:

"Orad sin cesar"
(1 Tesalonicenses 5:17).

Y ¿QUÉ DE TI?

¿Oras durante el día? Es bueno consagrar un tiempo y un lugar especial para orar a diario, pero también puedes hablar con Dios en cualquier momento, pues Él te escucha. No importa el lugar ni la necesidad que enfrentes. A Él no le importa qué postura asumes al hablarle. Él solo desea que no se te olvide orar.

LECTURA BÍBLICA: Lucas 11:9-13

—Sebastián, ¿podrías venir por favor? —lo llamó su mamá—. Necesito que hagas una diligencia por mí. Sebastián dejó su camión rojo en el suelo y corrió hacia la cocina. —Necesito que lleves este dinero a la casa de Lucas que vive al otro lado de la calle —dijo la mamá—. Su madre va a comprar pan para nosotros en la tienda.

Sebastián se puso la chaqueta y subió la cremallera hasta el cuello. Su mamá lo ayudó a ponerse los guantes. —Parece que solo tengo un billete de cinco —dijo la mamá al tiempo que tomaba el dinero—. Ten cuidado de no perderlo.

La mamá se quedó en la ventana mirando que Sebastián cruzara la calle. Justo al llegar al otro lado un ventarrón le arrebató el billete de la mano. Cayó en algún lado de la cerca frente a la casa de Lucas. Sebastián corrió para recuperarlo. Después de buscarlo un rato, regresó a su casa. La mamá, que todavía lo observaba, se puso rápidamente la chaqueta para salir a su encuentro.

—¡Ay, mamá! ¡se me perdió el billete! —dijo Sebastián al verla salir—. Debe estar entre esos arbustos, ¡pero no lo encuentro!

—No te preocupes —dijo la mamá—. Sé que no lo perdiste a propósito. Vamos, te ayudaré. Lo buscaremos otra vez.

Comenzaron a buscarlo, y en poco tiempo Sebastián exclamó. —¡Mira! ¡Aquí está, atrapado en esta rama!

—¡Bien! —dijo la mamá—. ¡Dios respondió nuestra oración otra vez! ¿No te parece maravilloso?

—¿Dios respondió la oración? —preguntó Sebastián—. No vi que te detuvieras a orar.

La mamá sonrió. —Hablé con Dios mientras buscábamos el billete —dijo—. Podemos hablar con Dios en cualquier lugar, en cualquier momento y sin importar lo que estemos haciendo. Él siempre escucha. Pensé que lo sabías.

Sebastián asintió. —Lo sé —dijo—, pero a veces lo olvido. ¡Creo que ahora lo recordaré mejor!

TESORO:
Ora siempre y en todo lugar

¿EN SECRETO?

LECTURA BÍBLICA: Marcos 8:34-38

9

de noviembre

—¿No te parecería emocionante vivir como en los tiempos de los cristianos primitivos que se reunían en secreto en casas y cavernas? —preguntó Nelson mientras él y Cristina regresaban a casa del club bíblico.

—Me parece que sería más peligroso que emocionante —dijo Cristina—. Muchas veces los encarcelaban o mataban. Tenían que reunirse en secreto para cuidar la vida de cada uno de ellos. En ese momento escondió su Biblia con su chaqueta y saludó con la mano a una niña que estaba al otro lado de la calle. —¡Hola Paula! —saludó Cristina.

—Hola —respondió Paula—. Acabo de salir de mi clase de gimnasia. ¿Qué han hecho?

—Bueno, solo andábamos por ahí —dijo Cristina con una sonrisa—. Nos vemos mañana en la escuela.

Cristina se volvió a su hermano. —Me alegra que ya no tenemos que escondernos en cavernas ni ser cristianos en secreto —dijo.

—A mí me parece que tú eres una —señaló Nelson.

—¿Qué quieres decir? —preguntó Cristina.

—No le dijiste a Paula que venías del club bíblico —dijo Nelson—. ¿Por qué?

—¿Estás bromeando? —preguntó Cristina—. Paula es la niña más popular de mi clase. Quiero caerle bien. Pensaría que estoy loca por ir al club bíblico.

—También noté que escondiste tu Biblia con tu chaqueta —dijo Nelson.

—Ya te lo dije. Quiero caerle bien. Además, la verdad es que ella es una chismosa. Le contaría a todos que voy al club bíblico, ¡y todos se burlarían de mí!

Nelson movió la cabeza de lado a lado. —Sigo pensando que tratas de parecer un cristiano en secreto. Pienso que en realidad te avergüenzas de ser cristiana.

Cristina se sonrojó. —Yo...eh... No podía argumentar algo para defenderse.

Nelson suspiró. —Admito que es difícil testificar —dijo—, pero los cristianos primitivos estaban dispuestos a morir por Jesús, y yo creo que por lo menos podríamos tolerar un poco de rechazo.

PARA MEMORIZAR:

"Porque no me avergüenzo del evangelio" *(Romanos 1:16).*

Y ¿QUÉ DE TI?

¿Eres un cristiano "secreto"? No siempre resulta fácil que otros niños o adultos se enteren de que amas a Jesús, ¿cierto? Nunca te avergüences de Jesús ni de tu fe en Él. Que tu lema sea el mismo de Pablo: No me avergüenzo.

TESORO:
No seas un cristiano en secreto

"O" DE OSO

10
de noviembre

PARA MEMORIZAR:

"Las palabras de la boca del sabio son llenas de gracia" (Eclesiastés 10:12).

Y ¿QUÉ DE TI?

¿Cuidas lo que dices de otras personas, incluso si están ausentes? Dios siempre escucha. Tal vez no envíe osos, pero Él se da cuenta de todo y también castiga. Sé sabio. Que tus palabras sean amables y llenas de gracia.

TESORO:
Habla de los demás con respeto

LECTURA BÍBLICA: Santiago 3:5-10; 2 Reyes 2:23-24

—El señor Pérez se ve tan cómico —dijo Adela. Se rió con disimulo. —Tiene orejas taaan grandes. Para volar solo tendría que agitarlas. Sergio se rió. —Y si sus pies no lo sostuvieran —dijo—, ¡tendría que usar una talla demasiado grande!

La abuela, que estaba tomando una taza de café, se preguntaba si los niños hablaban de un señor que había sido un fiel maestro de la escuela dominical durante años.

—¡Y la señora Robles! —prosiguió Sergio—. ¡Se pone el mismo vestido todos los domingos!

Adela asintió, y la abuela casi deja caer la taza. —¿Te refieres a Elena Robles, que me llevó al médico un día en el que todos estaban ocupados, la señora que nunca olvida a las personas que están recluidas en casa y les lleva comida, y digna de toda confianza? —preguntó con firmeza. Adela y Sergio se veían avergonzados.

—Esa conversación me recuerda un libro de historias bíblicas de la A a la Z que tuve siendo niña —continuó la abuela—. La historia que correspondía a la letra O se llamaba "O de oso".

—Cuéntanos la historia, abuela —rogaron Adela y Sergio.

—Es una historia horrible, y las ilustraciones me asustaban —les dijo la abuela—. Los osos no inspiraban cariño ni ternura. Eran bestias inmensas y rudas, tenían colmillos afilados y atacaban a unos jóvenes. Esas personas se veían horrorizadas, y algunas se habían caído.

—¡Uy! —exclamó Adela—. ¡Nunca he visto algo parecido en la Biblia!

—No es una historia que me agrade contar —dijo la abuela—, pero sí está en la Biblia. ¿Han escuchado acerca de Eliseo? Bueno, había unos jóvenes insensatos que lo persiguieron para burlarse de él gritando "¡calvo, sube!" A Dios le desagradó que se mofaran de su siervo, así que envió a unos osos. Burlarse de los siervos de Dios es burlarse de Dios. La abuela miró a los niños a los ojos y agregó. —El señor Pérez y la señora Robles son siervos de Dios.

Adela se sonrojó. —Me alegro de que no hayan escuchado nuestra conversación —dijo después de una pausa. Sergio asintió.

—Yo los escuché, y Dios también —les recordó la abuela—. Pienso que más les vale pedir perdón. Y la próxima vez que sientan la tentación de burlarse de alguien, recuerden a los osos.

SALAMANDRAS CIEGAS

LECTURA BÍBLICA: Salmo 139:14-17

—Papá, mira ese horrible lagarto blanco —exclamó Daniel mientras fijaba la vista en el oscuro estanque del cubículo de los reptiles en el zoológico—. No tiene ojos. Daniel observó que el animal bajó por una roca y se sumergió en el estanque.

—En realidad no es un lagarto —afirmó el papá parándose junto a Daniel—. Es una salamandra ciega. Señaló al aviso ubicado junto al estanque. El papá abrió el folleto del zoológico en la sección de los reptiles. —Mira, hijo. Aquí dice que estas salamandras nacen con ojos diminutos que no sirven para ver, y que los pierden al crecer. El papá hizo una pausa, luego añadió. —Según esto, viven en absoluta oscuridad en cavernas, comen insectos, hongos y pedazos de plantas que arrastran los arroyos en las cavernas.

Daniel pensó en la salamandra. —Ya entiendo por qué Dios no les dio ojos —dijo—. Si pasa toda su vida en la oscuridad, en realidad no hay nada qué ver. Daniel señaló con su dedo.

—¡Mira! Tiene como unas alas a los lados de la cabeza —dijo.

El papá volvió a mirar el folleto. —Veamos... esas son branquias —dijo—. Las salamandras ciegas pasan la mayor parte del tiempo debajo del agua y respiran por las branquias, como los peces. Al acercarse para ver mejor, el papá dejó caer el folleto. Daniel lo atrapó antes de que cayera al suelo y se lo entregó a su papá. El papá sonrió. —Gracias Daniel —dijo el papá—. Tienes buenos reflejos.

Daniel se encogió de hombros. —Fue muy fácil —dijo.

El papá sonrió. —Hace unos años te quejabas porque eras muy pequeño y tenías brazos y piernas delgados. Incluso le pedías a Dios en oración que te diera un cuerpo grande, fuerte y musculoso. Dios no te lo dio, pero te dio una excelente coordinación, ¿no te parece? Daniel volvió a mirar a la pequeña salamandra que nadaba plácidamente en el estanque. No tenía ojos porque no los necesitaba. Luego miró sus brazos. No tengo grandes músculos, pero no hay problema —pensó—. Tampoco los necesito. Creo que Dios le da a cada uno lo que en verdad necesita.

11
de noviembre

PARA MEMORIZAR:

"...formidables, maravillosas son tus obras" (Salmo 139:14).

Y ¿QUÉ DE TI?

¿Desearías ser más alto, más guapo o más fuerte? ¿Piensas que otros niños son más inteligentes y talentosos que tú? Dios creó a cada persona con rasgos físicos distintos, y diferentes talentos y habilidades. Cada persona es especial y única para Él, ¡y tú también!

TESORO:
Dios te hizo perfecto

ROMPECABEZAS Y VIDAS

12

de noviembre

PARA MEMORIZAR:

"Y sabemos que a los que aman a Dios, todas las cosas les ayudan a bien" (Romanos 8:28).

Y ¿QUÉ DE TI?

¿Cómo cristiano enfrentas la desilusión? ¿Tu vida parece un cúmulo de piezas que no encajan? Confía en Dios. Él tiene un plan y un propósito para todo lo que ocurre en tu vida, y hará con ella lo mejor.

LECTURA BÍBLICA: Salmo 37:23-28

Roberto entremezclaba las piezas de un rompecabezas. "¡Vaya! Nunca he armado un rompecabezas con tantas piezas!" —exclamó.

—Sé que parece difícil, pero estoy segura de que puedes armarlo —respondió su mamá—. ¿Quieres que te ayude un poco? Podría poner las piezas al derecho.

—Está bien —asintió Roberto—. Yo voy a armar la parte del granero. Comenzó a esparcir las piezas amontonadas para seleccionar las que tenían color rojo.

—Roberto, ¿sabes en qué me hace pensar este rompecabezas? —preguntó la mamá mientras volteaba las piezas.

—Eh... supongo que te recuerda mi cuarto. Un gran desorden —respondió Roberto riéndose.

La mamá se rió entre dientes. —Se parece mucho al desorden que tienes bajo la cama —dijo—, pero estaba pensando en otra cosa, en nuestra vida. A veces la vida parece traer problemas agobiantes. No vemos cómo las piezas que conforman nuestra vida pueden encajar, pero Dios sabe cómo hacerlo a la perfección. ¿No te parece maravilloso que Él tenga un plan y un propósito para todo lo que ocurre en nuestra vida, aunque somos incapaces de verlo?

—¿Por ejemplo la época en la que salí del equipo de fútbol? —preguntó Roberto.

La mamá asintió. —Sí —dijo—. Estabas tan desilusionado. No veías cómo esa "pieza" de tu vida encajaba. Pensaste que debías abandonar el fútbol. Luego el señor Fuentes te llamó y te preguntó si querías jugar como delantero de su equipo. Descubriste que era muy agradable jugar allí.

—Sí, fue algo asombroso —convino Roberto.

—Pienso que Dios deseaba que participaras en el equipo del señor Fuentes para conocer a toda su familia —dijo la mamá—. Ellos aceptaron tu invitación de ir a la iglesia y escucharon acerca de Jesús. Le echó un vistazo a las piezas que Roberto estaba armando.

—¡Ya casi terminaste ese granero! —exclamó—. Recuerda siempre que así como las piezas se arman para formar ese granero, Dios arma todas las "piezas" de nuestra vida para crear algo hermoso.

TESORO:
Dios tiene un propósito en todo

EN CÍRCULOS

13

de noviembre

LECTURA BÍBLICA: 1 Juan 2:15-17; 3:1-3

Rut sabía que estuvo mal seguir a las otras niñas que estaban escribiendo en las puertas de los baños, pero la habían provocado. No quería ser diferente, ni que se burlaran de ella. Sin embargo, se sentía mal haciéndolo, casi como si estuviera cometiendo un terrible delito. Rut suspiró. Veamos. De todos modos esas puertas necesitaban pintura nueva —pensó. Sin embargo, los sentimientos de culpa le daban vueltas en la cabeza.

Cuando el señor Peláez la llamó para presentar su exposición de ciencias, Rut pasó al frente. "Mi trabajo para el día de hoy es acerca del gusano gregario. Su nombre indica que siguen siempre a un líder y lo imitan".

Rut tragó saliva. Hice lo mismo al escribir en las puertas de los baños —pensó. Tomó aire y prosiguió con su exposición. "Henri Fabre, un entomólogo francés, puso algunos de estos gusanos en el borde de un jarrón de piedra en su jardín. Parece que cada uno pensaba que el gusano de adelante era el líder y lo seguía fielmente. Durante varios días los gusanos recorrieron el borde del jarrón, en círculos. Se mantuvieron siguiendo al líder, que en realidad no lo era. Por último, un gusano rompió la fila y de inmediato los demás lo siguieron".

Rut regresó a su asiento, pero ni siquiera escuchó la exposición acerca del saltamontes. No podía dejar de pensar en los gusanos que perseguían ciegamente a los otros, y de aquel que cambió de dirección y se convirtió en el líder.

Señor, perdóname —oró Rut en silencio luchando por contener las lágrimas. Por favor dame el valor para confesar mi falta y reparar de algún modo el daño que causé. Te pido sobre todo que me ayudes a ser como el gusano que se atrevió a andar independiente. Ayúdame a guiar a otros a hacer lo correcto, en vez de seguir a los demás para cometer maldades.

PARA MEMORIZAR:

"Hijo mío, si los pecadores te quisieren engañar, no consientas" (Proverbios 1:10).

Y ¿QUÉ DE TI?

En vez de "seguir al líder" para cometer acciones indebidas, ¿sigues a Dios y haces el bien? No sigas lo malo solo porque quieres parecerte a los demás. Atrévete a hacer lo correcto. Conviértete en un líder para el Señor.

TESORO:
Atrévete a ser diferente para Dios

14

EL MUNDO MULTICOLOR DE DIOS

de noviembre

PARA MEMORIZAR:

"Dios no hace acepción de personas"
(Hechos 10:28-35).

Y ¿QUÉ DE TI?

¿Aceptas a los demás tal como son? Dios creó y ama a cada persona. Aprende a gozarte en su creatividad aprendiendo a disfrutar el hecho de que cada persona es única.

LECTURA BÍBLICA: Hechos 10:28-35

—¿Con qué color debo seguir tejiendo esta colcha, Marisol? —preguntó la tía Edith mientras anudaba el hilo amarillo que estaba usando.

—¡Usa este morado! —dijo Marisol con prontitud—. Va a quedar preciosa.

—Le pongo por nombre "la colcha multicolor" —dijo la tía Edith.

Mientras su tía tejía, Marisol le hablaba acerca de sus compañeros de la escuela. —Juan es de un país lejano —dijo Marisol—, y tiene un acento muy particular. Algunos niños se ríen de él y le dicen que debería regresar a su país. Luego le contó acerca de Chan, y cómo otros niños se burlaban de él por la comida extraña que llevaba a la escuela. —Hamid también es diferente —agregó—. Es de un país oriental, y también parece que no encaja.

—Quizás esos niños piensan que los de aquí son los que parecen diferentes —sugirió la tía Edith mientras sostenía la colcha que estaba tejiendo y la miraba pensativa—. Marisol, si Dios fuera a tejer una colcha ¿tú crees que usaría diversos colores o uno solo? —preguntó.

—Bueno... —Marisol dudó un poco. Nunca le habían hecho una pregunta semejante. —En vista de que empleó tantos colores en la naturaleza, creo que haría lo mismo con la colcha.

La tía Edith sonrió. —Yo también lo creo —agregó—. Yo puedo tejer una colcha multicolor, pero solo Dios pudo crear un mundo multicolor tan hermoso. Él usó muchos colores y formas al crear las flores, los animales, ¡y las personas!

Marisol comenzaba a comprender lo que su tía quería decirle. —¿Te refieres a los niños de la escuela de los que se burlan? —preguntó.

La tía Edith asintió. —Dios los ama —dijo—, y cada vez que hieren los sentimientos de esos niños, también lastiman a Dios.

TESORO:
Acepta a las personas tal como son

BOLETO DE IDA

15

de noviembre

LECTURA BÍBLICA: Lucas 16:20-26

—Este es un día triste, ¿no es así papá? —dijo Alberto mientras él y su padre regresaban al pueblo. Iban a comprar los boletos para viajar a la ciudad natal del papá para asistir al funeral del abuelo. El abuelo había fallecido tras varios meses de enfermedad.

—Sí, es triste —dijo el papá mientras encendía la señal del auto para girar hacia la calle principal—. Sería aún más triste si no supiéramos que el abuelo era salvo y que ahora está en el cielo. El papá estacionó el auto frente a una agencia de viajes.

Alberto y su padre entraron a la oficina y pronto los atendió un agente de viajes. —Necesito cuatro boletos de ida y regreso —dijo el papá antes de dar detalles.

—Ida y regreso significa que vamos a volver, ¿cierto? —le preguntó Alberto mientras él y su padre estaban sentados esperando a que el agente investigara los vuelos en la computadora.

—Así es. Si no fuéramos a regresar compraríamos solo boletos de ida —dijo el papá.

Alberto asintió. —Entonces el abuelo consiguió un boleto de ida al cielo —dijo pensativo.

El papá tomó un folleto informativo. —Es verdad —asintió—. Estará con Jesús para siempre.

Alberto frunció el entrecejo. —Mi amigo Fernando dice que no necesita ser salvo —le dijo al papá—. Él dice que si llega al infierno y no le agrada el lugar, se irá a otra parte.

—Fernando está equivocado —dijo el papá, al tiempo que ponía el folleto en su lugar—. La eternidad es para siempre. Si tu amigo Fernando muere sin ser salvo, tendrá un boleto de ida al infierno. No puede trasladarse al cielo después de haber muerto.

—Como la historia de la Biblia acerca del hombre rico que fue al infierno y luego quería estar junto a Lázaro en el cielo —recordó Alberto—. Ambos tenían boletos de ida. Estoy dichoso de ser salvo, papá. También me alegra que mi abuelo fue salvo. Creo que voy a hablarle a Fernando acerca de lo que significa un boleto de ida.

PARA MEMORIZAR:

"E irán éstos al castigo eterno, y los justos a la vida eterna" (Mateo 25:46).

Y ¿QUÉ DE TI?

¿Tienes un boleto de ida al cielo o al infierno? Decide ahora mismo aceptar a Jesús como tu Salvador. ¡Él es el único boleto de ida que te llevará al cielo!

TESORO:
El cielo y el infierno existen por la eternidad

16

LECTURA BÍBLICA: Mateo 12:35-37; Filipenses 4:8

de noviembre

PARA MEMORIZAR:

"[Sea grata] la meditación de mi corazón delante de ti" (Salmo 19:14).

Y ¿QUÉ DE TI?

¿Qué observas, lees y escuchas? No permitas que Satanás llene tu mente con pensamientos horribles a través de programas de televisión violentos, libros inmorales o música impía. Filipenses 4:8 habla del tipo de pensamientos que debes tener. Obedece a Dios y guarda tu mente pura.

Veamos... ¡ya sé! Voy a pintar un atardecer —decidió Giselle—. ¡Un atardecer sobre un lago! Será una pintura hermosa. Pronto estaba entregada por completo a la combinación de acuarelas en el papel. Después de cada pincelada limpiaba el pincel con agua, y esta se tornaba de color gris. De repente, Giselle derribó el vaso con agua turbia y alcanzó a salpicar el cuadro.

—¡Mamá! —gritó—. ¡Mira! Mi cuadro estaba quedando hermoso y se echó a perder!

—Lo siento, querida —le dijo solidaria—. ¿Por qué no tomas otra hoja y comienzas una nueva pintura?

Giselle suspiró. —Se me ocurre otra idea —dijo. Recogió sus pinturas, las puso lejos, se fue a la sala y encendió el televisor. Giselle miraba dibujos animados con personajes malvados que disparaban y se mataban unos a otros. Estaba tan concentrada en el programa que no se dio cuenta de que su madre entró.

—Giselle, apaga eso ahora mismo —le ordenó su mamá disgustada—. Tú sabes que no tienes permiso de ver ese tipo de programas.

—Mamá, son solo dibujos animados —se quejó Giselle—. No me hará daño.

—No estoy segura de eso —dijo la mamá—. Dibujo animado o no, está lleno de violencia. Deberías ocuparte en algo edificante y no en esto.

—Ver algo así de vez en cuando no hace daño —insistió Giselle—. Sería diferente si lo veo todos los días.

—Es cierto —admitió su mamá—, pero solo un poco de agua turbia echó a perder tu pintura hoy ¿no es así?

—Sí —afirmó Giselle a regañadientes.

—Bueno, unas pocas escenas horribles también te inspirarán malos pensamientos —dijo la mamá—. Por el contrario, si ves y escuchas cosas buenas y hermosas, te ayudarán a tener buenos pensamientos.

—Está bien —dijo Giselle—. Voy a buscar un libro para leer. Se levantó. —Un buen libro —añadió—. Lo prometo.

TESORO:
Piensa en lo bueno

ESCONDIDAS

LECTURA BÍBLICA: Lucas 4:1-3

"... cuarenta y ocho, cuarenta y nueve, cincuenta" —contaba el papá. —Listos o no, aquí voy!

Marcos se encogió para esconderse en un pequeño boquete de la entrada, apretando sus piernas contra el pecho. —¡No! —exclamó de repente cuando su hermanita trató de esconderse con él—. Vete. No cabemos, y si papá te ve también me encontrará a mí. Busca otro escondite. Pero ya era demasiado tarde.

—¡Los encontré! —gritó el papá. Se abalanzó sobre ellos y derribó a Catalina.

Marcos gruñó y estiró sus piernas, y salió gateando despacio. —Eso no es justo —protestó—. Catalina me descubrió.

—Pudiste haberla dejado esconderse contigo —dijo el papá.

—No cabíamos los dos —gruñó Marcos.

—Sí. El boquete es tan pequeño que solo cabe una persona. Si yo me escondo allí, Catalina no cabe. Y si ella se esconde, yo no quepo —dijo Marcos—. Es como lo que aprendimos en la clase de ciencia: Dos objetos no pueden ocupar el mismo espacio al mismo tiempo.

—¿Sabes una cosa? —preguntó el papá—. Se parece al versículo para memorizar del domingo pasado.

—¿Ah sí? —Marcos frunció el entrecejo al pensar en ello. —Mi versículo fue: "En mi corazón he guardado tus dichos, para no pecar contra ti" —dijo—, pero...

—Está bien. Vamos a imaginarnos que el boquete de la entrada es el corazón, y que tú eres la Palabra de Dios —propuso el papá—, y tú... Catalina, digamos que representas el pecado. Marcos no parecía convencido. —Si la Palabra de Dios... —el papá se inclinó hacia Marcos—, está realmente escondida en el corazón. Entonces se dirigió hacia el boquete de la entrada y concluyó. —No quedará espacio para el pecado. Luego se acercó a Catalina. —No habrá lugar para la ira, la mentira o las peleas.

—Entonces tenemos que memorizar muchos versículos —dijo Marcos.

—Sí —dijo el papá—, pero guardar la Palabra de Dios en nuestro corazón no solo significa memorizarla. También implica estar dispuesto y comprometerse a obedecer lo que Dios dice.

17
de noviembre

PARA MEMORIZAR:

"En mi corazón he guardado tus dichos, para no pecar contra ti" (Salmo 119:11).

Y ¿QUÉ DE TI?

¿Te comprometes a memorizar la Palabra de Dios y a obedecerla? Para enfrentar las tentaciones es importante saber lo que Dios dice, pero si su Palabra está realmente guardada en tu corazón, también desearás obedecerla.

TESORO:
Aprende y obedece a la Palabras de Dios

18

UNA CALAMIDAD CON JUGO

de noviembre

PARA MEMORIZAR:

"...el de corazón contento tiene un banquete continuo" (Proverbios 15:13-16).

Y ¿QUÉ DE TI?

¿Te enojas cuando algo desagradable te sucede? Si tratas de ponerle buen humor a la situación disfrutarás mucho más de la vida.

Por supuesto que algunas situaciones en la vida son demasiado serias para reírse, pero a pesar de ello Dios puede infundirle paz a tu corazón. Él quiere que goces de la vida que te ha dado.

LECTURA BÍBLICA: Proverbios 15:13-16

—Adivina qué sucedió —dijo Carmen. Ella y Antonio habían pasado el día con sus abuelos, y les contaban a sus padres lo que sucedió en la visita.

—La abuela tenía jugo de naranja en una jarra de vidrio, y cuando la levantó... Carmen se detuvo y se rió al recordar lo sucedido.

—¡El fondo de la jarra se desprendió! —concluyó Antonio.

—¡Ay! —exclamó la mamá—. ¡Qué raro! Debió derramarse por todas partes.

—Sí —dijo Carmen—. El jugo se derramó sobre todo el aparador y también cayó al piso. Y la abuela quedó toda mojada con jugo.

—Debiste ver la cara que hizo —agregó Antonio—. Se quedó con la jarra en la mano mirándola perpleja. Y luego se empezó a reír. El abuelo estaba en la sala, y se acercó para ver lo que había sucedido.

—Pensé que se enojarían por el incidente, pero no fue así —dijo Carmen con una risita nerviosa.

—El abuelo hizo una gran mueca, y luego dijo: "Bueno, Rosita, sé que no te gustaba esa jarra, pero no era necesario llegar a ese extremo para deshacerte de ella, ¿o sí?" Todos nos reímos hasta más no poder.

El papá se rió entre dientes. —Así son tus abuelos —dijo—. Siempre que se presenta una dificultad ellos le buscan el lado gracioso. Al abuelo le encanta citar un versículo de Proverbios que dice que un corazón alegre es como un buen remedio.

Carmen asintió. —Limpiar todo ese jugo pegajoso que se derramó no resultó tan penoso mientras reíamos —dijo pensativa.

—Voy a tratar de imitar a los abuelos —declaró Antonio.

—¡Bien! —dijo la mamá—. Puedes comenzar ya mismo. A propósito... tengo que contarte... que por equivocación tu camiseta preferida se lavó con otra ropa, y ¡quedó rosada!

TESORO:
Sé de buen humor

PEQUEÑAS TERMITAS

19

de noviembre

LECTURA BÍBLICA: Juan 6:5-13;
Colosenses 3:23-24

—Me gustaría ayudar con esas canastas —dijo Laura mientras observaba que su hermano mayor y su hermana se preparaban para la reunión de jóvenes. Iban a llevar canastas con alimentos para las familias necesitadas.

—Tú ayudaste —dijo la mamá a Laura—. Llevaste algunas latas de comida a tu escuela dominical para que las pusieran en las canastas. Incluso trabajaste para ahorrar y comprar tú misma la comida.

Laura frunció el entrecejo. —Eso no es gran cosa —murmuró.

—Sí lo es —dijo el papá—. Si nadie hubiera llevado comida, ¿te imaginas lo que hubieran podido entregar? Le sonrió a la niña. —Es "gran cosa" para Dios si lo hiciste para Él.

Laura acompañó a su papá mientras llevaba a sus hermanos a la reunión. —¡Mira eso! —exclamó el papá mientras conducía el auto—. Parece que van a demoler esa casa vieja. Supe que alguien compró la propiedad y noté que la casa necesitaba reparación. Me pregunto por qué no la arreglan.

—Escuché que estaba llena de termitas —dijo Rafael—.

—Supongo que estaba en tan malas condiciones que era imposible arreglarla.

—Eso explica todo —dijo el papá—. Es una lástima. Era una hermosa casa antigua.

—¿Qué son las termitas? —preguntó Laura.

—Son insectos —respondió el papá—. Se parecen a las hormigas.

—¿Hormigas? —preguntó Laura—. ¿Van a derribar una casa entera por algo tan pequeño?

El papá asintió. —Se parecen a las hormigas, pero comen madera —dijo—. Cuando muchas termitas se comen la madera de una edificación durante mucho tiempo, dañan las vigas que la sostienen y la estructura ya no es segura para vivir.

—Sí, y además puede resultar más costoso arreglarla que derribarla y construir una nueva —agregó Rafael.

—Cosas tan pequeñas pueden afectar algo en gran medida —dijo Natalia.

—Es verdad —convino el papá. Después de un momento agregó. —Cosas como las termitas, o tal vez latas de comida.

—¿Latas de comida? —preguntó Laura. Luego comprendió. Su padre reiteraba que su contribución para las canastas de comida para los necesitados era importante.

PARA MEMORIZAR:

"...a Cristo el Señor servís"
(Colosenses 3:24).

Y ¿QUÉ DE TI?

¿Piensas que tu ayuda es tan pequeña que no importa? Cinco panes y dos peces no parecían mucho, pero un niñito se los dio al Señor Jesús. Jesús los bendijo y los usó. Cuando ayudas en algo, hazlo para el Señor. Él bendecirá lo que haces para Él. Ningún esfuerzo es insignificante.

TESORO:
Cualquier servicio para Dios es importante

20

de noviembre

PARA MEMORIZAR:

"echando toda vuestra ansiedad sobre él, porque él tiene cuidado de vosotros" *(1 Pedro 5:7).*

Y ¿QUÉ DE TI?

¿Te preocupas? La mayoría de cosas que preocupan a las personas nunca ocurren, y de todos modos preocuparse no las arregla. Una vieja canción dice "¿Por qué preocuparte si puedes orar?" Un instante de oración ayuda más que toda una vida de preocupación. Dios controla todo. Confía en Él.

LECTURA BÍBLICA: Filipenses 4:4-6

—Hola mamá —dijo Nubia—. ¿Cómo te fue en el odontólogo? ¿Tienes alguna caries?

La mamá negó con la cabeza. —Ni una sola —dijo con un suspiro—. Todo está bien, y sin embargo, tengo que pagar una cuenta muy costosa.

Nubia se echó a reír. —Ay, mamá —dijo—, eres muy chistosa. Parece que te alegrara más tener una cantidad de dientes con caries para sentirte mejor con el pago de la factura.

La mamá se quedó atónita. Luego hizo una mueca. —Tienes razón —admitió—. En realidad me alegra no tener caries, y voy a pagar gustosa la factura.

Aquella noche después de la cena, Nubia sacó su libreto para una representación dramática. —¿Quién quiere escuchar mi parte? —preguntó.

Su hermano Pablo suspiró. —Nadie —le dijo—. Todos estamos cansados de escucharla. Además, hace ya una semana que te las sabes de memoria.

—¿Pero qué sucede si la olvido? —dijo Nubia preocupada.

—Eso no va a suceder —dijo Pablo—, ¡y descansaré por fin cuando hagan ese drama para nunca volver a escucharlo!

—Me pregunto si Alex ya se aprendió su parte —dijo Nubia—. Si él olvida su parte yo no sabré cómo comenzar la mía.

—Lo hará bien —dijo Rafael—. Es inteligente.

—Espero que a Berta no se le olvide llevar el delantal que dijo que me prestaría —dijo Nubia—. No sería lo mismo sin él.

Rafael se veía molesto. —Si... bueno... espero que algo te salga mal —dijo—. Después de todo sería horrible preocuparse tanto por nada.

En ese instante la mamá miró a Nubia a los ojos. —¿No hay caries? —le preguntó con aire triste.

Nubia y su mamá se rieron entre dientes. —Me porto igual que tú, mamá —dijo Nubia—. Incluso peor. Después de todo, tú tienes que pagar la factura, pero las cosas por las cuales me afano ni siquiera han sucedido. Rafael quedó perplejo, pero Nubia y su mamá se rieron.

TESORO:
No te preocupes. Ora

LA ELECCIÓN DE ALBERTO

21

de noviembre

LECTURA BÍBLICA: Proverbios 4:23-27

Alberto y su padre se quedaron en la entrada de la casa y observaron cómo un tractor sacaba pedazos de pavimento de la calle frente a su casa. —Todo va a quedar hecho un desastre —señaló Alberto.

El papá sonrió. —Sí —dijo—, pero cuando terminen la calle quedará en mejores condiciones. Estaba llena de huecos.

Alberto no contestó. Se quedó en silencio pensando en algo que había sucedido aquella tarde. Había ido a jugar a la casa de un amigo, y estuvieron un rato en el cuarto de Alejandro.

—Mira lo que me regaló mi hermano —había dicho mientras sacaba una revista que escondida bajo el colchón.

Con un vistazo Alberto supo que no era el tipo de revista que debería ver, y no supo qué decir. No quería que sus amigos lo llamaran cobarde. —Yo... eh... no sé. A mi papá no le gustaría que yo viera eso —murmuró con timidez.

—Oye, vamos —lo presionó Alejandro—. De todos modos ¿cómo se daría cuenta? Tú no irás a contarle ¿o sí? Alejandro se rió a carcajadas. Alberto temía ceder, pero en ese preciso instante la mamá de Alejandro subió las escaleras y el muchacho escondió rápidamente la revista. ¿Qué sucedería si Alejandro me presiona otra vez para ver esa revista? —se preguntaba Alberto. No estoy seguro de tener el coraje para decirle no. Se sentía culpable aunque no había visto la revista.

—Con toda seguridad alguien planificó muy bien todo antes de comenzar este proyecto en nuestra calle —dijo el papá, llamando la atención de Alberto otra vez. —Tuvieron que calcular el costo y establecer si valía la pena la inversión de tiempo y de dinero, y las incomodidades que eso produce. Movió la cabeza de lado a lado. —Podemos aprender de ellos. También debemos planificar las cosas con cuidado, en vez de precipitarnos.

¡Eso es! —pensó Alberto. Tengo que planificar con anticipación lo que voy a decir.

Esa noche Alberto tomó su Biblia y escribió una oración al respaldo. "Señor, cuando los amigos me tienten a pecar, dame el coraje para decir 'no'. Yo decido guardar mi corazón y mi mente puros.

PARA MEMORIZAR:

"Sobre toda cosa guardada, guarda tu corazón" (Proverbios 4:23).

Y ¿QUÉ DE TI?

¿Podrías enumerar algunas cosas malas a las cuales tus amigos podrían incitarte? ¿Qué responderías a sus propuestas? Antes de que llegue la tentación, planifica con anticipación tu respuesta. Practica decir 'no' a lo malo. Elige obedecer a Dios, y pídele que te ayude a permanecer firme en ese propósito.

TESORO:
Mantén tu corazón puro

EL DÍA DE ALABANZA

22

de noviembre

PARA MEMORIZAR:

"...ofrezcamos siempre a Dios, por medio de él, sacrificio de alabanza" (Hebreos 13:15).

Y ¿QUÉ DE TI?

¿Te quejas o refunfuñas cuando estás aburrido o suceden cosas que no te agradan? ¿Hay días en los que todo te sale mal? Si eso ocurre, piensa en motivos de gratitud, o elabora una lista de alabanza. Si cada día es de acción de gracias, serás más feliz.

TESORO:
No te quejes. Alaba

LECTURA BÍBLICA: Salmo 150

—¡Más lluvia! —gruñó Mario asomándose por la ventana. Su hermana, Carlina, le dio un suave codazo al pasar. —Fuera de mi camino —dijo bruscamente.

—Déjame en paz, tonta —respondió Mario.

—¡No soy una tonta! —exclamó Carlina—. ¡Tú sí!

—¿Qué sucede? —preguntó la mamá desde la cocina—. ¡A ver! —exclamó al entrar a la sala. Mario y Carlina se quedaron como mudos. Solo se miraban el uno al otro. —¡Alabemos al Señor! —exclamó de súbito la mamá. Mario saltó sorprendido. La mamá sonrió al ver la cara de sorpresa de los niños. —Ustedes se quejaban en voz alta —dijo — así que me pareció que podía alabar al Señor de la misma forma. Después de todo, la lluvia regará las plantas sedientas. Por eso es preferible darle gracias a Dios ¿no les parece? Se dirigió hacia el escritorio y sacó de la gaveta hojas y lápices, y se los dio a los niños.

—Hagan una lista de alabanza —ordenó—. Escriban todas las cosas maravillosas que Dios hace y que es. Celebremos un día de alabanza en vez de un día de peleas. Deberán mostrarme sus listas antes de la cena. En seguida la mamá volvió a la cocina.

Mario frunció el entrecejo. —Conociendo a mamá, no nos dejará probar bocado antes de que terminemos esto —murmuró. Después de un momento escribió. "Dios me ayudó con mi tarea de matemáticas". Carlina tomó su hoja y escribió: "Dios nos da comida todos los días".

Después de avanzar un poco en la tarea, Mario hizo una mueca.

—Oye, unamos nuestras hojas para formar una lista más larga. Veamos qué tan larga puede quedar —sugirió.

La lista era muy larga y seguía creciendo cuando llegó el papá. La mamá le preguntó cómo había pasado el día.

—Terrible —contestó el papá—. Primero, el auto se pinchó bajo la lluvia. Llegué tarde a trabajar, y luego...

—¡Alabemos al Señor! —interrumpió Mario. El papá quedó atónito y Mario le hizo un gesto. —Mamá dice que hoy deberíamos celebrar un día de alabanza —le explicó al tiempo que le mostraba la lista.

—Vamos papá —lo animó Carlina—. Alaba al Señor por algo. Luego lo incluiremos en nuestra lista.

—Bueno... yo alabo al Señor por haber creado a tu mamá —dijo el papá con una mueca—, porque nos invita a contar las bendiciones, porque es hora de cenar ¡y ella cocina delicioso!

MÍO OTRA VEZ

de noviembre

LECTURA BÍBLICA: Hebreos 9:11-15

—Mamá ¿podrías darme un poco de dinero para la subasta de objetos perdidos? —preguntó Eduardo mientras desayunaba. La mamá asintió, y Eduardo hizo un gesto de alegría. —¡Sí! —exclamó—. ¡Voy a comprar algo interesante! La semana pasada, a los estudiantes de la escuela de Eduardo se les había concedido el último plazo para reclamar los objetos perdidos. Los objetos que no se reclamaban eran subastados, y este era el día de la subasta.

Al mediodía, Eduardo observó que los niños ofrecían su dinero para comprar guantes, bufandas y suéteres. Cuando el director, que actuaba como subastador, levantó un guante de béisbol y comenzó a describirlo, Eduardo se puso de pie de inmediato. ¡Se dio cuenta de que era su guante, el que pensó que había dejado en la casa de su abuela! Eduardo decidió volver a comprarlo, entonces hizo su oferta. Otros niños también querían comprarlo, ¡y ofertas fueron y vinieron! Espero que me alcance el dinero para recuperar mi guante —pensó Eduardo. Después de ofrecer hasta el último centavo, casi contuvo la respiración, pero nadie más ofreció dinero y el guante quedó para él.

De regreso a casa, Eduardo gruñó un poco. "El guante es mío otra vez —dijo—, aunque siempre fue mío. ¡No parece justo que haya tenido que comprarlo otra vez!"

El papá asintió. —Entiendo cómo te sientes —dijo—, pero ¿sabes qué? Tu experiencia ilustra lo que Dios hizo por nosotros. Él nos creó, tú lo sabes, de modo que en algún sentido todos le pertenecemos a Él. Pero así como se perdió tu guante, la humanidad "se perdió" en el pecado. Y así como tuviste que redimir tu guante, o comprarlo de nuevo, Dios lo hizo con nosotros.

—Así es —convino la mamá—, y del mismo modo que tuviste que entregar todo tu dinero para recobrar el guante, Jesús tuvo que entregarlo todo para redimirnos. Él dejó la gloria celestial y entregó su vida. Murió en la cruz para que pudiéramos volver a Dios.

—Creo que tal vez allí termina el paralelo —dijo el papá—. Tu guante no tenía opción. Tenía que volver a casa contigo así no lo quisiera. Por el contrario, nosotros podemos elegir. Podemos aceptar lo que Jesús hizo por nosotros. Podemos confiar en Él como nuestro Salvador y vivir con Él un día o podemos rechazarlo. La decisión es nuestra.

PARA MEMORIZAR:

"...fuisteis rescatados... con la sangre preciosa de Cristo" *(1 Pedro 1:18-19).*

Y ¿QUÉ DE TI?

¿Sabes lo que Jesús hizo por ti? Él pagó un alto "precio", su vida, para salvarte de tus pecados y brindarte un hogar en el cielo. Aceptar o rechazar su ofrecimiento es una decisión que debes tomar. No esperes. Acepta hoy a Jesús como Salvador.

TESORO:
Jesús pagó por tu pecado

24

de noviembre

PARA MEMORIZAR:

"...olvidando cierta-mente lo que queda atrás... prosigo a la meta"
(Filipenses 3:13-14).

Y ¿QUÉ DE TI?

¿Sigues lamentándote por lo que ya no puede cambiar, como desperdiciar una oportunidad para testificar, obedecer o ayudar a alguien? Aprende de tus errores, pero luego déjalos atrás. Dios desea que mires hacia delante y le sirvas con gozo en el futuro.

LA MEJOR COMPRA

LECTURA BÍBLICA: Filipenses 3:12-16

—¡Estos son los que quiero! —exclamó Alicia al admirar los zapatos que se probaba—. ¿Puedo quedarme con ellos?

—Bueno, este es el primer almacén que visitamos —dijo la mamá—, pero tú eliges. Como sabes, es tu propio dinero el que vas a gastar.

Alicia estaba segura de querer esos zapatos. No solo los compró, sino que los llevó puestos.

En otro almacén, Alicia señaló. —¡Mira! Aquí hay unos zapatos muy parecidos a los que compré. Se acercó para mirarlos. —Son más baratos —dijo—. Tal vez debí haber comprado estos.

—Ya es demasiado tarde —dijo la mamá.

Un poco más tarde, vio los mismos zapatos en promoción. Alicia se sentía descorazonada. —Debí esperar —se lamentó—. Pude haber ahorrado dinero.

Luego visitaron otros almacenes, pero Alicia seguía haciendo pucheros. Al final su mamá se cansó. —Mira —dijo—, encontraste los zapatos que querías, y los tienes. Aunque hiciste el peor negocio ya es demasiado tarde porque los usaste. Estarías más contenta si dejas de comparar. ¿Está bien?

—Está bien —dijo Alicia, y no miraron más zapatos ese día.

Cuando Alicia le mostró a su papá los zapatos, ¡no pudo evitar contarle cuánto dinero habría podido ahorrar si tan solo hubiera esperado!

—Pero mamá dice que debo olvidar el asunto y disfrutar mis zapatos —terminó.

El papá asintió. —Es un buen consejo —afirmó—. La próxima vez vas a mirar un poco más antes de comprar. En cuanto a esta compra, no tiene sentido inquietarse. Es inútil desear que hubiera sido diferente. El papá hizo una pausa.

—Es bueno recordarlo cada vez que algo no sucede como esperábamos, incluso nuestro servicio al Señor. Debemos aprender de los errores pasados para no repetirlos, pero pensar demasiado en ellos nos trae desdicha y no cambia las cosas.

TESORO:
No te detengas en los errores pasados

LA LUZ DE DIOS

LECTURA BÍBLICA: Mateo 5:14-16

—¿Qué haces papá? —preguntó Enrique. —Tu mamá y yo decidimos que nos gustaría abrir una ventana en este pasillo —dijo el papá—, así que estoy midiendo y marcando el lugar donde abriremos la pared.

—¿Para qué quieres poner una ventana ahí? —preguntó Enrique al tiempo que ayudaba a su padre a tomar la medida—. No hay una vista muy interesante desde aquí.

—Tal vez la vista no resulta interesante, pero espera y verás lo diferente que todo se verá después —dijo el papá mientras guardaba el metro en su caja.

Al día siguiente, el papá abrió con cuidado el agujero e instaló en él una ventana nueva. —¡Caramba! —exclamó Enrique al entrar en la habitación. La vista es mejor de lo que esperaba. Podemos ver cielo, árboles, pájaros y un poco de prado, y tenemos una buena vista de un lado del garaje de los Romero. El papá sonrió.

—¿Sabes qué es lo mejor de la ventana nueva? —continuó Enrique.

—¿Qué? —preguntó el papá.

—La cantidad de luz que entra —contestó Enrique—. ¡Todo está más iluminado!

—Un gran cambio ¿cierto? —convino el papá—. ¿Sabes en qué nos parecemos a esa ventana?

—¿En qué nos parecemos a esa ventana? —repitió Enrique.

—La ventana permite que la luz entre en la casa, y nosotros podemos traer luz, la luz de Jesús a la vida de los demás —explicó el papá.

—Puedo ver la luz que entra por la ventana —dijo Enrique—, pero no puedes ver la luz que Jesús da, ¿o sí?

—En un sentido sí puede verse. Yo observé el cambio en tu vida cuando aceptaste al Señor —dijo el papá—. Por ejemplo, una vez invitaste a Samuel a venir a la iglesia contigo, y otro día te ofreciste para pasear el perro del señor Ríos. No solo lo ayudaste, sino que su perro pasó un rato agradable y tú también. Todo lo hiciste siguiendo el ejemplo de Jesús de ayudar al prójimo. Eso representa mucha luz para otros.

de noviembre

PARA MEMORIZAR:

"Así alumbre vuestra luz delante de los hombres, para que vean vuestras buenas obras, y glorifiquen a vuestro Padre que está en los cielos" (Mateo 5:16).

Y ¿QUÉ DE TI?

¿Compartes la luz y el amor de Jesús con otros? ¡Compartir el amor de Dios iluminará el mundo donde vivimos! Que tus amigos sepan que el amor de Dios también es para ellos.

TESORO:
Comparte la luz de Dios con otros

26 de noviembre

LOS MEJORES AMIGOS

LECTURA BÍBLICA: Juan 15:11-17

PARA MEMORIZAR:

"En todo tiempo ama el amigo" (Proverbios 17:17).

Y ¿QUÉ DE TI?

¿Sientes celos porque tu "mejor amigo" tiene otros amigos? Deja los celos. Es bueno disfrutar de manera especial la compañía de una persona, pero también pasa tiempo con tu familia y otros amigos, y reconoce que tu amigo también lo necesita. La marca de la verdadera amistad es el amor por el otro. Ora por tus amigos, ámalos, y que Jesús sea el mejor de todos.

—Mamá ¡será grandioso que Teresa viva frente a nuestra casa! —exclamó Anabela entusiasmada—. Vamos a ser las mejores amigas y a realizar todo juntas. Nos vamos a sentar juntas en el autobús de la escuela, y ella vendrá conmigo a la escuela dominical. ¡Su comida favorita también es la pizza!

La mamá sonrió mientras sacaba una pizza del horno. —Es muy lindo que tú y Teresa tengan tanto en común —dijo.

Anabela asintió. —Vamos a hacer todo juntas —repitió.

Al día siguiente, Anabela entró furiosa a la casa. —Teresa ya no es mi mejor amiga —declaró enojada.

—¿Qué sucedió? —preguntó la mamá.

—Fui a jugar con ella y descubrí que había salido a jugar tenis con Julia —gruñó Anabela.

—Ya no me importa —declaró decidida—. ¡Los mejores amigos siempre andan juntos! La mamá intentó explicarle, pero Anabela no quería escuchar.

Esa noche durante la cena, Anabela se sorprendió de ver espaguetis en el plato de su papá y de su mamá, y de que su plato tenía pizza del día anterior.

—¿Dónde están mis espaguetis? —preguntó.

—Ya que la pizza es tu comida preferida, pensé que te gustaría tener un pedazo en cada comida —le dijo su mamá.

—Mamá dice que hay más en el refrigerador, así que puedes comer también en tu desayuno —agregó el papá.

—Yo no quiero comer pizza todo el tiempo —protestó Anabela—. También me gustan otras cosas. Frunció el entrecejo. —¿Qué tratan de decirme? —dijo con sospecha.

La mamá sonrió. —Bueno, esperaba que vieras que la variedad en las comidas es algo bueno —dijo—, y así entendieras que lo mismo es cierto con respecto a la amistad. Tanto tú como Teresa deben tener otras amigas.

—Eso es cierto, Anabela —convino el papá—. Incluso Jesús no pasó todo su tiempo con una sola persona. Podrás influir en más vidas para el Señor si te interesas por otras personas y amas a muchas más.

TESORO:
Ten muchos amigos

LOS COJINES DE LA ABUELA

27

de noviembre

LECTURA BÍBLICA: Salmo 119:9-11, 105, 165

—¿Qué haces mamá? —preguntó Ángela al regresar de la escuela con su hermana Lucía.

—La abuela necesita unos cojines, así que pensé que tú y Lucía podían coser algunos para su cumpleaños —respondió la mamá con una sonrisa. Les mostró a las niñas unos pequeños telares manuales y tiras de material. —Les enseñaré a tejerlos —agregó.

—Ah ¡yo sé cómo hacerlo! —exclamó Ángela—. Lo aprendí en la escuela. Es divertido. Insistió en que no necesitaba ayuda, así que la mamá se concentró en explicarle a Lucía.

Lucía observó con atención la explicación de su mamá. Primero acomodó una hilera ordenada de hilo rojo entre los dos extremos del telar. Luego con un gancho añadió hileras de color azul por el otro lado. Lucía consultaba con su mamá para saber si todo iba bien.

—¿Cómo vas? —le preguntó la mamá a Ángela después de un rato.

Ángela suspiró. —Pensé que sabía hacerlo —dijo—, pero no va bien. Creo que olvidé algunos pasos. ¡Voy a dejar este y comenzaré de nuevo! Cuando Ángela estuvo lista, su mamá le enseñó.

Esa noche, la mamá sugirió leer una historia bíblica juntas ya que se acercaba la hora de ir a dormir. —Ay, mamá —protestó Ángela—, ¡el libro que estoy leyendo es tan emocionante! ¿Podemos terminar de leerlo en vez de una historia bíblica? Ya me sé todas esas historias.

—¿Recuerdas los cojines? —le preguntó la mamá—. Si no repasamos es fácil olvidar lo que aprendimos. No podemos darnos el lujo de olvidar lo que aprendemos de la Palabra de Dios. Recordar con frecuencia el poder y la bondad de Dios nos permite confiar más en Él.

Y ¿QUÉ DE TI?

¿Piensas que ya conoces todas las historias bíblicas y sus enseñanzas? Tal vez las has escuchado muchas veces, pero si no las repasas puedes olvidar sus importantes lecciones. Dios te enseñará cosas nuevas a partir de historias conocidas. Aprende lo que la Biblia dice por medio de la lectura permanente. Y asegúrate de obedecerla.

TESORO:
Lee a diario la Palabra de Dios, y obedécela

28

de noviembre

UN DESASTRE

LECTURA BÍBLICA: Isaías 61:1-7; Romanos 8:28

PARA MEMORIZAR:

"El sana a los quebrantados de corazón, y venda sus heridas" *(Salmo 147:3).*

Y ¿QUÉ DE TI?

¿Parece como si todo fuera un desastre en tu vida? ¿Que nada volverá a ser igual? Tal vez sea cierto, pero eso no significa que no haya esperanza. Dios ha prometido que todas las cosas les ayudan a bien a los que le aman. Confía en que lo hará.

—¡No es justo! —protestó Jazmín casi llorando—. Ya tengo suficiente con que mi papá nos haya dejado. ¡No debería mudarme lejos de mis amigos!

La mamá suspiró. —Lo sé, querida —dijo—, pero ya no puedo pagar sola este lugar. Será menos costoso para nosotras vivir con la abuela durante una temporada. Hay un buen colegio cerca de su casa, y será bueno que la abuela pueda estar en casa cuando llega David de su guardería.

—Pero no conozco a nadie en esa escuela —dijo Jazmín.

En ese momento se abrió la puerta y entró David. Estaba llorando. —Me caí —dijo entre sollozos—, duele rodilla. Pantalones son desastre.

Jazmín lo miró. —Los desastres no son problema —dijo—. Esa es mi vida —agregó frunciendo el entrecejo.

La mamá consoló al chiquillo y con ternura vendó su rodilla lastimada. —Listo —dijo—, está mucho mejor, ¿cierto? Ahora veamos cómo se pueden arreglar estos pantalones. No están tan mal para desecharlos.

—Podría usarlos rotos —dijo Jazmín—. Muchos niños los usan así. La mamá negó con la cabeza. —Bueno, puedes ponerles unos parches —sugirió Jazmín—, o puedes cortarlos y dejarlos como un pantalón corto. Se verán mejor que nunca, David.

—Sí —dijo David—. ¿Puedes hacerme un pantalón corto?

La mamá sonrió. —Vamos a ver —dijo—. De cualquier manera tus pantalones van a quedar muy bien. Cuando David se fue para cambiarse de ropa, la mamá se volvió hacia Jazmín. —Tú dijiste que tu vida era "un desastre", al igual que los pantalones de David, ¿no es así? —preguntó. Con gran pesar Jazmín respondió afirmativamente. —Y tú no sabes cómo arreglarla, pero Dios sí —prosiguió la mamá con ternura—. Si confiamos en Él, tomará nuestra vida aunque parezca un desastre, y nos dará una vida completamente nueva. No será como en el pasado, pero será hermosa y buena. ¿Vas a confiar en que Dios lo hará? Jazmín suspiró, pero asintió. —Lo intentaré —prometió.

TESORO:
Dios puede arreglar tu vida

DOS CORAZONES NUEVOS

29

de noviembre

LECTURA BÍBLICA: Salmo 51:10-17

¡La tía Clara debe estar aquí! —pensó Eric cuando vio la pequeña camioneta azul en la entrada—. Tal vez trajo a la abuela de regreso del hospital. El doctor dijo que podía regresar hoy a casa. La abuela estaba muy enferma, pero tuvo una cirugía exitosa. Le hicieron un trasplante de corazón. Le quitaron su corazón enfermo y le pusieron uno diferente. Su salud había mejorado.

Eric entró corriendo a la casa. Estaba dichoso al enterarse de que su abuela estaba en casa, y estaba ansioso por verla. —¿Cómo estás abuela? —preguntó Eric después de darle un suave abrazo.

—Le estaba dando gracias al Señor por mis dos corazones nuevos. Los ojos de la abuela brillaban como siempre al sentirse feliz.

—Pero abuela, solo te pusieron un corazón nuevo —dijo Eric, aunque sabía que su abuela daría una explicación a sus palabras. Se preguntaba cuál podría ser.

—Me pusieron un corazón nuevo en el hospital —aseguró la abuela—, pero obtuve mi primer nuevo corazón cuando tenía tu edad. Eric pensó que ya sabía a lo que su abuela se refería, pero esperó a que continuara. —Usamos la palabra "corazón" para referirnos a nuestro ser interior —continuó—. Cuando le pedí a Jesús que viniera a mi vida y me limpiara del pecado, es como si me hubiera dado un nuevo corazón, pues cambió mis pensamientos, mis sentimientos y mis deseos. Estoy agradecida por el corazón que me pusieron los médicos, pero estoy más agradecida con Jesús por salvarme de mis pecados y darme un nuevo corazón espiritual.

Eric asintió. —Yo también tengo un corazón espiritual nuevo, ¿cierto? —preguntó.

—Si confías en Jesús como tu Salvador, lo tienes —dijo la abuela—. ¿Ya lo tienes?

Eric asintió de nuevo. —Sí, abuela —dijo con una mueca—. Ambos tenemos un corazón nuevo.

PARA MEMORIZAR:

"...haceos un corazón nuevo" (Ezequiel 18:31).

Y ¿QUÉ DE TI?

¿Tienes un corazón nuevo? Puedes tener uno espiritual, no físico. Dios cambiará tu ser interior cuando aceptes a Jesús como tu Salvador. No lo pospongas. Confía en Jesús ahora mismo.

TESORO:
Dios puede darte un corazón nuevo

30
de noviembre

GALLINA NO

PARA MEMORIZAR:

"No erréis; las malas conversaciones corrompen las buenas costumbres"
(1 Corintios 15:33).

Y ¿QUÉ DE TI?

¿Tienes amigos que te impulsan al mal? Pídele a Dios que te ayude a romper con esas relaciones dañinas. Busca amigos que también tengan su fe en Dios y quieran agradarle con su conducta.

Rubén y otros tres muchachos se dirigían a la casa de la señora Castillo gateando. —Vamos, Rubén. Ya no te arrastres más detrás de nosotros. Si eres un "escorpión", ¡muévete como uno! —dijo Orlando, jefe de la banda de los escorpiones, mientras se desplazaban en la sombra junto a la cerca de la señora Castillo. Al rato volvió a hablar.

—Está bien, Rubén. ¡Demuestra que no eres una gallina! Anda y toca el timbre, ¡y no lo eches a perder! —le advirtió, al tiempo que le apretaba la nuca.

Rubén apretó sus puños con fuerza. Luego caminó hacia la puerta y tocó el timbre. Este produjo un fuerte sonido. Escuchó el golpeteo de un bastón y luego la puerta abierta. Cuando la mujer de cabello blanco vio a Rubén frente a su puerta, sonrió y le rogó que entrara. No puedo —pensó Rubén. Ese no es el plan. Pero en vez de seguir las órdenes de Orlando, Rubén aceptó la invitación de la anciana.

Tan pronto se cerró la puerta, Rubén le contó a la anciana que el plan era decirle mentiras y engañarla para que ella saliera al patio y los otros chicos pudieran entrar a su casa y robar.

—Están esperando afuera junto a su cerca. La verdad es que tengo mucho miedo —dijo llorando—. Van a decir que soy una gallina y no un escorpión, y entonces me van a rechazar. Se cubrió el rostro con las manos.

—No te preocupes, jovencito —dijo la señora Castillo—. Ya demostraste que no eres una gallina, pues tuviste el valor de rehusarte a acatar sus órdenes. ¡Hiciste lo correcto! Luego llamó a la policía.

Cuando la mamá de Rubén se enteró de la pandilla de muchachos que robaban y lo que había sucedido, quedó perpleja. —Orlando siempre parecía tan amable y bondadoso. No tenía idea de que fuera esa clase de muchacho —dijo.

—Bueno, supe que se metió en muchos problemas —dijo Rubén—, ¡pero no me imaginé que fuera tan malo! No sabía qué hacer esta noche, entonces oré pidiendo ayuda. Ya sé que no deseo pertenecer a esa pandilla.

La mamá asintió. —Bien —dijo—. Dios nos ordena apartarnos de las malas compañías. Él escuchó tu oración al pedir ayuda para hacer lo correcto, y la respondió.

TESORO:
Elige buenos amigos

GIROS Y VUELTAS

1

de diciembre

LECTURA BÍBLICA: Job 23:8-14

—¿Algún día vamos a llegar a la casa de los abuelos? —preguntó José—. ¡Parece que nunca fuéramos a salir de esta carretera llena de curvas!

—Sí —afirmó Cindy—. Estoy ansiosa por ver la casa nueva y nadar en el lago. ¡Últimamente hemos estado encerrados en este auto tantas veces! Los padres de José y de Cindy habían estado ocupados hablando en muchos lugares diferentes recolectando fondos para salir al campo misionero.

—Es cierto —dijo el papá—, pero ya casi logramos el respaldo completo. Entonces podremos salir al campo misionero el próximo verano, Dios mediante.

José frunció el entrecejo. —De todos modos a veces parece que nunca fuéramos a ir —murmuró—. Primero, el país les negó la entrada a los misioneros. Luego, justo cuando decidimos ir más bien a Brasil, mamá se enfermó, y después nuestro carro se dañaba todo el tiempo. Suspiró. —Si Dios nos está guiando, ¿por qué todo resulta tan difícil?

El papá comenzó a hablar, pero Cindy lo interrumpió. —¡Miren! Ese aviso tiene el nombre de la calle donde viven los abuelos, ¿cierto?

—Así es —dijo el papá al tiempo que giraba para tomar la calle estrecha—, y veo un lago. El agua brillaba.

—¡Apuesto a que es el lago donde viven los abuelos! —exclamó José. El camino daba un giro tras otro. Al asomarse para ver el lago, estaba detrás de ellos. —Tal vez ese no era el lago —señaló José.

El camino siguió dando vueltas y giros, y al llegar a la entrada de la casa de los abuelos volvieron a ver el lago al frente.

Pronto se tranquilizaron al contemplar el agua. —Esto es grandioso —dijo el papá—, pero el camino lleno de curvas que tomamos para llegar me recuerda algo que iba a decir. Cuando obedecemos al llamado de Dios a veces pareciera que el camino está lleno de "giros y vueltas", y que no vamos a ninguna parte. En esos momentos debemos perseverar en seguir al Señor con la certeza de que nos llevará al lugar indicado.

PARA MEMORIZAR:

"...él conoce mi camino" (Job 23:10).

Y ¿QUÉ DE TI?

¿Te desanimas cada vez que aparecen obstáculos o hay retrasos? Tal vez no pudiste colaborar en una obra porque estabas enfermo, estabas feliz cantando en el coro juvenil y entonces te mudaste, o esperabas iniciar un club bíblico pero nadie asistió. ¡No te desanimes ni te rindas! ¡Sigue confiando en que Dios te guiará!

TESORO:
Confía en la dirección de Dios

SIGUE INTENTÁNDOLO

2 de diciembre

LECTURA BÍBLICA: Mateo 13:18-23

PARA MEMORIZAR:

"...a su tiempo segaremos, si no desmayamos"
(Gálatas 6:9).

Y ¿QUÉ DE TI?

¿Te das por vencido si alguien a quien invitaste a la escuela dominical no asiste? ¿O si le dices a un amigo acerca de Jesús y no se interesa? Persevera en invitar a otros niños, y confía en que Dios traerá los resultados.

TESORO:
Persevera en testificar

Cuando Alejandro se detuvo en la casa de su abuelo después de la escuela, se sorprendió al verlo arrodillado en el huerto. —¿Qué haces? —le preguntó Alejandro.

—Estoy sembrando legumbres —dijo el abuelo con una sonrisa.

—¿No plantaste esos mismos surcos hace unas semanas, abuelo? —preguntó Alejandro.

—Sí —contestó el abuelo—, pero las fuertes lluvias arrasaron con gran parte de las semillas.

—Ah —dijo Alejandro—. Bueno ¿y qué pasa si eso vuelve a suceder? ¿Por qué no simplemente compras las legumbres en el supermercado? Podrías ahorrarte mucho trabajo.

—Lo sé —convino el abuelo—, pero nada es tan sabroso como las legumbres frescas del huerto. Vale la pena todo el esfuerzo.

Alejandro recogió algunos paquetes de semillas vacíos y los miró. —Antes habías plantado semillas de cebolla, pero ya no tienes de esas, ¿cierto? —preguntó Alejandro—. A cambio sembraste calabaza. ¿Por qué?

El abuelo miró los paquetes. —Por lo general, las cebollas crecen mejor a principios de la primavera. Ahora debo sembrar legumbres que crezcan mejor al final de la estación, así que estoy ensayando con las calabazas —dijo. Se puso de pie. —Cuéntame de tu día —dijo—. Querías invitar a tus amigos de la escuela al campamento de la escuela dominical la próxima semana. ¿Quién irá?

—Creo que nadie —dijo Alejandro—. Invité otra vez a Lucio, pero nunca asiste. Y Renato dijo que prefería ir a un partido de fútbol con su papá.

—Bueno, extender una invitación es como plantar semillas —dijo el abuelo—. A veces obtienes resultados y en otras ocasiones no. ¡Pero sigue intentándolo! Se dirigió al huerto. —Si alguna legumbre no crece en mi huerto, intento sembrar otras —dijo—, y si un amigo no acepta una invitación a la iglesia o a un campamento, invita a otros. ¿Tal vez hay un niño nuevo en tu cuadra?

—Sí —respondió Alejandro—. Se llama Jorge.

—Tal vez necesite amigos —dijo el abuelo. Alejandro hizo una mueca. —Está bien, abuelo —dijo—. Voy a pasar a verlo de camino a casa.

EL DIARIO

LECTURA BÍBLICA: Tito 3:1-8

3

de diciembre

"¡Oh!" —exclamó Paula al abrir el regalo de cumpleaños que le había dado su hermana. "Un diario. ¡Genial!" —Muchas gracias, Sabrina! Su hermana sonrió y asintió.

—Léeme tu libro —suplicó Nicolás.

Paula se rió. —No puedo. Verás... las páginas están en blanco. Se lo mostró para que él pudiera ver. —Es un libro para escribir todo lo que sucede en mi vida —explicó.

—Escribe que me corté un dedo —dijo Nicolás en tono solemne—. Y que tengo un camión nuevo.

Paula hizo una mueca. —La idea es que sea el relato de mi vida, no de la tuya, hermanito —le dijo—. Voy a escribir acerca de todas mis actividades, y luego cuando sea anciana y tenga el cabello gris voy a leerlo y recordaré lo que hice.

—Bueno ¿y qué sucede si no te agrada lo que hiciste? —preguntó Sabrina.

—En ese caso, arrancaría esas páginas —dijo Paula.

Nicolás se quedó pensando. —Yo también quiero un libro —declaró.

El papá sonrió después de escuchar la conversación. —¿Saben? —dijo—, en un sentido nuestra vida es como un libro. Cada día es como una página en blanco que debemos llenar.

—Es verdad —convino la mamá—, y también volvemos a repasar sus páginas. Algunas contienen recuerdos felices que provocan reír de nuevo. Por supuesto, siempre hay unas pocas páginas tristes en la vida, pero incluso esas pueden traernos buenos recuerdos de cómo nos ayudó Dios en medio de la dificultad.

El papá asintió. —Dios nos ha confiado el privilegio y la responsabilidad de decidir lo que escribiremos en las "páginas de nuestra vida", y no podemos arrancarlas —dijo—. Necesitamos su ayuda para elegir con sabiduría lo que en ellas se escribirá.

PARA MEMORIZAR:

"...procuren ocuparse en buenas obras" *(Tito 3:8).*

Y ¿QUÉ DE TI?

¿Qué estás "escribiendo" en las páginas de tu vida? Cuando mires atrás ¿verás que fuiste amable, obediente y amoroso? ¿O te avergonzarás de lo que está escrito en tu vida? Pídele a Dios que te ayude a vivir de tal modo que no haya páginas que desees ocultar o arrancar más adelante.

TESORO:
Llena tu vida con buenas obras

4

NIEVE Y BUENAS OBRAS

de diciembre

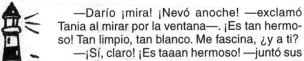

PARA MEMORIZAR:

"...He aquí el Cordero de Dios, que quita el pecado del mundo" (Juan 1:29).

Y ¿QUÉ DE TI?

¿Haces buenas obras para tratar de cubrir tus malas acciones? Esforzarte por cubrirlo es inútil. Invita a Jesús a tu vida y permite que Él borre tu pecado.

—Darío ¡mira! ¡Nevó anoche! —exclamó Tania al mirar por la ventana—. ¡Es tan hermoso! Tan limpio, tan blanco. Me fascina, ¿y a ti?

—¡Sí, claro! ¡Es taaan hermoso! —juntó sus manos en un gesto de mofa—. No puedo evitarlo, adoro la nieve —continuó—. No hay como tener toda la suciedad escondida, con lo limpio que soy. Pienso que es divina, y... Dejó de burlarse cuando su hermana lo interrumpió al taparle la boca con una servilleta.

—Ya basta —dijo la mamá con una sonrisa—. Arréglense para la escuela. No quiero que los deje el autobús.

A la hora de la cena, la nieve comenzó a derretirse.

—Espero que también nieve esta noche —dijo Tania al terminar de comer—. Fue tan hermoso esta mañana, pero ahora todo se ve sucio otra vez. Pienso que debería nevar un poco cada día para cubrir lo que se ve mal y que todo parezca limpio.

—Eso sería lindo —dijo la mamá.

—¡Oh, sí! —exclamó aparentando que se desmayaba—. ¡La nie... ay! Tania le tapó la boca.

—¡Suficiente! —dijo el papá, pero sonrió. Se quedó mirando por la ventana un rato. —Hoy —dijo el papá—, estuve hablando con un hombre que piensa que irá al cielo por sus buenas obras. Cree que las buenas obras cubren las malas. Algo parecido a la nieve limpia que cubre la sucia.

—Pero la nieve sucia sigue ahí, y reaparece cuando la nieve de encima comienza a derretirse —dijo Darío.

El papá asintió. —Así es —dijo—. Incluso el señor Melo reconoció que cada vez que siente que progresa, se equivoca y tiene que comenzar de nuevo. Le dije que en vez de conformarse con ocultar su pecado durante un tiempo, o de intentarlo, debe confiar en Jesús para que Él solucione el asunto de manera definitiva.

TESORO:
Deja que Jesús quite tu pecado

ATRAPADO EN LA TORMENTA

5 de diciembre

LECTURA BÍBLICA: Salmo 119:97-104

El viento azotaba con nieve el pequeño auto, y la familia Cortés se estremecía en los asientos. Se habían salido del camino y se hundieron en un banco de nieve. El papá oprimió el acelerador y trató de mover el auto hacia delante y luego hacia atrás. Fue inútil. El viento soplaba con fuerza, la capa de nieve era muy ancha, ¡y el auto estaba atascado!

La mamá se ubicó detrás de la rueda y el papá, Isaac y Nelson trataron de empujar el auto, pero estaba demasiado atascado.

—El invierno pasado compré una pala con el propósito de dejarla en el auto en caso de una emergencia como esta —dijo el papá al entrar de nuevo en el auto—, pero ese invierno fue tan suave que nunca pensé necesitarla. La guardé en el sótano, y allá está. Suspiró.

—Ahora no tenemos más opción que sentarnos a esperar que alguien nos ayude. Encendió las luces de emergencia del auto.

Les pareció que el tiempo pasó con gran lentitud mientras alguien se detuvo para ayudarlos. Finalmente el auto quedó otra vez sobre la carretera.

—Cuando lleguemos a casa lo primero que voy a hacer es poner esa pala en el baúl del auto —dijo el papá cuando por fin siguieron su camino.

Durante el tiempo devocional aquella noche, el papá tenía una pregunta. —¿Cuántos de ustedes han leído hoy unos versículos hoy? —preguntó. Solo la mamá lo había hecho. —Todos debemos guardar la Palabra de Dios en nuestro corazón y recordarla —dijo el papá—. He descubierto que es muy importante leer a diario mi Biblia, y ustedes también deben leer un poco cada día. Siento mucho no haberlos animado hasta ahora.

—Está bien —dijo Nelson—. De todos modos no tengo mucho tiempo para leer.

—No te tomará más tiempo leer unos versículos que lo que me hubiera tardado en poner la pala en el baúl del auto —les dijo el papá—. Desde que llegamos a casa he estado pensando en lo importante que resulta estar preparado. Mientras el invierno era suave, no tenía que molestarme en alistar una pala, y del mismo modo cuando la vida trascurre con facilidad, a veces olvidamos leer la Palabra de Dios. No obstante, tarde o temprano se presentará alguna dificultad, ya sea una tormenta de nieve, una tentación o un problema. En cualquier caso debemos estar preparados.

PARA MEMORIZAR:

"Si tu ley no hubiese sido mi delicia, ya en mi aflicción hubiera perecido" (Salmo 119:92).

Y ¿QUÉ DE TI?

¿Estás preparado para enfrentar lo que venga en tu vida? No esperes a que vengan los problemas para leer la Palabra de Dios. Léela ahora, y también memoriza versículos, para estar listo tanto en los buenos como en los malos momentos.

TESORO:
La Palabra de Dios te prepara para vivir

6
SE NECESITA UN EMPUJÓN

de diciembre

PARA MEMORIZAR:

"...animaos unos a otros, y edificaos unos a otros" (1 Tesalonicenses 5:11).

Y ¿QUÉ DE TI?

¿Puedes darle a alguien un "empujón"? ¿Puedes ayudar o dar una palabra de ánimo a alguien que está "patinando sobre las ruedas"? Dios se complace cuando tú ayudas y animas a otros.

LECTURA BÍBLICA: 1 Tesalonicenses 5:11-22

Lucía y Gabriel le ayudaban a su papá a guardar los víveres en el auto. —Espero que ya pronto deje de nevar —dijo Gabriel mientras cerraba el baúl. Al escuchar el ruido de unas ruedas que patinaban, miró a su alrededor para ver cuál carro estaba atascado. Se dio cuenta de que se trataba de un auto a poca distancia.

—Démosle una mano a ese señor —dijo el papá, y los tres cruzaron el estacionamiento lleno de nieve y llegaron a un auto de color gris. El conductor era un hombre anciano que bajó la ventanilla.

—No creo que sea muy difícil —dijo el papá—. Le daremos un empujón. Mientras el hombre aceleraba, los otros empujaban. El auto se movió lentamente hacia adelante, y el conductor estaba muy agradecido de poder avanzar.

—¿Sabes lo que nuestro maestro de la escuela dominical dijo hace unas semanas? —preguntó Gabriel al tiempo que regresaban al auto.

—¿Cómo podríamos adivinar lo que dijo tu maestro? —dijo Lucía en broma—. ¿Crees que sabemos leer la mente?

Gabriel hizo caso omiso del comentario. —Mi maestro dijo que a veces las personas se atascan en la vida y patinan sobre sus ruedas.

El papá asintió. —Creo que a veces todos necesitamos un pequeño empujón en la dirección correcta —dijo al tiempo que regresaban a casa—. ¿Se te ocurre cómo podríamos ayudar a las personas, aparte de un buen empujón cuando se atascan en la nieve?

Todos permanecieron en silencio durante un momento. Luego Lucía sugirió algo. —Ya sé —dijo—. Gabriel me dio un empujón el otro día para terminar mi tarea.

—Bien —dijo el papá—, y tú me diste un empujón cuando me contaste que a los padres de tus amigos les había gustado mi clase de la escuela dominical. Estaba un poco desanimado respecto a la enseñanza.

Al acercarse a la entrada de la casa a Gabriel se le ocurrió una idea. —Creo que mamá nos dio un empujón a Lucía y a mí ayer, al separarnos antes de que siguiéramos peleando —confesó.

El papá sonrió. —Creo que tienes razón —dijo.

TESORO:
Ayuda a otros

SOLO BARRO

7

de diciembre

LECTURA BÍBLICA: 1 Juan 1:5-9

—¡Carlos! —la voz de su madre lo asustó al entrar en la cocina. ¡Mira tus zapatos! Carlos miró sus pies y luego las manchas de fango tras de él. —¿Dónde te embarraste tanto? —preguntó su mamá.

Carlos se encogió de hombros. —En ningún lugar especial —dijo—. Solo afuera.

Bueno, por favor vuelve a salir y limpia tus zapatos —le dijo la mamá al tiempo que le abría la puerta.

Unos minutos más tarde, Carlos volvió a entrar. La mamá estaba arrodillada limpiando el último rastro de fango. —Lo siento —se disculpó Carlos.

La mamá sonrió. —No hay problema —dijo—. Sé que fue un accidente. ¿Te gustaría comer unas galletas con leche?

—¡Claro! —exclamó Carlos.

Después de comerse dos galletas de chocolate, la mamá sonrió y dijo. —Es fácil ensuciarse los zapatos sin darse cuenta ¿cierto?

Carlos asintió. —Sí —dijo—. La verdad es que no me di cuenta en qué momento me embarré tanto.

—Bueno —dijo la mamá— al menos era fango, y no pecado. Carlos la miró atónito. —Embarrarse los zapatos es un fenómeno parecido a mancharse con el pecado —explicó la mamá—. A veces ni siquiera te das cuenta de lo que sucedió hasta que descubres que hiciste algo indebido y contrario a la voluntad de Dios para ti.

—¿Alguna vez te ha sucedido? —preguntó Carlos sorprendido.

La mamá asintió con tristeza. —Si, temo que sí. Cuando sucede, es como si mi vida se hubiera manchado con el pecado.

—¿Y cómo puedes volver a quedar limpia? —preguntó Carlos. Él sabía que no era posible salir y limpiarse del pecado como él lo había hecho con sus zapatos.

—La Biblia dice que si confesamos nuestros pecados, Dios nos perdona y nos limpia —dijo la mamá—. Quedamos limpios de nuevo cuando nos arrepentimos de corazón y le pedimos que nos perdone. Debemos rendir nuestra vida a Él para que la transforme.

PARA MEMORIZAR:

"Lávame más y más de mi maldad, y límpiame de mi pecado" (Salmo 51:2).

Y ¿QUÉ DE TI?

¿Has descubierto algún pecado en tu vida? ¿Haces algo indebido por costumbre? Pídele a Dios que te revele los cambios que necesitas en tu vida. Confiesa tu pecado a Dios y abandónalo. De ese modo, Él te perdonará y te limpiará.

TESORO:
Confiesa el pecado y sé limpio

PALOMITAS DE MAÍZ

8 de diciembre

**LECTURA BÍBLICA: 1 Pedro 3:8-12

PARA MEMORIZAR:

"...sed todos de un mismo sentir... amándoos fraternalmente, misericordiosos, amigables"
(1 Pedro 3:8).

Y ¿QUÉ DE TI?

¿Insistes en hacer las cosas a tu manera? Dios les ha dado a las personas diferentes ideas de cómo servirle. Coopera con otros en el servicio a Dios. Comparte tus buenas ideas y escucha las de otros. Procura encontrar la mejor forma de servir a Dios, y luego trabaja y juega en armonía con otros.

TESORO:
Aprende a trabajar en equipo

Lina introdujo un paquete de palomitas de maíz en el horno de microondas, lo programó y esperó. Pocos minutos después lo sacó lleno y humeante. —En mi época no preparábamos así las palomitas de maíz —dijo el papá al tiempo que tomaba unos cuantos granos—. Teníamos que poner aceite en una olla, la poníamos en la estufa, esperábamos a que estuviera caliente, poníamos los granos, lo tapábamos y lo sacudíamos con fuerza para que no se quemara.

La mamá asintió. —Y luego —dijo—, poníamos las palomitas en una vasija, añadíamos mantequilla derretida y un poco de sal.

—Ahora es mucho más fácil —dijo Lina—, y puedo comer directamente del paquete. ¡No hay que limpiar nada!

—También tiene buen sabor, aunque no estoy seguro de que sea tan sabroso como el que se preparaba antes —dijo el papá al tiempo que el hermano de Lina entraba a la casa azotando la puerta. —¿Sucede algo malo Rodrigo? —preguntó el papá.

—Es Eduardo —se quejó Rodrigo—. Los chicos de nuestro club bíblico les prestaban a los ancianos el servicio de recoger las hojas secas y la basura, pero Eduardo piensa que este año debemos ensayar algo diferente.

—¿Qué propone? —preguntó la mamá.

—Quiere que lavemos autos y usemos el dinero para comprar libros y videos para la biblioteca —dijo Rodrigo frunciendo el ceño—. Él dice que los ayudará mucho porque podrán leer y entretenerse.

—Bueno... El papá golpeó suavemente el paquete de palomitas de maíz. —Precisamente estábamos hablando —dijo—, acerca de la manera actual y la antigua de preparar palomitas de maíz. Concluimos que era delicioso prepararlo de ambas formas, y que cada una tiene sus ventajas.

—Quieres decir que... —comenzó Rodrigo lentamente.

—Quiero decir que sería bueno considerar la propuesta de Eduardo —dijo el papá—, y que él a su vez tenga en cuenta tu idea. Sería conveniente que te reunieras con los directores del proyecto para evaluar las ventajas y los inconvenientes de cada una. Tu idea de servir a los ancianos funciona bien, pero también la otra podría resultar. Evalúa cuál plan funcionaría mejor.

UNA MALETA PESADA

LECTURA BÍBLICA: Hebreos 12:1-3

de diciembre

—Mario —llamó la mamá en el momento en que él salía para la escuela—, olvidaste tu maleta.

—No quiero llevarla hoy, mamá —respondió Mario—. Es tan pesada que me obliga a caminar despacio, y ya voy tarde. Tomó su merienda y los libros y se fue.

La mamá abrió la maleta de Mario y comenzó a vaciar su contenido sobre la mesa. —Hmm —murmuró—. Un libro de la biblioteca con el plazo de entrega vencido, un par de tenis para correr que ya no necesitaba en esa temporada, e incluso algunas piedras. ¡Con razón esta maleta apenas lo deja caminar!

Esa noche, la mamá notó que Mario estaba cabizbajo. —¿Te sucede algo? —preguntó.

Mario suspiró. —Leopoldo Ruiz me invitó a su fiesta de cumpleaños —dijo—, pero todavía no me cae bien.

La mamá frunció el entrecejo. —Hace ya tres meses que él te acusó de haber robado su bicicleta y que te pidió perdón ¿no es así? —preguntó.

Mario asintió. —Sí, pero todavía me molesta el asunto —dijo. Luego agregó con mal humor. —Además, Saúl va a asistir. Él no vino a mi fiesta, ¡con la excusa de que debía ir a la casa de su abuela! ¡Yo creo que sencillamente no quería traer un regalo!

—Ya veo —dijo la mamá—. ¿Hay algo más?

Mario dudó. —Bueno —dijo al fin—, hoy Sebastián se puso la camiseta del campeonato que ganó hace dos años con el equipo de béisbol. Yo perdí la oportunidad porque me fracturé una pierna y no pude unirme al equipo.

—Parece que llevas una carga pesada —dijo la mamá—. Me recuerda tu maleta.

—¿Mi maleta? —repitió Mario.

—¿Sabes por qué pesaba tanto? —preguntó la mamá—. Porque estaba llena de cosas que debiste sacar hace tiempo. Entonces le contó acerca de los libros, los zapatos y las piedras que encontró.

—Creo que fue una tontería cargar a diario con todo eso —reconoció Mario.

—Sí —dijo la mamá—, pero si no te ofendes, pienso que es una "tontería" mayor guardar todas las heridas del pasado y llevarlas en tu corazón por todas partes. Deséchalas, y te resultará mucho más fácil correr la carrera a la cual te llama Cristo, en la que debes cultivar actitudes que le agraden.

PARA MEMORIZAR:

"...despojémonos de todo peso y del pecado que nos asedia" (Hebreos 12:1).

Y ¿QUÉ DE TI?

¿Te cuesta olvidar las desilusiones? ¿Te aferras al enojo? ¿Acumulas experiencias amargas? ¿Tu corazón pesa? Perdona a los que te ofendieron y ora por ellos. Te sentirás mejor y tendrás más fuerzas para servir al Señor.

TESORO:
Olvida las viejas ofensas

10

UN VIAJE QUE VALIÓ LA PENA

de diciembre

LECTURA BÍBLICA: 2 Corintios 4:16-18; 5:1-2, 6-8

A mitad del camino a la montaña, Martín luchaba por seguir adelante con su papá. Se preguntaba cómo llegó a pensar que escalar aquel pico sería divertido. Claro que no había mostrado el mejor ánimo al comienzo del día. Se sentía triste por haber visto a su abuelo en el hogar de ancianos el día anterior. —¿Por qué el abuelo tiene que sufrir tanto? —le preguntó Martín a su padre al irse del hogar para ancianos.

—No lo sé, Martín —había respondido el papá—. Admito que es doloroso ver al abuelo en ese estado, pero me alienta saber que pronto estará en un lugar maravilloso que Jesús está preparando para Él. Martín asintió, pero en realidad pensar en que el abuelo iría al cielo no lo consolaba mucho.

La meditación de Martín se vio interrumpida por la voz del papá, que sugería tomar un descanso. Entonces se detuvieron y descansaron. Al rato el papá se levantó. —¿Listo para seguir? —preguntó.

Martín vacilaba. —Tal vez debamos regresar —dijo.

El papá le acarició el cabello. —No pensarás abandonarme ahora, ¿o sí amigo? —preguntó—. Cuando lleguemos a la cima, verás que habrá valido la pena.

Martín no estaba tan seguro, pero siguió en su penosa marcha y al final llegó a la cima. El papá encontró un buen lugar para sacar la merienda que les había preparado la mamá. Mientras comían, pudieron observar toda la ciudad rodeada de colinas y desierto. Una profunda admiración surgió en Martín. —¡Tenías razón papá! —exclamó al tiempo que saboreaba el último pedazo de galleta—. ¡Es maravilloso! Vale la pena tanto esfuerzo por llegar aquí.

El papá asintió. —He estado pensando —dijo mientras guardaba las latas de los refrescos en su bolsa. —Lo que le sucede al abuelo se parece bastante a escalar una montaña.

Martín pensó un rato antes de comprender. —Quieres decir que el abuelo atraviesa un duro camino, si bien el final es tan grandioso que vale la pena terminarlo. Eso era justo lo que el papá había querido decir la noche anterior, pero ahora Martín podía comprenderlo mejor.

TESORO:
El cielo será glorioso

UNA FALSA NAVIDAD

LECTURA BÍBLICA: Juan 3:14-21

de diciembre

"¡Qué lindo!" —susurró Julia tras la cuerda que rodeaba al árbol de Navidad en el centro comercial. Estaba lleno de bolas brillantes, estrellas centelleantes, ángeles en miniatura y nieve resplandeciente sobre las ramas.

—Podemos conseguir de esa nieve para ponerle a nuestro árbol —dijo Raúl, su hermano mayor.

—¿En serio? —preguntó Julia—. ¿Cómo? ¿Acaso no se derrite?

—Pues la compramos —dijo Raúl—. Se consigue en aerosol y es muy fácil de aplicar.

—Se ve tan real —dijo Julia un poco desilusionada. Después de un momento preguntó. —¿Para quién son todos los regalos que están debajo del árbol?

—No son regalos de verdad —dijo Raúl—. Solo son cajas vacías envueltas en papel de regalo que integran la decoración. Están ahí para animar a las personas a comprar regalos en Navidad.

A Julia le parecía imposible que todos esos regalos tan bien empacados fueran cajas vacías. Tenía deseos de saltar la cuerda, tomar uno y sacudirlo.

De regreso a casa, Julia y Raúl le contaron a su mamá acerca del árbol. —La nieve parecía tan real —señaló Julia—, y también los regalos. ¿No son más que cajas vacías?

La mamá asintió. —¿Sabías que para los que ignoran el verdadero significado de la Navidad, la celebración resulta tan vacía como todos esos regalos falsos? —preguntó pensativa.

—¿El verdadero significado de la Navidad? —preguntó Julia—. ¿Quieres decir que no saben que es el cumpleaños de Jesús? ¡Pensé que todo el mundo lo sabía!

—Algunas personas no —dijo la mamá—. Otras saben que es su cumpleaños, pero no se dan cuenta de quién es Él. No entienden que Dios entregó a su Hijo Jesús como nuestro Salvador, y que nos ofrece el regalo de la vida eterna. Eso es lo que en realidad celebramos en Navidad.

PARA MEMORIZAR:

"...la dádiva de Dios es vida eterna" *(Romanos 6:23).*

Y ¿QUÉ DE TI?

¿Celebras el verdadero sentido de la Navidad? Dios entregó el mejor regalo al enviar a su Hijo Jesús como nuestro Salvador. Él nos ofrece el regalo de la vida eterna. Es un regalo auténtico. No se gasta ni se envejece, ni pasa con el tiempo. Si todavía no has aceptado ese regalo, hazlo hoy recibiendo a Jesús como tu Salvador.

TESORO:
Recibe el regalo que Dios te ofrece

12

de diciembre

PARA MEMORIZAR:

"No pondré delante de mis ojos cosa injusta" (Salmo 101:3).

Y ¿QUÉ DE TI?

¿A veces te das cuenta de que imitas lo que ves en televisión aunque sabes que es incorrecto? Lo que ves y lo que escuchas afecta tus pensamientos y tu conducta. No te quedes sentado viendo todo tipo de programas de televisión. Si hay escenas inmorales o malvadas, actúa ¡y apaga el televisor!

TESORO:
La televisión te afecta

NADA INJUSTO

LECTURA BÍBLICA: Salmo 101:1-6

Tras finalizar el programa de televisión, Natalia apagó el aparato desde el control remoto. Laura miró a su hermana mayor sorprendida. —Siempre miro el programa que sigue —dijo Laura.

Natalia sonrió. —Más bien bajemos y juguemos ping—pong —propuso.

—Está bien —aceptó Laura—. Ya que saliste de la universidad espero que estés fuera de forma. Tal vez ahora pueda ganarte.

—¿Te diste cuenta de que la historia del programa que acabamos de ver se basaba en una mentira? —preguntó Natalia mientras sacaba las raquetas y las pelotas para jugar—. Una mentira conducía a otra hasta que llegaron a un final tan absurdo que tuvieron que decir la verdad.

Julia se rió. —Mintieron para librarse de problemas —dijo—, pero en realidad no era necesario. Cuando dijeron la verdad de todos modos no los tuvieron.

—Pues debieron tenerlos —dijo Natalia—. ¡También debieron meterse en problemas por decir mentiras! Frunció el entrecejo.

—Hay otro asunto que me fastidia de algunos programas de televisión —agregó Natalia—. Muchas veces los niños que actúan se portan de manera grosera y dicen malas palabras, como en el que vimos anoche. Después de verlo noté que tú... bueno, que parecías imitar sus malas actitudes.

—Yo... eh —dijo entre dientes. Regañó a su hermana mayor. —Actúas como si fueras mi abuela o algo por el estilo —gruñó.

—Lo siento —dijo Natalia—. Solo quiero que veas lo mucho que afecta tu vida lo que ves. No te estoy criticando, Laura. Al igual que tú, tengo problemas con la televisión.

—¿De verdad? —preguntó Laura sorprendida.

—Claro —respondió Natalia—. Hay programas que no me gusta ver porque están llenos de inmoralidad y de violencia. No quiero llenar mi mente de basura, pero cuando todos mis compañeros de la universidad los ven me resulta difícil evitarlo.

—¿Así que tú...? —preguntó Laura.

—Sí, a veces los veo —confesó Natalia—, pero procuro tener en mente un versículo de Salmos que dice: "No pondré delante de mis ojos cosa injusta". Citarlo me ayuda mucho, entonces me aparto y busco algo mejor qué hacer.

TORTUGA EN UNA CARRERA

de diciembre

LECTURA BÍBLICA: Salmo 18:31-36

"Sabía que ganaría el premio. ¡Lo sabía!" —exclamó Camilo mientras él y su padre regresaban a casa después de la exposición de caballos. Acariciaba la cinta de azul brillante que llevaba e hizo una mueca al recordar cuán ágil había sido su caballo al permanecer derecho y quieto con sus orejas inclinadas hacia adelante. "¡Rayo fue el mejor porque tiene el mejor entrenador. Yo!" —exclamó Camilo jactándose.

—Hiciste un buen trabajo entrenando a tu caballo —afirmó su padre—, pero recuerda que no lo hiciste solo.

—Claro que sí —dijo Camilo—. Nadie me ayudó, bueno muy poco. No necesito ayuda. Yo sé todo... Hizo una pausa al ver que su padre se detuvo de súbito al lado del camino.

El papá se volvió hacia atrás. —¡Eh! —exclamó—. Me pareció ver algo raro.

—¿Qué? —preguntó Camilo. Curioso, se asomó por la ventanilla.

—Ven y mira —dijo el papá, al tiempo que abría la puerta del auto. Camilo siguió a su padre hasta la cerca que estaba junto al camino.

—Mira —señaló el papá hacia un poste grueso de la cerca. Una tortuga grande y vieja estaba encima del poste, durmiendo a la luz del sol.

—¿Cómo llegó hasta ahí? —se preguntó Camilo.

—Bueno, yo diría que alguien debió ponerla allí —dijo el papá—, pero apuesto a que la tortuga ni siquiera vio las manos del que la subió hasta allá. En seguida levantó la tortuga y la puso en el suelo.

—Y tampoco del que la bajó —agregó—. Cuando se encuentre con sus amigas tortugas, les dirá en su idioma que subió a ese poste y bajó de él sola y sin ayuda. Camilo presentía que el papá no aludía precisamente a la tortuga. —Manos invisibles —dijo el papá en voz baja—, y yo diría que eso fue lo que te ayudó a entrenar a Rayo. Las manos invisibles de Dios.

—¿Quieres decir que Dios me ayudó? —preguntó Camilo—. ¿Dios me ayudó a entrenar a un caballo?

El papá asintió. —Dios te dio un cerebro, brazos, piernas y la habilidad para entrenar a Rayo —dijo—. ¿No es así?

—Sí —admitió Camilo pensativo—. Entonces...

—Entonces alégrate por lo que Dios te permitió lograr, pero no te jactes —sugirió el papá.

PARA MEMORIZAR:

"Mas el que se gloría, gloríese en el Señor" (2 Corintios 10:17).

Y ¿QUÉ DE TI?

¿A veces te emocionas tanto por tus logros que te olvidas de Dios? ¿Te enorgulleces de lo que hiciste? Está bien que te alegres por tus logros, pero no olvides darle gracias a Dios por tu éxito. Toda destreza que posees es un regalo de Dios. Dale el mérito que le corresponde.

TESORO:
Dale a Dios la gloria por tus logros

14

de diciembre

MIMOSAS Y PALABRAS

LECTURA BÍBLICA: Salmo 19:12-14

—¡Apresúrate Javier! Emilia se acercó a su hermano. —¡Limpia tu desorden para que podamos almorzar!

—Ya, calma —gruñó Javier enojado mientras instalaba una delicada pieza de su auto a escala. —¡Tú no me mandas! ¡Estoy cansado de que me des órdenes! Los ojos de Emilia se llenaron de lágrimas al abandonar la habitación.

Esa tarde, Javier acompañó a su mamá a ir de compras mientras Emilia jugaba en casa de una amiga. Cuando la mamá se detuvo en un invernadero para comprar una flor de pascua, Javier se paseó por el lugar mirando los diversos tipos de plantas. Un empleado del invernadero notó la inquietud de Javier. —¿Ya viste nuestras plantas mimosa? —preguntó el empleado—. Ven y míralas. Después de pedirle permiso a su madre, Javier se dispuso a ver las espigadas plantas. —Sopla una de las plantas —le propuso el empleado con una mueca.

Un poco sorprendido, Javier sopló. Quedó atónito al ver que las hojas de la planta se replegaban de inmediato. —No les hice daño ¿o sí? —preguntó.

—No. Estará bien —le dijo el empleado—. Estas plantas reaccionan ante posibles amenazas replegando sus hojas. Eso les permite evitar daños que podrían causarles los insectos o la lluvia. No es dañino provocar su reacción natural.

A Javier le fascinó esa planta. —¡Esas mimosas son geniales! —le dijo a su madre de regreso a casa.

—Son interesantes —convino la mamá—, y creo que se parecen un poco a Emilia.

—¿A Emilia? —preguntó Javier—. ¿Cómo así?

—Bueno, cuando soplaste las hojas de la mimosa, se replegaron —dijo la mamá—, y cuando le dices palabras hirientes a Emilia, ella también se "repliega". Bueno, no es que lo haga en sentido literal, sino que las palabras ofensivas la hieren en su interior y se "marchita", es decir que abandona la conversación para evitar ser lastimada. Ya hemos hablado de eso.

—Lo siento mamá —dijo Javier compungido—. Trataré de portarme mejor. Lo prometo.

—Bien —dijo la mamá—. Asegúrate de que tus palabras ayudan a las personas a crecer, no a marchitarse.

PARA MEMORIZAR:

"Sean gratos los dichos de mi boca... delante de ti, Oh Jehová" (Salmo 19:14).

Y ¿QUÉ DE TI?

¿Tus palabras impulsan a otros a crecer o a marchitarse? Dios quiere que tus palabras edifiquen a los demás, no que los destruyan. Pídele que te ayude a hablar con bondad.

TESORO:
Usa las palabras para ayudar, no para herir

INÚTIL NO

15

de diciembre

LECTURA BÍBLICA: 2 Corintios 6:14-18

Cuando Jaime llegó a casa de la escuela, su hermano menor Nicolás lo encontró en la puerta. —Mira lo que tengo —dijo Nicolás mostrándole con entusiasmo su mano. Tenía una venda apretada en su dedo pulgar.

—Me lastimé el dedo pulgar.

—Lo siento —respondió Jaime—. ¿Cómo se siente?

—Mejor —dijo Nicolás. Luego se fue a jugar.

A la hora de la cena Nicolás ya estaba aburrido con su venda. Le impedía usar la mano. Pero temía que al quitarla le doliera otra vez. Jaime le guiñó el ojo. —Ahora entiendo de dónde viene el dicho "visible como un pulgar herido" —agregó—. Sería difícil no ver el tuyo. Revolvía su comida y su mente estaba ausente. —Yo también sobresalí hoy como un pulgar herido.

—¿A qué te refieres? —preguntó el papá.

—Primero, los chicos estaban contando unos chistes de mal gusto y yo fui el único que no se rió —respondió Jaime—. Luego hablaron acerca de unos programas de televisión que me prohíben ver, así que no tenía nada qué decir. Inclusive durante la clase fue evidente que no era como los demás. El maestro pidió nuestra opinión acerca de la nueva norma de prohibir las escenas de la natividad en la escuela. Yo dije que el nacimiento de Jesús le daba sentido a toda la Navidad, y que por lo tanto, deberían permitirse dichas escenas, pero todos los demás estaban de acuerdo con la norma.

—Bueno, tal vez para esos chicos fuiste tan visible como un pulgar herido, pero no para mí —afirmó la mamá al tiempo que ponía su brazo alrededor de Jaime—. Los pulgares heridos no son los únicos que resaltan. Hoy me encontré con nuestra antigua vecina, Liliana Cortés, en el centro de la ciudad. De inmediato noté que se comprometió para casarse. ¡Llevaba el diamante más grande que jamás haya visto! Sería imposible no notarlo. La mamá le tocó los hombros a Jaime. —Pienso que hoy te destacaste por encima de los demás como un diamante. ¿Y sabes qué? Creo que Dios también lo ve así.

PARA MEMORIZAR:

"Salid de en medio de ellos, y apartaos, dice el Señor"
(2 Corintios 6:17).

Y ¿QUÉ DE TI?

¿Sobresales entre los demás que son inconversos? Así debería ser. Dios dice "salid de en medio de ellos". No temas manifestar tus convicciones que son correctas y agradables a Dios. Tienes que sobresalir, no como un pulgar herido, ¡sino como un diamante!

TESORO:
Debes destacarte para Dios

16

de diciembre

PARA MEMORIZAR:

"Perseverad en la oración, velando en ella con acción de gracias"
(Colosenses 4:2).

Y ¿QUÉ DE TI?

¿Alguna vez has sentido que eres incapaz de hacer algo que valga la pena para Jesús porque estás demasiado joven o enfermo, o porque no cantas o hablas bien? ¿Eso te desanima? Recuerda que todo cristiano puede y debe orar. La oración es un ingrediente vital de cualquier ministerio.

EL COLLAR DE PERLAS

LECTURA BÍBLICA: Colosenses 4:2-6

Sonia estaba mirando hacia afuera por la ventana de su cuarto cuando su mamá entró. —¿Cómo te sientes? —le preguntó mientras se sentaba en la cama y tocaba la frente de Sonia—. Creo que todavía tienes fiebre.

—¿Por qué tenía que enfermarme hoy? —se quejó Sonia—. Mi clase de la escuela dominical va a realizar el espectáculo de títeres en el hospital infantil, y yo quería ir. Su labio inferior tembló ligeramente.

—Y eso te entristece —dijo la mamá.

Sonia se dio la vuelta. —Sí —respondió—. Mi maestra dijo que podíamos hacerlo para el Señor, y en ese era mi anhelo de verdad. Ahora no puedo.

—Lo sé querida —dijo la mamá—, pero puedes orar para que Dios use el ministerio de títeres.

Sonia quedó pensativa. —No es lo mismo —dijo con un suspiro.

Después de un rato la mamá se puso de pie. —Ya regreso —dijo. Salió de la habitación y regresó con un collar de perlas blancas. Sabía que eran las favoritas de Sonia. —Hay una parte muy importante de este collar y que no alcanzas a ver —dijo la mamá.

Sonia la miró perpleja. —¿A qué te refieres? —preguntó.

La mamá sonrió. —Todos ven las perlas —explicó—, pero mira esto. Con cuidado separó dos perlas y se vio el delgado hilo blanco que las unía. —Nadie se detiene a mirar ese delgado y simple hilo, pero sin él, mi collar se desarmaría. Todavía un poco perpleja, Sonia miró el collar y luego a su madre. —¿Entiendes? —preguntó la mamá—. La oración es como ese hilo. Está detrás del escenario, pero es esencial en todo lo que hacemos para Dios. La mamá jugueteó con el collar de perlas en la palma de su mano.

—A pesar de que estés demasiado enferma para ir con los demás al hospital, puedes aportar algo esencial para el ministerio. Puedes pedirle a Dios que use a los encargados del espectáculo de títeres a fin de que los niños comprendan las enseñanzas que quieren transmitir.

TESORO:
La oración es vital

EL SUPREMO INGENIERO

17 de diciembre

LECTURA BÍBLICA: Isaías 20:25-29

—Al abuelo le va a gustar esa casa para pájaros que estás construyendo, Felipe —dijo el papá—. Se ve fabulosa, solo que no se parece mucho a la del manual de carpintería.

—Lo sé —dijo Felipe—, no le puse la percha y le hice un agujero más pequeño. De esa manera los gorriones tendrán la oportunidad antes de que los mirlos se instalen.

—Eso me recuerda el avión a escala que hiciste el verano pasado —dijo el papá—. Ya sabes, el que volaba dos veces más lejos después que modificaste el diseño de las alas.

Felipe hizo una mueca. —Me gusta arreglar las cosas para que funcionen mejor. Tal vez sea un ingeniero cuando sea grande.

—Pensé que no te gustaban los viajes largos —comentó David, el hermano menor de Felipe—. ¿No te aburrirías de montar en tren todo el tiempo?

Felipe se rió. —No me refiero a los ingenieros que manejan trenes, sino a los que diseñan aparatos —explicó—. Por ejemplo, piensa en los puentes y los diques. No aparecieron por casualidad. Los ingenieros idearon con gran esmero la manera de construirlos para garantizar la resistencia y la seguridad que requieren para funcionar. Los ingenieros trazan los planos de los rascacielos, las carreteras, y todo tipo de obras.

—¡Vaya! ¡Apuesto a que vas a ser el mejor ingeniero del mundo! —exclamó David.

Felipe hizo una mueca. —¡Gracias! —dijo.

—En realidad, el mejor ingeniero del mundo no construyó obras tan simples como edificios y máquinas —dijo el papá—. Diseñó el universo entero, los bosques, las montañas y los abismos. Todas las plantas y los animales. El sol, la luna y las estrellas. Y nosotros.

—Yo sé quién es —dijo David cantando—. ¡Es Dios!

—Así es —dijo el papá—. Creo que Él sabía cuánto nos gustaría observar a los pájaros y a los animales, escalar las montañas, y contemplar las estrellas en la noche. Dios hizo todo eso.

Felipe asintió. —Es un trabajo de ingeniería que nadie podría igualar —dijo.

PARA MEMORIZAR:

"En el principio creó Dios los cielos y la tierra" (Génesis 1:1).

Y ¿QUÉ DE TI?

¿Admiras los grandes edificios, las computadoras modernas o los complejos artefactos que construyen los hombres? El hombre puede diseñar artefactos sorprendentes, pero solo Dios pudo diseñar y "construir" el universo entero y todo lo que contiene. Disfruta y aprecia todas las maravillas de la naturaleza que Él creó.

TESORO:
Dios "construyó" el universo

18 BLANCA NAVIDAD

de diciembre

PARA MEMORIZAR:

"Acuérdate de tu Creador en los días de tu juventud, antes que vengan los días malos" *(Eclesiastés 12:1).*

Y ¿QUÉ DE TI?

¿Tendrás una "Navidad blanca" en tu corazón? Recuerda siempre que una vida de pecado acarrea consecuencias a pesar de que Dios perdone. Recibe a Jesús como Salvador ahora que eres joven. Luego obedécelo y sírvele.

LECTURA BÍBLICA: Salmo 51:1-10

—Todavía está nevando, abuelo —dijo Eduardo—. Con toda seguridad tendremos una Navidad muy blanca. Eduardo no había tenido la oportunidad de ver mucha nieve porque vivía en un valle. Sin embargo, ahora estaba con sus abuelos en las montañas.

El abuelo asintió. —Todo se ve tan claro, ¿no te parece? —dijo—. Me recuerda uno de mis versículos favoritos: "si vuestros pecados fueren como la grana, como la nieve serán emblanquecidos". Eduardo no sabía mucho acerca de la Biblia, pero le agradaba escuchar lo que su abuelo le contaba de ella.

Eduardo salió y se divirtió deslizándose por una colina. Luego entró y se sentó con sus abuelos en la cocina. Se acordó del versículo bíblico que su abuelo había citado.

—Abuelo, tú dijiste, o me pareció escuchar que mi papá había aceptado a Jesús como su Salvador —comenzó Eduardo al tiempo que probaba el chocolate caliente que su abuela le había servido. El abuelo asintió. —¿Eso significa que sus pecados quedaron blancos como la nieve, y que ya es limpio de sus pecados? —preguntó Eduardo.

—Así es —dijo el abuelo con certeza.

El abuelo tomó algunos sorbos de chocolate y se aclaró su voz. —Eduardo, durante muchos años tu papá no quería saber nada de Jesús —dijo el abuelo—. Él quebrantó la ley, y si bien ahora Dios ha limpiado su corazón y no tendrá que sufrir por la eternidad, tiene que pagar la condena por lo que hizo.

Eduardo se quedó pensativo. —Yo no quiero esperar a meterme en problemas para luego pedirle a Jesús que sea mi Salvador —dijo después de una pausa.

—No tienes por qué esperar —dijo el abuelo—. Ahora mismo puedes pedirle a Dios que perdone tus pecados y te deje tan blanco como la nieve. Entonces podrás disfrutar de una Navidad blanca por dentro y por fuera.

TESORO:
Acepta a Jesús ahora mismo

EL INCREÍBLE MARCEL

19 de diciembre

LECTURA BÍBLICA: Romanos 6:16-23

Miguel saboreaba un puñado de palomitas de maíz. Apagaron las luces del circo, y Miguel miraba con atención la plataforma desde su asiento. El maestro de ceremonia, con un traje brillante, gritó. "¡Ahora les presentamos al increíble Marcel!" Se escuchó un redoble de tambor al tiempo que un hombre saltó a la plataforma e hizo una reverencia al público. La multitud aplaudió.

"Observen cómo el increíble Marcel es atado con cuerdas y sumergido con peso en el agua" —gritó el maestro de ceremonia. "¿Podrá vencer los obstáculos? ¿Podrá soltar las cuerdas, despojarse del peso y nadar hasta la superficie?"

Después que lo ataron con cuerdas y pesos, el increíble Marcel fue arrojado al agua. La multitud quedó en silencio mientras observaba atenta el desenlace. El maestro de ceremonia tenía un reloj e iba anunciando el tiempo que le restaba. "Quedan diez segundos" —gritó—. "Cinco... cuatro... tres... dos..."

De repente, ¡el increíble Marcel salió a la superficie! Saltó fuera de la piscina e hizo otra reverencia. El público se levantó y aplaudió, y Miguel también saltó.

Esa noche durante la cena, el papá dijo que se había encontrado con un viejo amigo de la escuela. —Debemos orar por Augusto —dijo—. Él es cristiano, pero me dijo que siente que se está hundiendo en los problemas, que está atado por ciertos hábitos que ha cultivado.

—A propósito de hundirse, ¡yo temía esta tarde que el increíble Marcel se hundiera! —exclamó Miguel—. Lo ataron tan fuerte. ¡No sé cómo pudo librarse de esas cuerdas!

El papá asintió. —Cuando persistimos en hábitos dañinos, o en actitudes que desagradan a Dios, también estamos atados —dijo—. El increíble Marcel tenía que liberarse por sí mismo, pero nosotros somos incapaces de hacerlo.

—¿Te refieres a que solo Dios puede liberarnos? —preguntó Miguel.

—Exacto —contestó el papá—. Él puede, y con toda seguridad nos ayudará a vencer el pecado si rendimos nuestra vida a Él y confiamos en que nos cambiará.

PARA MEMORIZAR:

"...no estéis otra vez sujetos al yugo de esclavitud" (Gálatas 5:1).

Y ¿QUÉ DE TI?

¿Estás atado por hábitos indeseables, malos pensamientos y actitudes o conductas pecaminosas? ¿Te resulta difícil cambiar? Dios quiere liberarte de todo eso. Pídele que te ayude, estudia su Palabra, y luego atiende su dirección en el momento de decidir. Toma la determinación de ser un siervo de Dios, no del pecado.

TESORO:
Jesús puede liberarte del pecado

20
de diciembre

DIOS LO HACE MEJOR

LECTURA BÍBLICA: Romanos 8:25-27

PARA MEMORIZAR:

"Jehová ha oído mi ruego; ha recibido Jehová mi oración"
(Salmo 6:9).

Y ¿QUÉ DE TI?

¿Piensas que ya sabes cómo responderá Dios tu oración? Tal vez parezca que Él no contesta, pero lo hará en su tiempo y a su manera. Sigue orando y confiando en que Él se encargará de tus problemas.

Carolina se sentó frente al árbol de Navidad del vecino para ver las luces titilantes. Deberían apagarse y no brillar más —pensó. ¿Cómo puedo estar feliz si Dios no contestó mi oración? Durante varias semanas había orado para que su familia disfrutara de una Navidad feliz, sin que su papá y su mamá pelearan. Pero la noche anterior tuvieron una pelea como nunca antes. Luego, en la mañana, sus padres se fueron, y Carolina no supo a dónde. El papá simplemente le dijo que habían ido a buscar ayuda y que ella se quedaría en casa de los vecinos al llegar de la escuela.

Cuando Carolina vio que el auto de su papá llegó, corrió a su casa. La mamá no estaba en casa, pero su abuela sí. —¿Dónde está mamá? —preguntó Carolina—. ¿Está afuera con papá?

La abuela se sentó junto a Carolina y puso un brazo alrededor de ella. —Querida —dijo—, esta mañana tu padre llevó a tu mamá a una clínica, una clínica de desintoxicación.

—O sea que... —Carolina temía comprender lo que decía su abuela.

—Tu madre reconoció que es alcohólica, que bebe demasiado, y se fue para recibir un tratamiento —explicó la abuela—. Carolina se recostó en su abuela y comenzó a llorar. La abuela la abrazó.

—Abuela, he estado orando como tú me enseñaste —dijo Carolina al tiempo que se limpiaba las lágrimas— pero Dios no contestó mi oración. Le explicó cómo había orado.

—Yo creo que Dios sí contestó tu oración, Carolina —dijo la abuela—, pero no como esperabas. Dios tenía un plan mejor. La razón por la cual tus padres discutían tanto era que tu madre no admitía que es alcohólica ni quería recibir ayuda. Sin embargo, ahora está enfrentando el problema y sometiéndose a un tratamiento. Así es como Dios respondió tu oración. Con su ayuda, todo mejorará, y no solo durante la Navidad.

Carolina se sentó en silencio un momento. Luego esbozó una sonrisa. —Encendamos las luces de Navidad —dijo.

TESORO:
Dios contesta la oración

PUNTO DE VISTA

LECTURA BÍBLICA: Hechos 16:22-25

de diciembre

Aarón se desplomó en el sofá y se limpió una lágrima de enojo con el revés de su mano. Escuchó el estruendo de los truenos y la caída de las gotas de lluvia contra la ventana. "¡Qué clima tan espantoso!" —declaró mientras su padre llegaba a la sala.

El papá se quedó de pie con las manos en la cintura mirando por la ventana. —Bueno, sin duda hoy no podremos ir al parque de diversiones —dijo.

—Solo vamos a perder un día de vacaciones —gruñó Aarón—. No podemos ir a nadar, ni montar bicicletas o jugar tenis. Ni siquiera podemos dar un paseo.

—¡Bueno, ya amigo! —exclamó el papá levantando las manos hacia Aarón como un policía de tránsito—. Aunque la lluvia moje todo afuera no hay que ser aguafiestas.

—¿Qué podemos hacer? —preguntó Aarón poniéndose de pie.

—¡Fácil! —respondió el papá—. Cambiamos nuestro punto de vista. Tú miras todo lo que resulta imposible por causa de la lluvia, Aarón. Miremos más bien lo que sí podemos hacer a pesar de la lluvia. Por ejemplo, hace mucho tiempo que no jugamos Monopolio. Y la última vez que jugamos al crucigrama tu madre y tu hermana nos ganaron. ¿Tú crees que hoy lograremos el desquite?

Aarón saltó de emoción. —¡Claro que sí! —dijo—. ¡Buena idea papá! También hay otros juegos que hace rato no sacamos. Podemos usarlos hoy. Hizo una pausa. —Supongo que Adriana deseará leer contigo, pero ¿me ayudas después con mi barco a escala papá? También podemos armar nuestro gran rompecabezas. Y esta noche podemos comer palomitas de maíz. De repente, Aarón parecía otra vez preocupado.

—¿Y ahora qué sucede? —preguntó el papá.

—¿Qué sucede si el tiempo no nos alcanza para hacer todo? —preguntó Aarón.

El papá se rió y puso su brazo sobre el hombro de su hijo. —Bueno, tal vez tengamos que orar para que llueva mañana —dijo—. Vamos a jugar.

PARA MEMORIZAR:

"Y poderoso es Dios para hacer que abunde en vosotros toda gracia"
(2 Corintios 9:8).

Y ¿QUÉ DE TI?

Cuando las cosas no ocurren como esperabas ¿refunfuñas y haces berrinche? Pídele a Dios que te ayude a portarte como Pablo y Silas. Pídele que te ayude a descubrir el lado positivo de una situación. Pídele que cambie tu punto de vista.

TESORO:
Mira el lado positivo

22
de diciembre

PARA MEMORIZAR:

"solícitos en guardar la unidad del Espíritu en el vínculo de la paz" *(Efesios 4:3).*

Y ¿QUÉ DE TI?

¿Es difícil para ti dejar de pelear con tu familia o tus amigos? Las buenas intenciones no bastan. Pídele a Jesús que te ayude a cambiar tus palabras ofensivas por otras constructivas. Sé un pacificador.

TESORO:
Entrégale al Señor tu enojo

MANCHAS EN LA ALFOMBRA

LECTURA BÍBLICA: Colosenses 3:8, 12-14

—¡La cama de arriba es para mí! —gritó Laura.

—No. ¡Es para mí! —declaró su hermana Clarisa—. ¡Quita todo tu desorden de mi cama!

En seguida, las niñas pelearon por el espacio que ocuparían en el armario durante esa semana de vacaciones. Profirieron insultos y comentarios.

—¡Traten de portarse bien! —ordenó el papá—. En el momento menos pensado lanzarán objetos y pueden terminar rompiendo algo.

Laura se encogió de hombros.

—Lo siento —dijo en un tono agitado e impaciente—, supongo que siempre peleamos. Clarisa asintió.

El papá frunció el ceño. —Lo cierto es que mi jefe nos hace un gran favor al permitirnos venir aquí por una semana —dijo—. Nuestra responsabilidad es mantener este lugar limpio y en orden.

Un poco más tarde surgió otra discusión. Laura le lanzó una revista a Clarisa, quien no tardó en lanzarla otra vez. Golpeó el vaso con refresco rojo que tenía Laura en la mano. El vaso cayó al suelo y en un instante salpicó en todas direcciones la alfombra de color claro. —¡Mira lo que hiciste! —gritó Laura de inmediato.

—¡Es tu culpa! —respondió Clarisa—. ¡Tú empezaste!

El papá y la mamá tomaron toallas y todos ayudaron a quitar las manchas. Hicieron lo más que pudieron, pero las manchas rojas no quitaron, ni siquiera después de que el papá consiguiera un detergente especial. Por último, el papá llamó a una empresa que se comprometió a enviar a alguien que limpiara la alfombra al día siguiente.

Laura miró las manchas y luego el frasco de detergente. —Ese producto no sirvió para nada —dijo.

—No —dijo la mamá—. Parece que es demasiado ineficaz, como los esfuerzos que ustedes han hecho por dejar de pelear. Con indolencia han difundido palabras desagradables y llenas de enojo por todas partes. Y luego tratan de reparar el daño con disculpas frívolas, promesas hipócritas y esfuerzos carentes de interés.

El papá asintió. —¡Tienen que pedirle al Señor que con su perdón y su gracia poderosos las limpie a fondo! —dijo.

CONSEJOS DE PACO

23

de diciembre

LECTURA BÍBLICA: Salmo 105:1-5

Juan observó mientras su tío Germán ponía un hueso frente a Paco. —¡No, Paco! ¡No! —le ordenó con firmeza al perro—. ¡Mírame! Paco miró a su amo y luego agachó la cabeza para ver el hueso que tanto deseaba. —¡No, Paco! ¡Mírame a mí! —repitió el tío Germán. Paco levantó la mirada y observó de nuevo a su amo, ignorando el hueso.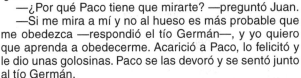

—¿Por qué Paco tiene que mirarte? —preguntó Juan.

—Si me mira a mí y no al hueso es más probable que me obedezca —respondió el tío Germán—, y yo quiero que aprenda a obedecerme. Acarició a Paco, lo felicitó y le dio unas golosinas. Paco se las devoró y se sentó junto al tío Germán.

—Paco nos da el ejemplo de cómo deberíamos obrar cada vez que somos tentados de hacer algo malo —dijo el tío—. Si miramos el objeto o la acción que nos tienta, será más fácil que cedamos ante ella. Si ponemos nuestros ojos en Jesús es mucho más probable que lo obedezcamos a Él.

—No entiendo lo que significa poner los ojos en Jesús —dijo Juan—. No es posible verlo.

El tío Germán sonrió. —Bueno, veamos —dijo—. Recuerdo aquel torneo de tenis en el que participaste hace unas semanas. Te esforzaste tanto por estar en forma que incluso renunciaste a los postres para estar preparado en el momento de competir. ¿Por qué lo hiciste?

—Porque deseaba ganar el trofeo —dijo Juan. Hizo una mueca. —¡Y lo gané!

El tío Germán asintió. —¿Me entenderías si te dijera que tenías los ojos puestos en el trofeo? —preguntó. Juan asintió lentamente. —En realidad no podías verlo, pero te mantuviste pensando en él y en tu responsabilidad para ganarlo. Ponemos nuestros ojos en Jesús cada vez que pensamos en Él y en lo que espera de nosotros. Por ejemplo, si pensamos cómo se sentiría Jesús con respecto a ciertos programas de televisión, apagaríamos la televisión. Pero si nos olvidamos de Él seguimos viéndolos. Juan recordó cuán difícil resultaba para él apagar la televisión después de encenderla.

—Lo mismo puede ser cierto con respecto a libros, videos o actividades indebidas —agregó el tío Germán. Juan asintió. Decidió que de allí en adelante él "miraría" a Jesús, su Señor.

PARA MEMORIZAR:

"Buscad a Jehová y su poder; buscad siempre su rostro" *(Salmo 105:4).*

Y ¿QUÉ DE TI?

¿Estás mirando a tu Señor Jesucristo? Él puede darte la fortaleza para vencer cualquier tentación y nunca ceder. Mira a Jesús, no la tentación.

TESORO:
Mira a Jesús

24

CUERDA SALVAVIDAS

de diciembre

PARA MEMORIZAR:

"El que tiene al Hijo, tiene la vida" (1 Juan 5:12).

Y ¿QUÉ DE TI?

¿Sigues "chapoteando" en tu pecado? Jesús te ofrece una cuerda salvavidas. Él nació en Belén. Creció y vivió de manera intachable, luego murió en una cruz para llevar el castigo por tu pecado, y se levantó de los muertos para darte vida eterna. Hoy mismo confía en Él como tu Salvador.

LECTURA BÍBLICA: Mateo 1:18-25

Manuela tomó un puñado de palomitas de maíz y se las comió. Se inclinó hacia adelante en su silla, con los ojos clavados en la pantalla del televisor. —¡Oh, no! —exclamó—. ¿Viste eso? Hugo trataba de bajar en su barco, y justo cayó en el mar. ¡Nadie puede rescatarlo! ¡Estaba solo navegando!

Su hermano Freddy hizo una mueca. —No te preocupes por eso —dijo—. Lo rescatarán, ya lo verás.

Sonó la música de la película. La emoción aumentaba. Manuela comía lentamente las palomitas de maíz mientras observaba cómo el personaje luchaba por salvar su vida. Chapoteaba y salpicaba en busca de una cuerda salvavidas al tiempo que las enfurecidas olas le azotaban y amenazaban con hundirlo. La delgada aleta de un tiburón apareció detrás del hombre. "¡Cuidado Hugo!" —gritó Freddy.

—¿Ahora te preocupa? —bromeó Manuela. Pero su corazón latía a medida que el tiburón se acercaba más a Hugo. Luchaba contra el mar sin notar el peligro. Justo cuando parecía que el tiburón iba a atraparlo, apareció en la escena un barco, y alguien le lanzó una cuerda salvavidas.

"¡La atrapó! —gritó Fredy—. ¡Lo están rescatando! ¡Está a salvo".

"¡Tremendo!" —exclamó Manuela tras finalizar el programa. —Menos mal que llegó el barco en ese momento. ¡Rescató a Hugo con la cuerda salvavidas! Supongo que por eso la película se titula "Cuerda salvavidas para Hugo".

Freddy asintió. —Resultó una historia interesante —dijo.

Manuela bostezó. —Sí —asintió—, así fue. Se levantó y arregló un adorno del árbol de Navidad. —Fue una historia agradable, pero no muy navideña —agregó.

—No —dijo el papá quien había visto el programa con los niños—, pero si analizamos la historia tal vez encontremos algún sentido navideño al recordar que mañana celebramos el día en el que Dios nos envió su "cuerda salvavidas" para salvarnos. Dios sabía que nos ahogaríamos en un mar de pecado, así que envió a su único Hijo, Jesucristo, para salvarnos. Si lo recibimos como nuestro Salvador personal, Él nos "rescata" y nos da vida eterna.

TESORO:
Jesús te salva

NAVIDAD LLORONA

LECTURA BÍBLICA: Isaías 9:2-3, 6-7

de diciembre

—Esta es mi peor Navidad —se quejó Alejandra con su hermano adolescente Fabio, que arreglaba algunas piezas del pesebre—. Estamos en una ciudad desconocida porque transfirieron a papá, y el único lugar que encontraron para vivir es este horrible apartamento. La calefacción no funciona, y ni siquiera tenemos un televisor. No podremos ver a la abuela, y...

—Cuando José y María fueron a Belén, lo único que encontraron fue un establo —la interrumpió Fabio—. Nosotros al menos tenemos una cama. Ellos tal vez solo tenían paja.

Alejandra miró a los ángeles del pesebre. —Bueno, María y José tenían ángeles que cantaban —dijo—. Y los reyes magos les dieron regalos.

—Fueron los pastores los que escucharon a los ángeles cantar, no José y María —le dijo Fabio—. Además, anoche escuchamos villancicos. Y después del desayuno vamos a abrir los regalos y yo creo que tendremos más de lo que merecemos. Le hizo una mueca a su hermana.

—En especial tú —bromeó. Luego agregó. —Tú dices que esta Navidad es la peor, pero no lo será a menos que tú lo permitas. A menos que quieras tener una Navidad llorona.

—¿A qué te refieres? —preguntó Alejandra.

—Para ser sincero, estoy cansado de escuchar a mis amigos quejarse todos los años en Navidad —dijo Fabio—. Se quejan de no tener suficiente dinero para comprar regalos de Navidad, o de su participación en el drama navideño de la iglesia. Muchas veces se quejan porque no reciben todos los regalos que esperaban, o porque otra persona recibió más que ellos. ¡No son más que llorones!

Alejandra le hizo un gesto a su hermano. —Bueno, yo no lo soy —le dijo—. Al menos no lo seré. Hizo una mueca y agregó. —¡Y más vale que no te quejes por tener que escribir cartas de agradecimiento!

PARA MEMORIZAR:

*"...el ángel les dijo... os doy nuevas de gran gozo"
(Lucas 2:10).*

Y ¿QUÉ DE TI?

¿Durante esta Navidad te has quejado o te has gozado en el nacimiento de Jesús? Piensa en el hecho de que Dios nos dio el más grandioso regalo de todos los tiempos. Entregó a su Hijo como tu Salvador. Celebra la Navidad con alegría. No permitas que en tu casa haya una "Navidad llorona".

TESORO:
Alégrate en Navidad

26

de diciembre

NUNCA DEMASIADO OCUPADO

PARA MEMORIZAR:

"Sed, pues, imitadores de Dios como hijos amados"
(Efesios 5:1).

Y ¿QUÉ DE TI?

¿Conoces a alguien que te parece "aburrido"? ¿Lo ignoras o estás dispuesto a escucharlo, sabiendo que así actúas como el Señor? Demuestra interés por los demás. A veces puedes ayudarlos con el simple hecho de ofrecer tu amistad y escuchar.

TESORO:
Sigue el ejemplo de Dios: ¡Escucha!

—¡Mamá! —llamó Teresa—. La señora Carrillo al teléfono. Mientras la mamá llegaba para tomar la llamada, Teresa exclamó: "¡Otra vez!"

La mamá tomó rápido el teléfono. Después de hablar con la señora Carrillo un rato, colgó y se volvió a su hija. —Teresa —dijo con firmeza—, debería darte pena. Estoy segura de que ofendiste a la señora Carrillo. Heriste sus sentimientos.

—Pero mamá, llama todo el tiempo —protestó Teresa—. ¿Por qué no dejamos que la máquina contestadota responda?

—Porque la señora Carrillo está muy sola —contestó la mamá— y está preocupada por su esposo que se encuentra en el hospital. Además, ella no está bien, y sería difícil saber en qué momento podría tratarse de una emergencia.

—Bueno, siempre me habla durante horas antes de preguntar por ti —gruñó Teresa—. ¡Es tan aburrida! Siempre me pregunta si me agrada la escuela y cuál es mi clase preferida. ¡Como si le importara! Solo quiere hablar de sus problemas.

—Querida, yo sé que ella se interesa de verdad en lo que puedes contarle —dijo la mamá. Después de una breve pausa, agregó. —De hecho, te has comportado como la señora Carrillo.

Teresa frunció el ceño. —¿Me porto como ella?

La mamá asintió. —Recuerdo una petición de oración de hace un tiempo —dijo la mamá—. Sé que le has estado pidiendo a Dios que te ayude a entender lo que estudias en la clase de ciencias.

—¿Y qué tiene que ver eso con las llamadas de la señora Carrillo? —preguntó Teresa.

—Bueno, has pedido lo mismo tantas veces, le repites el mismo problema a Dios una y otra vez —dijo la mamá—. ¿No te alegra saber que Él nunca está demasiado ocupado para escucharte cuando le hablas, y que nunca se impacienta contigo ni piensa que eres aburrida?

Teresa se quedó en silencio un rato. —Yo... ya entiendo lo que me quieres decir —confesó.

—Dios no nos deja con una señal de "línea ocupada" o de "llamada en espera", ni nos deja hablando con una máquina contestadota —dijo la mamá—. Él siempre está dispuesto a escucharnos, y nosotros debemos seguir su ejemplo. La señora Carrillo está atravesando un momento difícil y necesita a alguien que la escuche.

LA CUERDA FLOJA

LECTURA BÍBLICA: Salmo 33:13-32

de diciembre

—Fue un gran espectáculo circense ¿no crees papá? —preguntó Adolfo mientras se dirigían al auto. Los ojos de Adolfo brillaban de emoción. —¡Sobre todo el acto de la cuerda floja! —agregó.

El papá hizo una mueca. —Fue muy emocionante —asintió—. Aunque me asusté un poco cuando un hombre subió en los hombros del otro.

—¡Sí! —exclamó Adolfo—. Pensé que se lastimarían cuando el hombre que caminaba sobre la cuerda perdió el equilibrio y ambos cayeron. Me alegra que hubiera una red que los protegiera.

—Yo también —dijo el papá—. Sin la red el incidente podría haberse convertido en una tragedia. Siguieron en silencio dentro del auto hasta que el papá habló. —¿Sabes? —dijo en tono meditativo—, el acto de la cuerda floja se parece un poco a la vida en general.

Adolfo estaba atónito. —¿A que te refieres? —preguntó.

—Bueno —comenzó el papá—, el hombre sentado sobre los hombros del otro estaba depositando toda su confianza en la destreza del otro para atravesar la cuerda, ¿cierto?

Adolfo asintió. —Sí, pero el otro no pudo lograrlo —dijo—. Si no fuera por esa red ¡se habrían matado!

—Nosotros nos parecemos en cierta forma al hombre que confió en su compañero —dijo el papá—. Todos ponemos nuestra confianza en algo o en alguien. Algunos confían en que otras personas los ayudarán a enfrentar los peligros de la vida. Otros confían en el dinero o en su empleo. Sin embargo, todas esas cosas fallan, y muchas veces el resultado es trágico.

Adolfo miró por la ventanilla mientras recorrían las calles. Meditó en la enseñanza de la escuela dominical de la semana anterior. —Es como lo que nos explicó la maestra de la escuela dominical —dijo—. Ella dijo que siempre debemos confiar en que Jesús nos cuidará porque Él nunca falla.

—Así es —asintió el papá—. Podemos confiar plenamente en que el Señor Jesús nos sostendrá en medio de las dificultades de la vida. Él nunca pierde el equilibrio.

PARA MEMORIZAR:

"Estos confían en carros, y aquéllos en caballos; mas nosotros del nombre de Jehová nuestro Dios tendremos memoria" (Salmo 20:7).

Y ¿QUÉ DE TI?

¿En quién confías para tu protección? Las personas y las cosas pueden fallar. Jesús es el único que nunca te defraudará. Confía en Él hoy.

TESORO:
Puedes confiar en Jesús

28
de diciembre

SE FUE PARA SIEMPRE

LECTURA BÍBLICA: Salmo 103:8-12

PARA MEMORIZAR:

"perdonaré la maldad de ellos, y no me acordaré más de su pecado" (Jeremías 31:34).

Y ¿QUÉ DE TI?

¿Hiciste algo malo? ¿Te sientes mal por eso? ¡Así debe ser! Si en verdad lo sientes, confiesa tu pecado a Dios y cree en su promesa de perdón. Dale gracias por limpiarte de tu pecado.

Con una tiza, Natalia coloreó las flores que había dibujado junto a la acera. Luego retrocedió y frunció el entrecejo al observarlas. El papá salió de la casa y le sonrió. —¡Qué flores tan hermosas! —exclamó—. Lo mejor es que ni siquiera tengo que regarlas.

—No, pero yo sí voy a regarlas —dijo Natalia—. Acabo de decidir que cambiaré de color. Tomó la manguera, dirigió el chorro hacia su obra de arte y la mojó. En un instante toda la tiza se escurrió por la acera y luego por la alcantarilla. Natalia le guiñó el ojo a su papá. —Ahora puedo comenzar de nuevo —dijo—. ¿No te parece genial?

—Genial —asintió el papá—. Eso ilustra lo que Dios hace por nosotros. Él nos brinda la oportunidad de comenzar todo de nuevo si le confesamos nuestro pecado.

—¡Oh, no! Ya veo que mis flores de tiza van a servir como ilustración para el sermón —bromeó Natalia. El papá era pastor, y Natalia sabía que con frecuencia se servía de las vivencias cotidianas para ilustrar sus enseñanzas.

El papá asintió. —A veces nos resulta difícil olvidar lo malo que hemos hecho —dijo—, y nos preguntamos si Dios puede perdonarnos. Tú acabas de demostrar lo que en realidad ocurre. ¿Dónde están las flores que limpiaste?

—¿Dónde están las flores? —repitió Natalia—. Bueno, ya no están.

—Tráelas de nuevo por un momento —dijo el papá.

—¡Es imposible! —dijo Natalia, consciente de que su padre lo sabía—. Se fueron por la alcantarilla y ya no existen.

—Así es —convino el papá—. Ya se fueron, y nunca más las veremos. Eso es lo que sucede con nuestros pecados cuando nos arrepentimos y los confesamos a Dios. La Biblia dice que Dios los perdona y olvida. Le sonrió a Natalia.

—Otro versículo dice que los alejó de nosotros tanto como el oriente del occidente. ¡Mucho más lejos que esas flores!

TESORO:
Dios perdona y limpia el pecado

HACERLO REAL

LECTURA BÍBLICA: 1 Pedro 4:7-11

29 de diciembre

Nelly se asomó por la ventana para ver cómo se derretían los pedazos de hielo con el sol de la tarde. —La Navidad no parece tan real sin adornos y regalos ¿no te parece abuelo? —dijo.

—¿No tan real? —preguntó el abuelo, volviéndose del partido de fútbol que estaba observando. Ser rascó su cabeza por un momento, y luego se volvió a la pantalla del televisor.

—¿Ese partido de fútbol es real? —preguntó. Sorprendida, Nelly asintió. —¿Es tan real para ti como lo es para las personas en el estadio que presencian el partido? —preguntó el abuelo.

—Bueno, tal vez no tanto —dijo Nelly.

—¿Es tan real para ti como lo es para ese jugador que acaba de lesionarse? —preguntó el abuelo.

—¿Alguien se lesionó? —preguntó Nelly con curiosidad—. No estaba prestando atención. El abuelo miró el televisor y vio que muchas personas rodeaban al jugador que yacía en el suelo. —¡Vaya! creo que el juego es bastante real para él, ¡aunque tal vez desearía que no lo fuera!

—Si participas, tal vez te lesiones y sientas dolor, pero también puedes experimentar la victoria, y saber que el juego es real —dijo el abuelo. Miró a Nelly. —Para que la Navidad, toda la Biblia y el cristianismo sean reales para ti, también debes participar de manera activa. Creer que la Biblia es verdad se parece un poco a ver un partido por televisión. ¿No te parece mejor ir con varios amigos al partido y animar al equipo?

—Ah... tal vez ir a la iglesia —dijo Nelly—. Yo también voy. Todos los domingos voy a la escuela dominical.

—Bien —dijo el abuelo—. Entonces estás en el estadio. Se acercó a Nelly. —¿Practicas los pases y juegas con la pelota no solo el domingo o en Navidad, sino todos los días, sin importar cuánto pueda doler?

—Bueno... —Nelly dudó.

El abuelo asintió. —Conviértete en una jugadora, Nelly —dijo—. Participa. Aprende acerca de Dios. Sírvele testificando y siendo fiel en todo lo que haces. Entonces la Biblia y la vida cristiana se harán reales para ti.

PARA MEMORIZAR:

"Cada uno según el don que ha recibido, minístrelo a los otros" (1 Pedro 4:7-11).

Y ¿QUÉ DE TI?

¿Crees que la Biblia es verdad? ¡Bien! ¿Asistes a la iglesia y a la escuela dominical? ¡Genial! ¿Participas en las actividades de la iglesia? ¿Hablas acerca de Jesús, oras, lo obedeces y sirves lo mejor que puedes? La verdad de Dios será real para ti si practicas todo esto.

TESORO:
Sirve a Dios

30

de diciembre

PARA MEMORIZAR:

"...por la justicia de uno vino a todos los hombres la justificación de vida" **(Romanos 5:18).**

Y ¿QUÉ DE TI?

¿Ya descubriste el regalo de la salvación eterna que te ofrece Dios? ¿Les cuentas a otros cómo obtener este maravilloso regalo? Él anhela que todos lo reciban.

EL REGALO ESCONDIDO

LECTURA BÍBLICA: Romanos 5:8-15

Ya había pasado la Navidad, y Gustavo y Bianca ayudaron a sus padres a guardar con cuidado los adornos, las luces y las guirnaldas del árbol. Después de verse tan alegre y brillante, ahora el árbol parecía desnudo, excepto por la pequeña sábana tendida en su base.

—Hey —exclamó Gustavo, señalando a una pequeña caja envuelta en papel verde y rojo escondida bajo un pliegue de la sábana—. ¡Miren eso!

—¿De dónde salió? —preguntó la mamá al tiempo que se inclinaba para recoger la caja—. Tal vez olvidamos abrir este regalo la semana pasada. Tomó la caja en sus manos y buscó la tarjeta.

—Qué curioso, es un regalo de la tía Gloria para mí —dijo sorprendida—. Pensé que no había enviado regalos este año, y en realidad estuvo debajo del árbol todo este tiempo.

Cuando la mamá abrió el regalo sus ojos se iluminaron. "¡Oh! —exclamó—. ¡Qué hermoso!" Sacó un hermoso collar de oro.

—¿Saben qué me recuerda esto? —preguntó el papá después que todos admiraron el collar. Nadie pudo adivinar, ni siquiera la mamá. —Ese regalo estuvo allí todo el tiempo, esperando a que mamá lo recibiera, pero ella no sabía que estaba ahí —dijo el papá con una sonrisa—. El regalo de Dios de la salvación es como ese collar. Está ahí para todos, pero muchos ni siquiera lo saben. Permanece oculto hasta que alguien se los muestra, como tú hiciste al mostrarle la caja a mamá.

Bianca y Gustavo miraron a su padre mientras meditaban en sus palabras. Luego Gustavo asintió. —Y cuando les hablamos a otros acerca de Jesús, también pueden recibir el regalo de Dios. El regalo de la vida eterna —dijo.

El papá y la mamá sonrieron. —Así es —dijeron—. Ahora vamos a contarles a todos.

TESORO:
Cuéntales a otros acerca del regalo de Dios

HORA DE INVENTARIO

31

de diciembre

**LECTURA BÍBLICA: Deuteronomio 8:1-6

—Hola papá, ¿qué hay de nuevo? —preguntó Cristina al ver que su padre llegaba del trabajo—. ¿Tienes que regresar al almacén después de la cena? Su padre era el gerente de un gran almacén.

El papá sonrió. —No. Es víspera de año nuevo —dijo—, y me alegra que hayamos cerrado hoy. Toda la semana estuvimos ocupados con cambios y devoluciones de regalos de Navidad. También realizamos las promociones de fin de año. El propósito era vender todo lo que fuera posible antes de hacer el inventario el próximo mes.

—¿El inventario? —preguntó Cristina—. ¿Qué es eso?

—Ya sabes —dijo su hermano Diego—. Es cuando cuentan todos los artículos del almacén para evaluar las ventas. Tienen que determinar lo que se vendió y lo que no a fin de ordenar para el próximo año lo que sirve, y asuntos por el estilo. ¿Cierto papá?

El papá sonrió. —Es una buena explicación —afirmó—. Se hace una vez al año. Hizo una pausa y luego agregó.

—Sería interesante que todos hiciéramos un inventario de nuestra vida por lo menos una vez al año, y la víspera del año nuevo puede ser una buena ocasión.

—¿Cómo lo hacemos? —preguntó Diego.

—¿Debemos contar cuántos pares de zapatos y pantalones tenemos? —preguntó Cristina—. Oye, eso sería una buena idea. ¡Tal vez entonces mamá se dé cuenta de que necesito más!

—Apuesto a que descubriría que ya tienes demasiados —se mofó Diego—. Entonces no te comprarían ropa nueva durante un año. Le guiñó el ojo a su hermana.

El papá se rió. —No me refiero precisamente a eso —dijo—. Me refiero a evaluar lo que hicimos el año pasado y determinar lo que le agradó al Señor y lo que no. Asimismo, a tomar la determinación, con la ayuda de Dios, de perseverar en lo bueno y evitar lo que no sirve. Ese tipo de inventario valdría la pena.

PARA MEMORIZAR:

"...te acordarás de todo el camino por donde te ha traído Jehová tu Dios" (Deuteronomio 8:2).

Y ¿QUÉ DE TI?

Al mirar atrás ¿descubres que fuiste obediente, colaborador y amoroso? ¿También en ocasiones te mostraste egoísta, poco amable y descuidado? Pídele a Dios que te ayude a perseverar en lo que le agrada y evitar lo que le desagrada. Procura amarlo y servirle mejor cada año.

TESORO:
Aprende del pasado